GRUNDRISSE DES RECHTS

Frank/Helms · Erbrecht

Erbrecht

Begründet von

Dr. Rainer Frank

em. o. Professor an der Universität Freiburg/Brsg.

seit der 5. Auflage fortgeführt von

Dr. Tobias Helms

Professor an der Universität Marburg

6., neu bearbeitete Auflage

Verlag C. H. Beck München 2013

ISBN 978 3 406 65259 2

© 2013 Verlag C. H. Beck oHG
Wilhelmstraße 9, 80801 München
Druck: Nomos Verlagsgesellschaft
In den Lissen 12, 76547 Sinzheim

Satz: Thomas Schäfer, www.schaefer-buchsatz.de

Gedruckt auf säurefreiem, alterungsbeständigem Papier
(hergestellt aus chlorfrei gebleichtem Zellstoff)

Vorwort zur 6. Auflage

An der bewährten Grundkonzeption des von mir seit der 5. Auflage fortgeführten Werkes habe ich nichts geändert: Das Lehrbuch ist an den Interessen studentischer Leser ausgerichtet. Besonders prüfungsrelevante Themen, wie etwa das gemeinschaftliche Testament, Erbschein und Schenkungen von Todes wegen, werden ausführlich erörtert, während am Rande liegende Spezialprobleme, deren Kenntnis von Studenten ohnehin nicht erwartet wird, bewusst vernachlässigt werden. Auf eine umfassende Bibliografie zu Beginn jedes Kapitels, die der interessierte Leser in jedem Kommentar finden kann, wird verzichtet. Stattdessen werden einige Aufsätze sowie anderweitig veröffentlichte Erbrechtsklausuren zum vertieften Nacharbeiten empfohlen.

Eine zusätzliche Besonderheit des Buches stellen die Fälle im Anhang dar: Anhand von sechs Examensklausuren mit ausführlicher Musterlösung wird das klausurtypische Zusammenspiel erbrechtlicher Fragestellungen mit schuld- und sachenrechtlichen Problemen erläutert.

Gegenüber der Vorauflage wurde das Buch vollständig überarbeitet und aktualisiert. Gesetzgebung, Rechtsprechung und Literatur wurden mit Stand vom 1.7.2013 berücksichtigt. Ich danke allen Mitarbeitern, die mich bei der Neuauflage unterstützt haben, namentlich Frau *Sonja Bohn*.

Über Verbesserungsvorschläge und Anregungen aus dem Leserkreis würde ich mich sehr freuen (helms@jura.uni-marburg.de).

Marburg, im August 2013   *Tobias Helms*

Inhaltsverzeichnis

Abkürzungsverzeichnis XIX
Literaturverzeichnis XXV

§ 1. Einleitung

I. Erbrecht und sozialer Wandel 1

II. Gesetzliche und gewillkürte Erbfolge 2

III. Vonselbsterwerb und Gesamtrechtsnachfolge 4
    1. Vonselbsterwerb 4
    2. Gesamtrechtsnachfolge 4

IV. Erblasser und Erbfähigkeit 5

V. Erbrecht und Grundgesetz 6

§ 2. Gesetzliche Erbfolge

I. Einführung 9

II. Gesetzliches Erbrecht der Verwandten 10
    1. Begriff der Verwandtschaft 10
    2. Prinzipien des Verwandtenerbrechts 12
        a) Parentelsystem 12
        b) Stammes- und Liniensystem 13
        c) Repräsentationssystem 16
    3. Erben der ersten Ordnung 16
    4. Erben der zweiten Ordnung 17
    5. Erben der dritten Ordnung 19
    6. Erben der vierten Ordnung und fernerer Ordnungen 20

III. Gesetzliches Erbrecht bei nichtehelicher Abstammung 21
    1. Grundlinien der Entwicklung 21
    2. Fortwirkung alten Rechts 23

IV. Gesetzliches Erbrecht des Ehegatten 24
    1. Einführung 24
    2. Voraussetzungen des Ehegattenerbrechts 25
        a) Bestehen der Ehe 25
        b) Ausschluss des Ehegattenerbrechts trotz Bestehens der Ehe 25

3. Umfang des Ehegattenerbrechts 26
4. Der Einfluss des Güterstandes auf das Ehegattenerbrecht 28
   a) Wechselwirkungen von Ehegüterrecht und Erbrecht 28
   b) Zugewinngemeinschaft 28
   c) Gütertrennung 31
   d) Gütergemeinschaft 32
   e) Deutsch-französischer Güterstand der Wahlzugewinnge-
      meinschaft 33
5. Voraus und Dreißigster 33
   a) Voraus (§ 1932) 33
   b) Dreißigster (§ 1969) 34

V. Gesetzliches Erbrecht des Lebenspartners 35
1. Einführung 35
2. Voraussetzungen des Erbrechts des Lebenspartners 36
3. Umfang des Erbrechts des Lebenspartners 36
4. Einfluss des Güterstandes auf das Erbrecht des Lebenspart-
   ners 37
5. Voraus und Dreißigster 37

VI. Gesetzliches Erbrecht des Staates 37

§ 3. Testierfreiheit und ihre Grenzen

I. Begriff und Bedeutung der Testierfreiheit 39

II. Schutz der Testierfreiheit 41

III. Grenzen der Testierfreiheit 42
1. Pflichtteilsrecht 42
2. Verstoß gegen ein gesetzliches Verbot (§ 134) 43
3. Verstoß gegen die guten Sitten (§ 138) 46

§ 4. Testierfähigkeit und persönliche Errichtung von Testamenten

I. Einführung 53

II. Testierfähigkeit 53
1. Alterserfordernisse 53
2. Testierunfähigkeit wegen Geistesstörung 54
3. Testierfähigkeit Betreuter 55

III. Persönliche Errichtung von Testamenten 55
1. Keine Stellvertretung 55
2. Eigenverantwortliche Entscheidung gemäß § 2065 56
   a) § 2065 Abs. 1 56
   b) § 2065 Abs. 2 56

c) Potestativbedingungen 59

§ 5. Testamentsformen

I. Einführung 61

II. Ordentliche Testamente 62
  1. Eigenhändiges Testament (§ 2247) 62
    a) Bedeutung 63
    b) Vorliegen eines Testaments 63
    c) Eigenhändigkeit 64
    d) Unterschrift 65
    e) Angabe von Ort und Zeit 67
    f) Verwahrung (§ 2248) 68
  2. Öffentliches Testament vor dem Notar 68
    a) Bedeutung 68
    b) Arten der Errichtung 68
    c) Verfahren vor dem Notar 69

III. Außerordentliche Testamente 70
  1. Gemeinsamkeiten und Zweck 70
  2. Arten von außerordentlichen Testamenten 71
    a) Bürgermeistertestament (§ 2249) 71
    b) Dreizeugentestament (§ 2250) 71
    c) Seetestament (§ 2251) 72

§ 6. Widerruf des Testaments

I. Einführung 73

II. Formen des Widerrufs 74
  1. Widerruf durch Testament (§§ 2254, 2258) 74
  2. Widerruf durch Vernichtung oder Veränderung der Testamentsurkunde (§ 2255) 75
  3. Widerruf durch Rücknahme des Testaments aus der amtlichen Verwahrung (§ 2256) 76

III. Widerruf des Widerrufs 77

§ 7. Auslegung und Anfechtung von Testamenten

I. Auslegung von Testamenten 78
  1. Erläuternde Auslegung 78
  2. Ergänzende Auslegung 80
  3. Gesetzliche Auslegungsregeln 83
    a) Einführung 83
    b) Grundsatz der wohlwollenden Auslegung 83

c) Zuwendungen an Abkömmlinge 84
d) Zuwendungen an den Ehegatten oder Verlobten 84
e) Unklarheit über die Person des Bedachten 86
f) Bedingte Zuwendungen 86

II. Anfechtung von Testamenten 89
  1. Einführung 89
  2. Anfechtungsgründe 91
    a) Inhalts- und Erklärungsirrtum (§ 2078 Abs. 1) 91
    b) Motivirrtum (§ 2078 Abs. 2 Alt. 1) 92
    c) Widerrechtliche Drohung (§ 2078 Abs. 2 Alt. 2) 94
    d) Übergehen eines Pflichtteilsberechtigten (§ 2079) 94
  3. Anfechtungsberechtigte 96
  4. Anfechtungserklärung 97
  5. Verlust des Anfechtungsrechts 98
    a) Anfechtungsfrist (§ 2082) 98
    b) Bestätigung anfechtbarer Verfügungen 98
  6. Wirkung der Anfechtung 99

§ 8. Erbeinsetzung

 I. Einführung 102

 II. Abgrenzungsprobleme 103

III. Ersatzerbschaft 105

IV. Anwachsung 107

 V. Unklarheit über die Höhe der Erbteile 107

VI. Enterbung 108

§ 9. Vor- und Nacherbschaft

 I. Einführung 109

 II. Anordnung 111

III. Annahme und Ausschlagung 113

IV. Rechtsstellung des Vorerben 114
  1. Grundsätzliches 114
  2. Verfügungsbeschränkungen 116
    a) Einfacher Vorerbe 116
    b) Befreiter Vorerbe 117
  3. Verwaltung 118

a) Einfacher Vorerbe 118
b) Befreiter Vorerbe 119
4. Zwangsvollstreckung gegen den Vorerben 120
5. Surrogation 120

V. Rechtsstellung des Nacherben 121
1. Grundsätzliches 121
2. Vererblichkeit des Nacherbenrechts 122
3. Übertragbarkeit des Nacherbenrechts 123

§ 10. Vermächtnis, Auflage, Teilungsanordnung

I. Einführung 125

II. Vermächtnis 126
1. Begriff 126
2. Der vermachte Vermögensvorteil 126
3. Begünstigter (Vermächtnisnehmer) 128
4. Beschwerter 129

III. Auflage 130

IV. Teilungsanordnung 131

§ 11. Testamentsvollstreckung

I. Bedeutung und Aufgaben 134

II. Beginn und Ende des Amtes 135

III. Rechtsstellung des Testamentsvollstreckers 136
1. Verfügungsgeschäfte 136
2. Verpflichtungsgeschäfte 137
3. Prozessführung 139
4. Rechtsverhältnis zu den Erben 139

IV. Rechtsstellung der Erben 140

V. Testamentsvollstreckung bei Rechtsnachfolge in einzelkaufmännische Unternehmen oder Gesellschaftsanteile 141

VI. Testamentsvollstreckerzeugnis 143

§ 12. Gemeinschaftliches Testament

I. Einführung 144

II. Errichtung des gemeinschaftlichen Testaments 145

    1. Beschränkung auf Ehegatten und eingetragene Lebenspartner ... 145
    2. Form ... 146
    3. Gemeinschaftlichkeit der Erklärung ... 147

III. Berliner Testament ... 148
    1. Einheits- und Trennungsprinzip ... 148
    2. Pflichtteilsansprüche und Pflichtteilsstrafklauseln ... 150

IV. Wechselbezügliche Verfügungen ... 151

V. Bindungswirkung wechselbezüglicher Verfügungen ... 156
    1. Zu Lebzeiten beider Ehegatten ... 156
    2. Nach dem Tod eines Ehegatten ... 156
       a) Verfügungen von Todes wegen ... 156
       b) Verfügungen unter Lebenden ... 158

VI. Selbstanfechtung beim gemeinschaftlichen Testament ... 159

VII. Wiederverheiratungsklauseln ... 162
    1. Trennungslösung ... 162
    2. Einheitslösung ... 163

§ 13. Erbvertrag

I. Einführung ... 166

II. Abschluss ... 167
    1. Persönliche Voraussetzungen ... 167
    2. Form ... 168

III. Inhalt und Arten ... 169
    1. Inhalt ... 169
       a) Vertragsmäßige und einseitige letztwillige Verfügungen .. 169
       b) Rechtsstellung von Vertragserbe und Vertragsvermächtnisnehmer ... 170
    2. Arten ... 171
       a) Einseitige und zweiseitige Erbverträge ... 171
       b) Entgeltliche und unentgeltliche Erbverträge ... 171

IV. Bindungswirkung vertragsmäßiger Verfügungen ... 172
    1. Verfügungen von Todes wegen ... 172
    2. Lebzeitige Verfügungen ... 174
       a) Grundsätzliches ... 174
       b) Schenkungen in Beeinträchtigungsabsicht ... 175
       c) Anspruch gegen den Beschenkten ... 178
       d) Vermächtnisvereitelung ... 179

V. Beseitigung vertragsmäßiger Verfügungen 180
   1. Einverständliche Aufhebung 180
   2. Rücktritt 180
      a) Rücktrittsvorbehalt 181
      b) Verfehlungen des Bedachten 181
      c) Aufhebung der Gegenverpflichtung 181
   3. Selbstanfechtung 184

§ 14. Rechtsgeschäfte unter Lebenden auf den Todesfall

I. Einführung 187

II. Regelung des § 2301 Abs. 1 190
   1. Voraussetzungen 190
   2. Rechtsfolgen 192

III. Regelung des § 2301 Abs. 2 193

IV. Besonderheiten beim Vertrag zugunsten Dritter 198

§ 15. Annahme und Ausschlagung der Erbschaft

I. Anfall der Erbschaft 202

II. Ausschlagung der Erbschaft 203

III. Annahme der Erbschaft 205

IV. Anfechtung von Annahme und Ausschlagung 206

V. Rechtsstellung des vorläufigen Erben 209
   1. Gerichtliches Vorgehen von Nachlassgläubigern 209
   2. Verwaltung des Nachlasses 210
   3. Verfügungen über Nachlassgegenstände 210

VI. Sicherung des Nachlasses und Ermittlung der Erben 212

§ 16. Erbschein

I. Einführung 214

II. Inhalt und Arten 214
   1. Inhalt 214
   2. Arten 215

III. Rechtswirkungen des Erbscheins 216
   1. Vermutung des § 2365 216
   2. Öffentlicher Glaube des Erbscheins (§§ 2366, 2367) 216

a) Erwerb vom Erbscheinserben (§ 2366) 217
b) Leistung an den Erbscheinserben und andere Verfügungsgeschäfte i. S. d. § 2367 220

IV. Erbscheinsverfahren 221
1. Zuständigkeit 222
2. Verfahrensvoraussetzungen und -grundsätze 222
3. Entscheidungen im Erbscheinsverfahren und Rechtsbehelfe 222
4. Einziehung und Kraftloserklärung 224
5. Verhältnis zum Zivilprozess 224

§ 17. Erbschaftsanspruch

I. Zweck und Rechtsnatur 226

II. Gläubiger und Schuldner des Erbschaftsanspruchs 227

III. Herausgabepflicht des Erbschaftsbesitzers 229
1. Ursprünglich Erlangtes 229
2. Surrogate 229
3. Nutzungen 231

IV. Haftung des Erbschaftsbesitzers 232

V. Verwendungen des Erbschaftsbesitzers 232

VI. Verhältnis zu den Einzelansprüchen 233

§ 18. Haftung des Erben für Nachlassverbindlichkeiten

I. Einführung 234

II. Nachlassverbindlichkeiten 235

III. Aufgebot der Nachlassgläubiger 236

IV. Beschränkung der Haftung des Erben 237
1. Nachlassverwaltung 238
a) Auf Antrag des Erben 238
b) Auf Antrag eines Nachlassgläubigers 239
2. Nachlassinsolvenzverfahren 240
3. Dürftigkeitseinrede 241

V. Inventarerrichtung 242

VI. Aufschiebende Einreden 243

§ 19. Miterbengemeinschaft

I. Miterbengemeinschaft als Gesamthandsgemeinschaft 245

II. Verfügungen über den Miterbenanteil und Vorkaufsrecht der
Miterben 247
1. Verfügungen über den Miterbenanteil 247
2. Vorkaufsrecht der Miterben 248

III. Verwaltung des Nachlasses und Verfügung über Nachlassgegen-
stände 249
1. System des Gesetzes 249
2. Verwaltung des Nachlasses 250
3. Verfügung über Nachlassgegenstände 252

IV. Geltendmachung von Nachlassansprüchen 254

V. Auseinandersetzung 255
1. Anspruch auf Auseinandersetzung 255
2. Durchführung der Auseinandersetzung 256
   a) Anordnungen des Erblassers 256
   b) Auseinandersetzungsvertrag 257
   c) Gesetzliche Teilungsvorschriften 258

VI. Ausgleichungspflichten unter Abkömmlingen 259
1. Ausgleichung von Vorempfängen 259
2. Ausgleichung für besondere Leistungen 260

VII. Haftung der Miterben für Nachlassverbindlichkeiten 261
1. Grundsätzliches 261
2. Haftung vor Nachlassteilung 261
3. Haftung nach Nachlassteilung 262

§ 20. Pflichtteilsrecht

I. Einführung 263

II. Voraussetzungen des Pflichtteilsanspruchs 265
1. Kreis der pflichtteilsberechtigten Personen 265
2. Enterbung 266
3. Besonderheiten bei der Zugewinngemeinschaft 268

III. Inhalt des Pflichtteilsanspruchs 270
1. Geldanspruch 270
2. Ermittlung der Quote 271
3. Berechnung der Höhe 273
4. Anrechnung und Ausgleichung 275

IV. Pflichtteilsergänzungsanspruch 276
    1. Einführung 276
    2. Ergänzungspflichtige Schenkungen 277
    3. Degressive Berücksichtigung (§ 2325 Abs. 3) 278
    4. Bewertung von Schenkungen 280
    5. Gläubiger und Schuldner 281
    6. Verjährung 283

V. Auskunftsansprüche des Pflichtteilsberechtigten 283

VI. Pflichtteilsentziehung 284
    1. Einführung 284
    2. Gründe der Entziehung 284
    3. Form der Entziehung 286
    4. Beschränkung des Pflichtteils in guter Absicht 287

§ 21. Erbunwürdigkeit

I. Einführung 288

II. Erbunwürdigkeitsgründe 288

III. Geltendmachung der Erbunwürdigkeit 289

§ 22. Erbverzicht

I. Einführung 291

II. Rechtsnatur und causa des Erbverzichtsvertrags 292

III. Abschluss des Erbverzichtsvertrags 295

IV. Wirkungen des Erbverzichtsvertrags 296

V. Aufhebung des Erbverzichtsvertrags 297

§ 23. Erbschaftskauf

I. Vertragsgegenstand 299

II. Verpflichtungs- und Erfüllungsgeschäft 300

III. Form des Vertrags 301

IV. Gefahrtragung und Gewährleistung 301

V. Haftung für Nachlassverbindlichkeiten 302

§ 24. Erbrecht und Unternehmensnachfolge

I. Einführung 303

II. Nachfolge in das Geschäft eines Einzelkaufmanns 304
   1. Haftung für Geschäftsverbindlichkeiten des Erblassers 304
   2. Fortführung in ungeteilter Erbengemeinschaft 305

III. Nachfolge in Anteile an Kapitalgesellschaften 306

IV. Nachfolge in Anteile an Personengesellschaften 307
   1. Gesetzliche Ausgangslage 307
     a) Gesellschaft bürgerlichen Rechts (GbR) 307
     b) Persönlich haftende Gesellschafter einer Handelsgesell-
       schaft 308
   2. Rechtliche Gestaltung 309
     a) Eintrittsklauseln 309
     b) Nachfolgeklauseln 310

V. Nachfolge in einen Kommanditanteil 315

§ 25. Erbschaftsteuerrecht

I. Einführung 316

II. Steuerpflicht – Besteuerung dem Grunde nach 316

III. Wertermittlung und Berechnung der Steuer – Besteuerung der
   Höhe nach 317

Anhang

Fall Nr. 1 320

Fall Nr. 2 323

Fall Nr. 3 331

Fall Nr. 4 337

Fall Nr. 5 341

Fall Nr. 6 345

Paragrafenregister 353
Sachverzeichnis 365

Abkürzungsverzeichnis

a. A.	anderer Ansicht
Abs.	Absatz
AcP	Archiv für die civilistische Praxis (Zeitschrift)
a. E.	am Ende
a. F.	alte Fassung
AktG	Aktiengesetz
Alt.	Alternative
AnfG	Anfechtungsgesetz
Anm.	Anmerkung
arg.	argumentum
Art.	Artikel
Aufl.	Auflage
ausf.	ausführlich
BayObLG	Bayerisches Oberstes Landesgericht
BayObLGZ	Entscheidungen des Bayerischen Obersten Landesgerichts in Zivilsachen
Bd.	Band
bestr.	bestritten
betr.	betreffend
BeurkG	Beurkundungsgesetz
BewG	Bewertungsgesetz
BGB	Bürgerliches Gesetzbuch
BGBl.	Bundesgesetzblatt
BGH	Bundesgerichtshof
BGHZ	Entscheidungen des Bundesgerichtshofes in Zivilsachen
BNotO	Bundesnotarordnung
BT-Drs.	Bundestagsdrucksache
BVerfG	Bundesverfassungsgericht
BVerfGE	Entscheidungen des Bundesverfassungsgerichts
bzgl.	bezüglich
bzw.	beziehungsweise
DDR	Deutsche Demokratische Republik
ders.	derselbe
DEuFamR	Deutsches und Europäisches FamilienRecht (Zeitschrift)
d. h.	das heißt

DNotZ	Deutsche Notar-Zeitschrift
DR	Deutsches Recht (Zeitschrift)
DtZ	Deutsch-deutsche Rechts-Zeitschrift
EGBGB	Einführungsgesetz zum Bürgerlichen Gesetzbuch
EGHGB	Einführungsgesetz zum Handelsgesetzbuch
EMRK	Europäische Menschenrechtskonvention
ErbR	Erbrecht – Zeitschrift für die gesamte erbrechtliche Praxis
ErbStG	Erbschaftsteuer- und Schenkungsteuergesetz
EGMR	Europäischer Gerichtshof für Menschenrechte
FamFG	Gesetz über das Verfahren in Familiensachen und in Angelegenheiten der freiwilligen Gerichtsbarkeit
FamRZ	Zeitschrift für das gesamte Familienrecht
f., ff.	folgend(e)
FF	Forum Familien- und Erbrecht (Zeitschrift)
FGB-DDR	Familiengesetzbuch der DDR
FPR	Familie, Partnerschaft und Recht (Zeitschrift)
FS	Festschrift
GBO	Grundbuchordnung
GbR	Gesellschaft bürgerlichen Rechts
GG	Grundgesetz
GmbH	Gesellschaft mit beschränkter Haftung
GmbHG	Gesetz betr. die Gesellschaft mit beschränkter Haftung
GS	Gedächtnisschrift
h. A.	herrschende Ansicht
HBPG	Hessisches Betreuungs- und Pflegegesetz
HeimG	Heimgesetz
Hereditare	Jahrbuch für Erbrecht und Schenkungsrecht
HGB	Handelsgesetzbuch
h. L.	herrschende Lehre
h. M.	herrschende Meinung
Hs.	Halbsatz
i. A.	im Allgemeinen
i. d. R.	in der Regel
i. e. S.	im engeren Sinne
InsO	Insolvenzordnung
i. S. d.	im Sinne der (des)
i. S. v.	im Sinne von
i. V. m.	in Verbindung mit

JA	Juristische Arbeitsblätter (Zeitschrift)
JR	Juristische Rundschau (Zeitschrift)
Jura	Juristische Ausbildung (Zeitschrift)
JuS	Juristische Schulung (Zeitschrift)
JZ	Juristenzeitung (Zeitschrift)
KG	Kammergericht (Berlin); Kommanditgesellschaft
KostO	Gesetz über die Kosten in Angelegenheiten der freiwilligen Gerichtsbarkeit (Kostenordnung)
krit.	kritisch
LFGG	Landesgesetz über die freiwillige Gerichtsbarkeit (Baden-Württemberg)
LG	Landgericht
LHeimG	Landesheimgesetz
LPartG	Lebenspartnerschaftsgesetz
m. abl. Anm.	mit ablehnender Anmerkung
m. Anm.	mit Anmerkung
MDR	Monatsschrift für Deutsches Recht
MedR	Medizinrecht
MittBayNot	Mitteilungen des Bayerischen Notarvereins
m. krit. Anm.	mit kritischer Anmerkung
m. w. N.	mit weiteren Nachweisen
Mot. I-V	Motive zu dem Entwurf eines Bürgerlichen Gesetzbuches für das Deutsche Reich
MünchKomm	Münchener Kommentar zum Bürgerlichen Gesetzbuch
m. zust. Anm.	mit zustimmender Anmerkung
Nachw.	Nachweise
NHeimG	Niedersächsisches Heimgesetz
NJW	Neue Juristische Wochenschrift
NJW-FER	NJW Entscheidungsdienst Familien- und Erbrecht
NJW-RR	Neue Juristische Wochenschrift – Rechtsprechungs-Report
NJW-Spezial	NJW-Spezial: Die wichtigsten Informationen zu speziellen Rechtsgebieten
Nr.	Nummer
o. ä.	oder ähnliches
OHG	Offene Handelsgesellschaft
OLG	Oberlandesgericht
OLGZ	Rechtsprechung der Oberlandesgerichte in Zivilsachen, Amtliche Entscheidungssammlung

PflewoqG	Pflege- und Wohnqualitätsgesetz
ProstG	Prostitutionsgesetz
Prot. V	Protokolle der Kommission für die zweite Lesung des Entwurfs des BGB (Bd. V)
PStG	Personenstandsgesetz
PStV	Personenstandsverordnung
RDG	Rechtsdienstleistungsgesetz
RG	Reichsgericht
RGZ	Entscheidungen des Reichsgerichts in Zivilsachen
Rn.	Randnummer
Rpfleger	Der Deutsche Rechtspfleger (Zeitschrift)
RpflG	Rechtspflegergesetz
Rspr.	Rechtsprechung
S.	Satz; Seite
SächsBeWoG	Sächsisches Betreuungs- und Wohnqualitätsgesetz
SbStG	Selbstbestimmungsstärkungsgesetz
SGB XII	Sozialgesetzbuch – Zwölftes Buch
s. o.	siehe oben
sog.	sogenannt
StAZ	Das Standesamt (Zeitschrift)
StGB	Strafgesetzbuch
s. u.	siehe unten
u. a.	unter anderem
u.	und
usw.	und so weiter
Var.	Variante
vgl.	vergleiche
VermG	Vermögensgesetz
VO	Verordnung
Vorbem.	Vorbemerkung
WM	Wertpapiermitteilungen (Zeitschrift)
WTG	Wohn- und Teilhabegesetz
WuM	Wohnungswirtschaft und Mietrecht (Zeitschrift)
z. B.	zum Beispiel
ZErb	Zeitschrift für die Steuer- und Erbrechtspraxis
ZEV	Zeitschrift für Erbrecht und Vermögensnachfolge
ZfSH	Zeitschrift für Sozialhilfe
ZGB-DDR	Zivilgesetzbuch der DDR
ZNotP	Zeitschrift für die NotarPraxis

ZPO	Zivilprozessordnung
z. T.	zum Teil
zutr.	zutreffend
ZVG	Gesetz über die Zwangsversteigerung und Zwangsverwaltung
ZZP	Zeitschrift für Zivilprozess

Paragrafen ohne weitere Gesetzesbezeichnung sind solche des BGB.

Literaturverzeichnis

I. Lehrbücher und Monografien

Brox/Walker	*Brox/Walker*, Erbrecht, 25. Aufl., 2012
Ebenroth	*Ebenroth*, Erbrecht, 1992
Gursky	*Gursky*, Erbrecht, 6. Aufl., 2010
Harder/Kroppenberg	*Harder/Kroppenberg*, Grundzüge des Erbrechts, 5. Aufl., 2002
Holzhauer	*Holzhauer*, Familien- und Erbrecht, Freiwillige Gerichtsbarkeit, 2. Aufl., 1988
Kipp/Coing	*Kipp/Coing*, Erbrecht, 14. Bearbeitung, 1990
Lange	*Lange*, Erbrecht, 2011
Lange/Kuchinke	*Lange/Kuchinke*, Lehrbuch des Erbrechts, 5. Aufl., 2001
Langenfeld	*Langenfeld*, Testamentsgestaltung, Einzeltestament-Ehegattentestament-Unternehmertestament, 4. Aufl., 2010
Leipold	*Leipold*, Erbrecht, 19. Aufl., 2012
Lipp	*M. Lipp*, Examens-Repetitorium Erbrecht, 3. Aufl., 2013
Löhnig	*Löhnig*, Erbrecht, 2. Aufl., 2010
v. Lübtow I bzw. II	*von Lübtow*, Erbrecht, 1. und 2. Halbbd., 1971
Lüke	*W. Lüke*, Vertragliche Störungen beim „entgeltlichen" Erbvertrag, 1990
Michalski	*Michalski*, BGB-Erbrecht, 4. Aufl., 2010
Muscheler	*Muscheler*, Erbrecht, Bd. 1 und Bd. 2, 2010
Olzen	*Olzen*, Erbrecht, 4. Aufl., 2013
Schlüter	*Schlüter*, Erbrecht, 16. Aufl., 2007
Schmoeckel	*Schmoeckel*, Erbrecht, 2. Aufl., 2010
Zimmermann	*Zimmermann*, Erbrecht, 3. Aufl., 2010

II. Kommentare und Handbücher

Bamberger/Roth/*Bearbeiter*	*Bamberger/Roth*, Kommentar zum Bürgerlichen Gesetzbuch, 3. Aufl., 2012
Burandt/Rojahn/*Bearbeiter*	*Burandt/Rojahn*, Kommentar zum Erbrecht, 2011
Damrau/*Bearbeiter* ..	*Damrau*, Praxiskommentar Erbrecht, 2. Aufl., 2010
Deutscher Erbrechtskomm/*Bearbeiter*	Deutscher Erbrechtskommentar, 2. Aufl., 2010
Erman/*Bearbeiter*	*Erman*, BGB, Handkommentar, 13. Aufl., 2011

Frieser/*Bearbeiter*	*Frieser*, Fachanwaltskommentar, 4. Aufl., 2013
HK-BGB/*Bearbeiter*	Handkommentar zum BGB, 7. Aufl., 2012
Jauernig/*Bearbeiter* ..	*Jauernig*, Bürgerliches Gesetzbuch, 14. Aufl., 2011
juris-PK/*Bearbeiter*	Juris-Praxiskommentar, Bd. 5: Erbrecht, 6. Aufl., 2012
MünchKomm/*Bearbeiter*	Münchener Kommentar zum BGB, 6. Aufl., 2012 f.; 5. Aufl., 2006 ff.
Münchener Vertragshandbuch	Münchener Vertragshandbuch, Bd. 6: Bürgerliches Recht II, 6. Aufl., 2010
Nieder/Kössinger/ Kössinger	*Nieder/Kössinger/Kössinger*, Handbuch der Testamentsgestaltung, 4. Aufl., 2011
NK/*Bearbeiter*	NomosKommentar BGB, Bd. 5: Erbrecht, 3. Aufl., 2010
Palandt/*Bearbeiter* ...	*Palandt*, Bürgerliches Gesetzbuch, 72. Aufl., 2013
P/W/W/*Bearbeiter* ..	*Prütting/Wegen/Weinreich*, BGB, Kommentar, 7. Aufl., 2012
Soergel/*Bearbeiter* ...	*Soergel*, Bürgerliches Gesetzbuch, 13. Aufl., 2000 ff.
Staudinger/*Bearbeiter*	*Staudinger*, Kommentar zum Bürgerlichen Gesetzbuch, Neubearbeitungen, 2002 ff.

III. Fallsammlungen

Benner	*Benner*, Klausurenkurs im Familien- und Erbrecht, 3. Aufl., 2010
Eidenmüller	*Eidenmüller*, Fälle zum Erbrecht, 5.Aufl., 2011
Löhnig, Fälle	*Löhnig*, Fälle zum Familien- und Erbrecht, 2. Aufl., 2010
Olzen/Wank	*Olzen/Wank*, Zivilrechtliche Klausurenlehre mit Fallrepetitorium, 7. Aufl., 2012
Roth	*Roth*, Familien- und Erbrecht mit ausgewählten Verfahrensfragen, 5. Aufl., 2010
Röthel	*Röthel*, Fallrepetitorium Familien- und Erbrecht, 2009
Schlüter, PdW	*Schlüter*, Prüfe dein Wissen – Erbrecht, 10. Aufl., 2007
Simon/Werner	*Simon/Werner*, 22 Probleme aus dem Familien- und Erbrecht, 3. Aufl., 2002

§ 1. Einleitung

I. Erbrecht und sozialer Wandel

Literatur: *Henrich,* Familienerbrecht und Testierfreiheit im europäischen Vergleich, DNotZ 2001, 441; *Kroppenberg,* Erbrechtliche Herausforderungen des demographischen Wandels, ErbR 2010, 206; *Leipold,* Ist unser Erbrecht noch zeitgemäß? Gedankensplitter zu einem großen Thema, JZ 2010, 802; *Muscheler,* Die erbrechtliche Universalsukzession, Jura 1999, 234 und 289; *Pintens,* Grundgedanken und Perspektiven einer Europäisierung des Familien- und Erbrechts, FamRZ 2003, 329, 417, 499; *Röthel,* Familie und Vermögen im Erbrecht, JZ 2011, 222.

Anders als die ersten vier Bücher des BGB ist das fünfte von einschneidenden Reformen weitgehend verschont geblieben, sieht man einmal von der Erhöhung des Ehegattenerbrechts (1957 und 1969), der Beseitigung der Ungleichbehandlung ehelicher und nichtehelicher Kinder (1969 und 1997) sowie der sukzessiven Gleichstellung eingetragener Lebenspartner mit Ehegatten (2001 und 2004) ab. Diese Tatsache überrascht, weil das mit dem Erbrecht eng verbundene Familienrecht umwälzenden Veränderungen ausgesetzt war, die naheliegenderweise auch das Erbrecht hätten erfassen können.

So hätten der Wandel von der Großfamilie zur Kleinfamilie und das damit einhergehende schwindende Verwandtenbewusstsein durchaus das System der unbegrenzten Verwandtenerbfolge, das die gesetzliche Erbfolgeordnung des BGB prägt, in Frage stellen können. Nachdem aus der Familie als Produktionsgemeinschaft eine „Erziehungs-, Konsum- und Freizeitgemeinschaft" geworden ist, gibt es kein gemeinsam erarbeitetes Familienvermögen mehr, das erhalten und tradiert werden müsste. Die enorm gewachsene Instabilität von Familien lässt Zweifel aufkommen, ob das geltende Pflichtteilsrecht noch zeitgemäß ist, wenn es Abkömmlingen, Eltern und Ehegatten bedarfsunabhängig eine Mindestteilhabe am Nachlass garantiert und die Möglichkeit einer Pflichtteilsentziehung auf seltene Ausnahmesituationen beschränkt. Während im Familienrecht verstärkt der Versuch unternommen wird, bewährte faktische Beziehungen rechtlich zu schützen, orientiert sich das Erbrecht weiterhin ausnahmslos an den Kriterien von Ehe bzw. eingetragener Lebenspartnerschaft,

Blutsverwandtschaft und Adoption. Selbst im Erbschaftsteuerrecht werden testamentarisch bedachte langjährige Lebensgefährten oder Pflegekinder des Erblassers nicht besser behandelt als sonstige „familienfremde" Personen. Schließlich sollte auch die veränderte Altersstruktur unserer Gesellschaft zum Nachdenken Anlass geben. Allein zwischen 1976 und 2011 ist die durchschnittliche Lebenserwartung bei Männern von 68 Jahre auf 77 Jahre und bei Frauen von 73 Jahre auf 82 Jahre gestiegen. Existenzgründungen von Kindern mit dem Nachlass ihrer Eltern sind eine seltene Ausnahme geworden.

Eine grundlegende Reform des Erbrechts ist trotz seiner immensen wirtschaftlichen und sozialen Bedeutung bislang ausgeblieben (in den nächsten 10 Jahren soll ein Vermögen im Volumen von 2,6 Billionen € zur Vererbung anstehen – ein historischer Höchststand). Der Grund für die Zurückhaltung des Gesetzgebers kann kaum darin gesehen werden, dass kein Reformbedarf bestünde, ausschlaggebend ist vielmehr, dass es an einem konsensfähigen Reformkonzept fehlt. Schon im Jahre 1969 hat der Bundestag in einer überparteilichen Resolution eine große **Erbrechtsreform** gefordert. 1972 befasste sich der 49. Deutsche Juristentag und 1973 der Deutsche Notartag mit der angeblichen „Jahrhundertaufgabe", aber nicht einmal die deutsche Wiedervereinigung hat entscheidende neue Impulse gegeben. Im Jahre 2002 hat schließlich der Deutsche Juristentag im Rahmen des übergreifenden Themas der finanziellen Solidarität zwischen Verwandten im Zivil- und Sozialrecht die Frage einer Reform des Pflichtteilsrechts erneut aufgegriffen. Der bescheidene Ertrag dieser langjährigen Diskussionen ist das Gesetz zur Änderung des Erb- und Verjährungsrechts vom 24.9.2009, das lediglich marginale Korrekturen gebracht hat. Dass die Reformdiskussionen nicht verstummt sind, zeigte der 68. Deutsche Juristentag, der im Jahre 2010 erneut die Frage aufwarf, ob unser Erbrecht noch zeitgemäß ist.

II. Gesetzliche und gewillkürte Erbfolge

2   Die gesetzliche Erbfolge ist maßgebend, wenn und soweit der Erblasser keine Verfügung von Todes wegen errichtet hat. Die gesetzliche Erbfolge ist Privat-, genauer: **Familienerbfolge,** die auf der Überlegung beruht, dass dem Erblasser sein Ehegatte oder eingetragener Lebenspartner und die Blutsverwandten näher stehen als alle anderen Personen, mögen sie ihm auch freundschaftlich verbunden sein. Ein

Staatserbrecht, wie es Marx im kommunistischen Manifest gefordert hatte, stand für das BGB nie zur Diskussion. Wenn § 1936 den Staat nach allen Verwandten als gesetzlichen Erben beruft, so soll damit lediglich die Existenz herrenloser Nachlässe verhindert werden, um die sich sonst niemand kümmert. Das Erbschaftsteuerrecht führt zwar wie das Schenkungsteuerrecht zu einer finanziellen Beteiligung des Staates am unentgeltlichen Vermögenstransfer, macht den Staat aber nicht zum Zwangsmiterben, sondern räumt ihm lediglich eine Geldforderung ein.

Die gewillkürte Erbfolge hat Vorrang vor der gesetzlichen. Der **3** Erblasser kann, wenn er will, sein Vermögen jedem beliebigen familienfremden Dritten zuwenden. Die **Testierfreiheit** ist Ausfluss der **Privatautonomie.** Sie entspricht der liberalen Grundausrichtung des BGB, setzt auf die Vernunft des Erblassers und erwartet von ihr die Herbeiführung einer letzten Endes sozial gerechten Ordnung.

Der Erblasser hat die Wahl, ob er durch Testament (= letztwillige Verfügung, § 1937) einseitig und widerruflich oder durch Erbvertrag vertraglich und bindend verfügen will **(Errichtungsfreiheit).** Das gemeinschaftliche Testament stellt eine Zwischenform dar, die aus Gründen des Vertrauensschutzes eine Bindung des überlebenden Ehegatten an eine mit dem Verstorbenen gemeinsam getroffene Verfügung bewirken kann.

Testierfreiheit bedeutet auch **Inhaltsfreiheit.** Der Erblasser bestimmt, wen er bedenkt und wie er jemanden bedenkt. Allerdings gibt das fünfte Buch des BGB die Gestaltungstypen vor, deren sich der Erblasser bedienen muss, um sein Ziel zu erreichen (Allein- und Miterbschaft, Vor- und Nacherbschaft, Vermächtnis, Auflage, Teilungsanordnung, Testamentsvollstreckung). Es herrscht also, ähnlich wie im Sachenrecht, **Typenzwang.**

Die Testierfreiheit wird durch das **Pflichtteilsrecht** erheblich ein- **4** geschränkt (§§ 2303 ff.). Werden Abkömmlinge, die Eltern oder der Ehegatte bzw. eingetragene Lebenspartner des Erblassers enterbt, so steht ihnen gegen den Erben (oder die Miterbengemeinschaft) ein Geldanspruch zu, dessen Höhe der Hälfte des Wertes des gesetzlichen Erbteils entspricht. Die enterbten nächsten Angehörigen des Erblassers werden also nach dem Willen des Gesetzgebers nicht materielle Not- oder Zwangserben mit einer gesetzlich garantierten Mindesterbquote, sondern reine Geldgläubiger ohne Mitspracherecht bei der Verwaltung des Nachlasses oder bei der Verfügung über Nachlassgegenstände.

III. Vonselbsterwerb und Gesamtrechtsnachfolge

1. Vonselbsterwerb

5   Der Nachlass fällt dem Erben ipso iure, d. h. ohne weiteres Zutun, an. § 1922 Abs. 1 bringt den Grundsatz des Vonselbsterwerbs versteckt mit den Worten zum Ausdruck, dass **„mit dem Tode"** des Erblassers dessen Vermögen auf den Erben übergeht. Bewegliche Sachen brauchen also nicht übereignet, Grundstücke nicht aufgelassen, Forderungen nicht abgetreten zu werden. Der Erbe wird „von selbst" Eigentümer des Nachlassgrundstücks. Das Grundbuch wird unrichtig. Die Umschreibung ist ein Akt der Grundbuchberichtigung und erfolgt gegen Vorlage eines Erbscheins (§§ 22 Abs. 1 S. 1, 35 Abs. 1 S. 1 GBO).

6   Da niemandem eine Erbschaft aufgezwungen werden kann, bestimmt § 1942 Abs. 1, dass die Erbschaft auf den Erben zwar ipso iure übergeht, aber „unbeschadet des Rechts, sie auszuschlagen". Schlägt der Erbe aus, gilt der Anfall „als nicht erfolgt" (§ 1953 Abs. 1). Die **Ausschlagung** wirkt also zurück. Auf diese Weise wird erreicht, dass nur derjenige, der sich (irgendwann einmal) als der wirkliche Erbe erweist, mit dem Tod des Erblassers dessen Rechtsnachfolger geworden ist.

2. Gesamtrechtsnachfolge

7   **Gesamtrechtsnachfolge (Universalsukzession)** bedeutet, dass der Nachlass **„als Ganzes"** (§ 1922 Abs. 1), d. h. als Einheit, auf den oder die Erben übergeht. Negativ gewendet: Das BGB kennt keine Singularsukzession (Einzelrechtsnachfolge) in einzelne Nachlassgegenstände. Zum Nachlass als Einheit gehören nicht nur die Nachlassaktiva, sondern auch die Nachlasspassiva. Man mag darüber streiten, ob sich dies bereits aus dem Wortlaut des § 1922 Abs. 1 („Vermögen") ergibt. § 1967 Abs. 1 stellt jedenfalls klar, dass zum Nachlass auch die **Nachlassverbindlichkeiten** zählen.

8   Hinterlässt der Erblasser mehrere Erben, so wird der Nachlass gemeinschaftliches Vermögen aller (§ 2032 Abs. 1). Das gilt auch dann, wenn der Erblasser bestimmt hat, wie der Nachlass unter den Miterben aufgeteilt werden soll. Eine solche **Teilungsanordnung** (§ 2048)

bindet zwar die Erben bei der Auseinandersetzung, hat aber keine
dingliche Wirkung. Ein einzelner Miterbe kann lediglich entsprechend einer vom Erblasser getroffenen Teilungsanordnung von der
Miterbengemeinschaft (zu der er selbst gehört) Übereignung eines
Nachlassgrundstücks verlangen, wird aber nicht bereits mit dem Erbfall Alleineigentümer. Entsprechendes gilt, wenn der Erblasser zugunsten eines Dritten, den er nicht als Erben einsetzt, ein **Vermächtnis** anordnet (§ 1939). Bestimmt etwa ein Erblasser, dass sein Freund
ein Buch zur Erinnerung erhält, der Nachlass im Übrigen aber an
seinen einzigen Sohn fallen soll, so steht dem Freund gemäß § 2174
nur ein schuldrechtlicher Anspruch gegen den Sohn auf Übereignung
des Buches zu. Eigentümer wird mit dem Tod des Erblassers der
Sohn als Alleinerbe. Dinglich wirkende Vermächtnisse (Vindikations-
legate) sind dem BGB fremd. Sie würden sich mit dem Grundsatz der
Universalsukzession nicht vertragen.

Hinter dem Grundsatz der Universalsukzession steht die Überle-   9
gung, dass nur die Gesamtrechtsnachfolge es rechtfertigt, den Erben
als eine Art Repräsentanten des Erblassers zu sehen. Der Nachteil der
Universalsukzession besteht darin, dass sie die Sonderbehandlung
wirtschaftlicher Einheiten im Erbgang ausschließt. Derartige Sonder-
behandlungen sind jedoch gelegentlich sinnvoll, wenn nicht gar notwendig, so dass das deutsche Recht um Kompromisse nicht herum-
kommt. **Sondererbfolgen** sind im Recht der **Personengesellschaften**
anerkannt (vgl. § 24 Rn. 18). Sie sind weiter im landwirtschaftlichen
Höfe- oder Anerbenrecht spezialgesetzlich geregelt. Ziel dieser in
den einzelnen Bundesländern sehr unterschiedlich geregelten Materie
ist es, landwirtschaftliche Betriebe als wirtschaftliche Einheit zu erhalten und den Hof nebst Zubehör, getrennt vom sonstigen Nachlass,
unmittelbar an den Hoferben (sog. Anerben) fallen zu lassen (Näheres zur Rechtslage in den einzelnen Bundesländern bei Palandt/*Weidlich*, Art. 64 EGBGB Rn. 2 f.).

IV. Erblasser und Erbfähigkeit

Ein Erbfall setzt immer den Tod einer *natürlichen* Person voraus,   10
die vom Gesetz als **Erblasser** bezeichnet wird.

Der genaue Zeitpunkt des Todes wird gesetzlich nicht bestimmt. Nachdem
früher auf den endgültigen Stillstand der Herz- und Kreislauftätigkeit abgeho-

ben wurde, ist dieser Ansatz durch die moderne Intensivmedizin in Frage gestellt worden. Inzwischen geht man auch im Zivilrecht – wie zuvor schon im Strafrecht – überwiegend davon aus, dass es auf den sog. Hirntod ankommt „im Sinne eines irreversiblen Funktionsverlustes des Gehirns, so dass dauerhaft keine Gehirnkurven mehr mitgeschrieben werden können und eine Reanimation ausgeschlossen ist" (*OLG Köln* NJW-RR 1992, 1480, 1481; ausf. MünchKomm/*Leipold,* § 1922 Rn. 12 f.).

11   Der Begriff der **Erbfähigkeit** deckt sich grundsätzlich mit dem der allgemeinen Rechtsfähigkeit. Erbfähig können deshalb sowohl juristische als auch natürliche Personen sein. Natürliche Personen müssen im Zeitpunkt des Erbfalls leben. Während aber die Rechtsfähigkeit erst mit der Vollendung der Geburt beginnt (§ 1), ist erbfähig schon, wer zur Zeit des Erbfalls zwar noch nicht lebte, aber bereits gezeugt war (§ 1923 Abs. 2). Der sog. **Nasciturus** ist allerdings nur erbfähig, wenn er später auch lebend geboren wird. Zwischen Erbfall und Geburt besteht somit ein Schwebezustand.

12   § 1923 Abs. 2 geht von der Existenz werdenden Lebens im Mutterleib aus. Die **moderne Fortpflanzungsmedizin** wirft eine Reihe neuer, noch ungeklärter Fragen auf: Ist § 1923 Abs. 2 analog anzuwenden, wenn eine In-vitro-Fertilisation zur Zeit des Erbfalls bereits erfolgt war, die Implantation des Embryos aber erst nach dem Erbfall erfolgt? Ist § 1923 Abs. 2 möglicherweise sogar dann analog anzuwenden, wenn eine künstliche Insemination mit tiefgefrorenen Samenzellen erst nach dem Tod des Spenders erfolgt, was das Embryonenschutzgesetz zwar verbietet, letztlich aber nicht verhindern kann? (Näheres zur Problematik bei MünchKomm/*Leipold,* § 1923 Rn. 17).

13   Die Erbfähigkeit endet mit dem Tod. Der Erbe muss also notwendigerweise den Erblasser, wenn auch nur um Sekunden, überleben. Kann nicht festgestellt werden, wer von mehreren Personen – etwa bei einem schweren Unfall – zuerst verstorben ist, so wird gemäß § 11 Verschollenheitsgesetz vermutet, dass der Tod zu gleicher Zeit eingetreten ist (sog. **Kommorientenvermutung**). Das bedeutet, dass keine dieser Personen die andere(n) beerben kann.

V. Erbrecht und Grundgesetz

14   In Art. 14 Abs. 1 S. 1 GG wird neben dem Eigentum auch das Erbrecht verfassungsrechtlich geschützt. Art. 14 Abs. 1 S. 1 GG garantiert das Erbrecht in doppelter Weise (BVerfGE 44, 1, 17; 67, 329, 340): Geschützt wird sowohl die „Institution Erbrecht" (sog. **Insti-**

tutsgarantie) als auch das subjektive Recht des Einzelnen im Sinne eines gegen den Staat gerichteten Freiheitsrechts (sog. **Individualrechtsgarantie**).

Rechtliche Relevanz hat die Erbrechtsgarantie im Wesentlichen unter drei Aspekten:

(1) Geschützt wird die **Privaterbfolge** (BVerfGE 67, 329, 340). Dem Gesetzgeber ist es untersagt, das private Erbrecht insgesamt abzuschaffen und an seine Stelle ein staatliches Erb- oder Aneignungsrecht zu setzen. Auch über den Umweg der Erbschaftsteuer darf die Privaterbfolge nicht in Frage gestellt werden (Verbot konfiskatorischer Steuern). Der Spielraum für den steuerlichen Zugriff auf den Erwerb von Todes wegen endet nach BVerfGE 93, 165 dort, „wo die Steuerpflicht den Erwerber übermäßig belastet und die ihm zugewachsenen Vermögenswerte grundlegend beeinträchtigt".

(2) Geschützt wird die **Testierfreiheit** als „bestimmendes Element der Erbrechtsgarantie" (BVerfGE 67, 329, 341). Sie sichert die persönliche Freiheit des Einzelnen, über seinen Tod hinaus über sein Eigentum zu verfügen.

(3) Außerdem garantiert Art. 14 Abs. 1 S. 1 GG nahen Familienangehörigen eine Beteiligung am Nachlass, schützt also das **Familienerbrecht** im Sinne eines gesetzlichen Erb- und Pflichtteilsrechts von Ehegatten und nahen Verwandten.

In einer Grundsatzentscheidung aus dem Jahr 2005 hat das BVerfG (BVerfGE 112, 332 = JZ 2005, 1001 m. Anm. *Otte* = FamRZ 2005, 872 m. Anm. *Mayer* S. 1441) zu dem entscheidenden Problem Stellung genommen, wie das Spannungsverhältnis zwischen Testierfreiheit einerseits und verfassungsrechtlich gewährleistetem Familienerbrecht andererseits aufzulösen ist. Das BVerfG meint, dass durch die Erbrechtsgarantie des Art. 14 Abs. 1 S. 1 i. V. m. Art. 6 Abs. 1 GG die **grundsätzlich unentziehbare und bedarfsunabhängige wirtschaftliche Mindestbeteiligung der Kinder des Erblassers** am Nachlass gewährleistet werde. Problematisch ist die Aussage, die Verfassung garantiere eine „bedarfsunabhängige" Mindestbeteiligung; denn die Bedarfsabhängigkeit des Pflichtteilsrechts war in Deutschland de lege ferenda immer wieder diskutiert worden, ohne dass man auf den Gedanken gekommen wäre, das Ergebnis könne von der Verfassung vorgegeben sein. Außerdem gibt es zahlreiche Rechtsordnungen in Europa (z. B. England und die meisten osteuropäischen Staaten), in denen nur unterhaltsbedürftigen Kindern ein Pflichtteilsanspruch zuerkannt wird. Was die Höhe des Pflichtteils anbelangt, so ist diese nach Ansicht des BVerfG allerdings nicht verfassungsrechtlich vorgegeben; es müsse lediglich eine angemessene Teilhabe der Kinder am Nachlass des Erblassers gewährleistet werden. Eine Verpflichtung des Erblassers, über die derzeitigen Vorschriften hinaus den Kindern einen unentziehbaren Anteil am Nachlass zu sichern, bestehe nicht. Zu beachten ist, dass das BVerfG sich ausschließlich mit dem Pflichtteilsrecht der Kinder des Erblassers befasst hat, nicht mit dem Pflichtteilsrecht entfernter Abkömmlinge (§ 2303 Abs. 1 S. 1), der Eltern (§ 2303 Abs. 2 S. 1) sowie des Ehegatten (§ 2303 Abs. 2 S. 1) und des Lebenspartners (§ 10 Abs. 6 LPartG).

Was die **Pflichtteilsentziehung** gegenüber Kindern und **Pflichtteilsunwürdigkeit** von Kindern anbelangt, so weist das BVerfG darauf hin, dass es Fallkonstellationen gibt, in denen es nicht möglich ist, sowohl das Prinzip der Testierfreiheit als auch den Grundsatz der unentziehbaren Nachlassteilhabe gleichermaßen zur Geltung zu bringen. Für solche Ausnahmefälle habe der Gesetzgeber von Verfassungs wegen Regelungen vorzusehen, die dem Erblasser eine Entziehung oder Beschränkung der Nachlassteilhabe des Kindes ermöglichen. Für die Pflichtteilsentziehung baut das BVerfG allerdings hohe Hürden auf. Erforderlich sei „ein besonders schwer wiegendes Fehlverhalten", das „über die Störung des familiären Beziehungsverhältnisses deutlich hinausgeht" (BVerfGE 112, 332, 353). Eine allgemeine Zerrüttungs- oder Entfremdungsklausel sei schon deshalb unzulässig, weil sie „die Grundsätze der Normenklarheit, der Justiziabilität und der Rechtssicherheit" verletze (BVerfGE 112, 332, 356); ein wenig überzeugendes Argument, da das Zivilrecht auch in anderen Zusammenhängen mit Generalklauseln arbeitet, deren nähere Konkretisierung der Rechtsprechung überlassen bleibt. Unter dem Eindruck der Entscheidung des BVerfG hat sich der Gesetzgeber mit der seit langem geforderten Erleichterung des Rechts der Pflichtteilsentziehung im Gesetz zur Änderung des Erb- und Verjährungsrechts (BGBl. 2009 I, 3142) sehr zurückgehalten. Von einer nennenswerten Erweiterung der Pflichtteilsentziehungsgründe kann jedenfalls keine Rede sein (vgl. § 20 Rn. 2, 41 ff.).

§ 2. Gesetzliche Erbfolge

Literatur: *Belling*, Einführung in das Recht der gesetzlichen Erbfolge, Jura 1986, 579; *Leipold*, Gesetzliches Erbrecht und Pflichtteilsrecht nichtehelicher Kinder, die vor dem 1.7.1949 geboren sind, FPR 2011, 275; *von Dickhuth-Harrach*, Neuerungen im Erbrecht eingetragener Lebenspartner, FamRZ 2005, 1139.

I. Einführung

Obwohl die gewillkürte Erbfolge Vorrang vor der gesetzlichen hat 1 (**Subsidiarität der gesetzlichen Erbfolge**), hat der Gesetzgeber in den §§ 1924–1936 die gesetzliche Erbfolge vor der gewillkürten geregelt. Der Gesetzesaufbau entspricht indessen der Lebenswirklichkeit, weil nur ca. 30% aller Erblasser letztwillig verfügen.

Die gesetzliche Erbfolge tritt ein, wenn der Erblasser nicht durch Erbeinsetzung anderweitig über den Nachlass verfügt hat oder der Eingesetzte deshalb nicht zur Erbfolge gelangt, weil er beispielsweise den Erbfall nicht erlebt (§ 1923 Abs. 1), vertraglich auf sein gesetzliches Erbrecht verzichtet hat (§ 2346 Abs. 1) oder die Erbschaft ausschlägt (§ 1953).

Gesetzliche und gewillkürte Erbfolge können sich ergänzen. So kann der Erblasser die Erbeinsetzung auf einen Bruchteil des Nachlasses beschränken und es im Übrigen bei der gesetzlichen Erbfolge belassen (§ 2088 Abs. 1). Er kann einen Verwandten, den Ehegatten oder Lebenspartner von der gesetzlichen Erbfolge ausschließen, ohne einen Erben einzusetzen (§ 1938). Es verbleibt dann bei der gesetzlichen Erbfolge mit der Maßgabe, dass der Ausgeschlossene als vor dem Erbfall verstorben anzusehen ist (vgl. § 8 Rn. 15). Hat der Erblasser seine „Verwandten" oder seine „nächsten Verwandten" testamentarisch bedacht, so sind hierunter, falls die Auslegung nicht weiterführt, im Zweifel diejenigen Verwandten zu verstehen, welche zur Zeit des Erbfalls seine gesetzlichen Erben sein würden (§ 2067 S. 1).

Die gesetzliche Erbfolgeordnung baut auf dem Prinzip der **Familienerbfolge** auf. Zu gesetzlichen Erben sind der Ehegatte (§ 1931) 2 und die Verwandten des Erblassers (§§ 1924 ff.) berufen, nach § 10 LPartG auch der Lebenspartner oder die Lebenspartnerin. Dabei knüpfen die §§ 1924 ff. formal an die Existenz von Ehe, Lebenspartnerschaft und Verwandtschaft an; die konkreten persönlichen Beziehungen bleiben außer Betracht. So ist der Ehegatte auch dann als gesetzlicher Erbe berufen, wenn die Ehe zerrüttet ist und die Eheleute getrennt leben. Ein Kind, das jeden Kontakt zu seinen Eltern ablehnt, erbt nicht weniger als ein Kind, das sich liebevoll um seine Eltern kümmert. Umgekehrt wird ein Stiefkind, das mit seinem Stiefvater nur verschwägert ist (§ 1590), auch dann nicht gesetzlicher Erbe des Stiefvaters, wenn zwischen beiden faktisch ein echtes Vater-Kind-Verhältnis bestanden hat. Gleiches gilt für den Lebensgefährten, der mit dem Verstorbenen in einer stabilen eheähnlichen Gemeinschaft zusammengelebt hat.

II. Gesetzliches Erbrecht der Verwandten

1. Begriff der Verwandtschaft

3   Nach § 1589 sind Personen, deren eine von der anderen abstammt oder die beide von derselben dritten Person abstammen, miteinander verwandt. Wenn in den §§ 1924 ff. von Abkömmlingen, Kindern, Eltern usw. die Rede ist, ist damit allerdings nicht die biologische, sondern die *rechtliche* Abstammung gemeint, auch wenn biologische und rechtliche Abstammung in aller Regel übereinstimmen.

> **Beispiel:** Erblasser E hinterlässt zwei Kinder, die von seiner vorverstorbenen Ehefrau F während der Ehe geboren wurden. Kind A meint, es sei Alleinerbe seines Vaters geworden, weil Kind B nicht von E abstamme.

Nach § 1592 Nr. 1 gilt B solange rechtlich als Kind des E (**Statusprinzip**), als nicht aufgrund einer Anfechtung der Vaterschaft mit Wirkung für und gegen jedermann (§ 184 Abs. 2 FamFG) rechtskräftig festgestellt ist, dass Kind B nicht von E abstammt (§ 1599 Abs. 1). Als Anfechtungsberechtigte kommen im Beispielsfall der Ehemann, die Mutter und Kind B, nicht aber Kind A in Betracht (§ 1600 Abs. 1). Da die Mutter und ihr Ehemann (der Erblasser) bereits verstorben sind, bleibt nur noch eine Anfechtung durch Kind B übrig, das aber an einer Anfechtung gerade nicht interessiert ist. Kind B erbt also neben Kind A, obwohl möglicherweise alle Beteiligten wissen, dass Kind B biologisch nicht von E abstammt.

Ob ein Kind ehelich oder nichtehelich geboren ist, spielt seit dem 4 **Erbrechtsgleichstellungsgesetz** vom 16.12.1997 (BGBl. 1997 I, 2968) für die gesetzliche Erbfolge keine Rolle mehr. Das BGB hat inzwischen sogar den Begriff der Ehelichkeit bzw. Nichtehelichkeit gänzlich aufgegeben. Wann immer das Gesetz von Abkömmlingen oder Kindern spricht (z. B. § 1924), sind deshalb, um in der alten Terminologie zu bleiben, sowohl eheliche als auch nichteheliche Abkömmlinge oder Kinder gemeint.

Allerdings gilt auch im Falle nichtehelicher Abstammung das sog. Statusprinzip:

Beispiel: Nach dem Tod des Erblassers E, der nie verheiratet war, behauptet A, der Verstorbene sei sein Vater gewesen.

Zunächst ist zu klären, ob A rechtlich bereits einen Vater hat. Vater könnte der Ehemann seiner Mutter sein (§ 1592 Nr. 1), oder, falls die Mutter nicht verheiratet war, der Mann, der die Vaterschaft anerkannt hat (§ 1592 Nr. 2) oder dessen Vaterschaft gerichtlich festgestellt wurde (§ 1592 Nr. 3). Hat das Kind bereits einen Vater, so müsste A erst einmal diese Vaterschaft erfolgreich anfechten (§§ 1599 Abs. 1, 1600), falls eine Anfechtung überhaupt noch möglich ist (§ 1600b). Dann erst könnte gerichtlich geklärt werden, ob A tatsächlich von E abstammt. Eine gerichtliche Feststellung der Vaterschaft wäre nach dem Tod des E zwar noch möglich, dürfte aber nicht inzidenter in einem Erbschaftsprozess erfolgen (§ 1600d Abs. 4). Die Vaterschaft des E müsste vielmehr zuerst mit Wirkung für und gegen jedermann festgestellt werden (§ 184 Abs. 2 FamFG), bevor A in der Lage wäre, erbrechtliche Ansprüche geltend zu machen.

Im Falle einer heterologen künstlichen Insemination, wenn also die Ehefrau 5 mit dem Samen eines *Dritten* künstlich befruchtet wurde, gilt der Ehemann nach § 1592 Nr. 1 solange als Vater des auf diese Weise gezeugten Kindes, als die Vaterschaft nicht erfolgreich angefochten wurde. Ein Anfechtungsrecht steht zwar weder dem Ehemann noch der Mutter zu, mit deren beider Einwilligung das Kind gezeugt wurde (§ 1600 Abs. 5), wohl aber dem Kind selbst nach Maßgabe der §§ 1600 Abs. 1 Nr. 4, 1600a Abs. 4, 1600b Abs. 3. Wird rechtskräftig festgestellt, dass das künstlich gezeugte Kind nicht vom Ehemann der Mutter abstammt, so ist der Weg theoretisch frei zu einer gerichtlichen Feststellung der Vaterschaft des Samenspenders (§ 1600d Abs. 1), mit der Folge, dass das Kind zum Kreis gesetzlicher Erben des Samenspenders gehören würde.

6   Mutter eines Kindes ist nach dem klaren Wortlaut des § 1591 immer die
     Frau, die es geboren hat. Dies gilt auch, wenn die Frau infolge einer **Ei- oder
     Embryonenspende** ein genetisch nicht von ihr abstammendes Kind zur Welt
     gebracht hat. Eine Mutterschaftsanfechtung kennt das geltende Recht nicht.

7   Die Adoption (§§ 1741 ff.) ist seit dem AdoptG von 1976 grund-
     sätzlich eine sog. **Volladoption.** Durch die Annahme werden die
     Rechtsbeziehungen zwischen Kind und Ursprungsfamilie vollständig
     gelöst (§ 1755). Dafür wird das Kind vollständig in die Familie der
     Annehmenden integriert (§ 1754). Das Kind beerbt also in seiner
     neuen Familie kraft Gesetzes nicht nur die Adoptiveltern, sondern
     auch deren Verwandte, ohne Rücksicht darauf, ob diese mit der
     Adoption einverstanden waren oder nicht. Eine Ausnahme gilt für
     die **Stiefkind- und Verwandtenadoption** nach Maßgabe des § 1756
     sowie für die **Volljährigenadoption** (§ 1770 Abs. 1 und 2).

2. Prinzipien des Verwandtenerbrechts

a) Parentelsystem

8   Nach dem Parentelsystem (lat. parentes: Eltern) werden die Ver-
     wandten des Erblassers in **Parentelen oder Ordnungen** eingeteilt.
     Zur ersten Ordnung oder Parentel gehören die Abkömmlinge des
     Erblassers, also seine Kinder und Kindeskinder (§ 1924 Abs. 1). Die
     zweite Ordnung besteht gemäß § 1925 Abs. 1 aus den Eltern des Erb-
     lassers und deren Abkömmlingen (also den Geschwistern, Neffen
     und Nichten, Großneffen und Großnichten des Erblassers). Zur drit-
     ten Ordnung zählen nach § 1926 Abs. 1 die Großeltern des Erblassers
     und deren Abkömmlinge (also Onkel und Tanten, Vettern und Cou-
     sinen des Erblassers sowie deren Abkömmlinge). Die vierte Ordnung
     bilden die Urgroßeltern des Erblassers und deren Abkömmlinge
     (§ 1928 Abs. 1). Gesetzliche Erben der fünften Ordnung und der fer-
     neren Ordnungen sind die entfernteren Voreltern und deren Ab-
     kömmlinge (§ 1929 Abs. 1).
     Verwandte der näheren Ordnung schließen gemäß § 1930 die Ver-
     wandten der entfernteren Ordnungen von der gesetzlichen Erbfolge
     aus **(Vorrang der niedrigeren Ordnung).** Erben der zweiten Ord-
     nung kommen also nur zum Zug, wenn der Erblasser keinen Ab-
     kömmling hinterlässt, Erben der dritten Ordnung nur, wenn auch in
     der zweiten Ordnung kein Verwandter den Erblasser überlebt, usw.

Das Parentelsystem ist nirgendwo so lupenrein verwirklicht wie in Deutschland. Es gibt allerdings einige Rechtsordnungen, die ebenfalls auf dem Parentelsystem aufbauen, die Verwandtenerbfolge jedoch auf die ersten drei oder vier Ordnungen beschränken (frühere DDR, Österreich, Schweiz, Griechenland). Andere Länder teilen die gesetzlichen Erben zwar ebenfalls in Ordnungen oder Klassen ein, die aber nicht unseren Parentelen entsprechen: So gehören in Frankreich Großeltern, Urgroßeltern, Ururgroßeltern usw. allesamt der dritten Ordnung an, während ihre Abkömmlinge, soweit diese überhaupt zur Erbfolge berufen sind, die vierte Ordnung bilden. Auffallend ist, dass außer Deutschland nur wenige Staaten (wie z. B. die USA) ein System der unbegrenzten Verwandtenerbfolge kennen.

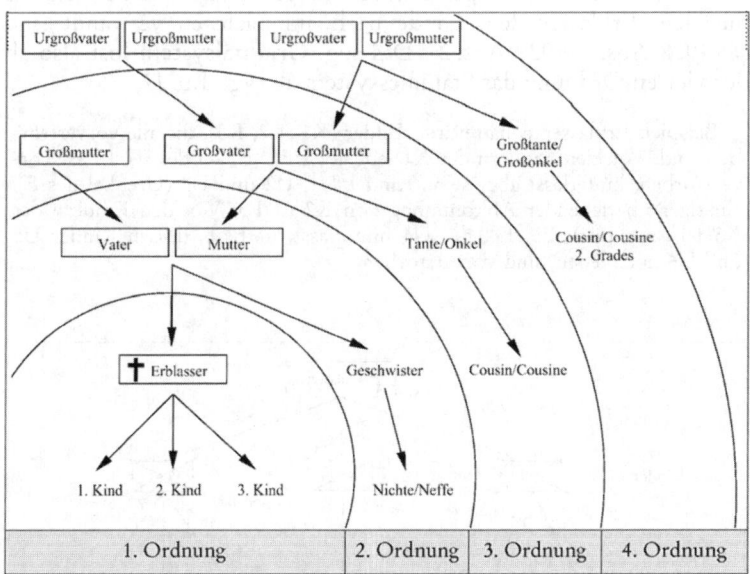

b) Stammes- und Liniensystem

Steht aufgrund des Parentelsystems fest, welche Ordnung für die Erbfolge maßgebend ist, trägt das Stammes- bzw. Liniensystem zur Klärung der Frage bei, welche Verwandten **innerhalb einer Ordnung** als Erben berufen sind. Unter einem Stamm versteht man die Verwandtschaftsbeziehungen einer Person zu ihren Abkömmlingen (Deszendenten), unter einer Linie die Beziehungen einer Person zu ihren Vorfahren (Aszendenten).

10   **Erbfolge nach Stämmen** bedeutet, dass an die Stelle eines zur Zeit des Erbfalls nicht mehr lebenden erbberechtigten Verwandten dessen Abkömmlinge treten (für die erste Ordnung vgl. § 1924 Abs. 3). Die Erbfolge nach Stämmen gilt auch im Rahmen der zweiten Ordnung, weil dort an die Stelle eines vorverstorbenen Elternteils dessen Abkömmlinge „nach den für die Beerbung in der ersten Ordnung geltenden Vorschriften" treten (§ 1925 Abs. 3 S. 1). Entsprechendes gilt für die dritte Ordnung (§ 1926 Abs. 3 S. 1 und Abs. 5), während von der vierten Ordnung an überlebende Urgroßeltern (Ururgroßeltern usw.) allein erben (§§ 1928 Abs. 2, 1929 Abs. 2) und beim Fehlen von Urgroßeltern diejenigen Abkömmlinge an ihre Stelle treten, die mit dem Erblasser dem Grade nach am nächsten verwandt sind (§§ 1928 Abs. 3, 1929 Abs. 2). Das sog. **Gradualsystem** löst also ab der vierten Ordnung das Stammessystem ab (vgl. Rn. 17).

> **Beispiel:** Erblasser E hatte drei Kinder (K1, K2, K3), die alle vorverstorben sind. Von den Kindern des K1 lebt noch E1 (Enkel des E). E2 ist vorverstorben, hinterlässt aber seine Kinder U1, U2 und U3 (Urenkel des E). Einziger überlebender Abkömmling von K2 ist E3. Von den Kindern des K3 lebt nur noch E5. E4, der U4 hinterlässt, und E6, dessen Kinder U5 und U6 noch leben, sind vorverstorben.

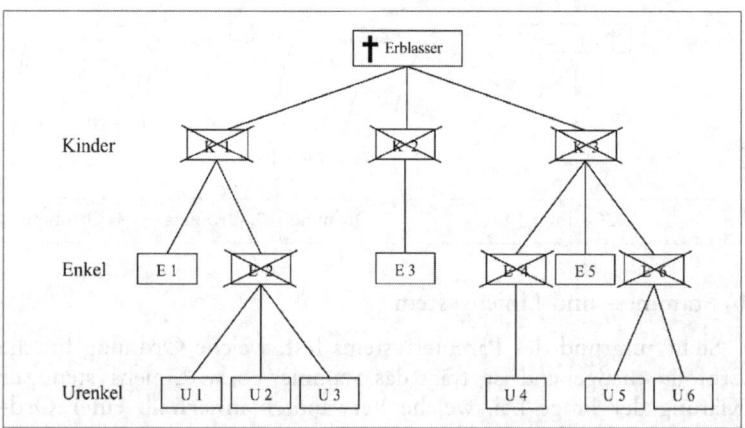

Da nach § 1924 Abs. 4 Kinder zu gleichen Teilen erben und nach § 1924 Abs. 3 an die Stelle eines zur Zeit des Erbfalls nicht mehr lebenden Abkömmlings dessen Nachfahren treten, erhält notwendigerweise **jeder Stamm denselben Erbteil.** Auf die Stämme von K1, K2 und K3 entfällt also jeweils ein Drittel des Nachlasses. Von dem auf den Stamm des K1 entfallenden Drittel erhält E1 die Hälfte (= $1/6$); U1, U2 und U3 bekommen je $1/18$ (E1 und E2 bilden also – bezogen auf K1 – wiederum neue Stämme). Das auf den Stamm des K2 entfallende Drittel steht dem E3 zu. Von dem auf den Stamm des K3 entfallenden Drittel erhält E5 $1/3$, also $1/9$. An die Stelle des E4 tritt U4, der ebenfalls $1/9$ erhält, während der dem vorverstorbenen E6 an sich zustehende Anteil von $1/9$ an U5 und U6 fällt (je $1/18$).

Geht das Vermögen des Erblassers mangels Erben erster Ordnung auf seine Vorfahren über, spricht man von einer **Erbfolge nach Linien.** Auch hier gilt, dass jede Linie (z. B. in der zweiten Ordnung die mütterliche und die väterliche) denselben Erbteil erhält. Sind die direkten Vorfahren des Erblassers bereits vorverstorben, so ist wiederum die Erbfolge nach Stämmen (vgl. §§ 1925 Abs. 3 S. 1, 1926 Abs. 3 S. 1) maßgebend: An die Stelle verstorbener Vorfahren treten deren Abkömmlinge. Stammes- und Liniensystem ergänzen sich also.

Wie das Stammes-, so wird auch das Liniensystem ab der vierten Ordnung durch das **Gradualsystem** abgelöst, weil überlebende Urgroßeltern (Ururgroßeltern usw.) allein erben (§§ 1928 Abs. 2, 1929 Abs. 2) und beim Fehlen von Urgroßeltern diejenigen Abkömmlinge an ihre Stelle treten, die mit dem Erblasser dem Grade nach am nächsten verwandt sind (§§ 1928 Abs. 3, 1929 Abs. 2; Näheres Rn. 17).

Beispiel: Erblasser E stirbt kinderlos. Seine Mutter M ist vorverstorben, es leben aber noch sein Vater und sein einziger Bruder B.

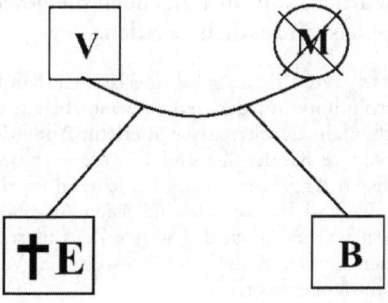

Da keine Erben erster Ordnung vorhanden sind, kommen die Erben zweiter Ordnung zum Zug. Nach § 1925 Abs. 2 würden die Eltern zu gleichen Teilen erben (Liniensystem). Da die Mutter M aber bereits vorverstorben ist, gilt § 1925 Abs. 3 S. 1 (Stammessystem), d. h. ihr Sohn B erhält die auf die mütterliche Linie entfallende Hälfte des Nachlasses (vgl. auch Beispielsfall Rn. 15).

c) Repräsentationssystem

12 Während das Stammessystem besagt, dass an die Stelle eines vorverstorbenen Abkömmlings die durch ihn mit dem Erblasser verwandten Abkömmlinge treten (§ 1924 Abs. 3), bedeutet das Repräsentationssystem, dass ein zur Zeit des Erbfalls lebender Abkömmling die durch ihn mit dem Erblasser verwandten ferneren Abkömmlinge von der Erbfolge ausschließt (§ 1924 Abs. 2). Abkömmlinge werden also durch ihre noch lebenden Vorfahren „repräsentiert".

13 Als Repräsentation bezeichnet man gelegentlich auch das Nachrücken von entfernteren Verwandten, falls ein näherer Verwandter als Erbe wegfällt. Üblich ist indessen der Begriff **Eintrittsrecht**. Ein Wegfall des Näherberufenen liegt insbesondere vor, wenn dieser vorverstirbt, enterbt wird (vgl. § 8 Rn. 15) oder die Erbschaft ausschlägt (§ 1953).

3. Erben der ersten Ordnung

14 Wer gesetzlicher Erbe der ersten Ordnung ist, bestimmt § 1924. Nachdem im vorhergehenden Abschnitt die für die erste Ordnung maßgebenden Prinzipien (Parentel-, Stammes-, Repräsentationssystem) dargestellt wurden, soll im Folgenden die gesetzliche Regelung anhand eines Beispiels verdeutlicht werden.

Beispiel: Der verwitwete Erblasser E hinterlässt ein Kind K1, das aus einer außerehelichen Verbindung mit der bereits verstorbenen G stammt. K1 hat ein Kind E1, das ebenfalls den Erblasser überlebt. Außerdem hatte der Erblasser noch zwei weitere Kinder K2 und K3, die aber beide vorverstorben sind. Von den nächsten Angehörigen des K2 leben noch die Witwe X sowie die beiden Kinder E2 und E3, von den nächsten Angehörigen des K3, der kinderlos verstorben ist, nur noch die Witwe Z. Außerdem hinterlässt der Erblasser noch einen Bruder B und eine Schwester S. Vater V und Mutter M des Erblassers sind vorverstorben.

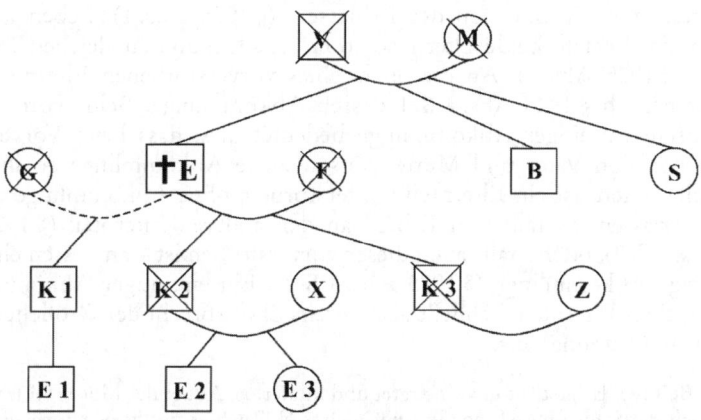

Bruder B und Schwester S sind Verwandte der zweiten Ordnung (§ 1925 Abs. 1). Sie sind gemäß § 1930 nicht zur Erbfolge berufen, weil mit K1, E1, E2 und E3 Verwandte der ersten Ordnung vorhanden sind (Parentelsystem). Die beiden Witwen X und Z sind mit dem Erblasser nicht verwandt und gehören deshalb auch nicht zu seinen Erben. K1 schließt nach § 1924 Abs. 2 E1 von der Erbfolge aus (Repräsentationssystem). Dass K1 aus einer außerehelichen Verbindung stammt, ist unerheblich. Für die gesetzliche Erbfolge spielt es keine Rolle, ob ein Kind ehelich oder nichtehelich geboren wurde (vgl. Rn. 18).

An die Stelle des vorverstorbenen K2 treten nach § 1924 Abs. 3 dessen Kinder E2 und E3 (Stammessystem). K3 ist vorverstorben, ohne Abkömmlinge zu hinterlassen. Der Umstand, dass K3 kinderlos verstorben ist, ändert an dem fehlenden Erbrecht der Z nichts. Da nur noch Abkömmlinge aus zwei Stämmen, nämlich denen des K1 und K2, vorhanden sind, wird K1 Erbe zu ½. Die andere Hälfte teilen sich gemäß § 1924 Abs. 3 und 4 E2 und E3, die somit Erben zu je ¼ werden. K1, E2 und E3 bilden eine Miterbengemeinschaft (§ 2032 Abs. 1), auf die das Vermögen des Erblassers im Wege der Universalsukzession übergegangen ist.

4. Erben der zweiten Ordnung

Erben der zweiten Ordnung sind die Eltern des Erblassers und deren Abkömmlinge, also die Geschwister, Neffen und Nichten, Groß- **15**

neffen und Großnichten des Erblassers (§ 1925 Abs. 1). Leben zur
Zeit des Erbfalls beide Eltern, so erben sie allein und zu gleichen Teilen (§ 1925 Abs. 2). An die Stelle eines vorverstorbenen Elternteils
treten nach § 1925 Abs. 3 S. 1 dessen Abkömmlinge. Beim Vorhandensein einseitiger Abkömmlinge bedeutet dies, dass beim Vorversterben von Vater und Mutter verschiedene Abkömmlinge an ihre
Stelle treten. Ist ein Elternteil vorverstorben, ohne Abkömmlinge zu
hinterlassen, so fällt sein Erbteil an den anderen Elternteil (§ 1925
Abs. 3 S. 2), oder – falls auch dieser vorverstorben ist – an dessen einseitige Abkömmlinge (§ 1925 Abs. 3 S. 1). Ein einseitiger Abkömmling eines Elternteils schließt also bereits das Erbrecht der Großeltern
(dritte Ordnung) aus.

Beispiel: E verstirbt unverheiratet und kinderlos. Außer der Mutter M lebt
noch die Schwester S1, sowie eine Nichte N, Tochter der vorverstorbenen
Schwester S2. Aus geschiedener erster Ehe des bereits verstorbenen Vaters
stammt ein Halbbruder H des E.

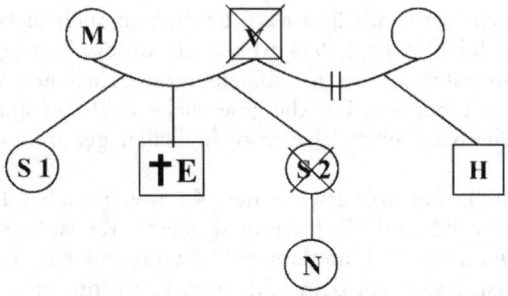

Da E keine Abkömmlinge hinterlässt, sind die Verwandten der
zweiten Ordnung zur Erbfolge berufen. Gemäß § 1925 Abs. 2 erbt
M die Hälfte des Nachlasses. Die auf die väterliche Linie entfallende
andere Hälfte verteilt sich gemäß § 1925 Abs. 3 S. 1 auf die Schwester
S1, auf N, die an die Stelle von S2 tritt (§ 1925 Abs. 3 S. 1 i. V. m.
§ 1924 Abs. 3), und auf H zu je $1/6$. M, S1, N und H bilden gemäß
§ 2032 Abs. 1 eine Miterbengemeinschaft.
    Wäre auch M vorverstorben, so würde sich ihre Hälfte auf S1 und
N verteilen (§ 1925 Abs. 3 S. 1). S1 und N bekämen also insgesamt je
$5/12$ ($1/6 + 1/4$), da sie von beiden Linien profitieren würden, während
es für H bei $1/6$ verbliebe.

5. Erben der dritten Ordnung

Erben der dritten Ordnung sind die Großeltern des Erblassers und 16 deren Abkömmlinge, also Onkel und Tanten, Vettern und Cousinen sowie deren Abkömmlinge (§ 1926 Abs. 1). Leben zur Zeit des Erbfalls alle Großeltern, so erben sie allein und zu gleichen Teilen (§ 1926 Abs. 2). Ist ein Großelternteil vorverstorben, so sind dessen Abkömmlinge an seiner Stelle zu Erben berufen (§ 1926 Abs. 3 S. 1). Sind keine Abkömmlinge vorhanden, so fällt sein Anteil an den anderen Großelternteil in derselben Linie (§ 1926 Abs. 3 S. 2). Erst wenn beide Großeltern einer Linie verstorben sind, ohne Abkömmlinge zu hinterlassen, fällt ihr Anteil zu gleichen Teilen an die andere Großelternlinie (§ 1926 Abs. 4).

> **Beispiel:** Der ledige E stirbt, ohne Verwandte der ersten und zweiten Ordnung zu hinterlassen. Von den Verwandten der dritten Ordnung leben noch die beiden Großmütter (GM1 und GM2), während die beiden Großväter (GV1 und GV2) vorverstorben sind. Außerdem wird E mütterlicherseits von einem Onkel O und einer Tante T überlebt.

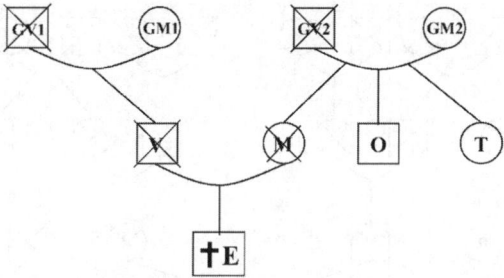

Lebten noch sämtliche Großeltern, so erhielte jeder Großelternteil ¼ des Nachlasses (§ 1926 Abs. 2). Da GV1 vorverstorben ist, ohne Abkömmlinge zu hinterlassen, fällt sein Anteil an GM1 (§ 1926 Abs. 3 S. 2), die somit ¼ + ¼ = ½ erhält. Der Anteil von GV2 in Höhe von ¼ fällt zu gleichen Teilen an O und T, die somit je ⅛ erhalten (§ 1926 Abs. 3 S. 1 i. V. m. Abs. 5). GM2 erhält ¼. GM1, GM2, O und T bilden eine Miterbengemeinschaft gemäß § 2032 Abs. 1.

6. Erben der vierten Ordnung und fernerer Ordnungen

17   Erben der vierten Ordnung sind die Urgroßeltern des Erblassers und deren Abkömmlinge (§ 1928 Abs. 1). Leben zur Zeit des Erbfalls die Urgroßeltern noch, so erben sie allein und zu gleichen Teilen (§ 1928 Abs. 2). An die Stelle vorverstorbener Urgroßeltern treten die überlebenden Urgroßeltern, ohne Unterschied, ob sie derselben oder verschiedenen Linien angehören (§ 1928 Abs. 2). Die überlebenden Urgroßeltern erben nach Kopfteilen. Abkömmlinge von Urgroßeltern sind zur Erbfolge erst berufen, wenn sämtliche Urgroßeltern verstorben sind. Ist das der Fall, dann erben nach § 1928 Abs. 3 diejenigen Abkömmlinge, die „mit dem Erblasser dem Grade nach am nächsten verwandt" sind (Gradualsystem).

> **Beispiel:** Beim Tod des ledigen Erblassers E sind aus der vierten Ordnung sämtliche Urgroßeltern vorverstorben. Von einem Urgroßelternpaar väterlicherseits leben noch zwei Enkel (A und B), von einem Urgroßelternpaar mütterlicherseits zwei Urenkel (C und D).

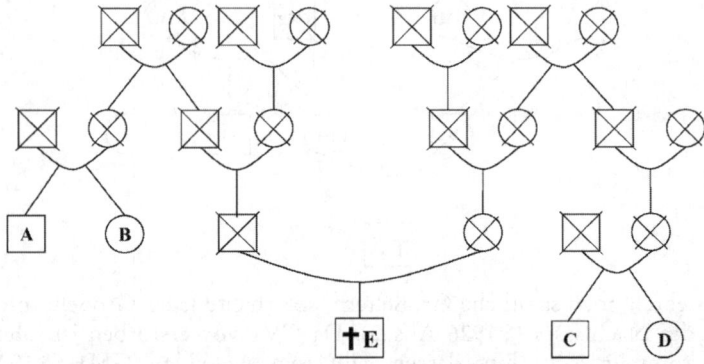

A und B sind mit dem Erblasser im fünften, C und D im sechsten Grad verwandt. Der Grad der Verwandtschaft wird durch die Zahl der Geburten bestimmt, welche die Verwandtschaft vermitteln (§ 1589 S. 3). Da nach § 1928 Abs. 3 die mit dem Erblasser dem Grade nach am nächsten verwandten Abkömmlinge als Erben berufen sind und mehrere gleichnahe Verwandte zu gleichen Teilen erben, bilden A und B eine Miterbengemeinschaft mit einem Anteil von je ½.

Für die fünfte Ordnung und die weiteren Ordnungen gilt ebenfalls das Gradualsystem. Da Stammeltern der fünften Ordnung und fernererer Ordnungen den Erblasser kaum jemals überleben dürften, sind also deren mit dem Erblasser dem Grade nach am nächsten verwandte Abkömmlinge als Erben berufen. Dass der Gesetzgeber bei entfernten Verwandten dem Gradualsystem den Vorrang vor dem Erbrecht nach Linien und Stämmen einräumt, verstößt entgegen der Ansicht des *AG Starnberg* (FamRZ 2003, 1131) nicht gegen Art. 13 und 14 GG. Die Regelung wirkt der Zersplitterung von Nachlässen entgegen und erleichtert das Auffinden der Erben. Andere Rechtsordnungen lehnen deshalb eine private gesetzliche Erbfolge gänzlich ab, wenn es an einer bestimmten Gradnähe zwischen Erblasser und Erben fehlt (z. B. Frankreich, Italien).

III. Gesetzliches Erbrecht bei nichtehelicher Abstammung

Nachdem seit dem Erbrechtsgleichstellungsgesetz mit Wirkung vom 1.4.1998 jede Differenzierung zwischen ehelicher und nichtehelicher Abstammung beseitigt ist, scheint ein eigener Abschnitt, der sich mit der Rechtsstellung nichtehelicher Kinder befasst, überflüssig zu sein. Wenn trotzdem diese Thematik besonders erörtert wird, so aus zwei Gründen: Die völlige Gleichstellung nichtehelicher Kinder mit ehelichen geht auf einen langen Entwicklungsprozess zurück, der erst mit dem Erbrechtsgleichstellungsgesetz abgeschlossen wurde, so dass es angemessen erscheint, die Grundlinien dieser Entwicklung zu skizzieren. Außerdem wirkt auch bei Erbfällen nach dem 1.4.1998 das alte Recht in besonderen Fallkonstellationen aufgrund von Übergangsbestimmungen fort. **18**

1. Grundlinien der Entwicklung

Nichteheliche Kinder hatten seit jeher im Verhältnis zu ihrer Mutter und zu mütterlichen Verwandten die gleiche Rechtsstellung wie eheliche Kinder. Was ihre Rechtsbeziehungen zum Vater und zu väterlichen Verwandten anbelangt, so bestimmte § 1589 Abs. 2 in seiner ursprünglichen Fassung: „Ein uneheliches Kind und dessen Vater gelten nicht als verwandt". Damit war klargestellt, dass ein nichteheli- **19**

ches Kind in der väterlichen Linie nicht zum Kreis gesetzlicher Erben
zählte. An dieser Rechtslage hat sich lange Zeit nichts geändert, obwohl Art. 121 WeimRV fast wortgleich mit dem späteren Art. 6
Abs. 5 GG bestimmte, dass nichtehelichen Kindern durch die Gesetzgebung die gleichen Bedingungen für ihre leibliche, seelische und ge-
sellschaftliche Entwicklung zu schaffen seien wie ehelichen Kindern.
Nachdem eine Umsetzung dieses Gebots 50 Jahre lang auf sich hatte
warten lassen, griff schließlich das Bundesverfassungsgericht mit einem Beschluss vom 29.1.1969 (BVerfGE 25, 167) ein, indem es dem
Gesetzgeber unter Androhung von Richterrecht aufgab, bis zum
Ende der fünften Legislaturperiode, also noch im selben Jahr, dem
Verfassungsauftrag nachzukommen. Unter großem Zeitdruck wurde
sodann das Nichtehelichengesetz vom 19.8.1969 (in Kraft getreten am
1.7.1970) verabschiedet. § 1589 Abs. 2 wurde ersatzlos gestrichen.
Nichteheliche Kinder waren von nun an mit ihrem Vater in gleicher
Weise verwandt wie eheliche Kinder. Trotzdem glaubte der Gesetzge-
ber, der Besonderheit nichtehelicher Abstammung in zweierlei Hinsicht Rechnung tragen zu sollen:

20   (1) Nichteheliche Kinder wurden neben ehelichen sowie neben
dem Ehegatten des Erblassers nicht zu gesetzlichen Erben berufen.
Stattdessen erhielten sie gemäß § 1934a a. F. einen sog. **Erbersatzanspruch** in Form eines Geldanspruchs gegen die aus Ehefrau und ehelichen Kindern bestehende Erbengemeinschaft. Die Höhe des Erber-
satzanspruchs bestimmte sich nach dem Wert des dem Kind
„eigentlich" zustehenden Erbteils (§ 1934b a. F.). Der Gesetzgeber
ging bei dieser Lösung von der Überlegung aus, dass das nichteheliche Kind typischerweise nicht in der Familie seines Vaters aufwachse
und deshalb als Miterbe versuchen werde, „seine rein finanziellen Interessen rücksichtslos durchzusetzen" (BT-Drs. V/2370 S. 91), was
zur vermeidbaren Zerschlagung von Wirtschaftsvermögen und zur
überflüssigen Versteigerung von Immobiliarbesitz führen könne.

21   (2) Ausgehend von der Überlegung, dass die Väter ehelicher Kinder diese beim Eintritt ins Berufsleben oft freiwillig nachhaltig unter-
stützen, meinte der Gesetzgeber weiter, nichtehelichen Kindern eine
entsprechende Starthilfe durch den sog. **vorzeitigen Erbausgleich**
zukommen lassen zu müssen. Ein nichteheliches Kind, welches das
21., aber noch nicht das 27. Lebensjahr vollendet hatte, konnte nach
§ 1934d a. F. von seinem Vater einen vorzeitigen Erbausgleich in Geld
verlangen. Wurde dieser geltend gemacht, so waren damit allerdings

das gesetzliche Erbrecht und die Pflichtteilsberechtigung des nichtehelichen Kindes ausgeschlossen.

Sowohl der Erbersatzanspruch als auch der vorzeitige Erbausgleich **22**
gerieten im Laufe der Zeit immer stärker ins Kreuzfeuer der Kritik:
der Erbersatzanspruch, weil er nichteheliche Kinder schlechter stellte
als eheliche, der vorzeitige Erbausgleich, weil er sie ungerechtfertigt
bevorzugte. Das Erbrechtsgleichstellungsgesetz hat zum 1.4.1998
durch die ersatzlose Streichung der §§ 1934 a–e sowohl den Erbersatzanspruch als auch den vorzeitigen Erbausgleich abgeschafft.

Die Verabschiedung des Erbrechtsgleichstellungsgesetzes ist durch die
Rechtsentwicklung in der ehemaligen DDR beschleunigt worden. § 365
Abs. 1 des am 1.1.1976 in Kraft getretenen ZGB der DDR hatte eheliche und
nichteheliche Kinder völlig gleichgestellt. Diese Gleichstellung sollte durch die
Wiedervereinigung im Jahre 1990 nicht in Frage gestellt werden. Art. 235 § 1
Abs. 2 EGBGB bestimmte deshalb, dass für nichteheliche Kinder, die vor dem
Wirksamwerden des Beitritts (3.10.1990) geboren wurden, anstelle der §§ 1934
a–e die Vorschriften über das Erbrecht ehelicher Kinder gelten sollten. Da
Art. 235 § 1 Abs. 2 EGBGB nur für solche nichtehelichen Kinder gilt, auf die
zum *Zeitpunkt der Wiedervereinigung* DDR-Recht anwendbar war, kam es
darauf an, ob der Erblasser am 3.10.1990 seinen gewöhnlichen Aufenthalt in
Ost- oder Westdeutschland hatte. Die Wiedervereinigung führte somit zur
Rechtsspaltung zwischen alten und neuen Bundesländern, die erst durch das
Erbrechtsgleichstellungsgesetz mit Wirkung vom 1.4.1998 beseitigt worden
ist (zur Rechtslage der vor dem 1.7.1949 geborenen nichtehelichen Kinder
vgl. allerdings Rn. 23).

2. Fortwirkung alten Rechts

Seit Inkrafttreten des Erbrechtsgleichstellungsgesetzes am 1.4.1998 **23**
sind die früher geltenden Vorschriften über das Erbrecht des nichtehelichen Kindes grundsätzlich nur noch dann anzuwenden, wenn
der Erblasser noch unter der Herrschaft des alten Rechts verstorben
ist (Art. 227 Abs. 1 Nr. 1 EGBGB).

Eine Ausnahme gilt für **nichteheliche Kinder, die vor dem 1.7.1949 geboren wurden,** und deren Abkömmlinge. Für sie hatte das Nichtehelichengesetz
von 1969 in Art. 12 § 10 Abs. 2 S. 1 bestimmt: „Für die erbrechtlichen Verhältnisse eines vor dem 1.7.1949 geborenen nichtehelichen Kindes und seiner Abkömmlinge zu dem Vater und dessen Verwandten bleiben die bisher geltenden
Vorschriften auch dann maßgebend, wenn der Erblasser nach dem Inkrafttreten dieses Gesetzes stirbt". Vor dem 1.7.1949 geborene nichteheliche Kinder
blieben somit auch nach Inkrafttreten des Nichtehelichengesetzes von jeder
Teilhabe am Nachlass ihres Vaters oder väterlicher Verwandter ausgeschlos-

sen. Während das Bundesverfassungsgericht stets der Auffassung war, dass diese unterschiedliche Behandlung mit dem Grundgesetz vereinbar sei (vgl. etwa *BVerfG* ZEV 2004, 114), erblickte der Europäische Gerichtshof für Menschenrechte hierin schließlich einen **Verstoß gegen das Diskriminierungsverbot des Art. 14 i. V. m. Art. 8 EMRK** (*EGMR* ZEV 2009, 510 m. Anm. *Leipold* S. 488). Daher wurde durch das Zweite Gesetz zur erbrechtlichen Gleichstellung nichtehelicher Kinder vom 12.4.2011 (BGBl. I, S. 615) die bisherige Fassung von Art. 12 § 10 Abs. 2 des Nichtehelichengesetzes aufgehoben und damit die Ungleichbehandlung der vor dem 1.7.1949 geborenen nichtehelichen Kinder beseitigt, allerdings nur für Erbfälle nach dem 28.5.2009 – dem Tag der Verkündung der Entscheidung des Europäischen Gerichtshofs für Menschenrechte. Diese zeitliche Zäsur wurde vom Bundesverfassungsgericht gebilligt (*BVerfG* ZEV 2013, 326 = FamRZ 2013, 847 m. Anm. *Reimann* S. 851; *BGH* ZEV 2012, 32), weil es gegen den Vertrauensschutzgrundsatz verstoße, bereits angefallene Erbschaften wieder rückabzuwickeln. Doch wird das letzte Wort wohl erneut der Europäische Gerichtshof für Menschenrechte sprechen.

IV. Gesetzliches Erbrecht des Ehegatten

1. Einführung

24 Das Ehegattenerbrecht ist in den letzten fünfzig Jahren nahezu weltweit zu Lasten des Verwandtenerbrechts verstärkt worden, so auch in Deutschland, wo 1957 der Erbteil des in einer Zugewinngemeinschaftsehe lebenden Ehegatten um $1/4$ erhöht wurde, ohne Rücksicht darauf, ob die Ehegatten überhaupt einen Zugewinn erzielt haben oder nicht (§ 1371 Abs. 1). Teilweise wurde und wird sogar ein gesetzliches Alleinerbrecht des überlebenden Ehegatten gefordert (Nachweise bei Staudinger/*Werner*, § 1931 Rn. 53; *Freytag*, ZRP 1991, 106).

Die Diskussion um eine Erhöhung des Ehegattenerbrechts wird oft unter der stillschweigenden Voraussetzung geführt, dass das Vermögen der Ehegatten letztlich doch nach dem Tod beider an die gemeinsamen Kinder falle, so dass die Erhöhung der Erbquote des Ehegatten nur temporär zu Lasten der Kinder gehe. Diese Argumentation stimmt nicht, wenn der überlebende Ehegatte wieder heiratet und nach seinem Tod Teile des Vermögens nunmehr dem zweiten Ehegatten hinterlässt, aus der Sicht der erstehelichen Kinder also dem Stieferbteil, von dem diese entsprechend der Erbfolgeordnung des BGB später nichts mehr zu erwarten haben. Sie stimmt auch nicht, wenn der überlebende Ehegatte einseitige Kinder hinterlässt, die als seine gesetzlichen Erben an dem vom vorverstorbenen Ehegatten stammenden Vermögen in gleicher Weise teilhaben wie die gemeinsamen Kinder, so dass deren Erbquote sich zwangsläufig verringert.

Die unter dem Einfluss des französischen Code Civil von 1804 stehenden sog. romanischen Rechtsordnungen versuchen z. T., das Problem dadurch zu lösen, dass sie dem überlebenden Ehegatten ein lebzeitiges Nießbrauchsrecht am Nachlass zugestehen, den Nachlass selbst aber den Kindern zukommen lassen. Das Erblasservermögen wird so zwar für die Nachkommen erhalten, aber wirtschaftlich langfristig blockiert, weil insbesondere Immobilien, die mit einem Nießbrauch belastet sind, kaum veräußert werden können. Das „Nutzungsprinzip" befindet sich deshalb verständlicherweise international auf dem Rückzug gegenüber dem „Teilungsprinzip" (so auch Frankreich nach der Reform des Ehegattenerbrechts durch Gesetz vom 3.12.2001; dazu *Rombach*, ZEV 2002, 271).

Das deutsche Recht hat sich in den §§ 1931, 1371 Abs. 1 für eine **25** Beteiligung des Ehegatten an der Substanz des Nachlasses entschieden, beruft den überlebenden Ehegatten also zum Miterben neben den Verwandten des Erblassers. Die Höhe der Erbquote variiert je nachdem, ob der Ehegatte mit nahen oder entfernten Verwandten des Erblassers konkurriert (§ 1931 Abs. 1 und 2), und hängt außerdem vom Güterstand ab, in dem die Ehegatten gelebt haben (vgl. § 1931 Abs. 3 i. V. m. § 1371 Abs. 1; § 1931 Abs. 4).

2. Voraussetzungen des Ehegattenerbrechts

a) Bestehen der Ehe

Das Ehegattenerbrecht gemäß § 1931 setzt das Bestehen einer Ehe **26** beim Tod des Erblassers voraus. Es entfällt also, wenn die Ehe zuvor rechtskräftig geschieden (§ 1564) oder durch gerichtliche Entscheidung aufgehoben wurde (§ 1313). Hingegen spielt es keine Rolle, ob die Eheleute getrennt gelebt haben oder die Ehe zerrüttet war. Auf **eheähnlich Zusammenlebende** findet § 1931 keine entsprechende Anwendung. Zu eingetragenen Lebenspartnern vgl. Rn. 44 ff.

b) Ausschluss des Ehegattenerbrechts trotz Bestehens der Ehe

Nach § 1933 S. 1 ist das Ehegattenerbrecht trotz Bestehens der Ehe **27** ausnahmsweise schon dann ausgeschlossen, wenn zur Zeit des Todes des Erblassers die materiellen Scheidungsvoraussetzungen (§§ 1564 ff.) gegeben waren und außerdem der *Erblasser* die **Schei-**

dung beantragt oder ihr zugestimmt hatte. Es genügt nicht, wenn der überlebende Ehegatte selbst den Antrag gestellt und der Erblasser diesem nicht (mehr) zugestimmt hatte (zur verfassungsrechtlichen Problematik *Zopfs*, ZEV 1995, 309).

Eine Scheidung ist dann im Sinne von § 1933 S. 1 „beantragt", wenn der Antrag dem Ehegatten des Erblassers gemäß § 124 S. 2 FamFG i. V. m. § 253 Abs. 1 ZPO zugestellt wurde, das Scheidungsverfahren also rechtshängig geworden ist (§ 113 Abs. 1 S. 2 FamFG i. V. m. § 261 Abs. 1 ZPO). Die bloße Einreichung des Antrags genügt nicht, obwohl der Erblasser auf dessen Zustellung keinen Einfluss hat (BGHZ 111, 329). Die Zustimmung des Erblassers zum Scheidungsantrag seines Ehegatten (§ 1566 Abs. 1) muss, da sie (auch) eine Verfahrenshandlung darstellt, dem Gericht gegenüber erklärt werden.

Gleiches wie im Fall der Scheidung gilt gemäß § 1933 S. 2, wenn der Erblasser berechtigt war, nach den §§ 1313 ff. die **Aufhebung der Ehe** zu beantragen, und einen entsprechenden Aufhebungsantrag bereits gestellt hatte.

3. Umfang des Ehegattenerbrechts

28   § 1931 Abs. 1 und 2 weisen dem überlebenden Ehegatten keine starre Erbquote zu, sondern differenzieren danach, ob der Ehegatte mit nahen oder entfernten Verwandten des Erblassers konkurriert. Neben nahen Verwandten (z. B. Kindern) ist der Erbteil des Ehegatten gering. Er wird größer, je entfernter verwandt die Hinterbliebenen sind, die neben dem Ehegatten als gesetzliche Erben in Betracht kommen. Im Einzelnen gilt: **Neben Verwandten der ersten Ordnung** (§ 1924) beträgt der Erbteil des Ehegatten 1/4. **Neben Verwandten der zweiten Ordnung** (§ 1925) beträgt er 1/2.

29   **Neben Großeltern** erhält der Ehegatte 1/2 sowie von der anderen Hälfte zusätzlich den Anteil, der nach Maßgabe von § 1926 Abs. 3–5 an Abkömmlinge von Großeltern fallen würde (§ 1931 Abs. 1 S. 2). Eine Erhöhung des Ehegattenerbteils von 1/2 tritt hingegen nicht ein, soweit der Anteil vorverstorbener Großeltern nach § 1926 Abs. 3 und 4 nicht an Abkömmlinge, sondern an überlebende Großelternteile fällt.

Beispiel: Erblasser E hinterlässt neben seiner Ehefrau F einen Großvater GV1 väterlicherseits. Alle anderen Großeltern sind vorverstorben. Außerdem lebt noch eine Tochter der Großeltern mütterlicherseits (Tante T des Erblassers).

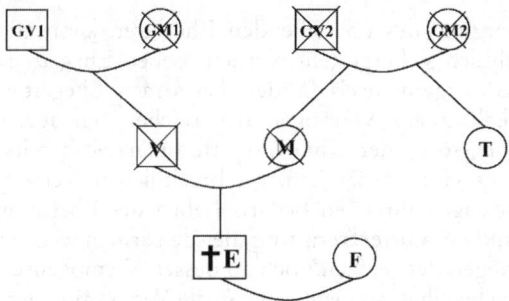

Gehört ein Ehegatte zu den gesetzlichen Erben, so ist folgende **Prüfungsreihenfolge** zu beachten: (1) Zunächst muss festgestellt werden, neben welchen Verwandten der Ehegatte als gesetzlicher Erbe berufen ist. (2) Auf dieser Grundlage ist gemäß § 1931 die Erbquote des überlebenden Ehegatten zu ermitteln. (3) Der verbleibende Rest des Nachlasses ist sodann nach den Regeln der Verwandtenerbfolge unter den übrigen Erben zu verteilen.

Gesetzliche Erben des E sind seine Ehefrau F (§ 1931 Abs. 1) sowie (grundsätzlich) die Großeltern und deren Abkömmlinge als Erben dritter Ordnung (§ 1926). F erhält zunächst nach § 1931 Abs. 1 ½. Dazu kommt nach § 1931 Abs. 1 S. 2 noch der Anteil, den T erhalten würde. Dieser Anteil beträgt ¼, da T nach § 1926 Abs. 3 S. 1 an die Stelle ihrer Eltern tritt. Der Anteil der vorverstorbenen Großmutter väterlicherseits (GM1) hingegen fällt nach § 1926 Abs. 3 S. 2 an GV1, nicht aber an F. F erhält also ¾. Für GV1 verbleibt somit ¼ des Nachlasses. – Zur Berechnung der Erbteile unter Berücksichtigung des gesetzlichen Güterstands der Zugewinngemeinschaft, bei dem sich der Erbteil des überlebenden Ehegatten gemäß § 1371 Abs. 1 um ¼ der Erbschaft erhöht, vgl. Rn. 34.

Sind weder Verwandte der ersten oder der zweiten Ordnung noch 30
Großeltern vorhanden, so erhält der überlebende Ehegatte die ganze Erbschaft (§ 1931 Abs. 2).

4. Der Einfluss des Güterstandes auf das Ehegattenerbrecht

a) Wechselwirkungen von Ehegüterrecht und Erbrecht

31   Die Versorgung des überlebenden Ehegatten kann güterrechtlich oder erbrechtlich sichergestellt werden. Leben Ehegatten im Güterstand der **Gütergemeinschaft,** der den armen Ehegatten schon zu Lebzeiten hälftig am Vermögen des reichen teilhaben lässt (vgl. § 1416 Abs. 1), so ist der arme Ehegatte finanziell bereits so abgesichert, dass es einer zusätzlichen erbrechtlichen Versorgung nicht oder nur in engen Grenzen bedarf. Leben die Ehegatten hingegen im Güterstand der **Gütertrennung,** der den armen weder am vorehelichen Vermögen des reichen noch an dessen Vermögenserwerb während der Ehe beteiligt, so liegt es nahe, die Versorgung des armen wenigstens erbrechtlich zu gewährleisten. Ehegüterrecht und Erbrecht sind also, obwohl rechtlich selbständig, unter dem Versorgungsaspekt als Einheit zu sehen. Im Folgenden wird untersucht, ob und wie die erbrechtliche Versorgung des Ehegatten (§ 1931) ehegüterrechtlich ergänzt wird.

b) Zugewinngemeinschaft

32   Der gesetzliche Güterstand der Zugewinngemeinschaft (§§ 1363 ff.) ist, anders als es der Wortsinn vermuten lässt, ein Güterstand der **Gütertrennung mit Zugewinnausgleich.** Ausgeglichen wird der Zugewinn erst bei Beendigung der Ehe. Wird die Ehe durch Scheidung beendet, so erfolgt der Ausgleich rechnerisch (§§ 1372 ff.): Derjenige Ehegatte, der während der Ehe den höheren Zugewinn (vgl. § 1373) erzielt hat, schuldet dem anderen in Geld die Hälfte seines „Mehrgewinns" (§ 1378 Abs. 1). Auf diese Weise wird der während der Ehe erzielte Gewinn oder Verlust gleichermaßen auf beide Ehegatten verteilt. Wird die Ehe durch Tod beendet, so läge eine entsprechende Lösung nahe, indem zunächst festgestellt würde, ob und in welcher Höhe dem überlebenden Ehegatten ein Ausgleich gebührt bzw. ob der Überlebende wegen eines höheren eigenen Zugewinns gegenüber dem Nachlass (d. h. gegenüber den Erben) ausgleichspflichtig ist. Erst dann wäre der „bereinigte" Nachlass nach Maßgabe der §§ 1931 und 1924 ff. unter den Erben zu verteilen. Diese Lösung hat der Gesetzgeber jedoch nicht gewählt, weil er für den häufigen Fall der Beendi-

gung der Ehe durch Tod die oft schwierige und mit Streit verbundene Berechnung des Zugewinns vermeiden wollte. Er entschied sich statt-dessen für eine Pauschallösung: Der Ausgleich des Zugewinns wird nach § 1371 Abs. 1 dadurch verwirklicht, dass sich der gesetzliche Erbteil des überlebenden Ehegatten um ¹/₄ der Erbschaft erhöht (**erb-rechtliche Lösung**). Dabei ist es nach dem ausdrücklichen Wortlaut des § 1371 Abs. 1 unerheblich, ob die Eheleute im einzelnen Fall ei-nen Zugewinn erzielt haben.

Die Regelung des § 1371 bedeutet, dass der überlebende Ehegatte   33 neben Verwandten der ersten Ordnung nicht nur als Erbe zu ¹/₄ be-rufen ist (§ 1931 Abs. 1 S. 1), sondern als Erbe zu ¹/₂ (¹/₄ + ¹/₄). Dass § 1371 neben § 1931 Abs. 1 Anwendung findet, wird (überflüssiger-weise) in § 1931 Abs. 3 noch einmal ausdrücklich klargestellt. In ent-sprechender Weise erhält der Ehegatte neben Verwandten der zweiten Ordnung oder neben Großeltern nicht nur die Hälfte des Nachlasses, sondern ¹/₂ + ¹/₄ = ³/₄ (§§ 1931 Abs. 1 S. 1 und Abs. 3, 1371 Abs. 1).

Berechnungsschwierigkeiten ergeben sich im Fall des § 1931 Abs. 1   34 S. 2. Dies wird deutlich, wenn man das folgende Beispiel (bei Rn. 29 mit Skizze) unter Beachtung des gesetzlichen Güterstands der Zuge-winngemeinschaft löst.

> **Beispiel:** Erblasser E hinterlässt neben seiner Ehefrau F einen Großvater GV1 väterlicherseits. Alle anderen Großeltern sind vorverstorben. Außer-dem lebt noch eine Tochter der Großeltern mütterlicherseits (Tante T des Erblassers). E und F lebten im gesetzlichen Güterstand der Zugewinnge-meinschaft.

Das Großelternpaar mütterlicherseits (GV2 und GM2) ist unter Hinterlassung eines Abkömmlings (T) vorverstorben, während der Großvater väterlicherseits (GV1) den Erblasser überlebt hat. F erhält also bereits ohne das güterrechtliche Viertel (§ 1371 Abs. 1) die eine Hälfte des Nachlasses (§ 1931 Abs. 1 S. 1) sowie zusätzlich den An-teil, der den Abkömmlingen der vorverstorbenen Großeltern (hier: T) zustehen würde (§ 1931 Abs. 1 S. 2 i. V. m. § 1926 Abs. 3 S. 1), also ein weiteres Viertel, insgesamt ³/₄. Das restliche Viertel stünde an und für sich dem überlebenden Großvater (GV1) zu (§§ 1931 Abs. 1, 1926 Abs. 2 und Abs. 3 S. 2).

Würde man nunmehr den gesetzlichen Erbteil des Ehegatten in Höhe von ³/₄ gemäß § 1931 Abs. 3 i. V. m. § 1371 Abs. 1 um ¹/₄ erhö-hen, so erhielte F den gesamten Nachlass und Großvater GV1 ginge zwangsläufig leer aus. Das kann schwerlich richtig sein, weil die Erhöhung des Ehegattenerbteils gemäß § 1371 Abs. 1 nicht dazu führen darf, dass Großeltern, die neben dem Ehegatten zur Erbfolge berufen sind (§ 1931 Abs. 1 S. 1), als Erben gänzlich ausscheiden. Allein richtig dürfte es deshalb sein, den Erbteil des Ehegatten zunächst mit $^1/_2$ (§ 1931 Abs. 1 S. 1) + $^1/_4$ (§ 1931 Abs. 3 i. V. m. § 1371 Abs. 1) = $^3/_4$ festzulegen und danach erst die Verteilung des Restviertels dergestalt vorzunehmen, dass F hiervon $^1/_8$ (den an sich auf T entfallenden Anteil) und GV1 ebenfalls $^1/_8$ erhält (so auch die h. A., vgl. Münch-Komm/*Leipold*, § 1931 Rn. 29 m. w. N.).

35　　Die Regelung des § 1371 Abs. 1 stellt in der Sache eine **Erhöhung des Ehegattenerbrechts** unter dem Deckmantel eines angeblichen Zugewinnausgleichs dar; denn die Erbquote des Ehegatten wird nicht nur erhöht, wenn überhaupt kein Zugewinn erzielt wurde, sondern auch, wenn der überlebende Ehegatte den höheren Zugewinn erzielt hat, also selbst ausgleichspflichtig wäre. Die fehlende Ausgleichspflicht des überlebenden Ehegatten kann zu erheblichen Ungerechtigkeiten führen:

> **Beispiel:** Das Anfangsvermögen von Ehemann M und Ehefrau F beträgt jeweils 0. Als F stirbt, beträgt ihr Endvermögen immer noch 0. M hat einen Zugewinn von 100 000 € gemacht. F hinterlässt eine einseitige Tochter T.

Da der an sich ausgleichspflichtige Ehemann nicht gehalten ist, 50 000 € in den Nachlass einzubezahlen, geht die einseitige Tochter T leer aus, obwohl F sich nach der der Zugewinngemeinschaft zugrunde liegenden Wertung den Betrag von 50 000 € redlich verdient hat. Wäre T eine gemeinsame Tochter von M und F, könnte sie wenigstens hoffen, später noch als gesetzliche Erbin des M an dessen Zugewinn zu partizipieren.

Dass die Regelung des § 1371 Abs. 1 dennoch weitgehend akzeptiert wird, hat seinen Grund darin, dass die erbrechtliche Versorgung des Ehegatten als unzureichend und die Erhöhung der Erbquote über § 1371 Abs. 1 als eine willkommene Korrektur von § 1931 angesehen wird. Nur: Mit einem Ausgleich des Zugewinns hat § 1371 Abs. 1 in Wirklichkeit nichts zu tun.

36　　Die Pauschalregelung des § 1371 Abs. 1 wird zugunsten des Ehegatten in Abs. 2 und 3 durch eine **Wahlmöglichkeit** ergänzt. Anstatt sich mit der Erhöhung des gesetzlichen Erbteils zufrieden zu geben, kann der Ehegatte auch die Erbschaft ausschlagen und den **rechnerischen Zugewinnausgleich** sowie den sog. **kleinen Pflichtteil** verlan-

gen. Der kleine Pflichtteil bestimmt sich gemäß § 1371 Abs. 2 Hs. 2
nach dem nicht erhöhten gesetzlichen Erbteil, entspricht also beim
Vorhandensein von Kindern $1/8$ (= Hälfte des Wertes von einem
Nachlassviertel: §§ 2303 Abs. 2 S. 1, 1931 Abs. 1 S. 1). Da jedoch der
Ehegatte neben Kindern bei pauschalem erbrechtlichen Zugewinn-
ausgleich bereits zu $1/2$ als gesetzlicher Erbe berufen ist (§ 1931
Abs. 1 S. 1 und Abs. 3 i. V. m. § 1371 Abs. 1), wird sich für ihn eine
Ausschlagung nur dann lohnen, wenn der Nachlass im Wesentlichen
aus ausgleichspflichtigem Zugewinn besteht.

> **Beispiel:** Das Anfangsvermögen von Ehemann M und Ehefrau F beträgt 0.
> Als M unter Hinterlassung von zwei Kindern stirbt, beträgt sein Endvermö-
> gen 80 000 €, das seiner Frau noch immer 0.

Der Nachlass des M besteht hier aus reinem Zugewinn. F erhält
also im Falle der Ausschlagung über den rechnerischen Zugewinnausgleich bereits die Hälfte des Erblasservermögens (§ 1378 Abs. 1).
Dazu kommt noch der Pflichtteilsanspruch in Höhe von $1/8$ des
Nachlasswertes. Der Nachlasswert beträgt nach Abzug der Nachlasspassiva (§ 2311), zu denen auch der Zugewinnausgleichsanspruch gehört, 40 000 €. F erhält also weitere 5000 €, insgesamt also 45 000 €.
Der Pflichtteilsanspruch stünde F nach § 2303 Abs. 2 S. 1 eigentlich
nicht zu, weil sie nicht „durch Verfügung von Todes wegen" von
der Erbfolge ausgeschlossen ist. § 1371 Abs. 3 bestimmt jedoch, dass
F – ausnahmsweise – diesen Pflichtteilsanspruch durch Ausschlagung
nicht einbüßt.

c) Gütertrennung

Haben Eheleute den vertraglichen Güterstand der Gütertrennung   37
vereinbart (§ 1414), so besteht an sich kein Anlass, an der erbrechtlichen Versorgung des überlebenden Ehegatten gemäß § 1931 Abs. 1
und 2 irgendetwas zu ändern. Trotzdem bestimmt § 1931 Abs. 4 seit
der Reform des Nichtehelichengesetzes von 1969, dass der überlebende Ehegatte in Abweichung von § 1931 Abs. 1 neben einem oder
zwei Kindern den gleichen Erbteil wie jedes Kind erhält. Hinterlässt
der Erblasser also außer dem Ehegatten ein Kind, so erhalten Ehegatte und Kind jeweils die Hälfte des Nachlasses, so dass es keinen
Unterschied macht, ob die Eheleute im Güterstand der Zugewinngemeinschaft oder der Gütertrennung gelebt haben. Hinterlässt der
Erblasser außer dem Ehegatten zwei Kinder, so erben Ehegatte und

jedes Kind je ¹/₃. Der Ehegatte erhält also weniger, als wenn er im Güterstand der Zugewinngemeinschaft gelebt hätte, aber mehr, als § 1931 Abs. 1 S. 1 an sich vorsieht. Hinterlässt der Erblasser schließlich außer dem Ehegatten drei oder mehr Kinder, so erhält der Ehegatte nach § 1931 Abs. 1 S. 1 ¹/₄, während der übrige Nachlass zu gleichen Teilen an die Kinder fällt (§ 1924 Abs. 4). Beim Vorhandensein von drei oder mehr Kindern bleibt es also bei der Ausgangsregelung des § 1931 Abs. 1 S. 1.

Sinn des § 1931 Abs. 4 ist es, die erbrechtliche Stellung des überlebenden Ehegatten auch im Falle der Gütertrennung zu verbessern. Der Gesetzgeber wollte insbesondere vermeiden, dass die haushaltführende Ehefrau neben einem nichtehelichen Kind ihres Mannes eine geringere Erbquote erhält als das Kind (Bericht des Rechtsausschusses zu BT-Drs. V/4179 S. 5). Mag das Grundanliegen des Gesetzgebers noch verständlich sein, so überzeugt es jedenfalls nicht, dass ein Ehegatte bei einer Gütertrennungsehe (neben einem Kind) in gleicher Weise am Zugewinn des verstorbenen Partners beteiligt wird, wie wenn die Eheleute es von vornherein beim gesetzlichen Güterstand der Zugewinngemeinschaft belassen hätten (*Gernhuber/Coester-Waltjen*, Lehrbuch des Familienrechts, 6. Aufl., 2010, § 37 I 4–6).

d) Gütergemeinschaft

38   Haben Eheleute gemäß §§ 1415 ff. vertraglich den Güterstand der Gütergemeinschaft vereinbart, so gilt für das gesetzliche Erbrecht des überlebenden Ehegatten ausschließlich und uneingeschränkt die Regelung des § 1931. Zu beachten ist, dass selbstverständlich nur der Anteil des Verstorbenen am Gesamtgut (vgl. § 1416) zu seinem Nachlass gehört (§ 1482 S. 1). Die Gesamthandsgemeinschaft bezüglich des Gesamtguts besteht also nach dem Erbfall aus dem überlebenden Ehegatten und dem oder den Erben, in der Regel einer Miterbengemeinschaft, zu der auch der Ehegatte zählt (§§ 1482 S. 2, 1931 Abs. 1). Bestandteil des Nachlasses ist außerdem das dem Erblasser allein gehörende sog. Sondergut (§ 1417) und Vorbehaltsgut (§ 1418).

Haben die Ehegatten durch Ehevertrag **fortgesetzte Gütergemeinschaft** (§§ 1483 ff.) vereinbart, wird der Anteil des Verstorbenen am Gesamtgut nicht vererbt (§ 1483 Abs. 1 S. 3). Vielmehr besteht die Gesamthand aus dem überlebenden Ehegatten und den gemeinschaftlichen erbberechtigten Abkömmlingen fort (§ 1483 Abs. 1 und 2).

Nur das Sonder- und Vorbehaltsgut des Erblassers wird nach allgemeinen erbrechtlichen Grundsätzen und damit auch nach § 1931 Abs. 1 und 2 vererbt (§ 1483 Abs. 1 S. 3).

e) Deutsch-französischer Güterstand der Wahlzugewinngemeinschaft

Am 1.5.2013 ist der sog. deutsch-französische Güterstand der Wahl-Zuge- **39** winngemeinschaft in Kraft getreten, der mit identischem Inhalt sowohl in Deutschland als auch in Frankreich gilt. Die Wahl dieses Güterstandes gem. § 1519 ist keineswegs auf deutsch-französische Paare beschränkt, sondern steht – bei Maßgeblichkeit deutschen Güterrechts – jedermann offen. Die familienrechtlichen Wirkungen dieses neuen Wahlgüterstandes richten sich nach dem entsprechenden Abkommen zwischen der Bundesrepublik Deutschland und Frankreich (BGBl. II 2012, S. 178) und unterscheiden sich kaum von unserem gesetzlichen Güterstand der Zugewinngemeinschaft, der in weiten Teilen als Vorbild gedient hat (*Meyer*, FamRZ 2010, 612). Erhebliche Auswirkungen kann die Vereinbarung der deutsch-französischen Wahl-Zugewinngemeinschaft jedoch auf das Erbrecht des Ehegatten haben. Die Regel, dass der Ausgleich des Zugewinns gem. §§ 1371 Abs. 1, 1931 Abs. 3 durch eine pauschale Erhöhung des gesetzlichen Erbrechts erfolgt, gilt in diesem Fall nicht, denn § 1371 Abs. 1 gilt schon nach seiner systematischen Stellung nur für den gesetzlichen Güterstand der Zugewinngemeinschaft i. S. v. §§ 1363 ff. (*Klippstein*, FPR 2010, 510, 515). Vielmehr ist bei Vereinbarung des deutsch-französischen Wahlgüterstandes auch beim Tod eines Ehegatten der Zugewinnausgleich stets rechnerisch nach den Regeln des Abkommens durchzuführen, bevor der Nachlass unter den Erben verteilt wird. Das gesetzliche Erbrecht eines Ehegatten beläuft sich dann – neben Abkömmlingen – gem. § 1931 Abs. 1 S. 1 auf ¼. Durch die Kombination von rechnerischem Zugewinnausgleich und gesetzlichem Erbrecht von ¼ kann sich nicht nur der Anteil erhöhen, der dem Ehegatten – wirtschaftlich gesehen – am Nachlass zusteht, es lassen sich u. U. auch die Pflichtteilsansprüche anderer Familienmitglieder reduzieren, weil die Forderung auf Zahlung des (rechnerischen) Zugewinnausgleichs den Nachlasswert (§ 2311) mindert (*Jäger*, DNotZ 2010, 804, 824 f.).

5. Voraus und Dreißigster

a) Voraus (§ 1932)

Dem überlebenden Ehegatten gebühren als gesetzlichem Erben au- **40** ßer seinem Erbteil die zum ehelichen Haushalt gehörenden Gegenstände, soweit sie nicht Zubehör eines Grundstücks sind, und die Hochzeitsgeschenke als Voraus (§ 1932 Abs. 1 S. 1). Der Voraus soll dazu beitragen, dass der überlebende Ehegatte seinen bisherigen häuslichen Lebensstandard aufrechterhalten kann. Bei einfachen Lebensverhältnissen macht der Voraus oft den gesamten Nachlass aus. Zum Voraus gehören nicht nur unentbehrliche Haushaltsgegenstände wie Möbel, Wäsche, Kühlschrank und Fernsehapparat, sondern auch Luxusgegenstände wie Antiquitäten, wertvolle Gemälde, teure Teppiche. Auch den Pkw des Erblassers wird man unter § 1932 subsumieren müssen, sofern er nicht ausschließlich beruflich genutzt wurde (*AG Erfurt* FamRZ 2002, 849). Gehören Haushaltsgegenstände beiden Ehegatten gemeinsam, so bezieht sich der Voraus auf den Miteigentumsanteil des Verstorbenen.

41   Der Anspruch aus § 1932 setzt voraus, dass der Ehegatte neben Verwandten der ersten oder zweiten Ordnung oder neben Großeltern **gesetzlicher Erbe** wird. Der Ehegatte hat keinen Anspruch auf den Voraus, wenn er enterbt ist (§ 1938) oder die Erbschaft ausschlägt, um z. B. den rechnerischen Zugewinnausgleich zu erlangen (vgl. Rn. 36), oder aufgrund einer Verfügung von Todes wegen Erbe wird. Allerdings kann der Ehegatte die Erbschaft als eingesetzter Erbe ausschlagen und als gesetzlicher annehmen (§ 1948 Abs. 1) und auf diese Weise auch den Anspruch auf den Voraus erwerben.

Während dem überlebenden Ehegatten neben Verwandten der zweiten Ordnung und Großeltern der gesamte Voraus gebührt (§ 1932 Abs. 1 S. 1), steht ihm dieser neben Verwandten der ersten Ordnung nur insoweit zu, als er die Gegenstände zur Führung eines angemessenen Haushalts benötigt (§ 1932 Abs. 1 S. 2).

42   Der Ehegatte erwirbt den Voraus beim Erbfall nicht unmittelbar mit dinglicher Wirkung, sondern erhält lediglich einen schuldrechtlichen Anspruch auf Verschaffung des Eigentums an den Haushaltsgegenständen (§ 1932 Abs. 2 i. V. m. § 2174). Der Anspruch richtet sich gegen die Miterbengemeinschaft, zu der der Ehegatte als gesetzlicher Erbe selbst gehört. In der Sache handelt es sich um ein **gesetzliches Vorausvermächtnis** (vgl. § 2150), das als Nachlassverbindlichkeit (§ 1967 Abs. 2) zu erfüllen ist, bevor der Restnachlass unter den Miterben zur Verteilung gelangt (vgl. § 10 Rn. 12).

b) Dreißigster (§ 1969)

43   Der Dreißigste ist ein Anspruch, der den Familienangehörigen des Erblassers (also nicht nur dem Ehegatten) zusteht, die zur Zeit des Todes des Erblassers zu dessen Hausstand gehören und von ihm Un-

terhalt bezogen haben. Der Anspruch richtet sich für die ersten 30 Tage nach dem Erbfall auf die Gewährung von Unterhalt in demselben Umfang, wie der Erblasser ihn gewährt hat, sowie auf die Erlaubnis, Wohnung und Haushaltsgegenstände weiterhin benutzen zu dürfen. **Familienangehörige** können entsprechend der konkreten Lebenssituation außer dem Ehegatten, dem Lebenspartner (§ 11 Abs. 1 LPartG) und Verwandten des Erblassers auch dessen Lebensgefährte (*OLG Düsseldorf* NJW 1983, 1566), Stief- oder Pflegekinder sein, nicht aber Hausangestellte. Der Anspruch richtet sich als **gesetzliches Vermächtnis** (§ 1969 Abs. 2) gegen den Erben bzw. die Miterbengemeinschaft.

V. Gesetzliches Erbrecht des Lebenspartners

1. Einführung

Einem internationalen Trend in Westeuropa und in den USA folgend hat Deutschland mit dem am 1.8.2001 in Kraft getretenen Lebenspartnerschaftsgesetz gleichgeschlechtlichen Paaren die Möglichkeit eröffnet, eine Lebenspartnerschaft zu begründen (§ 1 LPartG). Der Begriff „Lebenspartner" oder „Lebenspartnerin" ist nach § 1 Abs. 1 S. 1 LPartG ein gesetzestechnischer und bezieht sich auf Personen gleichen Geschlechts, die miteinander eine **eingetragene Lebenspartnerschaft** begründet haben. Die Reform war ursprünglich umstritten. Vor allem wurde ein Verstoß gegen Art. 6 Abs. 1 GG moniert, der die Ehe unter den „besonderen Schutz der staatlichen Ordnung" stellt. Das BVerfG hat jedoch mit Urteil vom 17.7.2002 (BVerfGE 105, 313) einen Verstoß gegen Art. 6 Abs. 1 GG mit 5 : 3 Richterstimmen verneint. **44**

Schon in der ursprünglichen Fassung des LPartG war die Lebenspartnerschaft bis in Details der Ehe „nachempfunden", doch bestanden noch punktuelle Divergenzen, die mittlerweile überwiegend beseitigt wurden. Letzte noch fortbestehende Unterschiede wurden vom BVerfG mittlerweile als Verstoß gegen den Gleichbehandlungsgrundsatz gewertet (zum Verbot der sog. Kettenadoption *BVerfG* NJW 2013, 847; zum Ehegattensplitting *BVerfG* NJW 2013, 2257), so dass schon bald mit einer völligen Gleichstellung von Lebenspartnerschaft und Ehe zu rechnen ist. Diese Gesetzgebungsgeschichte er- **45** klärt, warum die Regelungen über die Lebenspartnerschaft bislang nicht in das BGB integriert wurden, obwohl sich Hinweise auf die Lebenspartnerschaft durchaus in einer Reihe von BGB-Bestimmungen wiederfinden, im Erbrecht etwa in §§ 1936, 1938, 2275, 2279, 2280, 2290, 2292. Was das **Erbrecht** anbelangt, so sind die Rechtsfolgen von Ehe und Lebenspartnerschaft mittlerweile die gleichen.

2. Voraussetzungen des Erbrechts des Lebenspartners

46 Das Erbrecht des Lebenspartners gemäß § 10 LPartG setzt das **Bestehen einer Lebenspartnerschaft** i. S. v. § 1 LPartG beim Tod des Erblassers voraus. Wie im Fall des § 1933 ist das gesetzliche Erbrecht jedoch bereits dann ausgeschlossen, wenn die Voraussetzungen für die Aufhebung der Lebenspartnerschaft nach § 15 Abs. 2 Nr. 1 oder 2 LPartG gegeben waren und der Erblasser die **Aufhebung beantragt** oder ihr zugestimmt hatte (§ 10 Abs. 3 S. 1 Nr. 1 LPartG). Dasselbe gilt, wenn der Erblasser einen Aufhebungsantrag nach § 15 Abs. 2 Nr. 3 LPartG gestellt hatte und dieser begründet war (§ 10 Abs. 3 S. 1 Nr. 2 LPartG). Um Missverständnisse auszuschließen: Der Begriff „Aufhebung" bei der Lebenspartnerschaft entspricht dem der „Scheidung" bei der Ehe, umfasst aber wegen der Verweisung von § 15 Abs. 2 LPartG auf § 1314 zusätzlich auch Fälle, die der Eheaufhebung entsprechen. Eine „Scheidung" der Lebenspartnerschaft gibt es sprachlich jedenfalls nicht.

3. Umfang des Erbrechts des Lebenspartners

47 Das gesetzliche Erbrecht des Lebenspartners entspricht dem des Ehegatten: Nach § 10 Abs. 1 S. 1 LPartG beträgt der Erbteil des Lebenspartners **neben Verwandten der ersten Ordnung** (§ 1924) $1/4$, **neben Verwandten der zweiten Ordnung** (§ 1925) oder **neben Großeltern** $1/2$. Treffen mit Großeltern Abkömmlinge vorverstorbener Großeltern zusammen, so erhält der Lebenspartner nach § 10 Abs. 1 S. 2 LPartG auch den Anteil, der nach § 1926 den Abkömmlingen zufallen würde (zur Problematik vgl. Rn. 29). Sind weder Verwandte der ersten noch der zweiten Ordnung noch Großeltern vorhanden, erhält der überlebende Lebenspartner die ganze Erbschaft (§ 10 Abs. 2 S. 1 LPartG).

4. Einfluss des Güterstandes auf das Erbrecht des Lebenspartners

Auch die Auswirkungen des Güterstandes auf die erbrechtliche **48** Stellung sind die gleichen wie bei Ehegatten: Soweit für Lebenspartner der gesetzliche Güterstand der Zugewinngemeinschaft maßgebend ist, gilt wegen der Verweisung von § 6 S. 1 LPartG auf die Zugewinngemeinschaft des BGB § 1371 ohne jede Einschränkung. Die Erbquote des Lebenspartners erhöht sich also wie die des Ehegatten im Falle der Zugewinngemeinschaft um ¼ (§ 1371 Abs. 1). Wahlweise kann der Lebenspartner die Erbschaft ausschlagen und nach § 1371 Abs. 2 und 3 den rechnerischen Ausgleich sowie den kleinen Pflichtteil verlangen (vgl. Rn. 36).

Hatten die Lebenspartner ihre güterrechtlichen Verhältnisse vertraglich geregelt und Gütertrennung vereinbart (§ 7 LPartG i. V. m. § 1414), so gilt im Todesfall nach § 10 Abs. 2 S. 2 LPartG die gleiche Regelung, wie sie § 1931 Abs. 4 für Ehegatten vorsieht, die im Güterstand der Gütertrennung gelebt haben (vgl. Rn. 37).

5. Voraus und Dreißigster

Die Regelung des § 1932 über den **Voraus** gilt gemäß § 10 Abs. 1 **49** S. 3–5 LPartG inhaltlich auch für den Lebenspartner. Er kann also neben dem gesetzlichen Erbteil die zum lebenspartnerschaftlichen Haushalt gehörenden Gegenstände sowie die Geschenke zur Begründung der Lebenspartnerschaft als gesetzliches Vorausvermächtnis verlangen (vgl. Rn. 40 ff.).

Auch der Anspruch auf den **Dreißigsten** aus § 1969 steht dem überlebenden Lebenspartner zu, da dieser gemäß § 11 Abs. 1 LPartG als Familienangehöriger des Verstorbenen gilt.

VI. Gesetzliches Erbrecht des Staates

Ist weder ein Verwandter noch ein Ehegatte oder Lebenspartner **50** des Erblassers vorhanden, wird der Staat gesetzlicher Erbe (§ 1936). Träger des gesetzlichen Staatserbrechts ist nach § 1936 S. 1 das (Bundes-)Land, in dem der Erblasser seinen letzten Wohnsitz (§§ 7 ff.), wenn ein solcher nicht feststellbar ist, seinen gewöhnlichen Aufenthalt hatte. Hatte der Erblasser weder seinen Wohnsitz noch seinen gewöhnlichen Aufenthalt in einem Bundesland (weil er etwa sein ganzes Leben im Ausland verbracht hat), erbt nach § 1936 S. 2 der Bund.

Der Fall, dass ein Erblasser keinen auch noch so entfernt verwandten Erben hinterlässt, ist selten. Häufiger kommt es vor, dass der Nachlass überschuldet ist und die zur Erbfolge berufenen Verwandten oder der Ehegatte die Erbschaft ausschlagen, so dass diese schließlich an den Staat als letztmöglichen gesetzlichen Erben fällt. Dieser kann dann die Erbschaft nicht mehr ausschlagen (§ 1942 Abs. 2), wird also **gesetzlicher Zwangserbe**. Auf diese Weise ist sichergestellt, dass es keinen erbenlosen Nachlass gibt und eine geordnete Nachlassabwicklung stattfindet.

Für das Amtsgericht als Nachlassgericht (§ 23a Abs. 1 S. 1 Nr. 2 und Abs. 2 Nr. 2 GVG) besteht eine Pflicht zur Ermittlung des Staates als gesetzlichen Erben (§ 1964 Abs. 1). Ansprüche gegen den Staat können erst geltend gemacht werden, nachdem vom Nachlassgericht festgestellt worden ist, dass ein anderer Erbe nicht vorhanden ist (§ 1966). Der Staat kann wie jeder andere Erbe die Haftung auf den Nachlass beschränken, indem er die Anordnung der Nachlassverwaltung und die Eröffnung des Nachlassinsolvenzverfahrens beantragt (§ 1975).

§ 3. Testierfreiheit und ihre Grenzen

Literatur: *Eichenhofer,* Das Behindertentestament oder: Sozialhilfe für Vermögende?, JZ 1999, 226; *Gaier,* Die Bedeutung der Grundrechte für das Erbrecht, ZEV 2006, 2; *Isensee,* Inhaltskontrolle des Bundesverfassungsgerichts über Verfügungen von Todes wegen – zum „Hohenzollern-Beschluss" des BVerfG, DNotZ 2004, 754; *Leipold,* Testierfreiheit und Sittenwidrigkeit in der Rechtsprechung des Bundesgerichtshofs, 50 Jahre Bundesgerichtshof, Festgabe der Wissenschaft 2000, Bd. I, S. 1011; *ders.,* Testierverbote am Beispiel des § 14 HeimG und seiner landesrechtlichen Nachfolger, Hereditare 3 (2013), S. 1; *Wendt,* Regieren aus dem Grab – unbegrenzt? ZNotP 2009, 460.
Zur Übung: *Löhnig,* Fälle, Fall Nr. 14.

I. Begriff und Bedeutung der Testierfreiheit

Die **Testierfreiheit** gibt dem Erblasser das Recht, nach freiem Belieben durch eine Verfügung von Todes wegen von der gesetzlichen Erbfolge abzuweichen. Sie ist Ausdruck und Verwirklichung der Privatautonomie, die das gesamte BGB und damit auch das Erbrecht prägt. Als Grundlage der gewillkürten Erbfolge gehört die Testierfreiheit zum Wesensgehalt der Erbrechtsgarantie, wie sie durch Art. 14 Abs. 1 S. 1 GG gewährleistet wird (vgl. § 1 Rn. 14). Allerdings ist es dem Gesetzgeber vorbehalten, Inhalt und Schranken durch einfache Gesetze zu bestimmen (Art. 14 Abs. 1 S. 2 GG). Wie die Privatautonomie wird die Testierfreiheit jedoch im Gesetz an keiner Stelle ausdrücklich erwähnt, sondern in den Vorschriften zur gewillkürten Erbfolge vorausgesetzt und konkretisiert. 1

Die Testierfreiheit ermöglicht es dem Erblasser, sein Vermögen nach einem ihm gerecht erscheinenden Maßstab zu verteilen und die Erbfolge so seinen besonderen persönlichen und wirtschaftlichen Verhältnissen und Wünschen anzupassen.

Beispiel: E ist seit langem krank. Ihr Ehemann ist verstorben, ihre Kinder kümmern sich nicht um sie. Einzig ihre Freundin F pflegt sie aufopferungsvoll. E setzt daher die F zu ihrer Alleinerbin ein.

Die gesetzliche Erbfolge geht typisierend von der Solidarität der Familienmitglieder aus, die aber in der Realität nicht immer gegeben ist. Deshalb muss es dem Erblasser möglich sein, Regelungen nach den Besonderheiten seiner Lebensverhältnisse zu treffen. Das „freie Belieben" des Erblassers bei der Vermögensverteilung schließt allerdings auch willkürlich und ungerecht erscheinende Anordnungen ein, ohne dass diese einer Begründung bedürften. So wäre die Erbeinsetzung der F auch dann möglich, wenn die Kinder ihre Mutter gepflegt hätten.

Die Testierfreiheit wird durch das Pflichtteilsrecht nicht unerheblich eingeschränkt. Dieses sichert enterbten nahen Familienangehörigen eine grundsätzlich unentziehbare Mindestteilhabe am Nachlass (vgl. §§ 2303 ff.). Begrenzt wird die Testierfreiheit auch durch das Verbot solcher Verfügungen von Todes wegen, die gegen die guten Sitten (§ 138) oder gegen ein gesetzliches Verbot verstoßen (§ 134).

2   Zur **Terminologie:** Der Begriff **„Verfügung von Todes wegen"** bezeichnet die Geschäftsformen, deren sich der Erblasser bedienen kann, um seinen Nachlass zu verteilen, das Testament (§§ 1937, 2064 ff., 2231 ff.), das gemeinschaftliche Testament (§§ 2265 ff.) und den Erbvertrag (§§ 1941, 2274 ff.). Das Testament als einseitige Verfügung von Todes wegen wird vom Gesetz auch als **„letztwillige Verfügung"** bezeichnet (vgl. §§ 1937, 2065). Der Begriff „Verfügung" wird aber vom Gesetz auch für die Einzelanordnungen, die in einem Testament getroffen werden, gebraucht (vgl. §§ 2085, 2253), wie z. B. die Erbeinsetzung und die Anordnung von Vermächtnis, Auflage oder Testamentsvollstreckung. Diese uneinheitliche Terminologie bereitet jedoch keine Schwierigkeiten, da sich aus dem Zweck der jeweiligen Norm deren Bedeutung leicht erschließen lässt. Der Begriff der Verfügung im Erbrecht darf allerdings nicht mit dem Verfügungsbegriff der §§ 185, 1365 verwechselt werden; denn erbrechtliche Verfügungen führen keine unmittelbare Rechtsänderung herbei, sondern werden erst mit dem Tod des Erblassers wirksam.

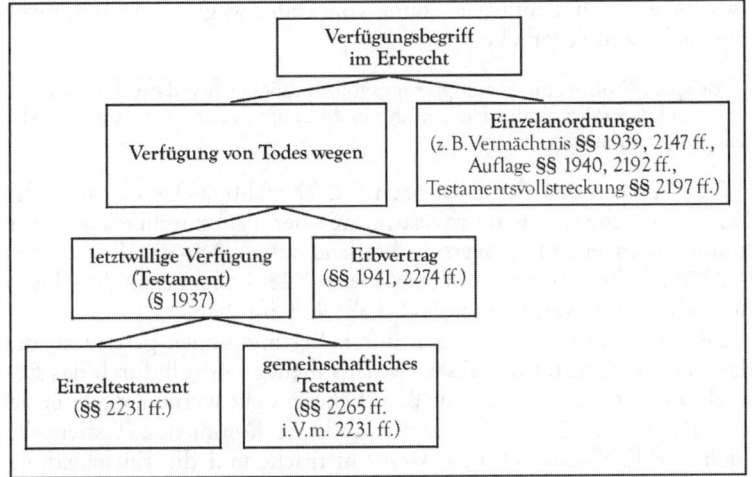

II. Schutz der Testierfreiheit

Das Gesetz sieht eine Vielzahl von Regelungen vor, die sicherstel- 3
len, dass der Erblasser auch wirklich von seiner Testierfreiheit Gebrauch machen kann. So erlaubt insbesondere § 2253 dem Erblasser,
ein Testament sowie einzelne in einem Testament enthaltene Verfügungen jederzeit frei zu **widerrufen**.

Allerdings hält das BGB den Grundsatz der freien Widerruflich- 4
keit nicht strikt durch. Im Gegensatz zu manchen ausländischen
Rechtsordnungen (z. B. Frankreich, Italien, Spanien) lässt es nämlich
eine **Selbstbindung des Erblassers** zu Lebzeiten durchaus zu. So ist
beim gemeinschaftlichen Testament ein Widerruf wechselbezüglicher
Verfügungen nach dem Tod des Ehepartners nicht mehr möglich
(§ 2271 Abs. 2), und vertragliche Verfügungen in einem Erbvertrag
können nur mit Zustimmung des Vertragspartners wieder aufgehoben werden (§§ 2290 ff.). Darüber hinaus verbietet das Gesetz allerdings eine Selbstbindung des Erblassers. Insbesondere bestimmt
§ 2302, dass ein Vertrag, durch den sich jemand verpflichtet, eine Verfügung von Todes wegen zu errichten oder nicht zu errichten, aufzuheben oder nicht aufzuheben, nichtig ist. Ein Erblasser kann also

zwar eine ihn bindende Verfügung von Todes wegen errichten, nicht
aber sich dazu verpflichten.

Beispiel: F pflegt die E aufopferungsvoll. E möchte sich dafür erkenntlich
zeigen und verspricht der F, sie in ihrem Testament oder Erbvertrag als Alleinerbin einzusetzen.

Das Versprechen der E ist nach § 2302 nichtig. Das gilt auch für
das Versprechen, einen Erbvertrag mit der F abzuschließen. Zwar
könnte E in einem Erbvertrag bindend zugunsten der F verfügen
(§ 2278 Abs. 1), aber E kann sich wegen § 2302 nicht zum Abschluss
des Erbvertrags verpflichten (vgl. Fall Nr. 5 im Anhang).

5   Die Testierfreiheit wird auch durch Bestimmungen geschützt, die
der **Verwirklichung des Testierwillens** dienen. So soll durch das Erfordernis der Höchstpersönlichkeit sichergestellt werden, dass der im
Testament oder Erbvertrag zum Ausdruck kommende Testierwille
auch wirklich dem des Erblassers entspricht und die Entscheidung
über das Schicksal des Nachlasses nicht von Dritten verfälscht wird.
Deshalb darf sich der Erblasser bei der Errichtung der Verfügung von
Todes wegen nicht vertreten lassen (§§ 2064, 2274 – *formelle* Höchstpersönlichkeit) und auch nicht Dritten die Entscheidungsbefugnis
übertragen (§§ 2065, 2279 – *materielle* Höchstpersönlichkeit). Darüber hinaus schützen die Formvorschriften für Testament und Erbvertrag vor Übereilung und Verfälschung und dienen daher ebenfalls
der Testierfreiheit. Schließlich können Verfügungen von Todes wegen,
die auf einem Irrtum beruhen oder durch widerrechtliche Drohung
zustande gekommen sind, nach dem Tod des Erblassers durch Anfechtung zu Fall gebracht werden (§ 2078). Angriffe auf die Testierfreiheit
können im Einzelfall sogar zur Erbunwürdigkeit führen (§ 2339).

III. Grenzen der Testierfreiheit

1. Pflichtteilsrecht

6   Das Pflichtteilsrecht genießt ebenso wie die Testierfreiheit verfassungsrechtlichen Bestandsschutz (vgl. § 1 Rn. 14). Der Erblasser
kann zwar seine nächsten Angehörigen von der Erbfolge ausschließen, diese haben dann aber einen grundsätzlich nicht entziehbaren
Geldanspruch in Höhe der Hälfte des Wertes des gesetzlichen Erbteils (vgl. § 20).

2. Verstoß gegen ein gesetzliches Verbot (§ 134)

Wie jede andere Willenserklärung kann eine Verfügung von Todes 7
wegen gemäß § 134 nichtig sein, wenn sie gegen ein gesetzliches Verbot verstößt. In Betracht kommen vor allem **Vorschriften des Strafrechts** (z. B. Bestechung des Notars, § 334 StGB). Keine Verbote
i. S. d. § 134 stellen dagegen die **Grundrechte** dar (etwa bei einer gegen das Diskriminierungsverbot in Art. 3 Abs. 2 oder 3 GG verstoßenden Erbeinsetzung), weil diese keine unmittelbare Wirkung unter
Privatpersonen haben und daher allenfalls im Rahmen des § 138 Berücksichtigung finden können.

Ein praktisch wichtiges Verbot i. S. d. § 134 kann eingreifen, wenn 8
der Bewohner eines Alters- oder Pflegeheims den Träger oder Mitarbeiter des Heims bedenkt. Nach **§ 14 HeimG** ist es dem Träger sowie
den Mitarbeitern von Alters- und Pflegeheimen nämlich untersagt,
sich über das für die Unterbringung, Beköstigung und Pflege der Bewohner vereinbarte Entgelt hinaus Vermögensvorteile versprechen
oder gewähren zu lassen. Dieses Verbot soll Heimbewohner davor
schützen, sich durch besondere Zuwendungen Leistungen (nochmals) erkaufen zu müssen, die ihnen von der Einrichtung ohnehin geschuldet werden; denn in Heimen besteht in besonderem Maße die
Gefahr, dass die Arg- und Hilflosigkeit sowie die besondere Abhängigkeit alter und pflegebedürftiger Menschen ausgenutzt wird. Fraglich ist jedoch, ob § 14 HeimG auch für Verfügungen von Todes wegen gilt. Nichtig sind jedenfalls **Erbverträge**, da sich insoweit der
Bedachte unwiderruflich „eine geldwerte Leistung gewähren lässt".
Umstritten ist aber die Anwendbarkeit des § 14 HeimG auf **Testamente.**

Im Rahmen der Föderalismusreform 2006 ist die Gesetzgebungskompetenz
für das Heimrecht vom Bund auf die Länder übergegangen (vgl. Art. 74 Abs. 1
Nr. 7 GG). Alle Bundesländer mit Ausnahme von Thüringen, in dem einstweilen gemäß Art. 125a GG das HeimG fort gilt, haben mittlerweile eigene
landesrechtliche Regelungen erlassen, in denen vergleichbare Zuwendungsverbote enthalten sind: Vgl. etwa Baden-Württemberg (§ 14 LHeimG), Bayern
(Art. 8 PfleWoqG), Hessen (§ 7 HBPG), Niedersachsen (§ 1 Abs. 1 Satz 3
NHeimG i. V. m. § 14 HeimG [Bund]), Nordrhein-Westfalen (§ 10 WTG),
Sachsen (§ 7 SächsBeWoG) und Schleswig-Holstein (§ 28 SbStG) (zu Regelungen in anderen Bundesländern vgl. Burandt/Rojahn/*G. Müller*, Anhang
HeimG, Rn. 35 ff.), doch wird der Anwendungsbereich des Zuwendungsverbots teilweise über Heime i. e. S. hinaus auch auf andere Formen betreuten

Wohnens ausgedehnt (*Karl*, ZEV 2009, 544, 546 ff.). Wegen seines Vorbildcharakters wird der Darstellung im Weiteren allein § 14 HeimG zugrunde gelegt.

> **Beispiel:** Erblasserin E lebt seit drei Jahren in einem Altenheim, das von einem gemeinnützigen Verein betrieben wird. Dafür zahlt sie 2000 € monatlich. Aus Dankbarkeit setzt sie in einem handschriftlichen Testament sowohl den Verein als auch den im Heim tätigen Altenpfleger P als Erben ein.

§ 14 HeimG ist nach seinem Wortlaut („versprechen oder gewähren zu lassen") eigentlich auf Zuwendungen unter Lebenden zugeschnitten, namentlich auf Schenkungen und Schenkungsversprechen, die eine Mitwirkungshandlung auf Seiten des Begünstigten voraussetzen. Demgegenüber ist ein Testament ein einseitiges Rechtsgeschäft (vgl. § 5 Rn. 1) und auch der Anfall der Erbschaft selbst erfolgt gem. §§ 1922 Abs. 1, 1942 Abs. 1 im Wege des Vonselbsterwerbs ohne weiteres Zutun des Erben (vgl. § 1 Rn. 5 f.). Allerdings verdient der Heimbewohner bei Errichtung eines Testaments in gleicher Weise Schutz wie bei dem Abschluss eines Erbvertrags, der nach einheiliger Auffassung ebenfalls vom Tatbestand des § 14 HeimG erfasst wird. Rechtsprechung und h. L. gehen daher auch bei einer testamentarischen Zuwendung von einem „Sich-gewähren-lassen" i. S. d. § 14 HeimG aus, wenn (1) die Verfügung dem Bedachten bereits zu Lebzeiten des Erblassers bekannt wird und (2) der Bedachte dem Erblasser (schlüssig) sein Einverständnis mit der Zuwendung erklärt (*BayObLG* NJW 1992, 55; NJW-RR 2004, 1591; Burandt/Rojahn/ *G. Müller*, § 14 HeimG Rn. 12; a. A. *Muscheler*, Bd. I, Rn. 1923). Dies gilt auch bei Umgehungsversuchen, wenn z. B. die Kinder des Pflegers P als Erben und gleichzeitig P als Testamentsvollstrecker eingesetzt werden (*OLG Düsseldorf* ZEV 1997, 459; vgl. auch *OLG Frankfurt* NJW 2001, 1504). Die von E getroffene Verfügung wäre aber dann wirksam, wenn die Heimaufsichtsbehörde vorher eine entsprechende Zustimmung erteilt hätte, wie sie in § 14 Abs. 6 HeimG und den meisten Landesgesetzen vorgesehen ist (demgegenüber etwa nicht in Nordrhein-Westfalen, vgl. § 10 WTG). Sie wäre auch wirksam, wenn die Bedachten zu Lebzeiten der Erblasserin davon keine Kenntnis erlangt hätten, weil dann die Gefahr der Beeinflussung und Ausnutzung der E nicht bestünde (*BGH* ZEV 2012, 39). Dabei ist allerdings zu beachten, dass sich der in einem Testament bedachte Heimträger die Kenntnis von Hilfskräften, die das Heim repräsentieren und mit entsprechenden Aufgaben und Befugnissen ausgestattet sind, analog § 166 Abs. 1 zurechnen lassen muss (*BayObLG* NJW 1993, 1143).

Das Bundesverfassungsgericht vertritt die Ansicht, dass § 14 HeimG als präventives Verbot mit Erlaubnisvorbehalt zwar eine **Einschränkung der Testierfreiheit** darstellt, aber dennoch der Grundsatz der Verhältnismäßigkeit gewahrt sei (*BVerfG* NJW 1998, 2964; krit. *Muscheler*, Bd. I, Rn. 1925). Die allgemeinen Vorschriften über die Sittenwidrigkeit von Rechtsgeschäften (§ 138) und den Testamentswiderruf (§§ 2253 ff.) seien als Schutzmechanismen nicht ausreichend. So könne die Widerrufsmöglichkeit nicht das Entstehen psychischer Zwangslagen verhindern, die zur Errichtung oder Aufrechterhaltung von Testamenten führen, die nicht vom freien Willen des Erblassers getragen sind. Auch greife der Schutz des § 138 gegen Übervorteilung nur ein, wenn eine tatsächliche Zwangslage bestehe und diese später im Prozess auch nachgewiesen werden könne. Das Testierverbot des § 14 HeimG stelle deshalb eine verhältnismäßige Einschränkung der Testierfreiheit dar.

Diskutiert wird die Möglichkeit einer analogen Anwendung des § 14 **9** HeimG auf Verfügungen von Todes wegen bei **privater Pflege oder Betreuung.** Für den Fall der *Betreuung*, die nicht gleichzeitig Heimbetreuung ist (§§ 1896 ff.), ist eine analoge Anwendung des § 14 HeimG abzulehnen (*BayObLG* NJW 1998, 2369; ausf. *Müller*, ZEV 1998, 219): Zum einen fehlt es an einer Rechtsähnlichkeit der Sachverhalte, zum anderen stellt die Beschränkung der Testierfreiheit durch § 14 HeimG einen Grundrechtseingriff dar, für den der Gesetzesvorbehalt gilt. Der Gesetzgeber müsste also eine entsprechende Regelung im Betreuungsrecht selbst schaffen. In Ausnahmefällen kann die Verfügung allerdings gemäß § 138 sittenwidrig sein (vgl. Rn. 13). Auf die *private Pflege* kann hingegen § 14 HeimG angewendet werden, wenn ältere, familienfremde Personen auf unbestimmte Zeit in einen fremden Haushalt aufgenommen und dort gegen Entgelt wie in einem Heim versorgt und betreut werden (BayObLGZ 1999, 33; *Niemann*, ZEV 1998, 419). Anders ist wiederum die Rechtslage, wenn der Erblasser im eigenen Haushalt von Angestellten eines ambulanten Pflegedienstes betreut wird (*OLG Düsseldorf* NJW 2001, 2238).

Fraglich ist schließlich, welcher **Zeitpunkt für die Beurteilung der 10 Nichtigkeit** einer verbotswidrigen Verfügung im Allgemeinen und einer gegen § 14 HeimG verstoßenden Verfügung im Besonderen maßgebend ist; denn zwischen Testamentserrichtung und Erbfall können sich die für die Beurteilung maßgebenden Umstände ändern. Mit anderen Worten: Ist auch eine letztwillige Verfügung eines Heimbewohners unwirksam, die zwar während des Heimaufenthalts errichtet, aber nach Beendigung des Heimaufenthaltes aufrechterhalten wurde? Die h. M. stellt bei einem Verstoß gegen eine Verbotsnorm allgemein auf den **Zeitpunkt des Erbfalls** ab (Staudinger/*Otte*, Vorbem. zu §§ 2064 – 2086 Rn. 129; *Brox/Walker*, Rn. 261). Für Vermächtnisse und Auflagen ergibt sich dies sogar unmittelbar aus dem Gesetz (§§ 2171, 2192). Der h. M. ist zu folgen, weil mit der Rechtsfolge der Nichtigkeit grundsätzlich nicht die Intention des Erblassers sanktioniert, sondern ein rechtlich missbilligter Erfolg verhindert werden soll. Im Falle des § 14 HeimG ist hingegen die Rechtslage eine andere. Hier kommt es darauf an, ob der Erblasser die Möglichkeit hatte, ohne unlautere Beeinflussung durch Dritte von seiner Testierfreiheit Gebrauch zu machen. § 14 HeimG verbietet nicht inhaltlich eine bestimmte Verfügung, sondern schützt lediglich die freie Willensbestimmung des Erblassers. Aus diesem Grund ist für die Feststellung, ob eine Verfügung von Todes wegen unter das Verbotsgesetz des § 14 HeimG fällt, grundsätzlich auf den **Zeitpunkt der Errichtung** der Verfügung abzustellen. Es bleibt also bei der Rechtsfolge der Nichtigkeit, wenn die Verfügung vom Bewohner während seines Heimaufenthaltes errichtet wurde und nach seinem Ausscheiden aus dem Heim aufrechterhalten wird (bestr.; vgl. *Rossak*, ZEV 1996, 41, 46). Die Möglichkeit des Erblassers, nach Verlassen des Heims frei von äußeren Zwängen ein neues Testament zu errichten, ändert nichts daran, dass das alte unter Umständen zustande gekommen ist, die vom Gesetz missbilligt werden. Eine Heilung der einmal eingetretenen Nichtigkeit kommt nicht in Betracht.

3. Verstoß gegen die guten Sitten (§ 138)

11	Grundsätzlich kann der Erblasser über sein Vermögen letztwillig verfügen, wie er es für richtig hält, mag das Ergebnis auch als ungerecht und willkürlich empfunden werden. Selbst nahe Angehörige müssen sich mit dem Pflichtteil begnügen, sofern sie überhaupt zum engen Kreis der Pflichtteilsberechtigten zählen. Dennoch gilt § 138 grundsätzlich auch für das Erbrecht und dort insbesondere für das Testament als einseitiges Rechtsgeschäft, so dass Verfügungen, die gegen das „Anstandsgefühl aller billig und gerecht Denkenden" verstoßen, nichtig sind (ausf. zu den Maßstäben für die Beurteilung der Sittenwidrigkeit *Leipold*, 50 Jahre Bundesgerichtshof, Festgabe der Wissenschaft 2000, Bd. I, 1011, 1033 ff.).

12	Eine solche Sittenwidrigkeit kann sich aus dem **objektiven Inhalt** einer Verfügung ergeben, wenn der Erblasser z. B. versucht, in unzulässiger Weise Einfluss auf die freie Willensentscheidung des Bedachten zu nehmen. Dies gilt vornehmlich dann, wenn die konkrete Willensentscheidung durch das Grundgesetz besonders geschützt wird (vgl. *Karczewski*, Hereditare 3 (2013), 19 ff.).

> **Beispiel:** A wird unter der Bedingung zum Alleinerben eingesetzt, sich scheiden zu lassen (Art. 6 Abs. 1 GG) oder einen anderen Glauben anzunehmen (Art. 4 Abs. 1 GG).

Sittenwidrig kann eine Verfügung auch dann sein, wenn der Begünstigte seine berufliche **Vertrauensstellung** als Betreuer (*OLG Braunschweig* FamRZ 2000, 1189) oder langjähriger Hausarzt (*OLG Karlsruhe* NJW 2001, 2804) ausnutzt, um sich unangemessene Vermögensvorteile zu sichern (ausf. *Röthel*, AcP 210 (2010), 56 f. und 62 ff.). In Fällen dieser Art wird man allerdings entsprechend § 138 Abs. 2 zusätzlich fordern müssen, dass auf Seiten des Erblassers eine Zwangslage, Unerfahrenheit, psychische Abhängigkeit vorliegt, wie dies bei betagten Menschen schnell der Fall sein kann, wenn diese sich nicht mehr im Vollbesitz ihrer geistigen Kräfte befinden (vgl. *Müller*, ZEV 1998, 219, 223).

Teilweise ergibt sich die Sittenwidrigkeit erst aus einer Würdigung der **Motive** des Erblassers. Klassisches Beispiel war lange Zeit die Erbeinsetzung der Geliebten unter Übergehung der nichts ahnenden, treusorgenden Ehefrau. Dabei wurde eine letztwillige Verfügung dann als sittenwidrig angesehen, wenn sie ausschließlich für geschlechtliche Hingabe belohnen oder zur Fortsetzung einer sexuellen Beziehung motivieren sollte (vgl. BGHZ 53, 369). An dieser Auffassung kann nach Inkrafttreten des ProstG allerdings nicht mehr festgehalten werden. Wenn nach § 1 S. 1 ProstG für gewerbsmäßig erbrachte sexuelle Handlungen wirksam ein Entgelt vereinbart werden kann, drückt sich hierin eine Wertung aus, die auch für das Erbrecht beachtlich ist (*Schnabl/Hamelmann*, Jura 2009, 161; offen gelassen in *OLG Düsseldorf* FamRZ 2009, 545 bei Begünstigung einer Lebensgefährtin aus dem „Milieu" m. Anm. *Wellenhofer*, JuS 2009, 184). Damit kann nur noch in extremen Ausnahmefällen eine Sittenwidrigkeit vorliegen, wenn die Zurücksetzung der Ehefrau oder sonstiger naher Angehöriger des Erblassers dazu führt, dass diese trotz ihrer Pflichtteilsberechtigung wirtschaftlicher Not ausgesetzt sind (Staudinger/ *Otte*, Vorbem. zu §§ 2064 – 2086 Rn. 156 f.; a. A. *Muscheler*, Bd. I, Rn. 1931).

13

14   Lebhaft diskutiert wird die Sittenwidrigkeit der sog. **Behinderten-
testamente.** Es handelt sich dabei um Testamente von Eltern behinderter Kinder. Ziel dieser Eltern ist es, mit Hilfe des hinterlassenen
Vermögens die Lebenssituation des behinderten Kindes einerseits zu
verbessern, andererseits aber auch zu verhindern, dass das Kind wegen des ererbten Vermögens Sozialhilfeansprüche verliert.

> **Beispiel** (nach BGHZ 123, 368): M ist Mutter der 52 jährigen, geistig be-
> hinderten A und des 48 jährigen, nichtbehinderten B. Der Wert des Nach-
> lasses beträgt 250 000 €. M würde am liebsten ihre Kinder gleichermaßen be-
> denken, will aber auf jeden Fall einen Zugriff des Trägers der Sozialhilfe, der
> für die Pflege der A aufkommen soll, auf den Nachlass ausschließen.

In der Praxis ist folgende Testamentsgestaltung üblich geworden:
(1) A wird als Erbin mit einem Erbteil eingesetzt, der den Pflichtteil nur geringfügig übersteigt. Würde A enterbt, so stünde ihr ein
Pflichtteilsanspruch in Höhe der Hälfte des Wertes des gesetzlichen
Erbteils als Geldanspruch zu (§ 2303 Abs. 1), den der Träger der Sozialhilfe nach § 93 SGB XII auf sich überleiten könnte. Gleiches
würde für den sog. Pflichtteilsrestanspruch (§ 2305) gelten, der entstünde, wenn der Erbteil hinter dem Pflichtteilsanspruch zurück-
bliebe. Durch die den Pflichtteil übersteigende Erbeinsetzung wird
dem Träger der Sozialhilfe die Möglichkeit der Überleitung von Ansprüchen nach § 93 SGB XII genommen (zum Pflichtteilsrecht vgl.
§ 20).
(2) Bezüglich des Erbteils der A wird, solange diese lebt, Testamentsvollstreckung angeordnet (§§ 2197 ff., 2210 S. 2). Dies hat zur
Folge, dass weder A noch der wegen ihrer geistigen Behinderung eingesetzte Betreuer über den Erbteil verfügen kann (§ 2211 Abs. 1) und
Gläubiger der A nicht in den Erbteil vollstrecken können (§ 2214).
Auf diese Weise wird ein Zugriff des Trägers der Sozialhilfe auf die
Substanz des Nachlasses ausgeschlossen (zur Testamentsvollstreckung vgl. § 11). Um sicherzustellen, dass A überhaupt Vorteile aus
der Erbeinsetzung erlangt, wird der Testamentsvollstrecker angewiesen, der A aus den Erträgen der Erbschaft bestimmte Zuwendungen
zu machen (Taschengeld, Geschenke zum Geburtstag und zu Weih-
nachten, Finanzierung eines Urlaubs u. ä.), die nicht von der Sozialhilfe erbracht, aber gemäß § 90 SGB XII auch nicht angerechnet werden.
(3) Schließlich wird die A nicht als (Voll-)Erbin, sondern nur als
sog. Vorerbin (§§ 2100 ff.) eingesetzt. Nacherbe wird B, dem mit

dem Nacherbfall (Tod der A) der Anteil der A zufallen soll. Zwar kann der Sozialhilfeträger gemäß § 102 SGB XII Ersatz für die gewährte Sozialhilfe von den Erben des Behinderten verlangen. Durch die Nacherbschaft wird B aber gerade nicht Erbe der A, sondern seiner Mutter M; denn Vor- und Nacherbe sind Erben ein und desselben Erblassers, so dass auch hier die Sozialhilfe leer ausgeht (zu Vor- und Nacherbschaft vgl. § 9).

Durch diese Testamentsgestaltung werden die Ziele der M erreicht. **15** Es stellt sich indessen im Hinblick auf die Motivation der Erblasserin die Frage der **Sittenwidrigkeit**:

(1) Der Umstand, dass der Erbanteil der A unter ihrem gesetzlichen Erbteil liegt, führt nicht zur Nichtigkeit des Testaments. M hätte ihre Tochter auch vollständig enterben und ihren Sohn B als Alleinerben einsetzen können. A wird durch das Pflichtteilsrecht ausreichend geschützt.

(2) Die Anordnung der Testamentsvollstreckung hindert allerdings die A daran, die Erbschaft uneingeschränkt zu verwerten, so dass man sie als faktisch enterbt bezeichnen könnte. A wird jedoch hinreichend geschützt, da sie die Möglichkeit hat, durch ihren Betreuer die Erbschaft auszuschlagen und stattdessen den Pflichtteil zu verlangen (§ 2306 Abs. 1). Dass sie das in der Praxis nicht tun wird, weil der Pflichtteil sofort auf den Sozialhilfeträger gemäß § 93 SGB XII übergeleitet würde, was wiederum zur Folge hätte, dass A keinerlei Vorteile aus der letztwilligen Verfügung ziehen würde, ändert an der Zulässigkeit der Anordnung der Testamentsvollstreckung nichts.

(3) Das Problem scheint somit in der Anordnung der Vor- und Nacherbschaft zu liegen. Ein Teil der Literatur hält in der Tat diese Anordnung für sittenwidrig, weil sie für eine Besserstellung des Behinderten nicht notwendig sei und den in § 102 SGB XII vorgesehenen Kostenersatz aus dem Nachlass des Behinderten zu Lasten der Allgemeinheit vereitele (*Köbl*, ZfSH/SGB 1990, 449, 465; *Armbrüster*, ZEV 2010, 555). Der Erblasser müsse zumindest nach dem Tod des Behinderten einen Rückgriff der Sozialhilfe ermöglichen. Das gelte jedenfalls dann, wenn es sich wie hier um ein größeres Vermögen handele. Die h. M. teilt diese Ansicht nicht (BGHZ 123, 368 m. w. N.; *BGH* NJW 2011, 1586, 1587). Die Anordnung der Vor- und Nacherbschaft sei ein gesetzlich vorgesehenes, legitimes Mittel, um Vermögen langfristig zu binden, insbesondere um es einer Familie zu erhalten. Es fehle darüber hinaus an einer allgemeinen Rechtsüberzeugung, dass Eltern behinderter Kinder einen Teil ihres Vermögens

dem Sozialhilfeträger zukommen lassen müssten. Etwas anderes könne auch nicht aus dem Subsidiaritätsprinzip des Sozialhilferechts hergeleitet werden. Dieses setze nämlich voraus, dass der Bedürftige selbst oder Dritte, die zum Unterhalt verpflichtet sind, über Vermögenswerte verfügen, die auch tatsächlich eingesetzt werden können. Das sei aber nach dem Tod der Eltern bei dem hier zur Diskussion stehenden Behindertentestament gerade nicht der Fall. Außerdem werde das Subsidiaritätsprinzip im SGB XII in erheblichem Maße durchbrochen (näher ausgeführt in BGHZ 123, 368, 376; *BGH* NJW 2011, 1586, 1588).

Mit Hilfe des sog. Behindertentestaments kann somit der Nachlass an der Sozialhilfe vorbeigeleitet werden. Das gilt zumindest für den Vermögensstamm. Nicht geklärt ist bisher die Frage, ob und in welchem Umfang der Sozialhilfeträger auf die Erträge des Nachlasses zugreifen kann, da diese nicht zum Nachlass gehören, sondern dem Vorerben grundsätzlich als freies Vermögen zustehen (befürwortend *Nieder*, NJW 1994, 1264, 1266 f.; a. A. Staudinger/*Otte*, Vorbem. zu §§ 2064 – 2086 Rn. 170, offen gelassen in BGHZ 123, 368, 379). Dies spielt insbesondere dann eine Rolle, wenn der Nachlass so groß ist, dass die Betreuungskosten mit Hilfe der laufenden Erträge bestritten werden könnten.

16   Anders als beim Gesetzesverstoß ist der **maßgebliche Zeitpunkt** für die Beurteilung eines Sittenverstoßes sehr umstritten. Einerseits könnte auf den Zeitpunkt der Errichtung der Verfügung von Todes wegen, andererseits auf den Zeitpunkt des Erbfalls abgehoben werden.

17   **Beispiel:** Der wohlhabende 75 jährige E hat ein Verhältnis mit seiner 30 jährigen Hausangestellten H. Diese droht, die intimen Beziehungen abzubrechen, falls E sie nicht durch eine Erbeinsetzung finanziell absichert. E setzt daraufhin die H im Jahre 2000 als Alleinerbin ein und enterbt damit seine Ehefrau und seine drei Kinder. Ein Jahr später stirbt die Frau des E, die Kinder melden sich schon jahrelang nicht mehr. E erleidet kurz darauf einen Schlaganfall und wird von der H liebevoll bis zu seinem Tod im Jahr 2013 gepflegt.

Das Testament könnte bei seiner Errichtung sittenwidrig gewesen sein, da es vor dem Inkrafttreten von § 1 ProstG zum 1.1.2002 aufgesetzt wurde (vgl. Rn. 13). Allerdings haben sich durch die aufopferungsvolle Pflege der H und das Inkrafttreten des ProstG sowohl die tatsächlichen Umstände als auch die sittlichen Wertmaßstäbe grundlegend **geändert**. Die Rechtsprechung stellte ursprünglich, zumindest für die Beurteilung der tatsächlichen Verhältnisse, auf den Zeitpunkt der Errichtung ab (BGHZ 20, 71), weil eine nichtige Willenserklärung nicht einfach nachträglich wiederaufleben könne. Demgegenüber hält die herrschende Lehre zu Recht den Zeitpunkt des Erbfalls für entscheidend (*Muscheler*, Bd. 1, Rn. 1956; ausf. zum Meinungsstand *Eckert*, AcP 199 (1999), 337 und *Schmoeckel*, AcP 197 (1997), 1) und sieht das Testament im vorliegenden Fall daher ohne Weiteres als wirksam an, weil es nicht um eine Gesinnungsprüfung gehe und ein sittenwidriger Erfolg nicht mehr eintreten könne.

Eine **Änderung der sittlichen Anschauungen** kommt im Erb-   **18** recht deshalb häufig in Betracht, weil zwischen Errichtung und Wirksamwerden der Verfügung ein erheblicher Zeitraum liegen kann.

> **Beispiel** (nach BGHZ 140, 118): Wilhelm von Preußen, ehemaliger deutscher Kronprinz, schloss im Jahre 1938 mit seinem Vater, dem früheren Kaiser Wilhelm II., einen Erbvertrag. Darin verfügte der Kronprinz als Erblasser u. a., dass nach seinem Sohn Prinz Louis Ferdinand als Vorerben nur männliche Erstgeborene als Nacherben in Betracht kommen. Diese sollten jedoch nur dann erben, wenn sie einer den Grundsätzen der alten Hausverfassung des Brandenburgisch-Preußischen Hauses entsprechenden Ehe entstammen und in einer solchen leben (sog. Ebenbürtigkeitsklausel). Der Erblasser, Wilhelm von Preußen, starb 1951, sein Vorerbe Prinz Louis Ferdinand im Jahre 1994. Die Nacherbfolge ist streitig.

Die Verfügung wäre zur Zeit ihrer Errichtung kaum als sittenwidrig eingestuft worden. Soweit sie aus heutiger Sicht als sittenwidrig anzusehen wäre, käme man bei einem Abstellen auf den Zeitpunkt des Erbfalls zur Nichtigkeit der Verfügung. Im vorliegenden Fall hat der BGH die Frage des maßgeblichen Beurteilungszeitpunkts nicht für entscheidungserheblich erachtet, weil sowohl die Beschränkung der Erbfolge auf männliche Erstgeborene als auch der Ausschluss von der Erbfolge im Falle einer nicht den Grundsätzen der Hausverfassung entsprechenden Heirat auch nach heutigen Maßstäben von der Testierfreiheit gedeckt seien. Der Erblasser habe das legitime Ziel verfolgt, „unter den Abkömmlingen denjenigen als Erben auszuwählen, der ihm am besten geeignet schien, den Nachlass in seinem Sinne fortzuführen" (BGHZ 140, 118, 133 f.). Weder das in Art. 3 Abs. 1 GG verankerte Diskriminierungsverbot noch der Eingriff in die Eheschließungsfreiheit (Art. 6 Abs. 1 GG) würden zur Sittenwidrigkeit der letztwilligen Verfügung führen (vgl. dazu die „Fürstenentscheidung" des *BayObLG* FamRZ 2000, 380 und den dazu ergange-

nen Nichtannahmebeschluss des *BVerfG* NJW 2000, 2495). Das Beispiel zeigt, wie hoch die Rechtsprechung den Stellenwert der eben-
falls grundrechtlich geschützten Testierfreiheit veranschlagt.
Mit Beschluss vom 22.3.2004 hat das *BVerfG* (NJW 2004, 2008 =
FamRZ 2004, 765 m. Anm. *Staudinger* = ZEV 2004, 241 m. Anm.
Otte, S. 393) die Entscheidung des BGH jedoch aufgehoben und
den Fall zur erneuten Prüfung an das zuständige Landgericht zurück-
verweisen, ohne sich indessen zu der Frage zu äußern, auf welchen
Zeitpunkt bei der Beurteilung der Sittenwidrigkeit abzustellen ist.
Das Bundesverfassungsgericht verwirft auch nicht schlechthin Klauseln, die eine Verfügung von Todes wegen davon abhängig machen,
ob der Bedachte eine bestimmte Ehe eingeht oder aufrecht erhält (zu
Wiederverheiratungsklauseln in gemeinschaftlichen Testamenten vgl.
§ 12 Rn. 28 ff.), meint aber, dass die Vorinstanzen nur unzutreffend
geprüft hätten, ob die Ebenbürtigkeitsklausel geeignet ist, auf den Erben einen unzumutbaren Druck bei Eingehung einer Ehe zu erzeu-
gen. Auf der einen Seite stehe die durch Art. 14 Abs. 1 GG verbürgte
Testierfreiheit des Erblassers, die die Befugnis umfasse, die Erbfolge
weitgehend nach den eigenen Wünschen und Vorstellungen zu regeln
und nicht zu einer Gleichbehandlung der Abkömmlinge zwinge. Damit abzuwägen sei aber die **Eheschließungsfreiheit** der Nacherben
(Art. 6 Abs. 1 GG), auf die kein unzumutbarer Druck ausgeübt werden dürfe. Dabei müsse auch der besondere Wert des Nachlasses berücksichtigt werden sowie die Frage, ob überhaupt (noch) eine angemessene Anzahl an ebenbürtigen Partnerinnen zur Auswahl stehe.
Im Übrigen sei die ursprüngliche staatsrechtliche Funktion der Ebenbürtigkeitsklausel, nämlich die Regelung der Thronfolge in einer
Erbmonarchie, durch Einführung der republikanischen Staatsform
entfallen. Zum Fortgang des Verfahrens vgl. die mittlerweile rechtskräftige Entscheidung des *LG Hechingen* FamRZ 2006, 1408.

§ 4. Testierfähigkeit und persönliche Errichtung von Testamenten

Literatur: *Goebel,* Drittbestimmung des Unternehmensnachfolger-Erben?, DNotZ 2004, 101; *Helms,* Erbrechtliches Drittbestimmungsverbot und kautelarjuristische Praxis, ZEV 2007, 1; *Klingelhöffer,* Testierunfähigkeit und ihre Geltendmachung im Nachlaßverfahren, ZEV 1997, 92.

I. Einführung

Die Testierfähigkeit (§ 2229) und die persönliche Errichtung (sog. **1** Höchstpersönlichkeit, §§ 2064 f.) sind **Wirksamkeitsvoraussetzungen** eines jeden Testaments. Beim Erbvertrag finden sich Sondervorschriften zur Fähigkeit, einen Erbvertrag abzuschließen, in §§ 2274 f. (vgl. § 13 Rn. 5 f.), während die Frage der Höchstpersönlichkeit beim Erbvertrag in gleicher Weise wie beim Testament geregelt ist (§ 2274 und § 2279 Abs. 1 i. V. m. § 2065).

II. Testierfähigkeit

Unter Testierfähigkeit versteht man die Fähigkeit, ein Testament zu **2** errichten, abzuändern oder aufzuheben. Die Testierfähigkeit muss bei Errichtung des Testaments bzw. bei dessen Abänderung oder Aufhebung vorliegen. Die Vorschriften über die Testierfähigkeit stellen Sonderregelungen der Geschäftsfähigkeit (§§ 104 ff.) dar. Wer voll geschäftsfähig ist, ist immer auch testierfähig. Umgekehrt kann wegen der Regelung des § 2229 Abs. 1 eine Person auch dann testierfähig sein, wenn sie noch nicht voll geschäftsfähig ist.

1. Alterserfordernisse

Minderjährige unter 16 Jahren sind testierunfähig (§ 2229 Abs. 1). **3** Die Möglichkeit einer Testamentserrichtung – selbst mit Zustimmung des gesetzlichen Vertreters – ist ihnen deshalb versagt. Wegen § 2064 kommt auch eine Vertretung des noch nicht 16 jährigen durch seine Eltern nicht in Betracht.

Mit Vollendung des 16. Lebensjahres können Minderjährige ohne Zustimmung ihres gesetzlichen Vertreters selbständig ein Testament errichten (§ 2229 Abs. 2). Zum Schutz des Minderjährigen vor unüberlegten Verfügungen ist die Testierfähigkeit jedoch auf solche Testamentsformen beschränkt, die eine Beratung durch einen Notar einschließen, d. h. die Errichtung eines öffentlichen Testaments gemäß §§ 2232, 2233 Abs. 1 durch mündliche Erklärung vor dem Notar oder durch Übergabe einer offenen Schrift. Nicht zur Verfügung stehen dem Minderjährigen damit das eigenhändige (§ 2247 Abs. 4) und das öffentliche Testament durch Übergabe einer verschlossenen Schrift (§§ 2232 S. 2, 2233 Abs. 1; zu den Testamentsformen vgl. § 5).

Mit Vollendung des 18. Lebensjahres tritt die volle Geschäftsfähigkeit und damit auch die volle Testierfähigkeit ein. Der Erblasser kann nunmehr ohne jede Einschränkung von allen Testamentsformen Gebrauch machen.

2. Testierunfähigkeit wegen Geistesstörung

4   Nach § 2229 Abs. 4 kann ein Testament nicht errichten, wer wegen krankhafter Störung der Geistestätigkeit, wegen Geistesschwäche oder wegen Bewusstseinsstörung nicht in der Lage ist, die Bedeutung einer von ihm abgegebenen Willenserklärung einzusehen und nach dieser Einsicht zu handeln. Die Regelung entspricht inhaltlich den §§ 104 Nr. 2, 105 Abs. 2; der unterschiedliche Wortlaut erklärt sich aus der Entstehungsgeschichte (*Muscheler*, Bd. 1, Rn. 1658 ff.). Das Gesetz verbindet aber nicht mit jeder Geisteskrankheit oder Geistesschwäche zwingend die Testierunfähigkeit. So kann ein Erblasser trotz der krankhaften Wahnvorstellung, er werde von fiktiven, in seinem Haus wohnenden Asylanten und Zigeunern bedroht, durchaus noch testierfähig sein (*BayObLG* ZEV 2002, 234). Zur Testierfähigkeit bei paranoiden Wahnvorstellungen und zum Beweiswert der Aussage des beurkundenden Notars, er habe sich von der Testierfähigkeit des Erblassers überzeugt, vgl. *BayObLG* FamRZ 2005, 658.

Wegen der hohen Lebenserwartung haben Streitigkeiten über die Testierfähigkeit betagter Erblasser erheblich zugenommen. Da indessen die Testierfähigkeit die Regel, die Testierunfähigkeit die Ausnahme darstellt, ist ein Erblasser nach ständiger Rechtsprechung solange als testierfähig anzusehen, wie seine Testierunfähigkeit nicht zur vollen Überzeugung des Gerichts nachgewiesen ist. Die **Beweislast** trägt also derjenige, der sich auf die Testierunfähigkeit beruft (*OLG Hamm* FamRZ 2004, 659, 661 m. w. N.). Nach dem Tod des Erblassers kann dessen Testierunfähigkeit zur Zeit der Errichtung des Testaments oft nur schwer bewiesen werden. Es fehlt deshalb nicht an Versuchen, die Unwirksamkeit eines Testaments bereits zu Lebzeiten des Erblassers gerichtlich feststellen zu lassen. Eine entsprechende Klage wäre jedoch unzulässig, weil es an einem feststellbaren Rechtsverhältnis i. S. v. § 256 Abs. 1 ZPO fehlt (*Becker/Klinger,* NJW-Spezial 2006, 493 m. w. N.).

3. Testierfähigkeit Betreuter

Von dem Bestehen eines Betreuungsverhältnisses (§§ 1896 ff.) kann   5 nicht auf die Testierunfähigkeit des Betreuten geschlossen werden. Der Betreute ist nur dann testierunfähig, wenn die Voraussetzungen des § 2229 Abs. 4 vorliegen. Wurde eine Betreuung mit Einwilligungsvorbehalt (§ 1903 Abs. 1) angeordnet, so gilt nichts anderes; denn nach der ausdrücklichen Regelung des § 1903 Abs. 2 kann sich der Einwilligungsvorbehalt nicht auf Verfügungen von Todes wegen erstrecken.

III. Persönliche Errichtung von Testamenten

1. Keine Stellvertretung

Nach § 2064 kann der Erblasser ein Testament nur persönlich er-   6 richten. Er kann also weder durch einen Bevollmächtigten noch durch seinen gesetzlichen Vertreter letztwillig verfügen. Ein unter Verstoß gegen § 2064 errichtetes Testament ist nichtig. Eine Heilung durch Genehmigung des Erblassers kommt nicht in Betracht.

§ 2064 regelt die sog. **formelle Höchstpersönlichkeit,** während   7 § 2065 die materielle Höchstpersönlichkeit betrifft. Beiden gesetzlichen Bestimmungen liegt die Überlegung zugrunde, „dass der Erblasser allein vor seinem Gewissen die Verantwortung dafür übernehmen muss, wenn er die Erbfolge anders regelt, als das Gesetz sie vorgesehen hat" (BGHZ 15, 199, 200). Außerdem soll verhindert werden, dass eigennützige Motive eines Stellvertreters die Erbfolge bestimmen oder mitbestimmen.

2. Eigenverantwortliche Entscheidung gemäß § 2065

8   Der Erblasser muss sein Testament nicht nur persönlich errichten, er muss auch dessen wesentlichen Inhalt selbst bestimmen (sog. **materielle Höchstpersönlichkeit**). § 2065 verhindert, dass die Vorschrift über die formelle Höchstpersönlichkeit der Testamentserrichtung (§ 2064) dadurch umgangen wird, dass der Erblasser zwar das Testament selbst errichtet, die Entscheidung über Geltung oder Inhalt aber einem Dritten überträgt. Der Erblasser kann deshalb nach der ausdrücklichen Regelung des § 2065 einem Dritten weder die Bestimmung über die Gültigkeit der Verfügung (Abs. 1) noch über die Person des Bedachten oder den Gegenstand der Zuwendung (Abs. 2) überlassen **(Drittbestimmungsverbot)**.

a) § 2065 Abs. 1

9   § 2065 Abs. 1 verbietet nicht nur Verfügungen, über deren Geltung oder Nichtgeltung ein Dritter befinden soll, sondern auch solche, die von der Zustimmung eines anderen (z. B. des überlebenden Ehegatten) abhängig gemacht werden oder die einen Dritten zum Widerruf oder zu Änderungen ermächtigen. Aus Sinn und Zweck des § 2065 Abs. 1 folgt weiter, dass der Erblasser einer Vertrauensperson (insbesondere einem Testamentsvollstrecker) nicht die Befugnis verleihen kann, das Testament mit bindender Wirkung zu interpretieren (*v. Lübtow* I, S. 142).

b) § 2065 Abs. 2

10   § 2065 Abs. 2 bezieht sich seinem Wortlaut nach auf solche Fälle, in denen ein anderer nach freiem Ermessen die Person des Zuwendungsempfängers oder den Gegenstand der Zuwendung auswählen soll. Der Begriff der Zuwendung umfasst nicht nur Erbeinsetzungen, sondern auch Vermächtnisanordnungen (§§ 2147 ff.) und Auflagen (§§ 2192 ff.). Für Vermächtnisse und Auflagen enthalten indessen die §§ 2151 und 2193 Sonderregelungen, wonach der Erblasser – anders als bei § 2065 Abs. 2 – die Bestimmung der Person, die ein Vermächtnis erhalten oder in den Genuss einer Auflage kommen soll, durchaus

auch einem Dritten überlassen kann. Der unterschiedlichen Regelung
liegt die Überlegung zugrunde, der Erblasser dürfe die zentrale Frage
der Erbeinsetzung nicht einem Dritten überlassen, während weniger
Bedenken bestehen, bei der Anordnung von Vermächtnissen und
Auflagen Dritte am Entscheidungsprozess zu beteiligen.

> **Beispiel** (nach *BayObLG* NJW-RR 1998, 727): Erblasser E setzt eine
> Reihe von Personen testamentarisch als Erben ein, u. a. auch „zehn bedürf-
> tige Waisenkinder", die vom Leiter des örtlichen Waisenhauses ausgewählt
> und für die Sparbücher in Höhe von jeweils 10 000 € angelegt werden sollen.

Hier überlässt E die Auswahl der zehn bedürftigen Waisenkinder
dem Heimleiter und könnte damit gegen das Bestimmtheitsgebot
des § 2065 Abs. 2 verstoßen, so dass eine „Erbeinsetzung" der Waisenkinder nichtig wäre. Ob der Wille des E auf eine Erbeinsetzung
gerichtet war, lässt jedoch die Entscheidung offen, weil nach dem
Grundsatz der wohlwollenden Auslegung (§ 2084) die „Erbeinsetzung" als Vermächtnisanordnung zugunsten der Heimkinder auszulegen sei; denn nach § 2151 Abs. 1 kann der Erblasser die Bestimmung, wer von mehreren ein Vermächtnis erhalten soll, auch einem
Dritten überlassen (zur Abgrenzung von Erbeinsetzung und Vermächtnisanordnung vgl. § 8 Rn. 3 ff.).

> **Beispiel** (nach *BayObLG* NJW-RR 2000, 1174): Erblasserin E bestimmt
> testamentarisch: „Erbe meines Reihenhauses in H soll ein Heim für körper-
> behinderte Kinder in München werden." Außer dem Reihenhaus hinterlässt
> E ein kleines Bankguthaben, das sie unter ihren Verwandten aufteilt.

Da mehrere Einrichtungen in München als Erben in Betracht ka-
men, war die letztwillige Verfügung unbestimmt und eine Drittbestimmung – etwa durch die Stadt München – wegen § 2065 Abs. 2
nicht zulässig. Das BayObLG löste das Problem mit einer Analogie
zu der Auslegungsregel des § 2072 (zu den gesetzlichen Auslegungsregeln vgl. § 7 Rn. 11 ff.): Erbin sei die Trägerin der örtlichen Sozialhilfe geworden. Diese sei mit der Auflage beschwert, das Reihenhaus
nach ihrem Gutdünken und entsprechend dem Erblasserwillen auf
eine „kirchliche, gemeindliche oder sonstige Institution" zu übertragen, was nach § 2072 analog in gleicher Weise möglich sei wie nach
§ 2193.

Nach § 2065 Abs. 2 darf zwar der Erblasser die Bestimmung der   **11**
Person, die eine Zuwendung erhalten soll, nicht einem Dritten überlassen. Trotzdem braucht er den Zuwendungsempfänger nicht na-

mentlich zu bezeichnen. Es genügt, wenn er ihn anhand objektiver Kriterien so beschreibt, dass zumindest ein sachkundiger Dritter ihn ohne weiteres auch benennen kann. Umstritten ist, ob dem Dritten bei dieser Benennung nach vorgegebenen objektiven Kriterien noch ein gewisser **Ermessensspielraum** verbleiben darf.

> **Beispiel** (nach RGZ 159, 296): Der kinderlose Rittergutsbesitzer E bestimmt testamentarisch: „Meine Nichte N soll unter ihren Söhnen A, B und C denjenigen als meinen Erben auswählen, den sie als den Geeignetsten erachtet, unter den heutigen schwierigen Verhältnissen mein Gut zu bewirtschaften und in sozialem Geist zu wirken."

Das RG sah in der Verfügung keinen Verstoß gegen § 2065 Abs. 2. Der Erblasser habe den Personenkreis so eng begrenzt und die Auswahlkriterien so genau festgelegt, dass für eine Willkür des Dritten kein Raum bleibe, obwohl die Entscheidung letztlich auf einem Werturteil beruhe. Der BGH (BGHZ 15, 199) hat sich von dieser Entscheidung zwar nicht ausdrücklich distanziert, aber zu erkennen gegeben, dass er eine restriktivere Auslegung für richtig hält: Der Erblasser könne einem Dritten nicht die *Bestimmung*, sondern nur die *Bezeichnung* der Person des Bedachten überlassen. Um eine zulässige Bezeichnung handele es sich, wenn der Erblasser in seiner letztwilligen Verfügung diejenigen Angaben mache, „die es jeder mit genügender Sachkunde ausgestatteten Person ermöglichen, den Bedachten aufgrund dieser Angaben zu bezeichnen, ohne dass ihr eigenes Ermessen dabei bestimmend oder mitbestimmend ist" (BGHZ 15, 199, 202 f.; ebenso *OLG Hamm* MDR 2007, 663, 664; a. A. *OLG Köln* FamRZ 1995, 57, 58). Im Klartext heißt das: Der Erblasser muss die Kriterien für die Auswahl des Erben so genau nennen, dass der Dritte den Erben durch bloßen Subsumtionsschluss ermitteln kann. Auf die Person des bezeichnenden Dritten sollte dann aber besser gänzlich verzichtet werden (so auch für die gestalterische Praxis *Mayer*, ZEV 2000, 1, 7 m. w. N.). Die Literatur folgt teilweise der strengeren Linie des BGH (*v. Lübtow* I, S. 145; *Helms*, ZEV 2007, 1, 5 f.), teilweise der Ansicht des RG (*Brox/Walker*, Rn. 97; *Michalski*, Rn. 204).

Für die Haltung des RG mögen durchaus praktische Gründe sprechen. Vor allem beim Testament eines Unternehmers, dessen Kinder noch zu klein sind, als dass der Erblasser seinen Nachfolger selbst bestimmen könnte, besteht ein Bedürfnis, die spätere Auswahl des Erben einer Vertrauensperson zu überlassen. Doch solange das Drittbestimmungsverbot in § 2065 Abs. 2 verankert ist, widersprechen alle Versuche, einem Dritten einen Entscheidungsspielraum einzuräumen, dem klaren Wortlaut des Gesetzes. Die Praxis umgeht das Drittbestimmungsverbot ohnehin erfolgreich, indem sie es zulässt, dass der Unternehmer seinem Nachfolger das gesamte Vermögen vermächtnisweise zuwendet und die Auswahl des „Universalvermächtnisnehmers" nach § 2151 Abs. 1 einem Dritten überlässt (Näheres zum **Universalvermächtnis** beim **Unternehmertestament** unter § 10 Rn. 11).

c) Potestativbedingungen

§ 2065 verbietet zwar die Drittbestimmung, nötigt den Erblasser 12 aber nicht zu einer eigenen Entscheidung über die Person seines Gesamtrechtsnachfolgers. So kann der Erblasser die Erbeinsetzung vom Eintritt eines künftigen ungewissen Ereignisses (Bedingung) abhängig machen (vgl. § 7 Rn. 21 ff.). Zulässig sind auch Verfügungen, deren Gültigkeit vom Handeln oder Unterlassen des Bedachten selbst (z. B. vom erfolgreichen Abschluss einer Berufsausbildung) oder eines Dritten (z. B. von der Wiederheirat des überlebenden Ehepartners) abhängt. Diese sog. **Potestativbedingungen** können allerdings mit § 2065 Abs. 1 kollidieren.

> **Beispiel:** Erblasser E setzt seinen Neffen N als Alleinerben unter der Bedingung ein, dass dessen Mutter M 5 € an das Rote Kreuz spendet.

Die Bedingung ist hier mit Rücksicht auf den geringen Geldbetrag eine reine „Wollensbedingung". M bestimmt mit der Einzahlung der 5 € über die Gültigkeit des Testaments. Die Verfügung des E ist deshalb nach § 2065 Abs. 1 nichtig. Nach BGHZ 15, 199, 202 sollen Verfügungen dieser Art allerdings „in der Regel" gültig sein, „wenn der Erblasser am Eintritt oder Nichteintritt des von ihm als Bedingung gesetzten Tuns interessiert war". Ein solches Interesse des E fehlt im Beispielsfall. Allerdings zeigt das Beispiel, dass es sich um eine reine Wertungsfrage handelt: Ab welchem Betrag ist ein Interesse gegeben? Ab 500 €? 5000 €? Ein Interesse wäre jedenfalls zu bejahen, wenn E die Erbeinsetzung des N davon abhängig gemacht hätte, dass M ein ihr gehörendes Grundstück der Kirchengemeinde des E zu einem günstigen Preis überlässt.

Alleinstehende Erblasser bestimmen nicht selten, dass Erbe werden 13 soll, „wer mich im Alter pflegt" (*OLG Frankfurt a. M.* NJW-RR 1995, 711), „die Beerdigung übernimmt" (*OLG Frankfurt a. M.*

OLGZ 92, 271; *LG Magdeburg* NJWE-FER 2000, 63), „sich um mein Grab kümmert" (*BayObLG* NJW-RR 1993, 138), „mich einäschern lässt" (*LG Frankfurt a. M.* MDR 1987, 762). In einem besonders makabren Fall (*KG* NJW-RR 1999, 157) war als Erbe vorgesehen, wer Leichenteile des Erblassers in einer bestimmten Weise präpariert. Die Rechtsprechung neigt dazu, derartige Klauseln als einen Verstoß gegen § 2065 Abs. 2 anzusehen, weil der Erblasser die Bestimmung des Erben unzulässigerweise demjenigen überlasse, der zuerst eine bestimmte Handlung unternehme (so *KG* NJW-RR 1999, 157, 158f.; *OLG Frankfurt a. M.* NJW-RR 1995, 711 und *OLGZ* 92, 271, 272). Mit § 2065 Abs. 2 hat die Frage der Gültigkeit dieser Klauseln indessen nichts zu tun. Dass der Erblasser ein wirkliches Interesse an den beschriebenen Handlungen besitzt, wird man nicht in Abrede stellen können, und die Erbfolge kann durchaus von der Erfüllung klar umrissener Aufgaben durch den zunächst noch unbekannten Erben abhängig gemacht werden. Das Problem liegt in der Bestimmtheit der Klauseln. Lässt sich jedoch eindeutig klären, wer sich um die Beisetzung des Erblassers bemüht oder diesen bis zu seinem Tod gepflegt hat, sollten gegen die Gültigkeit der letztwilligen Verfügung keine Bedenken bestehen.

§ 5. Testamentsformen

Zur Übung: *Hähnel/Draxler*, Tod im Weinberg, Jura 2008, 781; *Eidenmüller*, Fall 6.

I. Einführung

Ein Testament ist eine **nicht empfangsbedürftige Willenserklä-** 1
rung, die mit ihrer Abgabe wirksam wird. Nicht empfangsbedürftige
Willenserklärungen sind abgegeben, wenn der Erklärende seinen Willen endgültig geäußert hat. Das bedeutet, dass ein Testament beim
Tod des Erblassers auch dann Wirkungen entfaltet, wenn (außer
dem Erblasser) niemand davon Kenntnis hat. Allerdings vermag nur
ein formgültig errichtetes Testament Rechtswirkungen herbeizuführen. Ein Verstoß gegen die **Formvorschriften der §§ 2231 ff.** bewirkt
gemäß § 125 S. 1 die Nichtigkeit des Testaments. Der Erbfall beurteilt
sich dann nach der gesetzlichen Erbfolge statt nach der vom Erblasser
vorgesehenen gewillkürten Erbfolge oder, falls ein früheres formgültiges Testament vorliegt, nach den darin enthaltenen Verfügungen.
Wurde ein Testament formwirksam errichtet, entfaltet es auch dann
Wirkungen, wenn es im Zeitpunkt des Erbfalls nicht auffindbar ist
oder die Urkunde sogar vernichtet wurde, soweit hierin kein Widerruf nach § 2255 zu sehen ist. Der Nachweis der wirksamen Errichtung und des Inhalts des Testaments (etwa durch Kopien oder Zeu-
genaussagen) ist reine Tatfrage.

Wenn das BGB für bestimmte Rechtsgeschäfte Formvorschriften 2
aufstellt und so vom Grundsatz der Formfreiheit abweicht, verfolgt
es verschiedene Zwecke: Im Erbrecht von besonderer Bedeutung ist
die **Beweisfunktion.** Das Testament als nicht empfangsbedürftige
Willenserklärung, von deren Existenz niemand zu erfahren braucht,
entfaltet seine Wirkungen erst nach dem Tod des Erklärenden, also
zu einem Zeitpunkt, zu dem dieser nicht mehr zu Echtheit und Inhalt
des Testaments befragt werden kann. Daher hat der Rechtsverkehr
ein Interesse daran, nicht jede Erklärung ausreichen zu lassen, sondern nur solche, die ganz bestimmte Voraussetzungen erfüllen. Diese
Problematik wird augenscheinlich im Falle eines eigenhändigen Tes-

taments (§ 2247), das erst nach dem Tod des Erblassers von seinen Verwandten in den Unterlagen des Verstorbenen gefunden wird. Hier soll durch die Einhaltung bestimmter Formvorschriften eine größere Gewähr dafür geschaffen werden, dass das Testament tatsächlich vom Erblasser stammt und dass es den Erblasserwillen hinreichend klar zum Ausdruck bringt.

3 Daneben haben die Formvorschriften eine **Warnfunktion,** indem sie den Erklärenden von übereilten Erbeinsetzungen (etwa durch mündliche Zusagen) abhalten und ihn zur Überlegung zwingen. Im Falle des öffentlichen Testaments (§ 2232) kommt noch die **Beratungsfunktion** hinzu. Die Beratung durch einen Notar hilft dem oftmals rechtsunkundigen Erblasser, seinen Willen in ein gültiges Testament umzusetzen.

4 Diese Zwecke werden bei den verschiedenen Arten von Testamenten in unterschiedlichem Maße akzentuiert. Man unterscheidet **ordentliche Testamente** (Rn. 5 ff.), von denen der Testierende jederzeit Gebrauch machen kann, und **außerordentliche Testamente** (Rn. 27 ff.), für die erleichterte Voraussetzungen vorgesehen sind und deren sich der Testierende nur in Ausnahmefällen bedienen darf. Ordentliche Testamente sind das öffentliche Testament (§ 2232) und das eigenhändige Testament (§ 2247). Als außerordentliche Testamente bezeichnet man das Bürgermeistertestament (§ 2249), das Dreizeugentestament (§ 2250) sowie das Seetestament (§ 2251).

Alle Testamentsformen sind gleichwertig. Ein Testament der einen Form kann durch ein Testament der anderen ergänzt oder widerrufen werden.

II. Ordentliche Testamente

1. Eigenhändiges Testament (§ 2247)

5 Der Erblasser kann ein Testament durch eine eigenhändig geschriebene und unterschriebene Erklärung errichten (§ 2247 Abs. 1). Eine Formerleichterung enthält § 2267 für das eigenhändige gemeinschaftliche Testament, bei dem die eigenhändige Errichtung durch den einen Ehegatten oder Lebenspartner (§ 10 Abs. 4 LPartG) und die Mitunterzeichnung durch den anderen ausreicht (vgl. § 12 Rn. 7).

a) Bedeutung

Das eigenhändige Testament bietet den Vorteil, dass es jederzeit **6**
und ohne fremde Hilfe errichtet werden kann. Verzichtet der Erblasser auf die nicht zwingend vorgeschriebene amtliche Verwahrung
(§ 2248; Rn. 19), fallen für ihn keine Kosten an.
Allerdings besteht beim eigenhändigen Testament die Gefahr des
Verlusts, der Fälschung, der Unterdrückung und des Untergangs.
Diese Gefahr hat der Gesetzgeber bewusst in Kauf genommen, um
die Testierfreiheit in größtmöglichem Umfang zu gewährleisten. Aufgrund der fehlenden rechtlichen Beratung sind eigenhändige Testamente oft ungültig – nicht zuletzt wegen der vorgeschriebenen
Form, die in der Praxis häufig Anlass zu Streitigkeiten und feinsinni-
gen Unterscheidungen gibt.

b) Vorliegen eines Testaments

Findet sich nach dem Tod des Erblassers ein Schriftstück, das eine **7**
letztwillige Verfügung zu enthalten scheint, so ist zunächst zu klären,
ob der Erblasser tatsächlich eine verbindliche Regelung für sein Vermögen nach seinem Tod treffen wollte. Der **Testierwille** ist vor allem
bei außergewöhnlichen Schriftstücken immer sorgfältig zu prüfen
und dient der Abgrenzung zu bloßen Entwürfen, Vorüberlegungen
oder Ankündigungen eines späteren Testaments (dazu *OLG München* FamRZ 2011, 1757; *BayObLG* NJW-RR 1999, 88). Die Beweislast trägt derjenige, der Rechte aus dem Schreiben herleiten will.

Beispiel: Onkel O kündigt seiner Nichte N in einem handgeschriebenen **8**
und unterzeichneten Brief an, dass sie im Falle seines Todes ein näher be-
zeichnetes Grundstück erhalten soll.

Dass ein solcher Brief grundsätzlich eine letztwillige Verfügung
enthalten kann, steht außer Frage. Ob O allerdings auch mit dem erforderlichen Testierwillen gehandelt hat oder der N bloß eine spätere
Verfügung in Aussicht stellt, ist durch Auslegung zu ermitteln. Als
Auslegungsregel darf dabei aber nicht auf den *favor testamenti* des
§ 2084 zurückgegriffen werden (vgl. § 7 Rn. 12), da ja gerade erst geklärt werden soll, ob überhaupt ein Testament vorliegt. Vielmehr
kommt die allgemeine Auslegungsregel des § 133 zur Anwendung.
Bei der Auslegung nach § 133 spielen auch außerhalb der Urkunde
liegende Umstände und die allgemeine Lebenserfahrung eine Rolle

(zum sog. **Brieftestament:** *BayObLG* FamRZ 2003, 1786; *OLG Schleswig* ZEV 2010, 46, 48 f.).

So kann auch ein mit „Entwurf" überschriebenes (BayObLGZ 1970, 173) oder auf einer außergewöhnlichen Schreibunterlage abgefasstes Schriftstück (*BayObLG* ZEV 2000, 365 zu Notizbucheintrag; *OLG Karlsruhe* FamRZ 2011, 500, 501 zu Außenseite von Briefumschlag) mit dem erforderlichen Testierwillen geschrieben worden sein. Nicht ausreichend ist aber, dass ein Brief bloß von einer anderweitig getroffenen letztwilligen Verfügung berichtet (*OLG Köln* FamRZ 1995, 1301).

c) Eigenhändigkeit

9   § 2247 Abs. 1 verlangt zwingend, dass die gesamte Niederschrift eigenhändig erfolgen muss. Er geht insofern über § 126 Abs. 1 hinaus, der bloß eine eigenhändige Unterschrift verlangt. Anhand der individuellen Schriftzeichen und Schriftzüge soll die Urheberschaft des Erblassers einwandfrei geklärt werden. Die Eigenhändigkeit soll so den Beweis der **Echtheit** und Unverfälschtheit des gesamten Textes und aller darin enthaltenen Verfügungen ermöglichen.

Von diesem Zweck der Eigenhändigkeit ausgehend lassen sich auch alle in Rechtsprechung und Schrifttum genannten Fälle verstehen (ausf. *Brox/Walker*, Rn. 121 f.). Ohne Bedeutung ist, welches Schreibgerät oder welche Schreibunterlage verwendet wird, ferner in welcher Schriftart oder Sprache der Text abgefasst ist, da hiervon das individuelle Formen der Schriftzeichen nicht beeinflusst wird. Erforderlich ist jedoch die Lesbarkeit der Schrift. Einzelne unlesbare Verfügungen führen nicht zur Nichtigkeit des gesamten Testaments (Palandt/*Weidlich*, § 2247 Rn. 9).

Unzulässig sind dagegen die Verwendung mechanischer Hilfsmittel wie Stempel, Schreibmaschine, Fotokopie oder Telefax sowie die Hilfe Dritter, sofern diese über ein bloßes Stützen der Hand hinausgeht, die Hand also vom Dritten geführt wird (vgl. *BGH* NJW 1981, 1900; *OLG Hamm* ZEV 2013, 42). Dasselbe gilt, wenn die eigentliche letztwillige Verfügung aus einem Pfeildiagramm besteht, da es hier an individuellen Schriftzügen fehlt, die die Nachprüfung der Echtheit erlauben (*OLG Frankfurt* ZEV 2013, 334).

10   Nimmt der Erblasser auf andere Schriftstücke Bezug, so ist das Testament nur wirksam, wenn auch diese anderen Schriftstücke der Form des § 2247 entsprechen. Etwas anderes gilt nur dann, wenn diese anderen Schriftstücke keine Verfügungen enthalten, sondern nur der Erläuterung einer eigenhändig getroffenen Verfügung dienen (z. B. ein Vermögensverzeichnis).

Wer Geschriebenes **nicht zu lesen vermag** (Analphabeten und 11
Blinde, da Blindenschrift keinen Rückschluss auf den Urheber zulässt), ist auf das öffentliche Testament vor dem Notar angewiesen
(§ 2247 Abs. 4).

d) Unterschrift

Als weiteres zwingendes Erfordernis verlangt § 2247 Abs. 1 die ei- 12
genhändige Unterschrift des Erblassers. Die Unterschrift hat eine
Identitätsfunktion, weil sie eine eindeutige Feststellung der Person
des Urhebers erlaubt, und eine **Abschlussfunktion,** weil sie den
Text räumlich abschließt und damit dessen Vollständigkeit dokumentiert. Fehlt die Unterschrift, so ist das Testament nach § 125 S. 1 nichtig.

Erforderlich zur Feststellung der Urheberschaft ist ein die Identität 13
ausreichend kennzeichnender, nicht notwendig lesbarer individueller
Schriftzug; nicht ausreichend sind bloße Schnörkel oder drei Kreuze.
Die Unterschrift des Erblassers soll Vor- und Zunamen enthalten
(§ 2247 Abs. 3 S. 1). Ist dies nicht der Fall, so ist die Form des § 2247
gleichwohl gewahrt, wenn die vom Erblasser gewählte Unterzeichnung zur Feststellung der Urheberschaft und der Ernstlichkeit der
Erklärung ausreicht (§ 2247 Abs. 3 S. 2). Im Einzelfall genügt also
eine Unterzeichnung mit Vornamen, Kose- oder Künstlernamen, sofern nur aus den Gesamtumständen eine eindeutige Zuordnung zum
Erblasser möglich und der Testierwille erkennbar ist. Gleiches gilt für
die Unterzeichnung eines Brieftestaments (vgl. Rn. 8) mit einer Ver-
wandtschaftsbezeichnung (z. B. „dein Onkel"). Nach h. M. ist auch
die bloße Angabe der Anfangsbuchstaben (z. B. „F. M." statt Franz
Müller) zulässig, wenn sich daraus eindeutig die Urheberschaft des
Erblassers und sein Testierwille ableiten lassen (wie hier *OLG Celle*
ZEV 1996, 193; NJW 1977, 1690; a. A. Staudinger/*Baumann*, § 2247
Rn. 113). In den letztgenannten Fällen ist jedoch stets eine besonders
sorgfältige Prüfung des Testierwillens erforderlich, um eine letztwil-
lige Verfügung von bloßen Vorüberlegungen, Ankündigungen oder
Entwürfen abzugrenzen.

Die Unterschrift muss den Text **räumlich abschließen,** um so die 14
Vollständigkeit des Testaments zu belegen. Zugleich zeigt die Unterschrift, dass der Erblasser sich zum vorangegangen Text bekennt und
diesen nicht als Entwurf ansieht, sondern als sein rechtsverbindliches
Testament gelten lassen will (*Grundmann,* AcP 187 (1987), 429, 452).

Eine „Oberschrift" oder Selbstbenennung im Briefkopf oder im Text (z. B. „Ich, Franz Müller, vermache mein Vermögen …") ist keine Unterschrift (*OLG Hamm* ZEV 2002, 152). Eine Ausnahme besteht nur, wenn sich aus den Umständen ergibt, dass ein nicht am Ende des Textes angebrachter Namenszug den gesamten Text als Einheit umfasst (*OLG Celle* NJW 1996, 2938 für Oberschrift auf einem bis zum unteren Blattrand vollgeschriebenen Papier; *OLG Köln* MDR 2000, 523 für Unterschrift am Textrand wegen Platzmangels; demgegenüber Unwirksamkeit bei Auflistung der Erben unterhalb der Unterschrift *OLG München* ZEV 2011, 80).

15   Umstritten ist, ob die Namensaufschrift auf einem Umschlag, der das Testament enthält, ausreicht. Nach h. A. soll das dann der Fall sein, wenn sie sich als äußere Fortsetzung und Abschluss des einliegenden Schriftstücks darstellt, ihr also darüber hinaus keine eigenständige Bedeutung zukommt (*BayObLG* NJW-RR 2002, 1520; *OLG Hamm* ZEV 2002, 152; *Lange*, § 14 Rn. 26; a. A. Jauernig/*Stürner*, § 2247 Rn. 4). Nicht ausreichend sei die Namensaufschrift, wenn der Text auf dem Umschlag zusätzliche Anweisungen enthält (z. B. „Nach meinem Tode zu öffnen. Franz Müller") oder der Kennzeichnung des Inhalts dient (z. B. „Testament Franz Müller", wenn der Umschlag einem Rechtsanwalt zur Verwahrung gegeben wird, vgl. *BayObLG* NJW-RR 2002, 1520). Mangels Abschlussfunktion ebenfalls nicht ausreichend sei die „Unterschrift" auf einem unverschlossenen Umschlag.
     Diese Unterscheidungen überzeugen nicht. Entscheidend sollte allein sein, ob die äußeren Umstände für einen bloßen Entwurf sprechen oder ob die Unterschrift Fortsetzung des Testamentstextes und damit Ausdruck eines abschließenden Testierwillens ist, was auch bei einem offenen Umschlag oder Vermerken auf dem Umschlag der Fall sein kann (zutr. Staudinger/*Baumann*, § 2247 Rn. 108; *Grundmann*, AcP 187 (1987), 429, 461). Der äußere Anschein des nicht unterzeichneten Blattes spricht jedoch zunächst immer für einen Entwurf, so dass ein Testierwille nur mit Zurückhaltung angenommen werden kann.

16   Spätere **Zusätze** (sog. *postscripta*) werden nur dann Bestandteil des formgültigen Testaments, wenn sie von der Abschlussfunktion der Unterschrift umfasst sind und das räumliche Erscheinungsbild der Testamentsurkunde nicht entgegensteht (*BGH* NJW 1974, 1083, 1084). Ergänzungen und Veränderungen des Textes (z. B. Änderung des vermachten Geldbetrags) bedürfen daher keiner erneuten Unterschrift (BayObLGZ 2002, 359, 364). Zusätze auf einem gesonderten Blatt oder im Anschluss an den Testamentstext, die eine eigene Verfügung enthalten, sind dagegen grundsätzlich formnichtig, wenn sie nicht eigens unterschrieben werden (*OLG München* ZEV 2012, 41 m. Anm. *Wellenhofer*, JuS 2012, 76). In diesen Fällen kann nicht ohne weiteres davon ausgegangen werden, dass der Nachtrag vom ursprünglichen Testierwillen umfasst ist. Die Nichtigkeit des Zusatzes berührt die Gültigkeit der Restverfügung in der Regel nicht (§ 2085).

e) Angabe von Ort und Zeit

Die Angabe von Ort und Zeit ist für die Wirksamkeit des Testa- **17** ments nicht zwingend vorgeschrieben. Sie wird aber von der **Soll-Vorschrift** des § 2247 Abs. 2 empfohlen, um Zweifel an der Gültigkeit des Testaments zu vermeiden. So kann die Zeitangabe Aufschluss darüber geben, welches von zwei einander widersprechenden Testamenten das spätere und daher wegen § 2258 gültige ist (vgl. § 6 Rn. 5 f.). Die Zeitangabe ist ferner von Bedeutung, wenn der Erblasser zeitweise testierunfähig war und Zweifel am Bestehen der Testierfähigkeit zum Zeitpunkt der Errichtung ausgeräumt werden müssen. Die Ortsangabe kann in Fällen mit Auslandsbezug bedeutsam werden, wenn es darum geht, die Einhaltung der Ortsform i. S. d. Art. 26 EGBGB festzustellen.

Für **Zweifel** an der Wirksamkeit des Testaments, die sich aus dem **18** Zeitpunkt oder dem Ort der Errichtung ergeben, enthält § 2247 Abs. 5 eine besondere Beweisregel: Solche Zweifel gehen zu Lasten desjenigen, der sich auf das Testament beruft, also regelmäßig zu Lasten desjenigen, den das Testament begünstigt.

> **Beispiel:** In der Schreibtischschublade des verstorbenen E finden sich zwei Testamente ohne Zeitangabe, wobei in dem einen A und in dem anderen B als Alleinerbe eingesetzt ist.

Da sich beide Verfügungen inhaltlich widersprechen, kommt es gemäß § 2258 darauf an, welches Testament später errichtet wurde. Gelingt weder A noch B der Beweis, dass das ihn begünstigende Testament später errichtet wurde, so sind gemäß § 2247 Abs. 5 S. 1 beide Testamente als ungültig anzusehen. Es ist dann die gesetzliche Erbfolge maßgebend. – Ist nur das Testament zugunsten des B datiert, so wird A nur dann Alleinerbe, wenn er beweisen kann, dass das ihn begünstigende Testament das spätere ist (§ 2247 Abs. 5 S. 1).

f) Verwahrung (§ 2248)

19 Der Erblasser kann das eigenhändige Testament beim Amtsgericht in besondere amtliche Verwahrung geben (§ 2248). Er kann es so vor Unterdrückung und Fälschung schützen und damit die Risiken ausräumen, die der Gesetzgeber in Kauf genommen hat, als er das eigenhändige Testament zuließ. Das Testament wird durch die Verwahrung nicht zum öffentlichen Testament (Burandt/Rojahn/*Lauck*, § 2248 Rn. 1). Es verliert anders als dieses auch nicht seine Gültigkeit im Falle der Rücknahme aus der Verwahrung (§ 2256 Abs. 3).

2. Öffentliches Testament vor dem Notar

a) Bedeutung

20 Die Gefahr der Verfälschung oder Unterdrückung der Testamentsurkunde durch Dritte ist beim öffentlichen Testament (§ 2232) praktisch ausgeschlossen, da es nach Errichtung unverzüglich beim zuständigen Amtsgericht in **amtliche Verwahrung** gebracht werden soll (§ 34 BeurkG). Die Beratung durch den Notar (§§ 17, 30 BeurkG) ermöglicht es dem Erblasser, seinen Willen in gültiger und eindeutiger Weise zu formulieren. Zugleich werden ihm die rechtlichen Folgen seiner Anordnungen (z. B. mögliche Pflichtteilsansprüche übergangener Angehöriger) verdeutlicht.

Allerdings entstehen für die Errichtung des öffentlichen Testaments **Kosten,** die sich nach dem geschätzten Wert des Nachlasses richten (§§ 46, 141 KostO). Dafür kann das öffentliche Testament dem Erben die Kosten für die Erteilung eines Erbscheins ersparen, da das öffentliche Testament im Grundbuchverkehr den Erbschein ersetzt (§ 35 Abs. 1 GBO).

b) Arten der Errichtung

21 § 2232 unterscheidet drei Arten der Errichtung eines öffentlichen Testaments: die Erklärung des letzten Willens gegenüber dem Notar, die Übergabe einer offenen Schrift und die Übergabe einer verschlossenen Schrift an den Notar.

22 Die **Erklärung des letzten Willens gegenüber dem Notar** erfolgt in der Regel im Zusammenhang mit einer notariellen Beratung. Nach § 2232 S. 1 genügt jede Erklärung, die auch konkludent durch Gebär-

den, Zeichen, allgemein nicht verständliche Laute oder andere Kommunikationshilfen wie Behindertendolmetscher, Blindenschrift usw. vermittelt werden kann. Auch Sprechbehinderte oder Stumme können somit dem Notar ihren letzten Willen „erklären" (*von Dickhuth-Harrach*, FamRZ 2003, 493).

Anstatt dem Notar seinen letzten Willen zu erklären, kann der 23 Erblasser dem Notar auch eine **Schrift übergeben,** mit der Erklärung, dass diese seinen letzten Willen enthalte. Die Schrift muss nicht vom Erblasser selbst verfasst worden sein, sondern kann auch vom Notar oder einem Dritten stammen (§ 2232 S. 2 Hs. 2). Auch eine eigenhändige Errichtung ist nicht erforderlich. Da der Erblasser die Entscheidung über die Erbfolge nicht einem Dritten überlassen kann (§§ 2064 f.), ist aber zumindest zu verlangen, dass der Erblasser vom Inhalt der Schrift Kenntnis hat (*Muscheler*, Bd. 1, Rn. 1755 f.; a. A. Soergel/*Harder*, § 2232 Rn. 4). Zur Übergabe ist erforderlich, dass die Schrift mit Willen des Erblassers in den Besitz des Notars gelangt.

Die Schrift kann **offen oder verschlossen** sein (§ 2232 S. 2 Hs. 1). 24 Ist sie verschlossen, so darf sie nur mit Willen des Erblassers geöffnet werden. Der Erblasser ist dem Notar nicht zur Auskunft über den Inhalt verpflichtet. Gibt der Erblasser den Inhalt nicht preis, entfällt die von § 2232 bezweckte Beratungsfunktion der notariellen Form.

Einschränkungen bzgl. der Art der Errichtung bestehen für Min- 25 derjährige (§ 2233 Abs. 1) und Lesensunfähige (§ 2233 Abs. 2). Beherrscht der Testator die Blindenschrift, ist er nicht leseunfähig i. S. v. § 2233 Abs. 2 und kann ein in dieser Schrift gefertigtes Testament nach § 2232 S. 2 dem Notar übergeben.

c) Verfahren vor dem Notar

Das Verfahren der Errichtung ist seit dem 1.1.1970 im Beurkun- 26 dungsgesetz geregelt. Da sich die Formgültigkeit von Testamenten nach dem zur Zeit der Errichtung geltenden Recht bestimmt (*BGH* NJW 1958, 547), haben die dadurch ersetzten Vorschriften der §§ 2234–2246 für ältere Testamente gleichwohl ihre Bedeutung nicht vollständig verloren. Das Beurkundungsgesetz unterscheidet zwischen **Muss-Vorschriften,** deren Verletzung die Nichtigkeit des Testaments nach sich zieht, und **Soll-Vorschriften,** deren Missachtung ohne Einfluss auf die Formgültigkeit des Testaments ist. In beiden Fällen ist aber an einen Ersatzanspruch gegen den Notar aus § 19 BNotO zu denken.

Von den Vorschriften des Beurkundungsgesetzes seien hier nur die wichtigsten aufgeführt. In den Fällen des § 6 BeurkG ist der Notar wegen persönlicher Beteiligung (z. B. wenn sein Ehegatte testieren möchte) als Urkundsperson ausgeschlossen. Das formnichtige öffentliche Testament kann aber nach § 140 in ein gültiges eigenhändiges Testament umgedeutet werden, wenn dessen Voraussetzungen erfüllt sind. Der Notar darf auch Verfügungen von Todes wegen, in denen er selbst oder bestimmte ihm nahe stehende Personen bedacht werden, nicht beurkunden (§§ 7, 27 BeurkG). Der Notar *soll* in der Niederschrift die Identität und Testierfähigkeit des Erblassers feststellen und etwaige Zweifel daran festhalten (§§ 10, 11, 28 BeurkG).

Der Notar hat die Pflicht, den Willen des Erblassers zu erforschen und ihn über die rechtliche Tragweite der Verfügungen zu belehren (§§ 17, 30 S. 4 BeurkG). Hierin zeigt sich die Beratungsfunktion der notariellen Form. Der Umfang der Belehrungs- und Beratungspflichten ist von besonderer Bedeutung für Schadensersatzansprüche des im Testament Bedachten gegen den Notar im Falle der Formnichtigkeit. Der Notar *muss* eine Niederschrift aufnehmen (§ 8 BeurkG), die entweder die mündliche Erklärung oder die Feststellung der Übergabe einer Schrift enthalten muss. Die Niederschrift *muss* in Gegenwart des Notars dem Erblasser vorgelesen, von diesem genehmigt und eigenhändig unterschrieben werden (§ 13 BeurkG; für Schreibunfähige: § 25 BeurkG). Anschließend werden die Niederschrift sowie gegebenenfalls die übergebene Schrift vom Notar in einem versiegelten Umschlag verschlossen und unverzüglich in die amtliche Verwahrung beim sachlich (§ 23a Abs. 1 S. 1 Nr. 2 und Abs. 2 Nr. 2 GVG i. V. m. § 342 Abs. 1 Nr. 1 FamFG) und örtlich (§ 344 Abs. 1 FamFG) zuständigen Amtsgericht gebracht (§ 34 Abs. 1 S. 4 BeurkG).

III. Außerordentliche Testamente

1. Gemeinsamkeiten und Zweck

27   In besonderen **Notsituationen** kann es dem Erblasser unmöglich sein, ein öffentliches oder ein eigenhändiges Testament zu errichten (wenn z. B. jemand nach einem schweren Unfall nicht mehr schreiben kann und kein Notar erreichbar ist, oder auf einer Seereise – letztere setzt freilich keine konkrete Notlage voraus, weshalb das Seetestament zwar als außerordentliches, nicht aber als Nottestament bezeichnet wird). Gleichwohl besteht ein wegen Art. 14 Abs. 1 GG zu schützendes Bedürfnis des Erblassers, seinen letzten Willen zu erklären. Diesem Bedürfnis entsprechen die §§ 2249–2252, indem sie als außerordentliche Testamentsformen das **Nottestament vor dem**

Bürgermeister (§ 2249), das **Dreizeugentestament** als Nottestament (§ 2250) und das **Seetestament** (§ 2251) bereitstellen.

Allen drei Formen ist gemeinsam, dass sie in ihrer **Gültigkeit** 28 **grundsätzlich auf drei Monate beschränkt** sind (§ 2252 Abs. 1). Das Testament wird also ungültig, wenn der Erblasser noch länger als drei Monate lebt. Ein durch das außerordentliche Testament widerrufenes früheres Testament lebt wieder auf. Gemäß § 2252 Abs. 2 beginnt und läuft die Dreimonatsfrist jedoch nur, wenn eine Errichtung vor einem Notar wieder möglich ist. § 2252 trägt dem Umstand Rechnung, dass der in einer Notlage erklärte letzte Wille möglicherweise unüberlegt und voreilig war und deshalb nicht dem wirklichen Willen des Erblassers entspricht. Der geäußerte letzte Wille muss also, wenn der Erblasser an ihm festhalten möchte, in einem ordentlichen Testament bestätigt werden.

2. Arten von außerordentlichen Testamenten

a) Bürgermeistertestament (§ 2249)

Besteht die Gefahr, dass der Erblasser verstirbt, bevor ein Testament vor einem 29 Notar möglich ist, so kann es auch vor dem Bürgermeister, der zwei Zeugen hinzuziehen muss, errichtet werden (§ 2249 Abs. 1). Dasselbe gilt gemäß § 2250 Abs. 1 an einem abgesperrten Ort (z. B. Hochwassergebiet). Für die Errichtung verweist § 2249 auf die Vorschriften des Beurkundungsgesetzes. Insbesondere ist auch das Bürgermeistertestament in amtliche Verwahrung zu geben (§ 34 BeurkG) und ersetzt den Erbschein im Grundbuchverkehr. § 2249 Abs. 6 enthält eine zusätzliche Einschränkung für **Formfehler** bei der Abfassung und Niederschrift: Wenn mit Sicherheit anzunehmen ist, dass die Urkunde den letzten Willen zuverlässig wiedergibt, so ist der Formverstoß ohne Einfluss auf die Wirksamkeit des Testaments (*OLG Köln* NJW-RR 1994, 777: Auch wenn nur der Erblasser die Niederschrift unterzeichnet hat, ist das Testament gleichwohl gültig).

b) Dreizeugentestament (§ 2250)

Wenn in akuter Todesnähe selbst ein Bürgermeister nicht mehr rechtzeitig 30 vor dem Tod des Erblassers hinzugezogen werden kann (vgl. *OLG Düsseldorf* ZEV 2001, 319), oder wenn der Erblasser infolge außerordentlicher Umstände dergestalt „abgesperrt" ist, dass die Errichtung eines Testaments vor einem Notar erheblich erschwert ist (Bergunfall), so genügt die mündliche Erklärung des letzten Willens vor drei privaten Zeugen (§ 2250 Abs. 1 und 2). Auch hier gilt § 2249 Abs. 6 (§ 2250 Abs. 3 S. 2). Zwingend erforderlich ist die Abfassung einer Niederschrift noch zu Lebzeiten des Erblassers, die ihm vorgelesen und von ihm genehmigt und unterschrieben werden muss (BGHZ 115, 169, 174). Aufgrund dieser – einem Rechtsunkundigen selten bekannten – zwingenden Erfordernisse sind viele Dreizeugentestamente nichtig.

c) Seetestament (§ 2251)

31 Das Seetestament ist ein Dreizeugentestament. Es setzt aber anders als dieses keine besondere Gefahrenlage voraus, sondern kann immer an Bord eines deutschen Schiffes außerhalb eines inländischen Hafens errichtet werden.

Testamentsformen

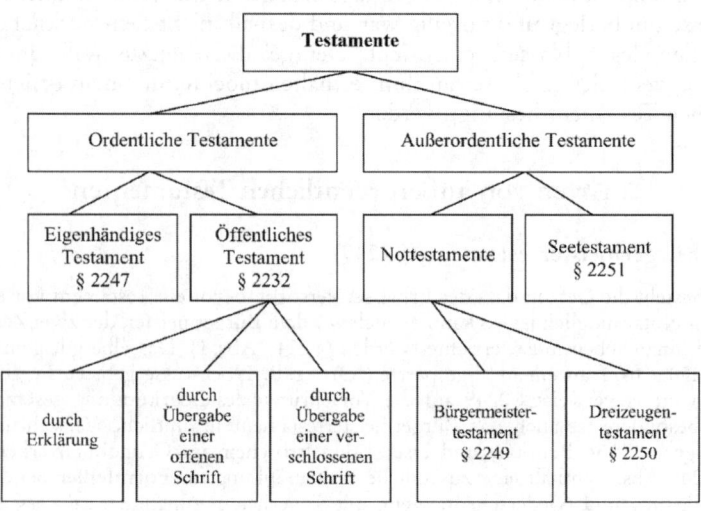

§ 6. Widerruf des Testaments

I. Einführung

Zur Testierfreiheit des Erblassers gehört nicht nur die Möglichkeit, 1
die Erbfolge durch letztwillige Verfügung zu regeln, sondern auch
das Recht, von dem einmal geäußerten Willen später wieder abzurü-
cken. Der Erblasser kann ein Testament daher **jederzeit ganz oder
teilweise** und **ohne besonderen Grund** widerrufen (§ 2253). Somit
haben Dritte bis zum Tod des Erblassers keine gesicherte Rechtsposition, auch wenn sie in einem Testament bedacht worden sind. Die
Testierfreiheit geht sogar so weit, dass der Erblasser gegenüber Dritten auf die freie Widerruflichkeit nicht einmal wirksam verzichten
kann (Staudinger/*Baumann*, § 2253 Rn. 8). Das Recht des Widerrufs
erlischt also weder dadurch, dass der Erblasser dem Begünstigten von
der Erbeinsetzung berichtet, noch dadurch, dass er sie als Gegenleistung für Pflege im Alter verspricht. Ein solches Versprechen wäre
wegen § 2302 unwirksam. Der nicht bedachte Pfleger hätte in diesem
Fall lediglich einen Anspruch gegen den wahren Erben (§ 1967), der
sich nach h. M. aus § 612 i. V. m. den Grundsätzen zum fehlerhaften
Arbeitsvertrag ergibt (Näheres Fall Nr. 5 im Anhang).

Eine Ausnahme vom Grundsatz der freien Widerruflichkeit letztwilliger 2
Verfügungen bilden die Fälle, in denen eine **Bindungswirkung** eingetreten
ist: Ein Widerruf ist ausgeschlossen beim gemeinschaftlichen Testament im
Falle einer wechselbezüglichen Verfügung, die durch den Tod eines Ehegatten
(oder Lebenspartners, § 10 Abs. 4 LPartG) für den anderen bindend geworden
ist (§ 2271 Abs. 2; vgl. § 12 Rn. 19ff.), und im Falle einer vertragsmäßigen Verfügung in einem Erbvertrag (§ 2278 Abs. 1; vgl. § 13 Rn. 14ff.).

Der Widerruf stellt – unabhängig von seiner Form – selbst eine 3
letztwillige Verfügung dar. Er setzt also Testierfähigkeit zum Zeitpunkt des Widerrufs voraus und kann nach dem Tod des Erblassers
unter den Voraussetzungen der §§ 2078ff. angefochten werden.

II. Formen des Widerrufs

4   Die Formen des Widerrufs sind in den §§ 2254 ff. geregelt. Der Erblasser kann zwischen den dort genannten Formen frei wählen.

1. Widerruf durch Testament (§§ 2254, 2258)

5   Erklärt der Erblasser in einem neuen Testament ausdrücklich, dass er das frühere Testament widerruft, oder ist ein solcher Wille durch Auslegung erkennbar, so ist damit das frühere Testament widerrufen. Das **Widerrufstestament** braucht keine neuen Verfügungen, etwa die Benennung eines neuen Erben, zu enthalten. Es ist nur wirksam, wenn die für Testamente geltenden Formvorschriften beachtet werden. Nicht erforderlich ist, dass das Widerrufstestament in derselben Form errichtet wird wie das widerrufene Testament, da alle Formen untereinander gleichwertig sind.

6   Auch wenn der Erblasser sich im späteren Testament nicht auf das frühere bezieht, indem er dieses ausdrücklich oder konkludent widerruft, so gilt das spätere Testament doch insoweit als Widerruf, als es dem früheren **inhaltlich widerspricht** (§ 2258). Diese Rechtsfolge tritt kraft Gesetzes ein. Der Erblasser muss also nicht den Willen haben, mit dem späteren Testament das frühere aufzuheben. Es ist sogar unschädlich, wenn der Erblasser überhaupt nicht mehr an das frühere Testament denkt, z. B. weil er es vergessen hat (*BGH* NJW 1981, 2745).

> **Beispiel:** E setzt den A in einem Testament als Alleinerben ein. Errichtet E nun ein weiteres Testament, in dem B als Alleinerbe genannt wird, so ist damit das frühere Testament widerrufen, ohne dass es auf den Widerrufswillen des E ankäme.

Soll B nach dem späteren Testament zu ³/₄ erben, so ist das frühere Testament jedenfalls insoweit widerrufen, als beide Testamente sich widersprechen. A erbt zu ¹/₄. Denkbar ist allerdings auch, dass der Erblasser E das frühere Testament in vollem Umfang widerrufen und seine Erbfolge abschließend und umfassend mit dem späteren Testament regeln wollte (vgl. *BGH* NJW 1981, 2745). Hinsichtlich des verbleibenden Viertels würde dann die gesetzliche Erbfolge eingreifen (§ 2088 Abs. 1). Der Wille des Erblassers ist durch Auslegung zu ermitteln.

2. Widerruf durch Vernichtung oder Veränderung der Testamentsurkunde (§ 2255)

Der Widerruf nach § 2255 erfordert objektiv eine Einwirkung auf **7** die Testamentsurkunde und subjektiv den sich in der Einwirkung manifestierenden Willen, ein Testament aufzuheben. Ein Widerruf ist also z. B. möglich, indem der Erblasser in Widerrufsabsicht die Urkunde zerreißt oder verbrennt oder den Text durchstreicht oder ausradiert. In Betracht kommt auch der bloße Vermerk auf der Urkunde, das Testament sei ungültig. Der Vermerk muss nicht unterschrieben werden, da für den Widerruf nach § 2255 nicht die Testamentsform vorgeschrieben ist (Soergel/*Harder*, § 2255 Rn. 9). Ein solcher Ungültigkeitsvermerk genügt deshalb oft nicht den Anforderungen an ein Widerrufs*testament*, stellt aber eine ausreichende Einwirkung auf die Testamentsurkunde dar, mit der der Erblasser seinen Aufhebungswillen dokumentiert.

§ 2255 gilt nicht nur für den Widerruf des gesamten Testaments, sondern auch für die Aufhebung einzelner Verfügungen (z. B. durch Ausstreichen eines Vermächtnisses).

Die Vernichtung oder Veränderung muss **der Erblasser selbst** vor- **8** nehmen. Er kann sich dabei eines Dritten als seines Werkzeugs, nicht aber als seines Stellvertreters mit eigenem Entscheidungsspielraum bedienen. In keinem Fall reicht die spätere Billigung des Handelns Dritter oder eines zufälligen Untergangs aus. Die Formvorschriften für den Widerruf sollen vor Übereilung schützen (Warnfunktion). Deshalb ist in jedem Fall ein eigenes äußerlich wahrnehmbares Tätigwerden des Erblassers zu fordern. Der innere Wille allein reicht nicht aus.

Beispiel: Erblasser E bittet seine Tochter T, sein Testament zu verbrennen.

Der bloße Auftrag, das Testament zu zerstören, stellt noch keinen Widerruf dar. Vielmehr setzt § 2255 voraus, dass T noch zu Lebzeiten des E seiner Anweisung zur Vernichtung des Testaments nachkommt (*OLG München* ZEV 2011, 652 m. Anm. *Wellenhofer*, JuS 2011, 939). Zerstört T das Testament demgegenüber ohne Aufforderung durch E, weil sie darin enterbt wurde, und erklärt sich E später damit einverstanden, so ist das Testament dennoch nicht widerrufen. T bleibt weiterhin enterbt, falls E nicht ein Widerrufstestament errichtet.

9   Es besteht **keine Vermutung,** dass der Erblasser das Testament selbst vernichtet hat. Ist also ein Testament nach dem Tod des Erblassers nicht mehr auffindbar, so kann nicht vermutet werden, der Erblasser habe es widerrufen wollen und daher vernichtet (*BayObLG* FamRZ 1989, 1234; NJW-RR 1992, 1358). Der Inhalt und die Wirksamkeit des Testaments müssen anderweitig nachgewiesen werden. In einem Erbscheinsverfahren (vgl. § 16 Rn. 17 ff.) wird der Nachweis zwar im Wege der Amtsermittlung geführt, die Feststellungslast trägt jedoch derjenige, der Rechte aus dem Testament herleiten will. Ist hingegen der Widerruf des Testaments nicht nachweisbar, so geht das zu Lasten desjenigen, der sein Erbrecht auf die Unwirksamkeit des Testaments stützt (*BayObLG* FamRZ 1992, 1350, 1351).

10   Ist bewiesen, dass der Erblasser selbst auf die Urkunde eingewirkt hat, und steht damit der objektive Tatbestand des § 2255 fest, so enthält § 2255 S. 2 eine **Beweiserleichterung** zugunsten desjenigen, der sich auf den Widerruf beruft: Die Widerrufsabsicht des Erblassers wird dann vermutet. Diese Vermutung kann aber widerlegt werden, indem etwa nachgewiesen wird, der Erblasser habe die Testamentsurkunde versehentlich vernichtet oder mit den Streichungen ein neues Testament vorbereiten wollen (*BayObLG* NJW-RR 1997, 1302). Das Testament bleibt dann gültig.

11   Zu beachten ist, dass auch der Widerruf nach § 2255 **letztwillige Verfügung** ist. Er setzt daher Testierfähigkeit im Zeitpunkt des Widerrufs voraus und kann nach dem Tod des Erblassers gemäß §§ 2078 ff., z. B. wegen widerrechtlicher Drohung, angefochten werden.

3. Widerruf durch Rücknahme des Testaments aus der amtlichen Verwahrung (§ 2256)

12   Die Rücknahme eines *öffentlichen* Testaments aus der amtlichen Verwahrung gilt unabhängig vom Willen des Erblassers als Widerruf. Dabei handelt es sich um eine **unwiderlegliche Vermutung.** Die Rücknahme eines in amtliche Verwahrung gegebenen *eigenhändigen* Testaments (§ 2248) lässt die Wirksamkeit des Testaments dagegen unberührt (§ 2256 Abs. 3).

Der Erblasser kann die Rückgabe jederzeit verlangen (§ 2256 Abs. 2 S. 1). Er *soll* auf die Widerrufswirkung bei Rückgabe eines öf-

fentlichen Testaments hingewiesen werden (§ 2256 Abs. 1 S. 2). Das
Testament darf nur ihm persönlich übergeben, also weder mit der
Post versandt noch einem Bevollmächtigten ausgehändigt werden
(§ 2256 Abs. 2 S. 2).

Die Rücknahme aus der amtlichen Verwahrung ist letztwillige Ver-   13
fügung, soweit sie zum Widerruf des Testaments führt. Hat der Erblasser sich über die Rechtsfolgen der Rücknahme geirrt, so können
Dritte den Widerruf des Erblassers nach dessen Tod gemäß § 2078
Abs. 1 wegen Inhaltsirrtums anfechten (vgl. § 7 Rn. 31). Ein solcher
Irrtum dürfte freilich nur dann möglich sein, wenn der Erblasser entgegen § 2256 Abs. 1 S. 2 nicht belehrt wurde.

III. Widerruf des Widerrufs

Ein Widerrufstestament nach § 2254 kann seinerseits widerrufen   14
werden (§ 2257). In diesem Fall lebt im Zweifel das ursprüngliche
Testament wieder auf. Dasselbe gilt für den Widerruf eines späteren
Testaments, das einem früheren Testament widerspricht (§ 2258
Abs. 2). § 2258 Abs. 2 begründet nur eine widerlegliche Vermutung:
Hat der Erblasser in einem früheren Testament den A und in einem
späteren Testament den B zum Alleinerben eingesetzt und widerruft
er nun das zweite Testament, so ist im Wege der Auslegung zu ermit-
teln, ob der Wille des Erblassers einem Wiederaufleben des früheren
Testaments erkennbar entgegensteht. Ist dies der Fall, so bleibt es
beim Widerruf des früheren Testaments und es greift die gesetzliche
Erbfolge ein.

Der Widerruf durch Vernichtung (§ 2255) oder durch Rücknahme   15
aus amtlicher Verwahrung (§ 2256) kann nicht widerrufen werden. Es
genügt also nicht, wenn der Erblasser in einem Testament bestimmt,
die in einem zerrissenen Testament getroffenen Verfügungen sollen
doch maßgebend sein. Er muss vielmehr ein neues Testament mit
denselben Verfügungen errichten, um seinem ursprünglichen Willen
zur Geltung zu verhelfen. Das kann schon durch den eigenhändigen
und unterschriebenen Vermerk auf dem für ungültig erklärten eigenhändigen Testament geschehen, das Testament solle doch gelten.
Nicht genügend wäre allerdings ein bloßes Ausradieren von Streichungen oder die Unterpunktierung durchgestrichener Passagen,
weil dies der Form des § 2247 nicht genügen würde.

§ 7. Auslegung und Anfechtung von Testamenten

Literatur: *Nieder,* Auslegung von Verfügungen von Todes wegen, ZNotP 1999, 104, 183; *ders.*, Die Anfechtung von Verfügungen von Todes wegen, ZErb 1999, 42; *Perkams,* Ergänzende Testamentsauslegung im Umfeld von § 2069 BGB, ZEV 2005, 510; *Schiffer/Scherf,* Die wohlwollende Auslegung letztwilliger Verfügungen, ZErb 2006, 335; *Schubert/Czub,* Die Anfechtung letztwilliger Verfügungen, JA 1980, 257 und 334.

Zur Übung: *Gäbler/Giebel/Baldus,* Fortgeschrittenenklausur – Erbrecht: Probleme bei der Testamentsauslegung, JuS 2004, 130; *Stodolkowitz,* Fortgeschrittenenklausur – Zivilrecht: Erbrecht – Auslegung, Widerruf und Anfechtung von Testamenten, JuS 2009, 826.

I. Auslegung von Testamenten

1. Erläuternde Auslegung

1 Testamentarische Verfügungen sind nichtempfangsbedürftige Willenserklärungen. Einen Erklärungsadressaten, der geschützt werden müsste, gibt es nicht. Da der Erblasser seine Verfügungen ohnehin jederzeit frei widerrufen kann, hat sich die Testamentsauslegung anders als die Vertragsauslegung nicht an (irgend-)einem Empfängerhorizont, sondern ausschließlich am **wirklichen Willen** des Erblassers zu orientieren (MünchKomm/*Leipold*, § 2084 Rn. 6 ff. m. w. N.). Maßgebend für die Auslegung ist deshalb nur § 133, nicht § 157. Es geht allein um die Frage, „was der Erblasser mit seinen Worten sagen wollte" (*BGH* NJW 1993, 256).

2 **Standardbeispiel:** E vermacht seinem Vetter seine „Bibliothek". Verwandte und Freunde des E wissen, dass dieser damit nicht etwa seine (wenigen) Bücher, sondern seinen Weinkeller zu bezeichnen pflegte.

Wenn sich die Auslegung – wie im Beispielsfall – nicht auf eine Analyse des Wortlauts beschränkt, so heißt das, dass auch **außerhalb der Urkunde liegende Umstände** herangezogen werden können (*BGH* FamRZ 1987, 475, 476; *BayObLG* FamRZ 1999, 59, 60). Auch mündliche Äußerungen des Erblassers aus der Zeit vor oder nach der Errichtung des Testaments sind zu berücksichtigen. Maßgebender Zeitpunkt für die Feststellung des Erblasserwillens bleibt allerdings immer der Zeitpunkt der Errichtung des Testaments. Eine Willensänderung nach der Testamentserrichtung ist unbeachtlich (*BGH* FamRZ 1993, 1250).

Ob es sich bei dem auszulegenden Testament um ein privatschriftliches oder öffentliches handelt, macht vom Grundsatz her keinen Unterschied. Beim notariellen Testament spricht jedoch im Zweifel manches dafür, dass Begriffe in ihrer eigentlichen Wortbedeutung verwandt wurden. Das gilt insbesondere für Rechtsbegriffe, die vom Laien oft missverstanden werden (z. B. Vor- und Nacherbe, Ersatzerbe, vermachen, vererben).

Wenn der Inhalt einer Erklärung nicht mehr vom objektiven Er-   **3** klärungswert, sondern vom subjektiven Erblasserwillen her bestimmt wird, stellt sich die nahe liegende Frage, ob es dann überhaupt noch eine eindeutige Erklärung geben kann, die der Auslegung nicht mehr zugänglich ist. Der BGH meint in der Tat, auch der klare und eindeutige Wortlaut setze der Auslegung keine Grenzen (BGHZ 86, 41, 46 = JZ 1983, 709 m. krit. Anm. *Leipold*; FamRZ 1987, 475, 476; NJW 1993, 256); er begründe lediglich eine Vermutung dahingehend, dass der Erblasser selbst seine Erklärung im üblichen Wortsinn verstanden hat. Trotzdem bleibt der BGH bei dem ausschließlich am subjektiven Erblasserwillen orientierten Ergebnis der Auslegung nicht stehen. Er prüft vielmehr in einem zweiten Schritt, ob der ermittelte (subjektive) Erblasserwille im Testament auch eine hinreichend deutliche Stütze findet (BGHZ 86, 41, 47). Diese Prüfung sei erforderlich, um festzustellen, ob der Wille auch formgerecht (§ 2231) erklärt wurde (**Andeutungs- oder Anhaltstheorie**). Die Andeutungstheorie wird somit für den BGH erst bei der Formfrage relevant, während sie für einen Teil der Lehre (*Lange/Kuchinke*, § 34 III 2 m. w. N.) dazu dient, den rechtlich erklärten Erblasserwillen zu ermitteln. Zu unterschiedlichen Ergebnissen führen die beiden Auffassungen allerdings nicht.

Beispiel (nach BGHZ 80, 246): E hinterlässt als nächste Verwandte seine   **4** Mutter M und eine nichtehelich geborene Tochter T. In seinem Testament hat er seine Ehefrau enterbt und bestimmt, dass im Übrigen gesetzliche Erbfolge eintreten soll. E will auf diese Weise seine Mutter zur Alleinerbin machen, weil er irrig glaubt, T sei kraft Gesetzes nicht zur Erbfolge berufen.

Nach der erwähnten, in der Literatur vertretenen Ansicht fehlt es bereits an einer Verfügung des E zugunsten seiner Mutter als Alleinerbin. Nach Ansicht des BGH steht zwar der Wortlaut des Testaments der Annahme einer Alleinerbeinsetzung der M nicht im Wege. Es fehlt jedoch an der Andeutung eines solchen Willens im Testament, so dass der wirkliche Wille nicht formwirksam erklärt wurde. Die Tochter ist somit in jedem Falle Alleinerbin geworden (§§ 1924 Abs. 1, 1930). Eine Testamentsanfechtung wegen Inhaltsirrtums nach § 2078 Abs. 1 (vgl. Rn. 31) würde der Mutter nicht weiterhelfen, weil die Anfechtung letztwillige Verfügungen nur vernichtet (§ 142 Abs. 1), aber keine neuen schafft. Um dem wahren Erblasserwillen zur Durchsetzung zu verhelfen, lehnt eine Mindermeinung (*Brox/Walker*, Rn. 200 m. w. N.) die Andeutungstheorie ab, und zwar sowohl auf der Ebene der Auslegung als auch auf der Ebene der Form. Die Andeutungstheorie führe zu großer Rechtsunsicherheit, weil sie dem Richter letztlich die nicht mehr kalkulierbare Entscheidung überlasse, ob die geforderte Andeutung noch im Testament zu finden sei oder nicht. Nach dieser Mindermeinung wäre M Alleinerbin geworden.

5   Die besonderen Grundsätze der Testamentsauslegung gelten nicht für vertragsmäßige Verfügungen in einem **Erbvertrag** (BGHZ 106, 359, 361; *BayObLG* NJW-RR 2003, 293; *OLG Hamm* NJW-RR 2005, 450). Hier kommt es auf den Empfängerhorizont an (§ 157). Entsprechendes gilt für wechselbezügliche Verfügungen in einem **gemeinschaftlichen Testament** (*BGH* NJW 1993, 256).

2. Ergänzende Auslegung

6   Während die soeben erörterte erläuternde Auslegung dazu dient, den in einer Verfügung zum Ausdruck gekommenen Willen des Erblassers näher zu präzisieren, geht es bei der ergänzenden Auslegung darum, eine planwidrig unvollkommene Verfügung des Erblassers unter Berücksichtigung seines hypothetischen Willens zum Zeitpunkt der Testamentserrichtung zu ergänzen. Die ergänzende Testamentsauslegung setzt somit immer eine **irrtumsbedingte, ergänzungsbedürftige Lücke** voraus.

7   **Beispiel** (nach *BayObLG* FamRZ 1993, 1496): E setzt seine Geliebte G, die er später heiratet, zur Alleinerbin ein. Als E stirbt, ist G bereits vorverstorben. G hinterlässt eine Tochter T aus erster Ehe, die dem E, ihrem Stiefvater, nahe steht. T meint, sie sei aufgrund ergänzender Testamentsauslegung Ersatzerbin (§ 2096) für ihre Mutter und damit Alleinerbin des E geworden.

E hat für den Fall, dass G vorversterben sollte, keine Regelung getroffen. Ob diese Lücke im Testament planwidrig ist, mag zweifelhaft sein. E könnte nämlich den Fall des Vorversterbens von G durchaus mitbedacht und den Wunsch gehabt haben, es insoweit bei der gesetzlichen Erbfolge zu belassen (vgl. *OLG Düsseldorf* ZEV 2012, 662). E könnte aber auch die Möglichkeit schlicht übersehen oder jedenfalls eine Regelung für diesen Fall vergessen haben (vgl. *BayObLG* FamRZ 1993, 1496). Nur wenn ein Übersehen oder Vergessen vorliegt, kommt eine ergänzende Testamentsauslegung in Betracht. Die Frage wäre dann, wie der Erblasser seine Verfügung inhaltlich gestaltet hätte, wenn er bei Errichtung des Testaments die später eintretende Entwicklung der Verhältnisse vorausschauend berücksichtigt hätte.

Die rechtliche Problematik besteht weniger darin, den hypothetischen Erblasserwillen zum Zeitpunkt der Testamentserrichtung überhaupt zu ermitteln, als vielmehr darin, der ergänzenden Testamentsauslegung mit Rücksicht auf das Verbot formloser letztwilliger Verfügungen Grenzen zu setzen. Die Rechtsprechung verlangt aus diesem Grunde wie bei der erläuternden Testamentsauslegung, dass der hypothetische Erblasserwille in der Testamentsurkunde andeutungsweise einen wenn auch nur geringen oder unvollkommenen Ausdruck gefunden hat (BGHZ 22, 357; *BayObLG* NJW-RR 1997, 1438; FamRZ 1993, 1496). Die Anwendung der **Andeutungstheorie** bereitet allerdings bei der ergänzenden Testamentsauslegung größere Schwierigkeiten als bei der nur erläuternden, weil für die Ausfüllung planwidriger Lücken in der Testamentsurkunde selbst kaum jemals brauchbare Hinweise zu finden sind. Was den Beispielsfall anbelangt, so ist für das BayObLG die Erbeinsetzung der Geliebten Andeutung genug für eine mögliche Ersatzerbeinsetzung der T, wobei allerdings die Frage, ob der hypothetische Wille des Erblassers wirklich auf eine solche Ersatzerbeinsetzung gerichtet war, erst noch anhand sämtlicher außerhalb der Testamentsurkunde liegender Umstände festgestellt werden muss. Der überraschende und recht „großzügige" Ansatz des BayObLG entspricht der ständigen höchstrichterlichen Rechtsprechung (RGZ 99, 82; *BGH* NJW 1973, 240, 242; BayObLGZ 2003, 203) und dürfte letztlich seine Erklärung in der gesetzlichen Regelung des § 2069 finden.

Nach § 2069 ist im Zweifel anzunehmen, dass Zuwendungen des **8** Erblassers an einen seiner Abkömmlinge sich auf dessen Abkömmlinge erstrecken, wenn der ursprünglich Bedachte nach Errichtung des Testaments wegfällt (vgl. Rn. 14). § 2069 ist zwar auf den Beispielsfall weder direkt noch analog anwendbar, weil die ursprünglich bedachte G die Geliebte des E, nicht aber dessen Abkömmling ist. § 2069 macht indessen deutlich, dass das Gesetz selbst von der Möglichkeit ergänzender Testamentsauslegung ausgeht und unter den Voraussetzungen des § 2069 sogar eine Vermutung dafür aufstellt, dass im Testament nicht genannte Personen als ersatzweise bedacht anzusehen sind. Es liegt deshalb nahe, die Möglichkeit einer durch ergänzende Testamentsauslegung festzustellenden Ersatzerbeinsetzung auch dann zu bejahen, wenn die Vermutungsregel des § 2069 nicht eingreift, die Umstände des Falles aber eine Feststellung des hypothetischen Erblasserwillens ermöglichen. Der Ersatzerbe braucht dabei nicht notwendigerweise ein Abkömmling des ursprünglich Bedachten zu sein (z. B. *BayObLG* NJW 1988, 2744).

9   Die ergänzende Testamentsauslegung beschränkt sich nicht auf die Fallgruppe der Ersatzerbeinsetzung, auch wenn diese die Rechtsprechung in besonderem Maße beschäftigt. Mit Hilfe der ergänzenden Testamentsauslegung kann in Sonderfällen durchaus auch ein Geldvermächtnis der Geldentwertung angepasst (Staudinger/*Otte*, Vorbem. zu §§ 2064–2086 Rn. 91) oder bei Veräußerung eines vermachten Gegenstandes durch den Erblasser dessen Erlös als zugewandt angesehen werden (BGHZ 22, 357). Auch tiefgreifende Veränderungen in der Vermögenslage des Erblassers nach Errichtung eines Testaments können es rechtfertigen, die Verfügungen der neuen Sachlage anzupassen (MünchKomm/*Leipold*, § 2084 Rn. 112 f.; zu weiteren Fallgruppen vgl. *Nieder*, ZNotP 1999, 183).

10   Insgesamt hat aber die Rechtsprechung von der ergänzenden Testamentsauslegung unter Berufung auf die Andeutungstheorie nur mit großer Zurückhaltung Gebrauch gemacht. Den Kritikern der Andeutungstheorie ist zuzugeben, dass der hypothetische Wille des Erblassers im Testament nicht zum Ausdruck kommt. Zum Ausdruck kommt aber der reale Wille, der es erlaubt, die unvollkommene Verfügung des Erblassers zu Ende zu denken. Dieser reale Wille gibt die Willens- oder Zielrichtung an, und diese muss in der Testamentsurkunde ihren Niederschlag gefunden haben (MünchKomm/*Leipold*, § 2084 Rn. 87 ff.). Ein völliges Abrücken von der Andeutungstheorie würde unter Umgehung der §§ 2231 ff. zur Anerkennung formloser Verfügungen führen.

3. Gesetzliche Auslegungsregeln

a) Einführung

Herkömmlich wird zwischen Auslegungs- und Ergänzungsregeln 11
unterschieden. Die Auslegungsregeln geben einer zweifelhaften Regelung einen eindeutigen Sinn, während es Aufgabe der Ergänzungsregeln ist, Lücken zu schließen. Da eine Grenzziehung zwischen unklaren und unvollständigen Verfügungen oft nicht möglich ist und schon
die Auslegung heute anerkanntermaßen erläuternd und ergänzend
sein kann, ist die Unterscheidung weitgehend bedeutungslos geworden. Wie die folgenden Ausführungen zeigen werden, gelten Ausle-
gungs- und Ergänzungsregeln nur „im Zweifel". Sie dürfen also nicht
herangezogen werden, wenn die Auslegung der Verfügung nach allgemeinen Auslegungsgrundsätzen bereits zu einem eindeutigen Ergebnis führt.

Allgemeine Auslegungs- oder Ergänzungsvorschriften enthalten
insbesondere die §§ 2066–2077 und 2084–2086.

b) Grundsatz der wohlwollenden Auslegung

Lässt eine letztwillige Verfügung verschiedene Auslegungen zu, so 12
verdient nach § 2084 diejenige Auslegung den Vorzug, welche der
Verfügung zum Erfolg verhilft (**benigna interpretatio** oder favor testamenti). § 2084 setzt voraus, dass ein gültiges Testament vorliegt und
die Auslegung nicht zu einer eindeutigen Feststellung des Erblasserwillens führt – ein eher seltener Fall. Die eigentliche Bedeutung der
Vorschrift liegt weniger in der konkreten Regelung an sich als in der
grundsätzlichen Klarstellung, dass mit Hilfe der Auslegung dem Willen des Erblassers so weit wie möglich zur rechtlichen Geltung verholfen werden soll, auch wenn Unklarheiten der getroffenen Verfügung zunächst einem solchen Erfolg entgegenzustehen scheinen. So
gesehen unterstreicht § 2084, was an sich schon aus § 133 folgt. Die
Rechtsprechung neigt ganz in diesem Sinne dazu, in Fällen einer Testamentsauslegung neben § 133 auch § 2084 als maßgebende gesetzliche Bestimmung mitzuzitieren (BGHZ 121, 357, 363; *BayObLG*
FamRZ 1999, 59, 60).

Ähnlich wie § 2084 verfolgt auch **§ 2085** den Zweck, dem Erblas- 13
serwillen rechtlich zur Durchsetzung zu verhelfen. Während nach

§ 139 die Teilnichtigkeit in der Regel die Nichtigkeit des ganzen Rechtsgeschäfts zur Folge hat, bestimmt § 2085 umgekehrt, dass die Unwirksamkeit einer einzelnen Verfügung nicht zur Unwirksamkeit aller im Testament enthaltenen Verfügungen führt. Die Umkehr des Regel-Ausnahme-Verhältnisses ist gerechtfertigt, weil bei letztwilligen Verfügungen der fehlerfreie Teil des Geschäfts nach dem Tod des Erblassers nicht mehr nachgeholt werden kann und es im Zweifel eher dem Erblasserwillen entspricht, wenn seine letztwilligen Verfügungen wenigstens teilweise zur Geltung gelangen.

c) Zuwendungen an Abkömmlinge

14   Hat der Erblasser einen seiner Abkömmlinge (Kinder oder Kindeskinder) durch Erbeinsetzung (§ 1937) oder Vermächtnisanordnung (§ 1939) bedacht und fällt dieser nach der Testamentserrichtung weg (z. B. durch Tod; Ausschlagung, § 1953; Erbunwürdigerklärung, § 2344), so sind nach § 2069 im Zweifel dessen Abkömmlinge insoweit bedacht, als sie bei der gesetzlichen Erbfolge an seine Stelle treten würden.

> **Beispiel:** Der verheiratete E setzt seine Tochter T als Alleinerbin ein. T stirbt vor dem Erbfall und hinterlässt ein Kind K.

K wird nach § 2069 Alleinerbe. Die Ehefrau des E bleibt enterbt, es sei denn, die vorrangige Auslegung („im Zweifel") führt zu einem anderen Ergebnis.

§ 2069 ist eine gesetzliche Regel der ergänzenden Testamentsauslegung. Die Bestimmung kann nicht analog angewandt werden, wenn andere Angehörige, der Ehegatte oder dem Erblasser sonst nahe stehende Personen bedacht werden, nach der Testamentserrichtung wegfallen und Abkömmlinge hinterlassen (*BGH* NJW 1973, 240, 242; *OLG Düsseldorf* ZEV 2012, 662). Allerdings kann die ergänzende Testamentsauslegung zu einem § 2069 entsprechenden Ergebnis führen, ohne dass jedoch dieses Ergebnis auf eine gesetzliche Auslegungsregel gestützt werden könnte (vgl. Rn. 8).

d) Zuwendungen an den Ehegatten oder Verlobten

15   Letztwillige Verfügungen zugunsten des Ehegatten oder Verlobten sind unwirksam, wenn die Ehe oder das Verlöbnis vor dem Tod des Erblassers aufgelöst wird (§ 2077 Abs. 1 S. 1 und Abs. 2). Gleiches gilt

gemäß § 2077 Abs. 1 S. 2, wenn die Ehe vor dem Tod zwar noch nicht aufgelöst wird, die Voraussetzungen für die Scheidung aber vorliegen und der *Erblasser* die Scheidung beantragt oder ihr zugestimmt hat (vgl. § 2 Rn. 27 zur Parallelregelung in § 1933). Wie sich aus Abs. 3 ergibt, handelt es sich bei § 2077 um eine echte Auslegungsregel, die nur im Zweifel gilt. Im Falle einer Wiederheirat der geschiedenen Ehegatten lebt das unwirksam gewordene Testament nicht wieder auf. Allerdings soll nach einer problematischen Entscheidung des *BayObLG* (ZEV 1995, 331; vgl. *Reimann,* ZEV 1995, 329) die Wiederheirat ein möglicher Anhaltspunkt dafür sein, dass der Wille des Erblassers im Zeitpunkt der Testamentserrichtung auf eine Weitergeltung der im Testament getroffenen Verfügungen gerichtet war (§ 2077 Abs. 3). Auf Lebenspartner ist § 2077 entsprechend anzuwenden (§ 10 Abs. 5 LPartG).

Auf eine gescheiterte **nichteheliche Lebensgemeinschaft** findet **16** § 2077 keine entsprechende Anwendung (*OLG Celle* ZEV 2003, 328 m. Anm. *Leipold*). § 2077 macht einen nach § 2078 Abs. 2 an sich relevanten Motivirrtum zum Nichtigkeitsgrund und erspart so dem übergangenen Erben den für die Testamentsanfechtung erforderlichen und oft schwer zu führenden Beweis, dass der Fortbestand der Ehe tragender Grund für die Erbeinsetzung war. Anders als bei Ehe und Verlobung sind bei einer nichtehelichen Lebensgemeinschaft weder deren Bestehen noch deren Beendigung eindeutig feststellbar. Es sollte deshalb hier bei der Testamentsanfechtung durch den Erben verbleiben. Die Annahme einer auflösend bedingten Erbeinsetzung des Lebensgefährten oder der Lebensgefährtin kommt nur in Betracht, wenn ein entsprechender Wille des Erblassers im Sinne der Andeutungstheorie in der Testamentsurkunde ihren Niederschlag gefunden hat (z. B. „meiner treusorgenden Lebensgefährtin").

Was für die nichteheliche Lebensgemeinschaft gilt, sollte erst recht Gültigkeit haben, wenn Schwiegerkinder bedacht werden, deren Ehe später aufgehoben oder geschieden wird. Für letztwillige **Zuwendungen an Schwiegerkinder** können unabhängig vom Bestand der Ehe sehr unterschiedliche Motive maßgebend gewesen sein, insbesondere auch ein anhaltend gutes persönliches Verhältnis. Der BGH hat deshalb zutreffend eine entsprechende Anwendung von § 2077 auf die Erbeinsetzung von Schwiegerkindern abgelehnt (BGHZ 154, 136 = JZ 2004, 97 m. Anm. *Olzen*).

e) Unklarheit über die Person des Bedachten

17   Die Auslegungsvorschriften der §§ 2066–2068, 2070–2073 betreffen Fälle, in denen Zweifel über die Person des Bedachten bestehen. Auf diese Vorschriften darf – wie bei allen Auslegungsregeln – nur zurückgegriffen werden, wenn die erläuternde oder ergänzende Testamentsauslegung nicht zum Ziel führt. Außerdem sind sie nur maßgebend, wenn kein abweichender Wille des Erblassers festgestellt werden kann (vgl. Rn. 11).

18   Hat der Erblasser z. B. seine gesetzlichen Erben oder seine Verwandten ohne nähere Bezeichnung bedacht, so sind hierunter, falls die Auslegung nicht weiterführt, im Zweifel diejenigen Personen zu verstehen, die zur Zeit des Erbfalls als gesetzliche Erben berufen wären (§§ 2066, 2067).

19   Hat er seine „Kinder" bedacht und ist eines von ihnen *vor* Errichtung des Testaments verstorben, so treten dessen Abkömmlinge im Zweifel nach Maßgabe der gesetzlichen Erbfolge an seine Stelle. § 2068 geht also davon aus, dass der Erblasser mit dem Wort „Kinder" auch die Abkömmlinge eines vorverstorbenen Kindes meint.

20   Die weiteren Auslegungsregeln der §§ 2070–2073 betreffen Fälle, in denen der Erblasser Abkömmlinge eines Dritten (also nicht seine eigenen), Personengruppen (z. B. „meine Mitarbeiter") oder „die Armen" bedenkt oder Bedachte in einer Weise bezeichnet, die auf mehrere Personen passt.

f) Bedingte Zuwendungen

21   Die Möglichkeit aufschiebend oder auflösend bedingter letztwilliger Verfügungen (§ 158) wird in §§ 2074–2076 vorausgesetzt. Die Bestimmungen selbst enthalten Auslegungs- und Ergänzungsregeln für besondere Fallkonstellationen.

22   Aufschiebend und auflösend bedingte Erbeinsetzungen führen unter der Voraussetzung, dass die Bedingung eintritt, denknotwendig zu **Vor- und Nacherbschaft** (§§ 2100 ff.; vgl. § 9 Rn. 8).

> **Beispiel:** Unternehmer U setzt seinen Sohn S unter der Bedingung als Erben ein, dass er eine berufsqualifizierende Ausbildung erfolgreich abschließt.

Hat S beim Tode des U seine Ausbildung noch nicht abgeschlossen, so verlangt der Grundsatz der Universalsukzession, dass zunächst ein anderer Gesamtrechtsnachfolger des U wird. Das Erbrecht kennt für Fälle dieser Art (Hintereinanderschaltung mehrerer Erben) nur die Möglichkeit der Vor- und Nacherbschaft. Wer bis zum Einritt der (aufschiebenden) Bedingung Vorerbe wird, kann der Erblasser in seinem Testament bestimmen. Fehlt eine solche Bestimmung, so werden gemäß § 2105 Abs. 1 die gesetzlichen Erben des U seine Vorerben. Entsprechendes gilt für den Fall einer auflösenden Bedingung, wenn z. B. der Erblasser seine Ehefrau bis zu ihrer eventuellen Wiederheirat als Erbin einsetzt. Heiratet die Ehefrau wieder, so fällt der Nachlass an denjenigen, welchen der Erblasser zu seinem Nacherben bestimmt hat (zu Wiederverheiratungsklauseln im Einzelnen vgl. § 12 Rn. 28 ff.). Hat der Erblasser keine Anordnung getroffen, so ist anzunehmen, dass als Nacherben diejenigen eingesetzt sind, welche die gesetzlichen Erben des Erblassers wären, wenn er zum Zeitpunkt des Eintritts der Bedingung gestorben wäre (§ 2104).

Die Auslegungsregel des § 2074 bestimmt, dass eine aufschiebend **23** bedingte Zuwendung im Zweifel nur dann maßgebend ist, wenn der Bedachte den Eintritt der Bedingung erlebt. Im Beispielsfall versteht sich das von selbst, weil die Bedingung nicht mehr eintreten kann, wenn S verstirbt, bevor er seine Ausbildung abgeschlossen hat. Aufschiebende Bedingungen brauchen sich jedoch nicht notwendigerweise in der Person des Bedachten zu realisieren und können durchaus auch nach dessen Tod eintreten. Für diese Fälle bestimmt § 2074, dass der Bedingungseintritt „im Zweifel" nicht zu einem Anfall an die Erben des Verstorbenen führt, dass also die „Warteposition" des Bedachten nicht vererblich ist. Anders ausgedrückt: Dem Bedachten steht im Zweifel kein Anwartschaftsrecht zu, das er vererben könnte (vgl. auch § 2108 Abs. 2 S. 2).

Hat der Erblasser eine Zuwendung von einem fortgesetzten Tun **24** oder Unterlassen des Bedachten abhängig gemacht, so soll nach der Auslegungsregel des § 2075 ein Zuwiderhandeln des Bedachten im Zweifel als auflösende Bedingung der Zuwendung verstanden werden.

Beispiel: E setzt seinen Sohn S unter der Bedingung zum Erben ein, dass er sich nicht wieder betrinkt.

Auch ohne gesetzliche Auslegungsregel drängt sich hier die Annahme einer auflösenden Bedingung auf. Die Bejahung einer aufschiebenden Bedingung würde bedeuten, dass S selbst nie in den Genuss der Erbschaft käme, weil erst mit seinem Tod feststünde, ob er sich an die Bedingung gehalten hat. Bedingungen, die vom Willen des

Bedachten abhängen (sog. **Potestativbedingungen,** vgl. auch § 4 Rn. 12 f.), bereiten der Praxis Schwierigkeiten. Sie sind oft unbestimmt („bei einwandfreiem Lebenswandel"; „wenn er mit meinen Verwandten keine Kompromisse schließt" usw.). Dies gilt insbesondere für sog. **Verwirkungsklauseln,** mit denen der Erblasser versucht, Zuwiderhandlungen gegen seine Anordnungen mit dem Verlust der Zuwendung zu bestrafen („wer Streit anfängt"; „wer das Testament anficht"). Die Rechtsprechung hält derartige Klauseln grundsätzlich für wirksam und versucht, durch großzügige Auslegung, soweit eben noch vertretbar, dem mutmaßlichen Erblasserwillen Rechnung zu tragen (Näheres Staudinger/*Otte*, § 2074 Rn. 62 ff. m. w. N.). Allerdings können Potestativbedingungen die Grenze des § 138 Abs. 1 überschreiten. **Sittenwidrig** sind insbesondere Bedingungen, mit denen dem Bedachten aufgegeben wird, die Religion zu wechseln, eine bestimmte Person zu heiraten oder nicht zu heiraten oder sich scheiden zu lassen (vgl. auch § 3 Rn. 18; Näheres Münch-Komm/*Leipold*, § 2074 Rn. 18 ff. m. w. N.; *Michalski*, Rn. 438 ff.). Umstritten ist, ob im Falle der Sittenwidrigkeit einer Bedingung die Verfügung ohne die Bedingung aufrechtzuerhalten ist oder ob auch die Verfügung unwirksam wird, falls der Erblasser sie ohne die beigefügte sittenwidrige Bedingung nicht treffen wollte (Näheres dazu *Muscheler*, Bd. 1, Rn. 1957 f. m. w. N.). Richtigerweise wird man auf den hypothetischen Erblasserwillen abstellen müssen. Ansonsten würden die Freiheitsrechte des Einzelnen stärker gewichtet als der Wille des Erblassers, um dessen Nachlass es geht. Konkret heißt das, dass die bedachte Person leer ausgeht, falls nicht positiv festgestellt werden kann, dass der Erblasser die Verfügung auch ohne die sittenwidrige Bedingung getroffen hätte (vgl. § 140).

25   Bezweckt eine Bedingung, von der eine letztwillige Verfügung abhängig gemacht wird, den Vorteil eines Dritten, so gilt sie im Zweifel als eingetreten, wenn der Dritte die erforderliche Mitwirkung verweigert (**§ 2076**).

> **Beispiel:** „Meine Tochter T soll mich beerben, wenn sie ihre Mutter bei sich aufnimmt."

Die Bedingung gilt als eingetreten, wenn die Mutter sich weigert, zu ihrer Tochter zu ziehen.

II. Anfechtung von Testamenten

1. Einführung

Ein Erblasser kann die im Testament getroffenen Verfügungen je- **26** derzeit widerrufen (§ 2253), nicht aber anfechten. Eine Anfechtung durch den Erblasser wäre sinnlos, da ihm schon das Widerrufsrecht zusteht. Testamentsanfechtungen (§§ 2078 ff.) sind erst nach dem Tod des Erblassers durch Dritte möglich. Anfechtungsberechtigt sind Personen, denen der Wegfall der letztwilligen Verfügung zustatten kommt (§ 2080), in der Regel also die übergangenen gesetzlichen Erben. Ziel der Testamentsanfechtung ist es, Verfügungen von Todes wegen zu beseitigen, die auf einer Fehlvorstellung des Erblassers beruhen oder widerrechtlich durch Drohung zustande gekommen sind. Wie die Anfechtung nach §§ 119, 123, so führt auch die nach §§ 2078, 2079 zu rückwirkender Nichtigkeit (§ 142 Abs. 1), zerstört also die fehlerhafte Erklärung, ohne indessen einem feststellbaren hypothetischen Erblasserwillen positiv Rechnung zu tragen. **Die Anfechtung kassiert; sie reformiert nicht.** Wurde durch das angefochtene Testament ein früheres widerrufen, so gilt das frühere; ansonsten treten an die Stelle einer erfolgreich angefochtenen letztwilligen Verfügung die Regelungen über die gesetzliche Erbfolge.

Der Grundsatz „**Auslegung geht vor Anfechtung**" gilt bei einer **27** Anfechtung nach §§ 2078, 2079 in gleicher Weise wie bei einer Anfechtung nach §§ 119, 123. Mit Hilfe der erläuternden oder ergänzenden Testamentsauslegung kann dem Willen des Erblassers sogar in sehr viel stärkerem Maße zur Durchsetzung verholfen werden, als dies bei empfangsbedürftigen Willenserklärungen der Fall ist, weil sich die Testamentsauslegung nicht am Empfängerhorizont eines schutzwürdigen Adressaten der Erklärung zu orientieren braucht (vgl. Rn. 1).

Führt die Testamentsauslegung nicht zum Ziel, so kommt eine Tes- **28** tamentsanfechtung nach Maßgabe der §§ 2078, 2079, nicht aber der §§ 119, 123 in Betracht. Schließlich geht es um die Anfechtung einer letztwilligen Verfügung durch Dritte nach dem Tod des Erblassers, während es sich bei den §§ 119, 123 um eine Anfechtung durch den Erklärenden selbst handelt. Theoretisch hätte der Gesetzgeber die **Anfechtungsgründe** der §§ 2078, 2079 an denen der §§ 119, 123 ausrichten können. Das wäre jedoch wenig sinnvoll gewesen, weil die gesetzliche Regelung der Anfechtung empfangsbedürftiger Willenserklärungen einen Kompromiss zwischen den schutzwürdigen Belangen des Anfechtenden einerseits und des Erklärungsgegners andererseits anstrebt, während es bei der Testamentsanfechtung ausschließlich um den Schutz der Willensfreiheit des Erblassers und um den Schutz des Anfechtungsberechtigten geht, der eine in sich fehlerhafte Erklärung des Erblassers nicht hinzunehmen braucht. Einen schutzwürdigen Erklärungsempfänger gibt es nicht. Konsequenterweise sind deshalb auch die Anfechtungsgründe der §§ 2078, 2079 erheblich weiter als die der §§ 119, 123. So berechtigt insbesondere auch jeder **Motivirrtum** zur Anfechtung (§ 2078 Abs. 2). Da es keinen schutzwürdigen Dritten gibt, braucht der Anfechtende auch niemandem einen Vertrauensschaden zu ersetzen. § 122 ist im Falle einer Testamentsanfechtung nicht anwendbar (§ 2078 Abs. 3).

29 §§ 2078 ff. gelten für die vom Erblasser getroffenen letztwilligen Verfügungen ohne Rücksicht darauf, ob diese in einem Einzeltestament, einem gemeinschaftlichen Testament oder einem Erbvertrag enthalten sind. Für den **Erbvertrag** und das **gemeinschaftliche Testament** gilt allerdings eine Besonderheit: Beim Erbvertrag und beim gemeinschaftlichen Testament ist der Erblasser bereits zu Lebzeiten an die von ihm getroffenen vertragsmäßigen bzw. wechselbezüglichen Verfügungen nach Maßgabe der §§ 2289 Abs. 1 S. 2, 2271 Abs. 2 S. 1 gebunden, so dass er seine Verfügungen nicht mehr frei widerrufen kann. § 2281 Abs. 1, der auf das gemeinschaftliche Testament entsprechend angewendet wird (vgl. § 12 Rn. 25), gestattet daher dem gebundenen Erblasser, seine eigenen Verfügungen unter den gleichen Voraussetzungen anzufechten, unter denen Dritte diese nach seinem Tod anfechten könnten. Diese Regelung ist sinnvoll, weil der Erblasser so seine eigenen Verfügungen selbst beseitigen kann und außerdem die Möglichkeit erhält, seine Rechtsnachfolge von Todes wegen durch eine neue letztwillige Verfügung zu regeln. Macht der Erblasser allerdings von seiner Anfechtungsmöglichkeit keinen Gebrauch und lässt er die Anfechtungsfrist verstreichen (was voraussetzt, dass er vom Anfechtungsgrund Kenntnis hat, § 2082 Abs. 2), so erlischt auch das Anfechtungsrecht Dritter nach seinem Tod (§ 2285). Nur unter dieser Voraussetzung ist also das Anfechtungsrecht Dritter eingeschränkt (vgl. § 12 Rn. 25 ff. betr. gemeinschaftliches Testament und § 13 Rn. 36 ff. betr. Erbvertrag).

2. Anfechtungsgründe

a) Inhalts- und Erklärungsirrtum (§ 2078 Abs. 1)

Die in § 2078 Abs. 1 geregelten Anfechtungsgründe entsprechen 30
denen des § 119 Abs. 1. Anders als bei § 119 Abs. 1 ist jedoch als
Maßstab für die Kausalität nicht erforderlich, dass der Erblasser die
Erklärung auch „bei verständiger Würdigung des Falles nicht abgegeben haben würde". Es genügt, dass er sie **bei Kenntnis der Sachlage**
nicht abgegeben hätte. Entscheidend ist somit allein, wie der Erblasser tatsächlich verfügt hätte. Was ein vernünftiger Mensch an seiner
Stelle getan hätte, ist irrelevant.

Anfechtungen wegen **Inhaltsirrtums** sind selten, weil bei § 2078 31
Abs. 1, anders als bei § 119 Abs. 1, in aller Regel bereits die Auslegung dem wirklichen Erblasserwillen zur Geltung verhilft; denn
maßgebend ist nicht, was ein Dritter unter der Erklärung des Erblassers verstehen muss, sondern was der Erblasser selbst mit seiner Erklärung meint. Trotzdem sind Inhaltsirrtümer nicht ausgeschlossen.

Beispiel: E nimmt sein vor einem Notar errichtetes Testament aus der amtlichen Verwahrung zurück, um es seinem Sohn zu zeigen. E weiß nicht, dass
das Testament gemäß § 2256 durch die Rücknahme als widerrufen gilt.

Der Sache nach handelt es sich bei § 2256 um einen rechtsgeschäftlichen Widerrufstatbestand, also um eine letztwillige Verfügung, die
gesetzestechnisch in die Form einer Widerrufsfiktion gekleidet ist.
Da E nicht weiß, was die Rücknahme eines Testaments aus der amtlichen Verwahrung rechtlich bedeutet, kann der durch das Testament
Begünstigte den Widerruf des E anfechten (*BayObLG* NJW-RR
2005, 957). Rechtsfolgeirrtümer werden über den Beispielsfall hinaus
allgemein als Inhaltsirrtümer qualifiziert, wenn sich der Erklärende
über die „wesentlichen" Rechtsfolgen und damit über die Rechtsnatur des Geschäftes irrt. In diesem Sinne bejaht die Rechtsprechung
z. B. einen zur Anfechtung berechtigenden Inhaltsirrtum auch, wenn
sich der Erblasser über die rechtliche Tragweite, insbesondere über
die Bindungswirkung des Erbvertrages bei dessen Abschluss nicht
im Klaren war (BayObLGZ 2002, 128, 133 f. m. w. N.; *OLG Frankfurt a. M.* ZEV 1997, 422; vgl. auch § 12 Rn. 27).

Für den **Erklärungsirrtum** nach § 2078 Abs. 1 gilt das gleiche wie 32
für den entsprechenden Irrtum nach § 119 Abs. 1.

> **Beispiel:** E verschreibt sich und ordnet ein Vermächtnis zugunsten des X in Höhe von 10 000 € anstatt von 1000 € an.

b) Motivirrtum (§ 2078 Abs. 2 Alt. 1)

33   Nach § 2078 Abs. 2 Alt. 1 berechtigt **jeder Motivirrtum** zur Anfechtung. Dabei ist es gleichgültig, ob der Irrtum sich auf vergangene oder gegenwärtige („Annahme") oder auf zukünftige („Erwartung") Umstände bezieht. Der Irrtum muss allerdings gemäß § 2078 Abs. 2 i. V. m. Abs. 1 in dem Sinne kausal für die Erklärung gewesen sein, dass der Erblasser diese „bei Kenntnis der Sachlage nicht abgegeben haben würde". Die Beweislast trägt der Anfechtende.

Eine dem § 119 Abs. 2 entsprechende ausdrückliche Regelung fehlt in § 2078 ebenso wie ein Hinweis auf die Anfechtbarkeit der letztwilligen Verfügung wegen arglistiger Täuschung (§ 123). Beide Fälle werden indessen von § 2078 miterfasst: § 119 Abs. 2 ist ein Sonderfall des Motivirrtums, und eine arglistige Täuschung löst beim Getäuschten entweder einen Inhaltsirrtum nach § 2078 Abs. 1 oder – wie in der Regel – einen Motivirrtum nach § 2078 Abs. 2 Alt. 1 aus.

34   Unproblematisch im Rahmen von § 2078 Abs. 2 Alt. 1 sind diejenigen Fälle, in denen der Erblasser einem **Irrtum im eigentlichen Sinn** des Wortes unterliegt, in denen er also eine positiv vorhandene, aber unrichtige Vorstellung hat: Er nimmt z. B. an, der Bedachte sei mittellos, er habe das Examen bestanden, er werde seine politische Einstellung ändern oder nicht ändern.

35   Problematisch sind hingegen die Fälle bloßen **Nichtwissens**, in denen der Erblasser vom Vorliegen gewisser Umstände keine Kenntnis hat, so dass er sich insoweit auch keine konkreten Fehlvorstellungen machen kann: Der Erblasser weiß z. B. nicht, dass die bedachte Haushaltshilfe ihn bestohlen hat oder dass der als Alleinerbe eingesetzte Ehepartner ihn betrügt. Bezieht sich das Nichtwissen auf künftige Umstände, so stellt sich die weitere Frage, ob auch Erwartungen, von denen der Erblasser wie selbstverständlich ausgeht, ohne sie indessen konkret bedenken zu können, eine Anfechtung rechtfertigen, so etwa die Erwartung, es werde mit dem Bedachten nicht zu Streitigkeiten kommen, dieser werde ihn weiterhin pflegen, usw.

Während ein Teil der Lehre bloßes Nichtwissen wie einen Irrtum behandelt (*Leipold*, Rn. 427; *Olzen*, Rn. 675), vertritt die Rechtsprechung die Ansicht, eine Anfechtung nach § 2078 Abs. 2 Alt. 1 setze eine **positive Fehlvorstellung** des Erblassers voraus. Zu den positiven Annahmen und Erwartungen zählt indessen die Rechtsprechung auch solche, „die der Erblasser zwar nicht in sein Bewusstsein aufgenommen, aber als selbstverständlich seiner Verfügung zugrunde gelegt hat" (*BGH* NJW 1963, 246, 247; NJW-RR 1987, 1412; *OLG München* ZEV 2007, 530; *OLG Hamm* FamRZ 1994, 849, 851). Auf diese Weise wird der theoretisch unterschiedliche Ansatz von Lehre und Rechtsprechung wieder nivelliert. Vorstellungen, die der Erblasser als selbstverständlich seiner Verfügung zugrunde gelegt hat, bezeichnete der BGH ursprünglich als „unbewusste Vorstellungen" (*BGH* NJW 1963, 246, 247). Später gab er diesen Begriff „wegen seiner Widersprüchlichkeit" auf und ersetzte ihn durch den der **„selbstverständlichen Vorstellungen"**, ohne indessen mit dieser sprachlichen Korrektur sachliche Änderungen zu bezwecken (*BGH* NJW-RR 1987, 1412, 1413). Ob Nichtwissen (Lehre) oder selbstverständliche Vorstellungen (Rspr.) letztlich eine Anfechtung erlauben, entscheidet sich an der Frage der Kausalität. Der Anfechtende muss beweisen, dass der Erblasser bei Kenntnis der Sachlage *mit Sicherheit* (*BGH* NJW-RR 1987, 1412, 1413; *BayObLG* FamRZ 2002, 915, 918) anders testiert hätte. Die Rechtsprechung ist bei der Bejahung von Anfechtungen wegen selbstverständlicher Vorstellungen zurückhaltend. Als Anfechtungsgrund wurde unter anderem die selbstverständliche Erwartung anerkannt, der eingesetzte Erbe werde sich kein schwerwiegendes Fehlverhalten gegenüber dem Erblasser zu Schulden kommen lassen (sog. **Wohlverhaltenserwartung,** *BGH* FamRZ 1971, 638, 640), oder es werde nicht zu tiefgreifenden Unstimmigkeiten zwischen Erblasser und Bedachtem kommen (*BGH* NJW 1963, 246; *BayObLG* FamRZ 1998, 1625).

Streitig ist, ob eine Anfechtung nach § 2078 Abs. 2 Alt. 1 auch darauf gestützt werden kann, dass sich der Erblasser über **Umstände** geirrt hat, **die nach seinem Tod eintreten** (dafür: RGZ 86, 206, 210; *OLG Frankfurt a. M.* FamRZ 1993, 613; offen gelassen: *BGH* NJW-RR 1987, 1412, 1413; dagegen: *Grunewald,* NJW 1991, 1208). **36**

Beispiel (nach *OLG München* NJW 1983, 2577): Erblasserin E setzt ihren Enkel X als Alleinerben ein. X tritt nach dem Tod der E der Hare-Krishna-Bewegung bei, richtet sein Leben gänzlich nach deren Zielen aus und verkauft das zum Nachlass gehörende elterliche Anwesen, um den Erlös der Bewegung zukommen zu lassen.

Das OLG München bejaht die Möglichkeit einer Anfechtung, weil der Bedachte ein Leben entgegen den selbstverständlichen Erwartungen der Erblasserin („eine typische Urmünchnerin") führe und den Nachlass vergeude. Die Entscheidung dürfte jedoch nicht richtig sein: Ziel der §§ 2078, 2079 ist es sicherzustellen, dass der Erblasser für den Fall seines Todes eine Entscheidung trifft, die seinem wirklichen Willen nicht widerspricht. Zeitlicher Orientierungspunkt ist daher der Tod des Erblassers. Was danach mit dem Vermögen des Erblassers geschieht, kann dieser zwar durch testamentarische Bedingungen oder Auflagen mitbestimmen. Überlässt er aber einem Erben seinen Nachlass ohne jede Einschränkung, dann trägt er auch das Risiko, dass der Nachlass nicht in seinem Sinne verwendet wird, dass er also veräußert, verschenkt oder sinnlos verprasst wird (ähnlich *BGH* MDR 1967, 657). Gleiches gilt, wenn ein Erblasser sein Testament in der Erwartung errichtet hat, es werde nicht zur Wiedervereinigung beider Teile Deutschlands kommen, die Wiedervereinigung aber doch nach dem Tod des Erblassers Wirklichkeit wird (so auch *Grunewald*, NJW 1991, 1208; a. A. *OLG Frankfurt a. M.* FamRZ 1993, 613 und *Meyer*, ZEV 1994, 12, 14).

c) Widerrechtliche Drohung (§ 2078 Abs. 2 Alt. 2)

37 § 2078 Abs. 2 Alt. 2 entspricht § 123. Die Regelung schützt die freie Selbstbestimmung des Erblassers. Wer droht, stellt dem Erblasser ein künftiges Übel in Aussicht, auf dessen Verwirklichung er Einfluss zu haben vorgibt. Widerrechtlich ist die Drohung, wenn entweder das angedrohte Übel oder der angestrebte Erfolg oder die Mittel-Zweck-Relation rechtswidrig ist.

> **Beispiel:** Die Haushälterin benutzt ihr Kündigungsrecht dazu, den schwerkranken Erblasser zu einer letztwilligen Verfügung zu ihren Gunsten zu veranlassen.

Hier sind sowohl das Mittel als auch das Ziel – jeweils für sich betrachtet – rechtmäßig. Rechtswidrig ist aber die Mittel-Zweck-Relation.

d) Übergehen eines Pflichtteilsberechtigten (§ 2079)

38 § 2079 regelt einen Sonderfall des Motivirrtums. Nach § 2079 kann eine letztwillige Verfügung angefochten werden, wenn der Erblasser

einen zur Zeit des Erbfalls lebenden oder zumindest gezeugten (§ 1923 Abs. 2) Pflichtteilsberechtigten übergangen hat, dessen Vorhandensein ihm bei Errichtung der Verfügung nicht bekannt war oder der erst nach Errichtung der Verfügung geboren oder pflichtteilsberechtigt geworden ist. Die Bedeutung von § 2079 gegenüber der allgemeinen Anfechtung wegen Motivirrtums liegt darin, dass § 2079 S. 2 anders als § 2078 Abs. 1 eine Vermutung dahingehend aufstellt, dass der Erblasser anders verfügt hätte, wenn er die Pflichtteilsberechtigung gekannt hätte. Nicht der Anfechtende trägt deshalb die **Beweislast** dafür, dass der Erblasser bei Kenntnis der Sachlage anders verfügt hätte, sondern der Anfechtungsgegner muss beweisen, dass der Erblasser ebenso verfügt hätte, wenn er um die Pflichtteilsberechtigung gewusst hätte.

Dass dem Erblasser bei Errichtung des Testaments die Existenz eines Pflichtteilsberechtigten nicht bekannt ist, ist ein eher seltener Fall (Beispiel: Der Erblasser weiß nichts von der Geburt eines außerehelichen Kindes). Häufiger kommt es vor, dass nach Errichtung des Testaments ein Kind geboren oder adoptiert wird, oder dass der Erblasser (wieder-)heiratet.

Umstritten ist, ob auch eine vom Erblasser bedachte Person, die **39** erst nach Errichtung des Testaments pflichtteilsberechtigt wird, als „übergangen" i. S. v. § 2079 S. 1 angesehen werden kann.

> **Beispiel:** E vermacht seiner Freundin F ein wertvolles Bild. Im Übrigen belässt er es bei der gesetzlichen Erbfolge. Später heiratet E die F.

Die Rechtsprechung verneint überwiegend die Möglichkeit einer Anfechtung durch F nach § 2079 S. 1, weil E die F nicht gänzlich „übergangen" habe und die Bejahung einer für die Anfechtbarkeit sprechenden gesetzlichen Vermutung i. S. v. § 2079 S. 2 nicht gerechtfertigt sei (RGZ 50, 238, 239 f.; *BayObLG* ZEV 1994, 107 m. Anm. *Graf*; *OLG Karlsruhe* ZEV 1995, 454 m. Anm. *Ebenroth/Koos*). F könne die letztwillige Verfügung allerdings nach § 2078 Abs. 2 Alt. 1 anfechten, müsse dann aber beweisen, dass der Erblasser bei Kenntnis der Sachlage anders verfügt hätte. Der Rechtsprechung geht es also letztlich nicht um die Anfechtbarkeit an sich, als vielmehr um die unterschiedliche Beweislastregelung in § 2079 S. 2 einerseits und § 2078 Abs. 2 Alt. 1 i. V. m. Abs. 1 andererseits, die allerdings prozessentscheidend sein kann. Die Ansicht der Rechtsprechung überzeugt nicht: Ob der Erblasser eine Person, die später pflichtteilsberechtigt wird, nicht bedenkt oder nur geringfügig bedenkt, sollte für die Anwendbarkeit von § 2079 ebenso wenig eine Rolle spielen wie die Frage, welche konkreten Beziehungen im Zeitpunkt der Testamentserrichtung zwischen den Beteiligten bestanden, ob sie sich bereits mit Eheschließungsgedanken getragen haben oder gar verlobt waren. In allen diesen Fällen sollte dem Pflichtteilsberechtigten der beweisrechtliche Vorteil des § 2079 S. 2 erhalten bleiben. Nur darum geht es. Im Beispielsfall ist entscheidend, dass die Zuwendung an F nicht im Hinblick auf deren Stellung als pflichtteilsberechtigte Erbin erfolgte (vgl. *Jung*, AcP 194 (1994), 42, 70 ff.; MünchKomm/*Leipold*, § 2079 Rn. 6; *OLG Hamm* ZEV 1994, 168 m. Anm. *Langenfeld*).

3. Anfechtungsberechtigte

40 Der Erblasser ist nicht anfechtungsberechtigt. Er kann die im Testament enthaltenen letztwilligen Verfügungen frei widerrufen. Zum Anfechtungsrecht des gebundenen Erblassers beim gemeinschaftlichen Testament und beim Erbvertrag vgl. § 12 Rn. 25 ff. und § 13 Rn. 36 ff.

41 Anfechtungsberechtigt ist nach dem Tod des Erblassers gemäß § 2080 Abs. 1 jeder, dem die Aufhebung der letztwilligen Verfügung **unmittelbar zustatten kommt**. Also können gesetzliche Erben oder Ersatzerben (§ 2096) die Erbeinsetzung anfechten, der Vorerbe die Einsetzung des Nacherben und umgekehrt, der mit einem Vermächtnis beschwerte Erbe die Vermächtnisanordnung. Voraussetzung ist allerdings, dass der Anfechtende einen unmittelbaren Vorteil erlangt. So kann beispielsweise die Erbeinsetzung vom Ersatzerben angefochten werden, nicht aber vom gesetzlichen Erben, der hofft, der Ersatzerbe werde die ihm anfallende Erbschaft zu seinen Gunsten ausschlagen. Etwas anderes gilt, wenn der gesetzliche Erbe nicht nur die Erbeinsetzung, sondern auch die Ersatzerbeinsetzung anficht.

42 Sind nach § 2080 Abs. 1 mehrere Personen anfechtungsberechtigt, so steht jedem das Anfechtungsrecht selbständig zu.

> **Beispiel:** E hat seine Lebensgefährtin zur Alleinerbin eingesetzt. Die Erbeinsetzung beruht auf einem nach § 2078 Abs. 2 relevanten Motivirrtum.

Die Verfügung des E kann von jedem gesetzlichen Miterben angefochten werden. Eine Anfechtung kommt den übrigen Miterben selbst gegen ihren Willen zugute. Wollen die Miterben mit der Erbschaft nichts zu tun haben, müssen sie diese ausschlagen.

§ 2080 Abs. 2 und 3 schränken die nach § 2080 Abs. 1 an sich gege- **43** bene Anfechtungsmöglichkeit für einige Sonderfälle ein: Bezieht sich in den Fällen des § 2078 der Irrtum nur auf eine bestimmte Person (der Erblasser glaubt irrig, sein Sohn sei Mitglied einer umstrittenen Sekte geworden, habe ihn bestohlen, usw.), so kann nur die Person, auf die sich der Irrtum bezieht (der Sohn), die letztwillige Verfügung anfechten. Weitere Personen, denen gemäß § 2080 Abs. 1 die Aufhebung der Verfügung ebenfalls unmittelbar zustatten kommen würde, sind hingegen von der Anfechtung ausgeschlossen. Die Regelung beruht auf der Überlegung, dass die Aufrechterhaltung der letztwilligen Verfügung dem Erblasserwillen eher entsprechen dürfte als die Aufhebung, falls der vom Irrtum unmittelbar Betroffene von einer Anfechtung Abstand nimmt. Entsprechendes gilt nach § 2080 Abs. 3 für den Fall der Übergehung eines Pflichtteilsberechtigten (§ 2079). Hier steht das Anfechtungsrecht nur dem Pflichtteilsberechtigten selbst zu, nicht aber Dritten, obwohl diesen die Aufhebung der letztwilligen Verfügung ebenfalls unmittelbar zustatten käme.

4. Anfechtungserklärung

Die Frage, wem gegenüber die Anfechtung erklärt werden muss, **44** beantwortet § 2081 Abs. 1. Danach sind Erbeinsetzung, Enterbung, Ernennung eines Testamentsvollstreckers sowie die Aufhebung solcher Verfügungen durch Erklärung gegenüber dem sachlich (§ 23a Abs. 1 S. 1 Nr. 2 und Abs. 2 Nr. 2 GVG i. V. m. § 342 Abs. 1 Nr. 5 FamFG) und örtlich (§ 343 FamFG) zuständigen **Nachlassgericht** anzufechten. Die Anfechtungserklärung ist insoweit also eine **amtsempfangsbedürftige Willenserklärung** i. S. v. § 130 Abs. 3, die formlos auch zu Protokoll der Geschäftsstelle (§ 25 Abs. 1 FamFG) erfolgen kann. Das Nachlassgericht hat die Anfechtungserklärung lediglich zu den Akten zu nehmen; eine Prüfung, ob die Anfechtung wirksam ist, findet nicht statt (*OLG Köln* FamRZ 1993, 1124).

Soweit § 2081 keine Sonderregelung enthält, gilt § 143. Das bedeu- **45** tet insbesondere, dass eine Vermächtnisanordnung gemäß § 143 Abs. 4 S. 1 durch formlose Erklärung gegenüber dem Vermächtnisnehmer angefochten werden muss.

Streitig ist, ob für die Wirksamkeit der Anfechtung die eindeutige **46** Kundgabe des Anfechtungswillens genügt (so die wohl h. A., vgl. *BayObLG* FamRZ 1989, 1346, 1347) oder ob darüber hinaus die Angabe des Anfechtungsgrundes wenigstens in groben Zügen erforderlich ist (so MünchKomm/*Leipold*, § 2081 Rn. 17 ff.). Die zweite Auffassung verdient u. a. deshalb den Vorzug, weil der Gegner des Anfechtenden nicht zuletzt im Hinblick auf möglicherweise unterschiedlich laufende Anfechtungsfristen im Falle mehrerer Anfechtungsgründe (vgl. § 2082 Abs. 2) Schutz verdient.

5. Verlust des Anfechtungsrechts

a) Anfechtungsfrist (§ 2082)

47   Die Anfechtung kann nur binnen Jahresfrist erfolgen (§ 2082 Abs. 1). Die Frist beginnt nach dem Erbfall mit dem Zeitpunkt, in welchem der Anfechtungsberechtigte „von dem Anfechtungsgrund Kenntnis erlangt" (§ 2082 Abs. 2 S. 1). Einigkeit besteht darüber, dass der Anfechtungsberechtigte sämtliche für sein Anfechtungsrecht wesentliche Tatsachen kennen muss, so dass Fehlvorstellungen tatsächlicher Art den Lauf der Frist nicht in Gang setzen. **Rechtsirrtümer** werden z. T. für gänzlich unbeachtlich gehalten, z. T. werden sie – vor allem von der Rechtsprechung – als relevant angesehen, wenn sie sich nicht auf den Anfechtungstatbestand beziehen (der Anfechtende glaubt irrig, ein Motivirrtum berechtige nicht zur Anfechtung oder er hätte die Anfechtung gegenüber dem richtigen Adressaten erklärt), sondern wenn sie diesem vorgelagert sind (der Anfechtende hält das Testament aus Rechtsgründen für nichtig oder er legt es falsch aus, so dass er nicht benachteiligt zu sein scheint, oder er hält den Widerruf des Erblassers für wirksam). Die Ansicht der Rechtsprechung verdient mit Rücksicht auf das bei Rechts- und Tatsachenirrtümern oft gleich gelagerte Schutzbedürfnis des Anfechtenden den Vorzug (Näheres bei *Rosemeier*, ZEV 1995, 124 m. w. N.).

48   Ohne Rücksicht auf die Kenntnis des Anfechtenden ist das Anfechtungsrecht ausgeschlossen, wenn seit dem Erbfall 30 Jahre verstrichen sind (§ 2082 Abs. 3).

b) Bestätigung anfechtbarer Verfügungen

49   Der Anfechtungsberechtigte verliert sein Anfechtungsrecht, wenn er die letztwillige Verfügung des Erblassers durch formlose, nicht empfangsbedürftige Willenserklärung gemäß § 144 Abs. 1 bestätigt. § 144 Abs. 1 bezieht sich zwar auf die Bestätigung einer eigenen Wil-

lenserklärung, ist aber nach Sinn und Zweck der Regelung auch dann anzuwenden, wenn nicht der Erblasser selbst sondern ein Dritter über die Gültigkeit der Erklärung durch Anfechtung entscheidet.

Umstritten ist, ob der Erblasser seine anfechtbare Verfügung von 50 Todes wegen gemäß § 144 Abs. 1 formlos bestätigen und somit das Anfechtungsrecht Dritter nach seinem Tode ausschließen kann. Die h. M. hält eine formlose Bestätigung durch den Erblasser für unzulässig, weil dieser selbst nicht anfechtungsberechtigt sei (*OLG Hamm* NJW-RR 1994, 462, 464). Der Erblasser könne seine anfechtbare Verfügung nur durch eine neue Verfügung von Todes wegen aufheben. Die formlose Bestätigung sei allenfalls ein Indiz dafür, dass der Irrtum nicht kausal für die Verfügung war (*BayObLG* FamRZ 1995, 246, 248). Die h. M. überzeugt nicht: Dass ein Erblasser seine eigene Verfügung nicht anfechten kann, hat seinen Grund darin, dass ihm ein uneingeschränktes Widerrufsrecht zusteht, das eine Selbstanfechtung überflüssig macht. Der Erblasser sollte aber nicht schlechter gestellt werden, als wenn er selbst anfechtungsberechtigt wäre. Da die Bestätigung eines anfechtbaren Rechtsgeschäfts nicht der für das Rechtsgeschäft bestimmten Form (hier: der Testamentsform) bedarf (§ 144 Abs. 2), ist dem Erblasser auch die Möglichkeit einzuräumen, seine eigene anfechtbare Verfügung formlos zu bestätigen (so auch MünchKomm/*Leipold*, § 2078 Rn. 60 ff.).

6. Wirkung der Anfechtung

Die Anfechtung vernichtet die Verfügung mit rückwirkender Kraft 51 (§ 142 Abs. 1). Nichtig wird nur die Verfügung, zu welcher der Erblasser durch den Willensmangel bestimmt worden ist (z. B. eine Vermächtnisanordnung). Die Nichtigkeit einer einzelnen Verfügung erfasst im Zweifel nicht die übrigen im Testament enthaltenen Verfügungen (§ 2085).

Streitig ist, ob eine Irrtumsanfechtung nach § 2079 grundsätzlich 52 zur Gesamtnichtigkeit des Testaments, d. h. aller in ihm enthaltenen Verfügungen, führt oder ob nur diejenige Verfügung nichtig wird, die den Pflichtteilsberechtigten von seinem gesetzlichen Erbrecht ausschließt.

Beispiel: Erblasser E setzt seinen Freund X zum Alleinerben ein. Seine beiden nächsten Verwandten, die Brüder A und B, übergeht er. Später heiratet E die F und stirbt bald darauf.

F kann die letztwillige Verfügung des E nach § 2079 S. 1 anfechten. Hätte die Anfechtung zur Folge, dass das Testament insgesamt nichtig wird, so träte gesetzliche Erbfolge ein. F würde Erbin zu ³/₄ (§§ 1931 Abs. 1 S. 1 und Abs. 3, 1371 Abs. 1), die Brüder A und B zu je ¹/₈. Diese Lösung dürfte allerdings kaum dem Willen des Erblassers entsprechen, der seine Brüder A und B erkennbar hinter seinen Freund X zurückgesetzt hat. Nahe liegend erscheint die Lösung, dass F ihren gesetzlichen Erbteil zu ³/₄ erhält, während es im Übrigen bei der letztwilligen Verfügung verbleibt, so dass X neben F Miterbe zu ¹/₄ würde. Gänzlich lässt sich allerdings nicht ausschließen, dass der Erblasser bei Kenntnis der Sachlage entweder überhaupt nicht testiert oder aber A und B doch nicht (völlig) enterbt hätte. Rechtsprechung und Literatur vertreten überwiegend die Ansicht, die Anfechtung führe grundsätzlich zur Gesamtnichtigkeit des Testaments (*OLG Düsseldorf* FamRZ 1999, 122, 123 m. w. N.). Nur ausnahmsweise bleibe dieses gemäß § 2079 S. 2 teilwirksam („soweit"), wenn dem Bedachten (im Beispielsfall: Freund X) der Beweis gelinge, dass die Aufrechterhaltung des „Testamentstorsos" dem hypothetischen Erblasserwillen entspricht. Überzeugender erscheint die von einer Mindermeinung vertretene Ansicht, das Ziel des § 2079 bestehe von vornherein nur darin, solche Verfügungen rückgängig zu machen, welche den Nachlass am übergangenen Pflichtteilsberechtigten vorbei verteilen (*LG Darmstadt* JZ 1988, 671 m. Anm. *Tiedtke*; *Jung*, AcP 194 (1994), 42, 47 ff.). Verfügungen, die dessen Erbteil in keiner Weise schmälern, unterliegen danach nicht der Anfechtung nach § 2079. Die Anfechtung gemäß § 2079 wird so gesehen zu einer Teilanfechtung des Testaments, die sich nur im Ausnahme-, nicht im Regelfall auf die Restverfügung auswirkt (§ 2085). Die beiden Ansichten unterscheiden sich im Ergebnis nur durch die Beweislastverteilung.

53   Die geschilderte Problematik ist im Übrigen keine Besonderheit des § 2079.

> **Beispiel:** E setzt seinen Freund X zum Alleinerben ein. Seine nächsten Verwandten, die Brüder A und B, übergeht er. Zu A hatte E nie näheren Kontakt; den B hat er nicht bedacht, weil er irrig annahm, dieser hätte ihn vorsätzlich geschäftlich geschädigt.

B kann die Erbeinsetzung nach § 2078 Abs. 2 anfechten. Die Anfechtung bewirkt, dass B gesetzlicher Erbe zu ¹/₂ wird, während das Testament im Übrigen wirksam bleibt. Freund X wird also Miterbe zu ¹/₂. Bruder A bleibt enterbt. Etwas anderes gilt nur dann, wenn gemäß § 2085 feststeht, dass dieses Ergebnis nicht dem hypotheti-schen Erblasserwillen entspricht. Anders als im vorhergehenden Bei-spielsfall käme die h. M. hier zum gleichen Ergebnis, weil nach ihr § 2078 Abs. 1 S. 1 („soweit") anders als § 2079 S. 2 keine Vermutung für eine Gesamtnichtigkeit enthält. Für eine unterschiedliche Behand-lung beider Fälle besteht indessen kein Anlass.

§ 8. Erbeinsetzung

Literatur: *Scherer*, Die Nachlaßbeteiligung von Abkömmlingen eines Enterbten, ZEV 1999, 41.

I. Einführung

1   Im Wege der Erbeinsetzung kann der Erblasser eine Person oder mehrere Personen zu seinen Gesamtrechtsnachfolgern bestimmen (§ 1937). Der Grundsatz der Testierfreiheit gibt ihm auch die Möglichkeit, die gesetzliche Erbfolge nur teilweise abzuändern (§ 2088) oder einen Verwandten, den Ehegatten oder den Lebenspartner zu enterben, ohne einen Erben einzusetzen (§ 1938). §§ 2074, 2075 erlauben darüber hinaus Erbeinsetzungen unter einer aufschiebenden oder auflösenden Bedingung (vgl. § 7 Rn. 21 ff.). Schließlich kann der Erblasser für den Fall, dass ein Erbe vor oder nach dem Eintritt des Erbfalls wegfällt, auch einen sog. Ersatzerben bestimmen (§ 2096).

Eine Sonderform der Erbeinsetzung ist die Anordnung von Vor- und Nacherbschaft (§§ 2100 ff.). Von ihr wird unter § 9 die Rede sein. Schließlich kann der Erblasser in einer Verfügung von Todes wegen eine Reihe weiterer Anordnungen treffen, die mit einer Erbeinsetzung nichts zu tun haben. Er kann den Erben beispielsweise mit einem Vermächtnis (§§ 2147 ff.) oder einer Auflage (§§ 2192 ff.) beschweren oder mit Hilfe von Testamentsvollstreckung (§§ 2197 ff.) und Teilungsanordnung (§ 2048) Vorkehrungen für die Nachlassabwicklung treffen (vgl. §§ 10 und 11).

2   Sowohl für die Erbeinsetzung als auch für die sonstigen Anordnungen des Erblassers gilt, dass ihre mögliche inhaltliche Ausgestaltung gesetzlich vorgegeben ist. Im Erbrecht herrscht wie im Sachenrecht **Typenzwang.** So kann der Erblasser einen bestimmten Nachlassgegenstand nicht mit unmittelbarer dinglicher Wirkung einem einzelnen Miterben zuwenden, weil dem BGB der Grundsatz der Singularsukzession fremd ist (vgl. § 1 Rn. 7). Er kann auch nicht den Vorerben von jedweder Verfügungsbeschränkung befreien, weil § 2136 eine solche Möglichkeit mit Rücksicht auf den Nacherben nicht kennt. Nun sind allerdings dem Erblasser die gesetzlich mögli-

chen Anordnungen oft nicht bekannt. Es ist dann Aufgabe der Testamentsauslegung, den Willen des Erblassers mit Hilfe der gesetzlich vorgesehenen Regelungsmöglichkeiten zu verwirklichen. Dabei ergeben sich nahe liegender Weise Schwierigkeiten, wenn der rechtlich unkundige Erblasser seine Anordnungen nur unscharf und unvollständig formuliert hat.

II. Abgrenzungsprobleme

Mit der Erbeinsetzung bestimmt der Erblasser seine(n) Gesamt- **3** rechtsnachfolger. Der Erblasser kann jedoch einer anderen Person Vermögensvorteile nicht nur durch **Erbeinsetzung,** sondern auch durch **Vermächtnisanordnung** zuwenden (§ 1939). Der Vermächtnisnehmer wird nicht Mitglied der Erbengemeinschaft, sondern erhält nur einen schuldrechtlichen Anspruch gegen den Erben oder die Erbengemeinschaft auf Leistung des vermachten Gegenstandes (§ 2174; vgl. zum Vermächtnis § 10 Rn. 4 ff.).

Beispiel: Erblasserin E setzt ihre Kinder als Erben ein und bestimmt au- **4** ßerdem, dass ihre Freundin F ein Schmuckstück zur Erinnerung erhalten soll.

Die Zuwendung einzelner Gegenstände ist nach der **Auslegungsregel des § 2087 Abs. 2** im Zweifel Vermächtnisanordnung, nicht Erbeinsetzung. Auch im Beispielsfall wollte die Erblasserin die F nicht zum Mitglied der Erbengemeinschaft machen, sie also nicht an der Nachlassabwicklung beteiligen oder ihr Verwaltungs- und Verfügungsbefugnisse im Hinblick auf den Nachlass einräumen. F sollte lediglich ein Schmuckstück aus dem Nachlass erhalten – mehr nicht.

Die Zuwendung einzelner Gegenstände ist allerdings, wie schon **5** der Wortlaut des § 2087 Abs. 2 zeigt, nicht denknotwendig eine bloße Vermächtnisanordnung, ebenso wie umgekehrt die Zuwendung eines Vermögensbruchteils, ja sogar des gesamten Aktivvermögens, nicht zwangsläufig eine Erbeinsetzung sein muss. **§ 2087 Abs. 1** ist nämlich entgegen seinem Wortlaut nicht zwingend, sondern bloße Auslegungsregel. Jedenfalls schließt § 2087 Abs. 1 nach völlig h. M. (MünchKomm/*Schlichting,* § 2087 Rn. 6) sog. **Quotenvermächtnisse** nicht aus, durch die dem Begünstigten eine Forderung in Höhe eines Bruchteils des Nachlasswertes gegen den Erben (die Erbengemeinschaft) zugewendet wird. Sogar sog. **Universalvermächtnisse** sind möglich, durch die dem Begünstigten der gesamte nach Begleichung der Nachlassverbindlichkeiten verbleibende Nachlassrest vermacht wird, während der Erbe als Gesamtrechtsnachfolger zwar Herr des Nachlasses wird, aber wirtschaftlich keine oder nur geringe Vorteile von der Erbeinsetzung hat (vgl. § 10 Rn. 6).

6 Die Abgrenzung zwischen Erbeinsetzung und Vermächtnisanordnung bereitet der Praxis erhebliche Schwierigkeiten; denn die Begriffe „erben", „vererben" und „vermachen" werden in der Umgangssprache oft unterschiedslos gebraucht, so dass der wahre Wille des Erblassers nicht leicht festzustellen ist.

> **Beispiel:** Das Vermögen des Erblassers E besteht aus einem Grundstück im Werte von 200 000 €, einem Bankguthaben in Höhe von 100 000 € und Wertpapieren im Werte von 100 000 €. E bestimmt in seinem Testament, dass A das Grundstück, B das Bankguthaben und C die Wertpapiere „erhalten" soll.

Hier hat der Erblasser noch nicht einmal die Worte „vermachen" oder „vererben" gebraucht, sondern lediglich sein Vermögen durch Bezeichnung der wichtigsten Vermögensgegenstände auf verschiedene Personen verteilt. Bei einer solchen Verteilung des Gesamtvermögens ist im Zweifel eine Erbeinsetzung gewollt (*BGH* DNotZ 1972, 500; *BayObLG* NJW-RR 1995, 1096, 1097; *OLG München* FamRZ 2010, 758, 759 ff.). Die Erbquoten ergeben sich dann aus dem Wertverhältnis der zugewiesenen Gegenstände zum Gesamtnachlass (gegenständlich ermittelte Erbquoten). A wird also Miterbe zu ½, B und C werden Miterben zu je ¼. Die Anordnung des E, dass A das Grundstück, B das Bankguthaben und C die Wertpapiere erhalten soll, stellt eine **Teilungsanordnung** (§ 2048) für den Fall der Erbauseinandersetzung dar (vgl. § 10 Rn. 16 ff.).

7 Diese sog. **Erbeinsetzung nach Vermögensgruppen** (üblich gewordener Ausdruck, vgl. *BGH* NJW 1997, 392) kann zu Auslegungsschwierigkeiten führen, wenn der Wert eines zugewandten Gegenstandes zwischen Testamentserrichtung und Erbfall steigt oder fällt (*BGH* NJW 1997, 392, 393; *BayObLG* NJW-RR 1997, 517). Geht der Wille des Erblassers dahin, dem Bedachten einen bestimmten Gegenstand ohne Rücksicht auf dessen Wertschwankungen zuzuwenden, dann ist für die Ermittlung der Erbquote der objektive Wert zum Zeitpunkt des Erbfalles maßgebend. Wollte der Erblasser hingegen dem Bedachten in erster Linie den konkreten Wert des Gegen-

standes zuweisen, so ist auf dessen Wert zur Zeit der Testamentserrichtung abzustellen – mit der Konsequenz, dass der Bedachte bei
der Erbauseinandersetzung entweder Ausgleichszahlungen an seine
Miterben leisten muss oder von diesen solche verlangen kann.

Auch wenn der Erblasser nicht den gesamten Nachlass gegen- 8
ständlich verteilt, sondern einer Person nur einen **einzelnen Gegenstand** zuwendet, kann die Auslegung ergeben, dass eine Erbeinsetzung gewollt ist.

> **Beispiel:** Erblasser E bestimmt, dass seine Ehefrau F ein Hausgrundstück,
> seine beiden Kinder A und B das restliche Vermögen erhalten sollen.

Nach § 2087 Abs. 2 ist F nur „im Zweifel" Vermächtnisnehmerin.
Nach der vorrangig durchzuführenden Auslegung ist deshalb zu fragen, ob der Wille des E darauf gerichtet war, die F an der Nachlassabwicklung zu beteiligen, ihr Verwaltungs- und Verfügungsrechte
einzuräumen und sie (neben den Kindern) zu seiner Gesamtrechtsnachfolgerin zu machen. Dabei spielt für die Ermittlung des Erblasserwillens das Wertverhältnis des Hausgrundstücks zum Restnachlass
eine mitentscheidende Rolle. Stellt der zugewandte Einzelgegenstand
das Vermögen im Wesentlichen dar, so kann im Einzelfall die Auslegung sogar zu dem Ergebnis führen, dass der Begünstigte Alleinerbe
ist, während es bzgl. des Restvermögens bei bloßen schuldrechtlichen
Ansprüchen der Bedachten, also Vermächtnisanordnungen, bleibt
(*BayObLG* FamRZ 1997, 641, 642; NJW-RR 1995, 1096, 1097;
OLG Düsseldorf ZEV 1995, 410, 411). Die Alleinerbenstellung kann
sich auch daraus ergeben, dass der Erblasser bestimmt hat, einer der
Bedachten solle sämtliche Auslagen begleichen und für die vom Erblasser gewünschte Bestattung sorgen (*BayObLG* NJW-RR 2001, 656
m. Anm. *Hohloch,* JuS 2001, 713).

III. Ersatzerbschaft

Ersatzerbe ist, wer für den Fall als Erbe eingesetzt wird, dass ein 9
anderer vor oder nach dem Eintritt des Erbfalls als Erbe wegfällt
(§ 2096).

> **Beispiel:** Erblasser E verfügt testamentarisch: „Ich setze meinen Sohn S
> zum Alleinerben ein. Wird S nicht Erbe, soll mein Bruder B alles bekom-
> men."

Fällt S als Erbe weg, weil er vor E verstirbt (§ 1923 Abs. 1), so wird B Alleinerbe. Gleiches gilt, wenn S zwar den E überlebt, aber die Erbschaft ausschlägt (§ 1953). Ob der zunächst Berufene vor oder nach dem Eintritt des Erbfalls wegfällt, macht also keinen Unterschied.

Was den Wegfall *vor* Eintritt des Erbfalls anbelangt, so kommen vor allem Vorversterben oder Erbverzicht (§ 2346) in Betracht. Ein Wegfall *nach* dem Tod des Erblassers setzt immer voraus, dass der Erstberufene mit *Rückwirkung* auf den Zeitpunkt des Erbfalles wegfällt, so dass er nie Erbe geworden ist (Ausschlagung gemäß § 1953 Abs. 1; Anfechtung gemäß §§ 2078, 2079 i. V. m. § 142 Abs. 1; Erbunwürdigerklärung gemäß § 2344 Abs. 1). Verstirbt der Erbe nach Eintritt des Erbfalls, so liegt kein Wegfall i. S. v. § 2096 vor; denn der Tod des Erstberufenen ändert nichts daran, dass dieser bereits Erbe geworden ist, so dass für eine Ersatzerbenberufung kein Raum mehr verbleibt.

10 Dem Erblasser steht es selbstverständlich frei, einen Ersatzerben nur für bestimmte Wegfallgründe zu berufen (z. B. nur für den Fall, dass der Erstberufene die Erbschaft ausschlägt, nicht aber für den Fall, dass er vor dem Erblasser verstirbt). Im Zweifel ist allerdings davon auszugehen, dass der Erblasser die Ersatzerbschaft für alle Fälle des Wegfalls des Erstberufenen anordnen wollte (vgl. § 2097).

11 Hat der Erblasser einen seiner Abkömmlinge als Erben eingesetzt, ohne ausdrücklich einen Ersatzerben zu berufen, so ist nach § 2069 im Zweifel anzunehmen, dass dessen Abkömmlinge insoweit (stillschweigend) als Ersatzerben berufen sind, als sie bei der gesetzlichen Erbfolge an die Stelle des zunächst Bedachten treten würden (vgl. § 7 Rn. 14). Wurden andere dem Erblasser nahe stehende Personen als Erben eingesetzt, so ist § 2069 zwar nicht anzuwenden; die ergänzende Auslegung kann aber zu demselben Ergebnis führen (vgl. § 7 Rn. 7).

12 Schwierigkeiten bereitet in der Praxis die Unterscheidung zwischen **Ersatzerbschaft** und **Nacherbschaft,** weil die rechtlich eindeutigen Begriffe in der Umgangssprache oft unterschiedslos gebraucht werden. Die Nacherbschaft setzt begrifflich voraus, dass zunächst ein anderer, nämlich der Vorerbe, Erbe geworden ist (§ 2100; vgl. § 9). Sowohl der Vor- als auch der Nacherbe sind Erben des Erblassers. Der Nacherbe erbt also *nach* einem anderen Erben, dem Vorerben. Der Ersatzerbe hingegen erbt *anstelle* eines anderen, nämlich des zunächst Eingesetzten, später aber Weggefallenen. Ist zweifelhaft, ob jemand

als Ersatzerbe oder als Nacherbe eingesetzt ist, so gilt er nach § 2102 Abs. 2 als Ersatzerbe (vgl. § 9 Rn. 6 f.).

IV. Anwachsung

Hat der Erblasser durch Verfügung von Todes wegen mehrere Per- **13** sonen in der Weise zu Erben berufen, dass sie die gesetzliche Erbfolge gänzlich ausschließen, und fällt einer der Erben vor oder nach dem Erbfall (rückwirkend) weg, so wächst dessen Anteil den übrigen Erben nach dem Verhältnis ihrer Erbteile an (§ 2094 Abs. 1 S. 1).

> **Beispiel:** Erblasser E setzt seine Freunde A und B als Erben zu je $1/4$ ein, seinen Freund C als Erben zu $1/2$. A schlägt nach dem Tod des E die Erbschaft aus.

Da E erkennbar die gesetzliche Erbfolge gänzlich ausschließen wollte, wächst der Anteil des A dem B und C nach dem Verhältnis ihrer Erbteile an. E hat dem C doppelt so viel zugewandt wie dem B. C erhält deshalb von dem ausgeschlagenen Viertel $2/3$ (= $2/12$), B nur $1/3$ (= $1/12$). Im Ergebnis stehen dem C also $1/2 + 2/12 = 2/3$ zu, dem B $1/4 + 1/12 = 1/3$.

Zu einer Anwachsung kommt es nicht, wenn E für A einen Ersatzerben (§ 2096) bestimmt hat; denn nach § 2099 geht das Recht des Ersatzerben dem Anwachsungsrecht vor. Zu einer Anwachsung kommt es auch nicht, wenn der Erblasser sie ausdrücklich oder konkludent (*BayObLG* FamRZ 1993, 736) durch letztwillige Verfügung ausgeschlossen hat (§ 2094 Abs. 3). Soweit die Anwachsung ausgeschlossen ist, tritt hinsichtlich des Erbteils des Weggefallenen gesetzliche Erbfolge ein (§ 2088).

V. Unklarheit über die Höhe der Erbteile

Der Erblasser braucht nicht über seinen gesamten Nachlass zu ver- **14** fügen. Er kann auch einen oder mehrere Erben auf einen Bruchteil der Erbschaft einsetzen und es im Übrigen bei der gesetzlichen Erbfolge belassen (§ 2088). Das BGB ist dem Grundsatz des römischen Rechts, dass testamentarische und gesetzliche Erbfolge nicht nebeneinander möglich sind („nemo pro parte testatus, pro parte intestatus decedere potest"), nicht gefolgt. Ergibt allerdings die Auslegung der letztwilligen Verfügung, dass der Erblasser die gesetzliche Erbfolge ausschließen wollte, so tritt nach § 2089 eine verhältnismäßige Erhöhung der Erbteile ein. Überschreiten die zugewandten Bruchteile 100%, so sind sie verhältnismäßig zu kürzen (§ 2090).

VI. Enterbung

15   Der Erblasser kann den gesetzlichen Erben von der Erbfolge ausschließen (§ 1938). Die Enterbung kann durch ein sog. **Negativtestament** erfolgen, indem der Erblasser seine Verfügung auf eine bloße Enterbung beschränkt. Der Ausgeschlossene ist dann als vor dem Erbfall verstorben anzusehen. Die Enterbung kann aber auch dadurch erfolgen, dass der Erblasser den gesamten Nachlass an andere Personen verteilt, die er zu gewillkürten Erben beruft.

Die Enterbung bedarf keiner Begründung. Gehört der Enterbte zum Kreis pflichtteilsberechtigter Personen, so steht ihm ein Pflichtteilsanspruch in Höhe der Hälfte des Wertes des gesetzlichen Erbteils als Geldanspruch zu (§ 2303; zur Entziehung des Pflichtteils vgl. § 20 Rn. 41 ff.). In der Zuwendung des Pflichtteils ist abweichend von § 2087 Abs. 1 im Zweifel keine Erbeinsetzung, sondern eine bloße Verweisung auf das gesetzliche Pflichtteilsrecht zu sehen (§ 2304; vgl. § 20 Rn. 5).

16   Die Enterbung erstreckt sich – anders als die Erbeinsetzung (§ 2069) – im Zweifel nicht auf die Abkömmlinge des Enterbten; denn diese erben kraft eigenen Rechts (h. M. seit RGZ 61, 14, 16 f.; BGHZ 189, 171, 175 ff.; a. A. *Scherer*, ZEV 1999, 41). Allerdings kann die Testamentsauslegung im Einzelfall zum Ergebnis führen, dass die Ausschließung einer Person von der Erbfolge sich auch auf die Abkömmlinge erstreckt. Für eine solche Auslegung müssen sich allerdings Anhaltspunkte aus dem Testament selbst ergeben (*BayObLG* FamRZ 1989, 1006).

§ 9. Vor- und Nacherbschaft

Literatur *Diederichsen*, Ersatzerbfolge oder Nacherbfolge, NJW 1965, 671; *Nieder*, Die ausdrücklichen oder mutmaßlichen Ersatzbedachten im deutschen Erbrecht, ZEV 1996, 241; *Olzen*, Die Vor- und Nacherbschaft, Jura 2001, 726.
Zur Übung: Fall Nr. 4 im Anhang; *Dillmann*, Referendarexamensklausur – Erbrecht: Das Recht der Nacherbschaft oder: Hinterlassenschaft für die Wunschkinder, JuS 2007, 141; *Finkenauer*, Die verschenkte Vorerbschaft (Examensklausur), Jura 2001, 606.

I. Einführung

Gemäß § 2100 kann der Erblasser einen Erben (Nacherben) in der 1 Weise einsetzen, dass dieser erst Erbe wird, nachdem zunächst ein anderer Erbe (Vorerbe) geworden ist. Durch Vor- und Nacherbschaft kann der Erblasser über mehrere Stationen hinweg letztwillig verfügen und auf diese Weise sein Vermögen über einen längeren Zeitraum binden. **Vor- und Nacherbe beerben beide, wenn auch zeitlich nacheinander, den Erblasser;** der Nacherbe wird nicht etwa Erbe des Vorerben.

System der Vor- und Nacherbschaft

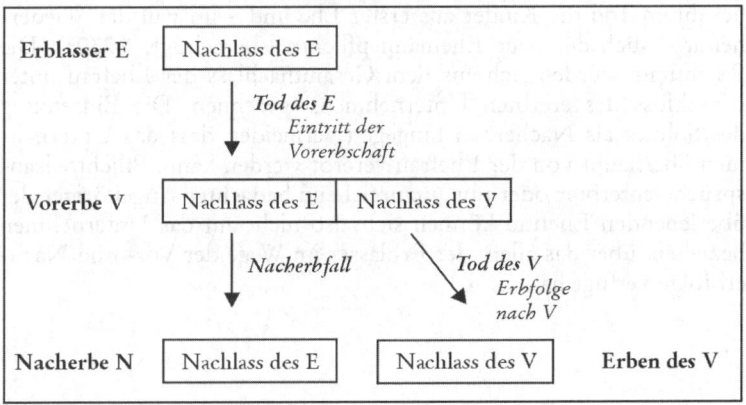

2   Wann der Nacherbfall eintritt, entscheidet der Erblasser selbst in seiner letztwilligen Verfügung. Als **Nacherbfall** kommen in Betracht: der Ablauf einer bestimmten Zeit, der Tod des Vorerben, aber auch jedes sonstige Ereignis, wie z. B. die Wiederheirat des Vorerben (vgl. § 12 Rn. 28 ff.). Mit dem Eintritt des Nacherbfalls hört der Vorerbe auf, Erbe zu sein, und die Erbschaft fällt dem Nacherben an (§ 2139).

3   Die Anordnung von Vor- und Nacherbfolge dient vor allem der Erhaltung des Familiengutes auf längere Zeit. Dieses Ziel wird zum einen dadurch erreicht, dass der Erblasser selbst bestimmt, welche Familienmitglieder nacheinander in den Genuss seines Vermögens kommen sollen, zum anderen dadurch, dass der Vorerbe mit Rücksicht auf die Interessen des Nacherben **Verfügungsbeschränkungen** unterliegt (§§ 2113–2115).

4   Außerdem können durch die Anordnung von Vor- und Nacherbfolge Pflichtteilsansprüche vermieden werden, die den Nachlass als wirtschaftliche Einheit gefährden könnten.

> **Beispiel:** Der Erblasser und seine Ehefrau haben einen gemeinsamen minderjährigen Sohn, der später das väterliche Unternehmen erhalten soll. Die Ehefrau hat außerdem Kinder aus erster Ehe. Sie ist erheblich jünger als der Erblasser, so dass mit der Möglichkeit einer Wiederheirat nach dem Tod des Erblassers gerechnet werden muss.

Würde die Ehefrau zunächst testamentarische Alleinerbin ihres Mannes, um dann später das Unternehmen entsprechend dem Willen ihres Mannes an den gemeinsamen Sohn weiterzuvererben, so wären bei ihrem Tod die Kinder aus erster Ehe und – im Fall der Wiederheirat – auch der neue Ehemann pflichtteilsberechtigt (§ 2303). Die Pflichtteile würden sich aus dem Gesamtnachlass der Ehefrau unter Einschluss des ererbten Unternehmens errechnen. Die Einsetzung des Sohnes als Nacherben hingegen vermeidet, dass das Unternehmen überhaupt von der Ehefrau vererbt werden kann. Pflichtteilsansprüche enterbter oder nur unzureichend bedachter Angehöriger der überlebenden Ehefrau können sich also nicht auf das Unternehmen beziehen, über das allein der Erblasser im Wege der Vor- und Nacherbfolge verfügt hat.

II. Anordnung

Die Einsetzung eines Vor- und Nacherben kann nur durch eine 5
Verfügung von Todes wegen erfolgen. Eine gesetzliche Nacherbfolge
gibt es nicht.

Gemäß § 2101 Abs. 1 S. 1 braucht der eingesetzte Nacherbe zum 6
Zeitpunkt des Erbfalls noch nicht gezeugt zu sein. Dem Erblasser
steht es im Übrigen frei, ob er nur eine Person zum Alleinvorerben
oder Alleinnacherben, oder ob er mehrere Personen zu Mitvorerben
oder Mitnacherben berufen will. Möglich ist auch die Einsetzung
mehrerer Nacherben hintereinander. In ihrem Verhältnis zueinander
hat der vorhergehende Nacherbe gegenüber dem nachfolgenden die
Stellung eines Vorerben. Der Erblasser kann auch **Ersatzvorerbschaft** für den Fall anordnen, dass der eingesetzte Vorerbe vor dem
Eintritt des Erbfalles sterben oder die Vorerbschaft ausschlagen sollte
(vgl. § 2096). In entsprechender Weise kann er für den Fall, dass der
Nacherbe den Nacherbfall nicht erleben oder die Nacherbschaft ausschlagen sollte, **Ersatznacherbschaft** anordnen. Nach der Auslegungsregel des § 2102 Abs. 1 enthält die Einsetzung als Nacherbe im
Zweifel auch die Einsetzung als Ersatzerbe.

> **Beispiel:** E setzt seinen Vater zum Vorerben und seinen Neffen zum
> Nacherben ein. Als E stirbt, ist sein Vater bereits vorverstorben. Da der
> Neffe im Zweifel als Ersatzerbe eingesetzt ist, wird er mit dem Tod des E
> dessen Alleinerbe.

Ob Ersatz- oder Nacherbschaft gewollt ist, kann gelegentlich 7
zweifelhaft sein.

> **Beispiel:** E testiert: „Erbe ist an erster Stelle mein Bruder, dann mein
> Neffe.“

Der Erblasserwille kann hier sowohl auf die Anordnung von Vor-
und Nacherbschaft als auch auf die Einsetzung des Bruders zum Alleinerben und des Neffen zum Ersatzerben gerichtet sein. Nach
§ 2102 Abs. 2 ist der Neffe im Zweifel nur als Ersatzerbe, nicht als
Nacherbe anzusehen.

Erbeinsetzungen unter aufschiebender (§ 2074) oder auflösender 8
(§ 2075) Bedingung (vgl. § 7 Rn. 21 ff.) führen unter der Voraussetzung, dass später die Bedingung eintritt, zwingend zu Vor- und

Nacherbschaft, ohne dass sich der Erblasser zu dieser Frage geäußert zu haben braucht (MünchKomm/*Leipold*, § 2074 Rn. 13). Hat der Erblasser z. B. seine Ehefrau unter der Bedingung zur „Alleinerbin" eingesetzt, dass sie nicht wieder heiratet (**auflösende Bedingung**), so bedeutet dies, dass die Ehefrau im Falle der Wiederheirat den Nachlass an den oder die Nacherben herausgeben muss. Wer Nacherbe wird, bestimmt der Erblasser in seiner letztwilligen Verfügung. Fehlt eine Bestimmung und hilft auch die Auslegung nicht weiter, so ist gemäß § 2104 S. 1 anzunehmen, dass als Nacherben diejenigen eingesetzt sind, welche die gesetzlichen Erben sein würden, wenn der Erblasser bei Bedingungseintritt gestorben wäre. Tritt die Bedingung ein, so war die Ehefrau notwendigerweise in der Zeit zwischen Erbfall und Bedingungseintritt „Alleinvorerbin" und nicht etwa „Alleinerbin"; denn eine letztwillige Verfügung über mehrere Stationen hinweg ist nur im Wege der Vor- und Nacherbfolge möglich. Stirbt die Ehefrau, ohne wieder geheiratet zu haben, so kann die Bedingung für den Nacherbfall nicht mehr eintreten. Die Ehefrau ist dann endgültig Vollerbin geworden mit der Folge, dass der Nachlass nunmehr auf ihre eigenen Erben übergeht (zur Wiederheirat als auflösende Bedingung vgl. § 12 Rn. 28 ff.).

Entsprechendes gilt für eine Erbeinsetzung unter **aufschiebender Bedingung** (z. B. Einsetzung eines Sohnes zum Alleinerben, falls dieser eine berufsqualifizierende Ausbildung erfolgreich abschließt). Hat der Erblasser keine Bestimmung darüber getroffen, wer bis zum Bedingungseintritt sein Gesamtrechtsnachfolger sein soll, so ist nach § 2105 Abs. 1 anzunehmen, dass die gesetzlichen Erben Vorerben sind.

9   Durch die wirtschaftliche Ähnlichkeit von Vorerbschaft und **Nießbrauchsvermächtnis** können sich Abgrenzungsprobleme ergeben.

> **Beispiel:** Der Erblasser will die lebenslange Versorgung seiner Ehefrau mit Mitteln des Nachlasses sicherstellen, im Übrigen aber sein Vermögen den Kindern zukommen lassen.

Zwei Lösungen bieten sich an: Der Erblasser kann seine Kinder als Erben einsetzen und zugunsten seiner Frau ein Nießbrauchsvermächtnis anordnen. Die Anordnung eines Nießbrauchsvermächtnisses bedeutet, dass die Ehefrau einen schuldrechtlichen Anspruch gegen die Kinder auf Einräumung des Nießbrauchs an den einzelnen zum Nachlass gehörenden Gegenständen erhält (§§ 2174, 1089). Der zweite Lösungsweg besteht in der Einsetzung der Ehefrau als Vorerbin und der Kinder als Nacherben. Beiden Lösungen ist gemeinsam, dass der Ehefrau die Nutzungen (§ 100) aus dem Nachlass zugewandt werden (§§ 1030 Abs. 1 S. 1, 2111 Abs. 1 S. 1; z. B. Mieteinnahmen, Zinserträge). Als Vorerbin stünde der Ehefrau außerdem das Recht zu, den Nachlass zu verwalten und über Nachlassgegenstände – wenn auch nur eingeschränkt (§§ 2113 ff.) – zu verfügen. Ausschlaggebend ist somit für die Abgrenzung, ob der Erblasser dem Bedachten weniger oder mehr Rechtsmacht am Nachlass einräumen wollte. Das Erste spricht für Nießbrauch, das Letzte für Vorerbschaft (zur steuerrechtlichen Relevanz vgl. § 25 Rn. 1).

Um eine zu lange Bindung des Nachlasses als Sondervermögen zu   10
vermeiden, bestimmt § 2109 Abs. 1 S. 1, dass die Einsetzung eines Nacherben mit dem Ablauf von dreißig Jahren nach dem Erbfall unwirksam wird, wenn nicht vorher der Fall der Nacherbfolge eingetreten ist. Die regelmäßige **Frist von dreißig Jahren** stellt jedoch wegen der besonders praxisrelevanten Sonderregelungen des § 2109 Abs. 1 S. 2 eher die Ausnahme als die Regel dar. Wird die Nacherbfolge z. B. für den praktisch häufigen Fall angeordnet, dass der Vorerbe stirbt, dann bleibt die Nacherbeneinsetzung nach Abs. 1 S. 2 Nr. 1 auch dann wirksam, wenn der Vorerbe den Erblasser um mehr als dreißig Jahre überleben sollte.

III. Annahme und Ausschlagung

Will der **Vorerbe** die Erbschaft nicht annehmen, so muss er sie   11
nach dem Eintritt des Erbfalls in der Frist des § 1944 ausschlagen. Schlägt er aus, so fällt die Erbschaft im Zweifel dem als Nacherben Eingesetzten in seiner Eigenschaft als Ersatzerben an (§ 2102 Abs. 1). Die Ausschlagung eröffnet dem Vorerben die Möglichkeit, unter den Voraussetzungen des § 2306 Abs. 1 den Pflichtteil zu verlangen.

Der **Nacherbe** kann die Erbschaft bereits ausschlagen, wenn der   12
Erbfall eingetreten ist (§ 2142 Abs. 1); die Ausschlagungsfrist beginnt aber frühestens mit dem Eintritt der Nacherbfolge (§§ 2139, 1944). Wenn ein als Nacherbe berufener Abkömmling die Erbschaft ausschlägt und den Pflichtteil verlangt (§ 2306 Abs. 2), so ist entgegen § 2069 nicht anzunehmen, dass der Erblasser dessen Abkömmlinge als Ersatznacherben berufen hat. Die Anwendung des § 2069 würde

entgegen dem mutmaßlichen Erblasserwillen zu einer Doppelbegünstigung (Pflichtteil und Nacherbschaft) des gleichen Stammes führen (BGHZ 33, 60; *BayObLG* NJW-RR 2000, 1391). Schlägt der Nacherbe die Erbschaft aus, so verbleibt sie dem Vorerben, soweit nicht der Erblasser ein anderes bestimmt hat (§ 2142 Abs. 2). Ein „anderes" ist bestimmt, wenn der Erblasser Ersatznacherbfolge (§ 2096) angeordnet hat oder eine Anwachsung unter den Mitnacherben eintritt (§ 2094).

Obwohl das Gesetz schweigt, kann der Nacherbe die Erbschaft nach h. M. (Staudinger/*Avenarius*, § 2142 Rn. 14 m. w. N.) entsprechend § 2142 Abs. 1 i. V. m. § 1946 bereits mit dem Erbfall und nicht erst mit dem Nacherbfall annehmen, was vor allem für die wirtschaftliche Nutzung des Nacherbenrechts als Kreditunterlage oder durch Veräußerung von Bedeutung ist (vgl. Rn. 29). Eine Annahme durch schlüssiges Verhalten kann insbesondere in der Veräußerung oder Verpfändung des Nacherbenrechts (vgl. Rn. 31) gesehen werden.

IV. Rechtsstellung des Vorerben

1. Grundsätzliches

13   Der Vorerbe ist Herr des Nachlasses und als solcher befugt, über die zur Erbschaft gehörenden Gegenstände zu verfügen (§ 2112). Zum Schutze des Nacherben unterliegt jedoch der Vorerbe in mancherlei Hinsicht **Verfügungsbeschränkungen.** So sind ihm insbesondere Verfügungen über Grundstücke und Grundstücksrechte sowie unentgeltliche Verfügungen verwehrt (§ 2113). Verfügungsbeschränkungen regeln indessen nur das rechtliche Können (Außenverhältnis). Über die Frage, wie sich der Vorerbe im Verhältnis zum Nacherben zu verhalten hat, was er tun darf und was nicht (Innenverhältnis), sagen sie dagegen nichts aus. Das rechtliche Dürfen wird durch Vorschriften über die Verwaltung des Nachlasses konkretisiert. So bestimmt § 2130 Abs. 1 S. 1, dass der Vorerbe nach dem Eintritt der Nacherbfolge verpflichtet ist, dem Nacherben die Erbschaft „in dem Zustand herauszugeben, der sich bei einer bis zur Herausgabe fortgesetzten ordnungsmäßigen Verwaltung ergibt". Ergänzend werden **Schadensersatzansprüche** für den Fall normiert, dass der Vorerbe bestimmten Verpflichtungen gegenüber dem Nacherben nicht nach-

gekommen ist (z. B. § 2134). Der zweigleisig angelegte Schutz des Nacherben hat zur Folge, dass der Nacherbe beispielsweise im Falle einer unerlaubten Schenkung durch den Vorerben bei Eintritt des Nacherbfalles sowohl Herausgabe des Geschenks vom Beschenkten nach § 985 verlangen kann, weil die Verfügung unwirksam ist (§ 2113 Abs. 2), als auch Schadensersatzansprüche gegen den Vorerben geltend machen kann, weil dieser mit der Schenkung seiner Verpflichtung zur Wahrung der Interessen des Nacherben zuwidergehandelt hat (§§ 2130, 2138 Abs. 2).

Von einigen der genannten Verfügungsbeschränkungen kann der Erblasser den Vorerben allerdings gemäß § 2136 freistellen (sog. **befreite Vorerbschaft**). Die Befreiung bezieht sich dabei nicht nur auf Verfügungsbeschränkungen, sondern – was oft übersehen wird – auch auf Verpflichtungen des Vorerben gegenüber dem Nacherben, mindert also die persönliche Verantwortung des Vorerben gegenüber dem Nacherben erheblich. So gilt insbesondere die Vorschrift des § 2130, die den Vorerben zu ordnungsgemäßer Verwaltung verpflichtet, nicht für den Fall der befreiten Vorerbschaft. Der Erblasser hat es somit in der Hand, die vom Gesetz zugunsten des Nacherben vorgesehenen Schutzmechanismen zwar nicht zu beseitigen, aber einzuschränken.

Dem Schutz des Nacherben dienen auch die Bestimmungen der §§ 2115 und 2111, die ohne Rücksicht darauf gelten, ob befreite oder nicht befreite Vorerbschaft angeordnet wurde (§ 2136). § 2115 verhindert, dass **Eigengläubiger des Vorerben** in den Nachlass vollstrecken, den Nachlass also wegen persönlicher Schulden des Vorerben zu Lasten des Nacherben schmälern. § 2111 stellt sicher, dass alles, was der Erbe aufgrund eines zur Erbschaft gehörenden Rechtes oder als Ersatz für die Zerstörung, Beschädigung oder Entziehung eines Erbschaftsgegenstandes oder durch Rechtsgeschäft mit Mitteln der Erbschaft erwirbt, automatisch, d. h. ohne besonderen Übertragungsakt, zur Erbschaft gehört (dingliche Surrogation) und somit unmittelbar den gleichen Schutzbestimmungen unterworfen wird wie die Erbschaft in ihrem ursprünglichen Bestand.

2. Verfügungsbeschränkungen

a) Einfacher Vorerbe

14   Verfügungen des Vorerben über zur Erbschaft gehörende **Grund-stücke oder Grundstücksrechte** sind beim Eintritt der Nacherbfolge gemäß § 2113 Abs. 1 insoweit unwirksam, als sie das Recht des Nacherben vereiteln oder beeinträchtigen würden. Der Gesetzeswortlaut stellt klar, dass die Verfügungen zunächst wirksam sind, aber mit dem Nacherbfall unwirksam werden. Es handelt sich um einen Fall absoluter, nicht relativer Unwirksamkeit zugunsten des Nacherben (BGHZ 52, 269 f.), so dass nicht nur der Nacherbe, sondern jedermann sich darauf berufen kann. Aus dem Gesetzeswortlaut folgt weiter, dass die Verfügungsbeschränkung des § 2113 Abs. 1 keine Grundbuchsperre bewirkt. Bei der Eintragung eines Vorerben im Grundbuch ist allerdings gemäß § 51 GBO von Amts wegen das Recht des Nacherben einzutragen (sog. **Nacherbenvermerk**). Auf diese Weise wird **gutgläubiger Erwerb** Dritter gemäß §§ 2113 Abs. 3 i. V. m. 892 Abs. 1 S. 2 praktisch ausgeschlossen. Gutgläubiger Erwerb ist nur möglich, wenn die Eintragung des Nacherbenvermerks unterblieben ist, sei es, weil der dem Grundbuchamt vorgelegte Erbschein (§ 35 Abs. 1 GBO) falsch war, d. h. entgegen § 2363 Abs. 1 die Nacherbfolge nicht ausgewiesen hat, sei es, weil aus anderen Gründen der Vorerbe unzutreffend als Vollerbe im Grundbuch eingetragen wurde. Stimmt der Nacherbe der Verfügung des Vorerben zu, so ist die Verfügung in entsprechender Anwendung von § 185 Abs. 1 voll wirksam (BGHZ 40, 115). Materiellrechtlich bedarf die Zustimmung keiner Form (§ 182 Abs. 2), wohl aber ist grundbuchrechtlich für den Verzicht auf die Eintragung des Nacherbenvermerks (§ 19 GBO) die Form des § 29 GBO zu beachten.

15   Die Verfügungsmacht des Vorerben ist auch bei **unentgeltlichen Verfügungen** und bei Verfügungen zur Erfüllung eines vom Vorerben erteilten Schenkungsversprechens beschränkt (§ 2113 Abs. 2). Eine Zustimmung des Nacherben macht jedoch wie bei § 2113 Abs. 1 die Verfügung voll wirksam.

> **Beispiel:** Vorerbe V schenkt seiner Freundin F einen wertvollen Ring, der zum Nachlass gehört. Nach dem Tod des V verlangt der Nacherbe N von F den Ring zurück.

Die Übereignung des Rings (§ 929 S. 1) war zunächst wirksam, wurde aber mit dem Nacherbfall (absolut) unwirksam (§ 2113 Abs. 2 und 1). **Gutgläubiger Erwerb** der F nach § 2113 Abs. 3 i. V. m. §§ 932 ff. ist möglich, wenn sie weder wusste noch infolge grober Fahrlässigkeit nicht wusste (§ 932 Abs. 2), dass der Ring zu einer Nacherbschaft gehört. Ein Herausgabeanspruch des N aus § 985 wäre dann nicht gegeben. Allerdings ist F dem N auch bei gutgläubigem Eigentumserwerb gemäß § 816 Abs. 1 S. 2 schuldrechtlich zur Herausgabe des Rings verpflichtet.

Der **Begriff der Unentgeltlichkeit** in § 2113 Abs. 2 setzt anders als der Begriff der Schenkung (§ 516 Abs. 1) kein Einigsein über die Unentgeltlichkeit voraus. Um jedoch zu verhindern, dass jedes wirtschaftlich ungünstige Geschäft des Vorerben bei Eintritt der Nacherbfolge unwirksam wird, lässt es die Rechtsprechung nicht genügen, dass für den weggegebenen Nachlassgegenstand objektiv keine gleichwertige Gegenleistung erbracht wurde, sondern verlangt zusätzlich in subjektiver Hinsicht, dass der Vorerbe die (Teil-)Unentgeltlichkeit kannte oder bei ordnungsgemäßer Verwaltung hätte kennen müssen (*BGH* NJW 1991, 842 f.). Zum Schutz des Nacherben werden teilunentgeltliche Verfügungen und gemischte Schenkungen von der Rechtsprechung bei Eintritt des Nacherbfalls auch dann als unwirksam angesehen, wenn der entgeltliche Teil überwiegt (BGHZ 5, 173, 182; krit. MünchKomm/*Grunsky*, § 2113 Rn. 37 m. w. N.). Allerdings braucht der Erwerber das Erlangte nur Zug um Zug gegen Rückgewähr der von ihm erbrachten Gegenleistung herauszugeben (*BGH* NJW 1985, 382).

b) Befreiter Vorerbe

Der Erblasser kann den Vorerben gemäß § 2136 von der Beschränkung nach § 2113 Abs. 1 (Verfügungen über Grundstücke und Grundstücksrechte) freistellen; zu unentgeltlichen Verfügungen (§ 2113 Abs. 2) kann er ihn jedoch nicht ermächtigen. Ob und inwieweit der Erblasser den Vorerben befreien wollte, ist durch Auslegung der Verfügung von Todes wegen zu ermitteln (vgl. z. B. *OLG Hamm* FamRZ 2011, 405, 407 f.; *OLG Düsseldorf* ZEV 1998, 229). Hat der Erblasser den Nacherben auf dasjenige eingesetzt, was von der Erbschaft beim Eintritt der Nacherbfolge noch übrig sein wird (sog. **Einsetzung auf den Überrest**), so gilt das als Befreiung i. S. v. § 2136 (§ 2137 Abs. 1). Gleiches gilt im Zweifel auch, wenn der Erblasser be-

16

stimmt hat, dass der Vorerbe zur freien Verfügung über die Erbschaft berechtigt sein soll (§ 2137 Abs. 2). Hat der Erblasser den überlebenden Ehegatten zum „Alleinerben" unter der Bedingung eingesetzt, dass dieser nicht wieder heiratet, nehmen Rechtsprechung und h. L. zutreffend an, dass der Ehegatte bis zur Wiederheirat mangels abweichender Anhaltspunkte als befreiter Vorerbe anzusehen ist (vgl. § 12 Rn. 30).

3. Verwaltung

a) Einfacher Vorerbe

17   Die Vorschriften über die Verwaltung (§§ 2130 ff.) regeln die Verantwortlichkeit des Vorerben gegenüber dem Nacherben für den Fall des Eintritts der Nacherbfolge (gesetzliches Schuldverhältnis). Nach § 2130 Abs. 1 ist der Vorerbe zu **„ordnungsmäßiger Verwaltung"** verpflichtet, wobei er allerdings nur „für diejenige Sorgfalt einzustehen hat, welche er in eigenen Angelegenheiten anzuwenden pflegt" (§ 2131). Diese sog. diligentia quam in suis schließt gemäß § 277 eine Haftung wegen grober Fahrlässigkeit nicht aus. Verletzt der Vorerbe nach den Maßstäben des § 2131 schuldhaft seine aus § 2130 resultierenden Verpflichtungen, so haftet er bei Eintritt des Nacherbfalls aus § 280 auf Schadensersatz (vgl. daneben auch die verschuldensunabhängige Haftung aus § 2134 bei eigennütziger Verwendung eines Erbschaftsgegenstandes).

Was zur ordnungsgemäßen Verwaltung gehört, wird gesetzlich nicht umschrieben, sondern bestimmt sich nach allgemeiner Lebensanschauung. Ordnungsgemäße Verwaltung kann sowohl bedeuten, dass der Vorerbe tatsächliche Handlungen vornimmt (z. B. Instandsetzungsarbeiten), als auch, dass er rechtsgeschäftlich tätig wird (z. B. Verkauf von Forderungen an eine Bank; Erteilung von Reparaturaufträgen). Es ist sogar möglich, dass zur ordnungsgemäßen Verwaltung Verfügungen erforderlich sind, die der Vorerbe nach § 2113 nicht vornehmen kann (z. B. Aufnahme eines hypothekarisch gesicherten Kredits für die Verwaltung des Nachlasses; teilunentgeltlicher Verkauf einer Sache, die nur Kosten verursacht). § 2120 löst das Problem – rechtstechnisch nicht gerade glücklich (vgl. *Harder*, DNotZ 1994, 822) – in der Weise, dass der Nacherbe gegenüber dem Vorerben verpflichtet wird, seine Einwilligung zu einer derartigen Verfügung zu erteilen. Verkauft der Vorerbe eine bewegliche oder unbewegliche Sache oder ein Recht, so hängt also die Frage, ob der Nachlass verpflichtet wird, davon ab, ob es sich (noch) um ordnungsgemäße Verwaltung handelt. Ist das nicht der Fall, so wird der Vorerbe nur mit seinem Eigenvermögen verpflichtet. Kann er die Verfügung, zu der er sich verpflichtet hat, wegen § 2113 nicht erfüllen, so haftet er nach allgemeinen Grundsätzen wegen anfänglicher Unmöglichkeit (§ 311a Abs. 2).

> **Beispiel:** Als E verstirbt, hinterlässt er einen Baustoffhandel sowie ein wertvolles Gemälde. Als Vorerben hat er seinen Bruder V eingesetzt, Nacherbe soll sein Enkel N mit Vollendung des 18. Lebensjahres werden. Vor Eintritt des Nacherbfalls schließt V mit K einen Kaufvertrag über ein Betriebsgrundstück. Außerdem veräußert V an K 50 Sack Zement sowie das Gemälde.

Wäre die Übereignung des Betriebsgrundstücks bereits erfolgt, so würde sie gemäß § 2113 Abs. 1 mit Eintritt der Nacherbfolge unwirksam werden. V ist also nicht in der Lage, seine kaufvertragliche Verpflichtung zur (bestandsfesten) Übereignung zu erfüllen. Wegen anfänglicher Unmöglichkeit haftet V deshalb gegenüber K aus § 311a Abs. 2 auf Schadensersatz. Was die Veräußerung von Zement und Gemälde anbelangt, so unterliegt der Vorerbe V dagegen im Außenverhältnis keinen Beschränkungen. Die Übereignung von Zement und Gemälde an K ist und bleibt also wirksam. Im Innenverhältnis muss unterschieden werden: Die Veräußerung eines zum Nachlass gehörenden Gemäldes stellt keine ordnungsgemäße Verwaltung dar. V hat sich die Erfüllung seiner Pflicht, bei Eintritt des Nacherbfalls das Gemälde an N herauszugeben (§ 2130 Abs. 1), schuldhaft unmöglich gemacht. V haftet also gegenüber N bei Eintritt des Nacherbfalls gemäß § 280 Abs. 1, Abs. 3 i. V. m. § 283 auf Schadensersatz statt der Leistung. Bei der Veräußerung des Zements handelt es sich dagegen um eine Maßnahme der ordnungsgemäßen Verwaltung, so dass eine Haftung des V gegenüber N mangels Pflichtverletzung nicht in Betracht kommt.

b) Befreiter Vorerbe

Nach § 2136 kann der Erblasser die Pflichten des Vorerben gegenüber dem Nacherben erheblich herabsetzen mit der Folge, dass der Vorerbe gegenüber dem Nacherben nach § 2138 Abs. 2 nur haftet, wenn er verbotswidrig unentgeltliche Verfügungen vorgenommen **18** oder die Erbschaft in der Absicht vermindert hat, den Nacherben zu benachteiligen.

4. Zwangsvollstreckung gegen den Vorerben

19   Um dem Nacherben die Substanz des Nachlasses zu erhalten, ordnet § 2115 an, dass Zwangsvollstreckungen (Zwangsverfügungen) gegen den Vorerben im Falle des Eintritts der Nacherbfolge „insoweit unwirksam sind, als sie das Recht des Nacherben vereiteln oder beeinträchtigen würden". In der Sache heißt dies, dass **Eigengläubiger des Vorerben** vom Nachlass fern gehalten werden, während die Zwangsvollstreckung durch **Nachlassgläubiger** möglich ist (§ 2115 S. 2), da das Recht des Nacherben – wie das jedes anderen Erben – den Ansprüchen der Nachlassgläubiger weichen muss. Ob die Vorerbschaft eine befreite oder nicht befreite ist, macht keinen Unterschied, da § 2136 keine Ausnahme für § 2115 zulässt.

5. Surrogation

20   Mit der dinglichen Surrogation des § 2111 will der Gesetzgeber erreichen, dass der Nacherbe den Stamm der Erbschaft möglichst ungeschmälert erhält.

> **Beispiel:** Der Vorerbe erwirbt mit Mitteln der Erbschaft ein Bild.

Das Bild tritt an die Stelle der weggegebenen Nachlasswerte, gehört also zum Nachlass, nicht zum Eigenvermögen des Vorerben, so dass die Verfügungsbeschränkung des § 2113 Abs. 2 auch bzgl. des Bildes gilt. Die Darlegungs- und Beweislast bzgl. der Frage, ob ein bestimmter Gegenstand kraft Surrogation Bestandteil des Nachlasses geworden ist, trifft den Nacherben (*BGH* NJW 1983, 2874).

Nutzungen fallen, wie aus der nicht präzise gefassten Vorschrift des § 2111 Abs. 1 S. 1 a. E. gefolgert wird, in das Eigenvermögen des Vorerben, unterliegen also nicht dem Surrogationsgrundsatz (Staudinger/*Avenarius*, § 2111 Rn. 5, 34). Vollstreckungsmaßnahmen von Privatgläubigern des Vorerben in Erbschaftsnutzungen sind daher uneingeschränkt wirksam; § 2115 gilt nicht.

V. Rechtsstellung des Nacherben

1. Grundsätzliches

Die Frage nach der Rechtsstellung des Nacherben kann auf drei 21 Zeiträume bezogen werden: (1) auf den Zeitraum vor Eintritt des Erbfalls, (2) auf den Zeitraum zwischen Erbfall und Eintritt des Nacherbfalls und (3) auf den Zeitraum nach Eintritt des Nacherbfalls.

(1) Vor Eintritt des Erbfalls hat der Nacherbe wie jeder Erbe ledig- 22 lich eine rechtlich **ungesicherte Aussicht**, später einmal Erbe zu werden; denn der Erblasser kann seine letztwillige Verfügung jederzeit frei widerrufen und unter Lebenden über sein Vermögen verfügen. Stirbt der Nacherbe vor Eintritt des Erbfalls, so wird der eingesetzte Vorerbe Vollerbe, es sei denn, der Erblasser hat gemäß § 2096 einen Ersatznacherben berufen. Hat der Erblasser einen Abkömmling als Nacherben eingesetzt, so sind auch ohne ausdrückliche Anordnung im Zweifel dessen Abkömmlinge als Ersatznacherben berufen (§ 2069).

(2) Mit Eintritt des Erbfalls wird der Nacherbe zwar nicht Herr 23 des Nachlasses, wohl aber erstarkt seine ungesicherte Aussicht, Erbe zu werden, zu einem „Recht" (§ 2108 Abs. 2 S. 1), das heute in Rechtsprechung und Literatur allgemein als **Anwartschaftsrecht** bezeichnet wird (BGHZ 87, 367, 369; MünchKomm/*Grunsky,* § 2100 Rn. 34). Die Qualität des Nacherbenrechts als Anwartschaftsrecht folgt zum einen daraus, dass nach dem Tod des Erblassers die künftige Erbenstellung des Nacherben nur noch vom Eintritt des Nacherbfalls abhängt, zum anderen daraus, dass das Gesetz eine Reihe von Vorkehrungen trifft, um dem Nacherben die Substanz des Erblasservermögens möglichst ungeschmälert zu erhalten. Konsequenzen aus der Existenz eines Anwartschaftsrechts zieht das Gesetz allerdings nur insoweit, als § 2108 Abs. 2 S. 1 dieses für vererblich erklärt, „sofern nicht ein anderer Wille des Erblassers anzunehmen ist".

(3) Mit Eintritt des Nacherbfalls fällt die Erbschaft dem Nacherben 24 an (§ 2139). Der Nacherbe wird uneingeschränkter Herr des Nachlasses. Das Anwartschaftsrecht „erstarkt zum Vollrecht".

Lediglich der Zeitraum zwischen Erbfall und Nacherbfall weist 25 Besonderheiten bzgl. der Rechtsstellung des Nacherben auf. Mit ihm befassen sich die folgenden Ausführungen.

2. Vererblichkeit des Nacherbenrechts

26   **Beispiel:** Erblasser E setzt seinen Vater V zum Vorerben und seinen Bruder B zum Nacherben ein. Nacherbfall ist der Tod des Vorerben. B stirbt nach E, aber vor V.

Gemäß § 2108 Abs. 2 S. 1 geht das „Recht" (Anwartschaftsrecht) des B auf seine Erben über, sofern nicht ein anderer Wille des Erblassers anzunehmen ist. Erben sind im Falle einer letztwilligen Verfügung des B die gewillkürten, ansonsten die gesetzlichen Erben. Die Auslegung der letztwilligen Verfügung des E kann ergeben, dass mit dem Tod des Nacherben der Vorerbe Vollerbe werden soll. Dann geht das Anwartschaftsrecht des B nicht auf seine Erben über. Die Auslegung kann aber auch ergeben, dass E eine Vererbung des Anwartschaftsrechts gewollt hat. Da der wahre Wille des Erblassers oft nur schwer festzustellen ist, empfiehlt sich eine ausdrückliche Klärung dieser Frage in der letztwilligen Verfügung. Fehlt es daran und führt auch die Auslegung zu keinem eindeutigen Ergebnis, so ist im Zweifel von der Vererblichkeit des Nacherbenrechts auszugehen (§ 2108 Abs. 2 S. 1).

27   Durch die **Einsetzung eines Ersatznacherben** wird in aller Regel die Vererblichkeit des Nacherbenrechts ausgeschlossen. Allerdings steht es dem Erblasser frei zu bestimmen, dass die Ersatznacherbschaft nur gelten soll, wenn der Nacherbe vor dem Erbfall stirbt oder wenn er nicht durch Tod, sondern durch Ausschlagung wegfällt (vgl. § 2096). So gesehen verträgt sich die Einsetzung eines Ersatznacherben durchaus mit der Vererblichkeit des Nacherbenrechts. Setzt allerdings der Erblasser ohne nähere Erklärung für einen Nacherben einen Ersatznacherben ein, dann ist sein Wille mangels besonderer Anhaltspunkte darauf gerichtet, auch die Vererblichkeit des Nacherbenrechts auszuschließen (so die h. M., vgl. *Musielak*, ZEV 1995, 5, 6 f. m. w. N.; a. A. RGZ 169, 38, 40 ff. und *Muscheler*, JR 1995, 309, 310 f.).

28   Probleme bereitet das Verhältnis der Auslegungsregel des § 2108 Abs. 2 S. 1 einerseits und des § 2069 andererseits.

Beispiel: Erblasser E setzt seinen Bruder als Vorerben und seinen Sohn S als Nacherben ein. S stirbt nach dem Erbfall, aber vor Eintritt des Nacherbfalls, und hinterlässt Ehefrau und Kinder. Ein Testament hatte S nicht errichtet.

Folgt man der Auslegungsregel des § 2108 Abs. 2 S. 1, so vererbt S im Zweifel sein Nacherbenrecht an seine Erben, also an Ehefrau (§ 1931) und Kinder (§ 1924). Folgt man der Auslegungsregel des § 2069, so sind die Kinder des S (und nur diese) im Zweifel von E als Ersatznacherben berufen. Keine der beiden Auslegungsvorschriften ist gegenüber der anderen die speziellere: § 2108 Abs. 2 S. 1 regelt zwar das Sonderproblem der Vererblichkeit des Nacherbenrechts, § 2069 betrifft aber ebenso ein Sonderproblem, nämlich den Fall, dass ein Abkömmling bedacht wurde und später wegfällt, wobei es keinen Unterschied macht, ob dieser Abkömmling als Vollerbe oder als Vor- oder Nacherbe bedacht ist. Einmütigkeit besteht in Rechtsprechung und Literatur darüber, dass es zunächst entscheidend auf den wirklichen oder mutmaßlichen Erblasserwillen ankommt (*BGH* NJW 1963, 1150; *Schlüter*, Rn. 777). Wollte der Erblasser sein Vermögen der Familie erhalten, so spricht das für die Regelung des § 2069. Stand hingegen für ihn das Interesse des unmittelbar berufenen Nacherben, z. B. dessen Kreditfähigkeit, im Vordergrund, so liegt die Anwendung von § 2108 Abs. 2 S. 1 nahe (*BGH* NJW 1963, 1150, 1151). Bleiben Zweifel, so will die h. L. der Regelung des § 2108 Abs. 2 S. 1 den Vorzug geben, weil sonst einer der wichtigsten Fälle, für den § 2108 Abs. 2 S. 1 in Betracht kommt, ausgeklammert würde (MünchKomm/*Leipold*, § 2069 Rn. 28 m. w. N.). Dogmatisch überzeugender dürfte es sein, allein auf der Ebene der Auslegung nach einer Lösung zu suchen (so *BayObLG* ZEV 1995, 25, 26 m. krit. Anm. *Musielak*, ZEV 1995, 5). Wenn zwei gesetzliche Auslegungsvorschriften sich gegenseitig „neutralisieren", bleibt wie in vielen anderen Fällen, wenn es überhaupt an einer Auslegungsvorschrift fehlt, nur der Rückgriff auf den hypothetischen Erblasserwillen. Auch der BGH (NJW 1963, 1150) hat keiner der beiden Auslegungsregeln den Vorrang zuerkannt.

3. Übertragbarkeit des Nacherbenrechts

Obwohl es an einer gesetzlichen Regelung fehlt, wird allgemein die 29 Übertragbarkeit des Nacherben(anwartschafts)rechts bejaht, auch für den Fall, dass der Erblasser die Vererblichkeit nach § 2108 Abs. 2 S. 1 ausgeschlossen hat (RGZ 170, 163, 168; BGHZ 87, 367, 369). Die Übertragung erfolgt in entsprechender Anwendung des § 2033 Abs. 1, da es in der Sache um die Übertragung einer „Beteiligung am

Nachlass" geht (vgl. *Brox/Walker*, Rn. 358). Der Verfügungsvertrag bedarf also notarieller Beurkundung, wobei es keinen Unterschied macht, ob der Nacherbe als Allein- oder Mitnacherbe verfügt. Liegt der Verfügung ein Kaufvertrag zugrunde, so muss auch dieser in entsprechender Anwendung der §§ 2371, 2385 notariell beurkundet werden. Ob der Erblasser die Übertragbarkeit des Nacherbenanwartschaftsrechts testamentarisch ausschließen kann, ist streitig (*Muscheler*, Bd. 2, Rn. 2535 m. w. N.).

30   Überträgt der Nacherbe sein Anwartschaftsrecht auf den Vorerben, so erlischt es (*BGH* ZEV 1995, 453); der Vorerbe wird zum Vollerben. Das gilt selbstverständlich dann nicht, wenn eine Nach-Nacherbfolge angeordnet ist, weil in diesem Fall der Vorerbe das Anwartschaftsrecht nur als ein durch die angeordnete Nach-Nacherbfolge beschränktes Recht erwirbt (Näheres *Lange/Kuchinke*, § 28 VII 1b). Ein formloser „**Verzicht**" des Nacherben zugunsten des Vorerben ist nicht möglich (*Ebenroth*, Rn. 602). Der Nacherbe kann aber die Nacherbschaft in der Form des § 1945 ausschlagen, sobald der Erbfall eingetreten ist (§ 2142 Abs. 1) und dadurch oft auch das Ziel erreichen, dass der Vorerbe Vollerbe wird (§ 2142 Abs. 2; vgl. Rn. 12).

31   Ist das Nacherbenanwartschaftsrecht übertragbar, so ist es auch **pfändbar** (§§ 857, 851 ZPO) und **verpfändbar** (§§ 1273, 1274 Abs. 2). Anstatt das Anwartschaftsrecht zu verpfänden, kann der Nacherbe es auch sicherungshalber auf seinen Gläubiger übertragen (vgl. *BGH* ZEV 1995, 453).

§ 10. Vermächtnis, Auflage, Teilungsanordnung

Literatur: *Eidenmüller,* Vorausvermächtnis und Teilungsanordnung, JA 1991, 150; *Muscheler,* Teilungsanordnung und Vorausvermächtnis, ErbR 2008, 105.

I. Einführung

In seiner letztwilligen Verfügung kann der Erblasser bestimmen, 1 wer gemäß § 1922 Abs. 1 sein Gesamtrechtsnachfolger werden soll, wem also unmittelbar mit dem Erbfall die beweglichen und unbeweglichen Sachen des Verstorbenen, dessen Forderungen und sonstige Rechte gehören sollen. In dieser Anordnung erschöpft sich aber nicht unbedingt der Regelungswille des Testierenden. Mit den Rechtsinstituten des Vermächtnisses, der Auflage und der Teilungsanordnung gibt das Gesetz dem Erblasser Möglichkeiten an die Hand, seinen letzten Willen differenzierter zu gestalten:

Ein **Vermächtnis** (§§ 1939, 2147 ff.) verpflichtet in aller Regel den 2 Erben, einen Gegenstand aus der Erbschaft einem Dritten zuzuwenden. Diese Konstruktion ermöglicht dem Erblasser, jemandem etwas zukommen zu lassen, ohne ihn, wie bei der Erbeinsetzung, als Erben am ganzen Nachlass zu beteiligen. Auch mit einer **Auflage** (§§ 1940, 2192 ff.) kann der Erbe zu einer bestimmten Handlung verpflichtet werden. Im Unterschied zum Vermächtnis korrespondiert aber mit dieser Verpflichtung kein Anspruch des Begünstigten. Daraus ergibt sich als Unterscheidungskriterium beider Rechtsinstitute: Steht der Verpflichtung – etwa der zur Grabpflege – kein unmittelbar Begünstigter gegenüber oder soll dieser auf die Leistung keinen eigenen Anspruch haben, so handelt es sich um eine Auflage. Ein Vermächtnis liegt dagegen vor, wenn sich im Wege der Auslegung ergibt, dass der Erblasser dem Begünstigten durch seine Anordnung einen eigenen Anspruch auf Durchsetzung verschaffen wollte (§ 2174).

Eine **Teilungsanordnung** kommt nur in Betracht, wenn der Erb- 3 lasser zwei oder mehr Personen als Miterben eingesetzt hat. Hier kann es der Erblasser bei der gesetzlichen Regelung der Erbauseinandersetzung belassen (§§ 2042 ff.). Er kann aber auch Anordnungen für die Auseinandersetzung treffen (§ 2048) und insbesondere bestimmen, welcher Miterbe welche Nachlassgegenstände im Falle der Nachlassteilung erhalten soll.

II. Vermächtnis

1. Begriff

4   Nach § 1939 kann der Erblasser einem anderen durch Testament einen Vermögensvorteil zuwenden, ohne ihn als Erben einzusetzen (Vermächtnis). § 1941 Abs. 1 ergänzt § 1939 und stellt klar, dass Vermächtnisse auch durch Erbvertrag angeordnet werden können.

Außer dem durch letztwillige Verfügungen angeordneten Vermächtnis regelt das BGB mit dem sog. Voraus (§ 1932) und dem Dreißigsten (§ 1969) auch zwei Fälle eines gesetzlichen Vermächtnisses.

5   Der Begünstigte (Vermächtnisnehmer) erwirbt den „Vermögensvorteil" beim Erbfall nicht mit dinglicher Wirkung. Er erlangt gemäß § 2174 nur einen **schuldrechtlichen Anspruch** gegen den mit dem Vermächtnis Beschwerten (sog. Damnationslegat im Gegensatz zum römischrechtlichen Vindikationslegat). Mobilien und Immobilien müssen dem Vermächtnisnehmer also vom Beschwerten übereignet, Forderungen an ihn abgetreten werden usw.

Der Begünstigte erwirbt das Vermächtnis im Sinne eines schuldrechtlichen Anspruchs kraft Gesetzes mit dem Erbfall, ohne dass es einer Annahme bedarf (**Vonselbsterwerb**). Der Vermächtnisnehmer kann aber das Vermächtnis durch formlose Erklärung gegenüber dem Beschwerten ausschlagen (§ 2180 Abs. 2). Eine Frist für die Ausschlagung ist – anders als für die Ausschlagung der Erbschaft (§ 1944) – nicht vorgesehen, denn der Verweis in § 2180 Abs. 3 bezieht sich gerade nicht auf § 1944 (*BGH* NJW 2011, 1353, 1354).

2. Der vermachte Vermögensvorteil

6   Inhalt des Vermächtnisses ist gemäß § 1939 ein „Vermögensvorteil". Unter diesen weit gefassten Begriff fällt jede Begünstigung des Bedachten. Häufig wird der Erblasser dem Vermächtnisnehmer einen einzelnen Gegenstand vermachen (**Stückvermächtnis**). Der Begriff

des Vermögensvorteils umfasst aber darüber hinaus alles, was Ziel eines Anspruchs gegen den Beschwerten und damit Inhalt einer Leistung sein kann (Anspruch auf Befreiung von einer Verbindlichkeit, auf Einräumung eines Nießbrauchs, auf Unterlassung, auf Leistung von Diensten usw.). Das Gesetz selbst sieht in § 2170 ein sog. **Verschaffungsvermächtnis** vor, durch das der Beschwerte verpflichtet wird, dem Begünstigten einen nachlassfremden Gegenstand zu verschaffen. Auch ein sog. **Quotenvermächtnis,** durch das dem Bedachten eine Forderung in Höhe des Wertes des gesetzlichen Erbteils oder eines Bruchteils des Nachlasswertes zugewandt wird, ist möglich. Zulässig ist trotz des Wortlauts von § 2087 Abs. 1 sogar ein **Universalvermächtnis,** durch das dem Begünstigten der gesamte nach Begleichung aller Nachlassverbindlichkeiten verbleibende Restnachlass vermacht wird. Da es jedoch keinen erbenlosen Nachlass gibt, muss in einem solchen Fall feststehen, wer als Gesamtrechtsnachfolger des Erblassers den Nachlass abzuwickeln hat.

Der Umstand, dass jeder Vermögensvorteil sowohl im Wege der **7** Erbeinsetzung als auch im Wege der Vermächtnisanordnung zugewandt werden kann, macht die Entscheidung der Frage, wer Erbe oder Vermächtnisnehmer ist, oft schwierig, zumal die Begriffe „vererben" und „vermachen" in der Umgangssprache synonym gebraucht werden. Maßgebend für die Abgrenzung ist, ob der Erblasser den Begünstigten an der Nachlassabwicklung beteiligen, ihn also zum Herrn des Nachlasses mit Verwaltungs- und Verfügungsbefugnissen machen, oder ihm nur einen schuldrechtlichen Anspruch gegen den oder die Erben zuwenden wollte (vgl. *BayObLG* NJW-RR 2002, 1232; außerdem § 8 Rn. 6). Selbst bei Zuwendung eines einzelnen Nachlassgegenstandes kann eine Erbeinsetzung (in Verbindung mit einer Teilungsanordnung, § 2048) vorliegen (§ 8 Rn. 8); denn nach der Auslegungsregel des § 2087 Abs. 2 ist bei der Zuwendung einzelner Gegenstände nur im Zweifel davon auszugehen, dass vom Erblasser eine Vermächtnisanordnung und keine Erbeinsetzung gewollt ist.

Das Gesetz regelt in §§ 2147 ff. typisierend eine Reihe denkbarer **8** Vermächtnisse. Hervorgehoben sei das **Wahlvermächtnis,** bei dem der Bedachte von mehreren Gegenständen nur den einen oder anderen erhalten soll (§ 2154), das **Gattungsvermächtnis,** bei dem die vermachte Sache nur der Gattung nach bestimmt ist (§§ 2155, 2182, 2183), und das **Zweckvermächtnis,** bei dem der Erblasser nur den Zweck bestimmt (z. B. Studium des Neffen in den USA), die Konkretisierung der Leistung aber dem billigen Ermessen des Beschwerten oder eines Dritten überlässt (§ 2156).

9 Das Vermächtnis begründet zwischen dem Beschwerten und dem Begünstigten ein **gesetzliches Schuldverhältnis.** Soweit die §§ 2147 ff. (insbes. §§ 2182 ff.) keine Sonderregelungen enthalten, gilt für den Fall der Nicht- oder Schlechterfüllung allgemeines Schuldrecht.

> **Beispiel:** Erblasser E hat seinem Freund F zwei antike Vasen vermacht. Als der Alleinerbe A sie an F übergeben möchte, lässt er eine aus Unachtsamkeit fallen; die andere hat seit jeher einen Sprung.

Wegen des bereits vorhandenen Sprungs hat F keine Ansprüche gegen A. Gesetzlich ist diese Frage nicht geregelt (vgl. §§ 2182, 2183). Es ist aber davon auszugehen, dass der Erblasser dem F die Vase in dem Zustand vermacht hat, in dem sie sich zum Zeitpunkt des Erbfalls befand. Für die zweite Vase haftet der Erbe dagegen nach den allgemeinen Regeln: A ist zum Schadensersatz nach § 280 Abs. 1, Abs. 3 i. V. m. § 283 verpflichtet, da ihm die Erfüllung des Anspruchs des F aus § 2174 durch sein Verschulden unmöglich wurde.

3. Begünstigter (Vermächtnisnehmer)

10 Vermächtnisnehmer kann jede rechtsfähige Person sein. Allerdings kann der Erblasser auch eine noch nicht gezeugte Person zum Vermächtnisnehmer bestimmen (§ 2178). § 2178 geht über § 1923 Abs. 2 hinaus, der die Erbfähigkeit davon abhängig macht, dass der Erbe zur Zeit des Erbfalls bereits gezeugt war. Die unterschiedliche Regelung erklärt sich daraus, dass erbenlose Nachlässe nicht in das System des BGB passen, während gegen Vermächtnisansprüche, die erst nach dem Tod des Erblassers entstehen, nichts einzuwenden ist.

11 Entsprechend „großzügig" ist der Gesetzgeber auch bei der Bestimmung des Vermächtnisnehmers durch Dritte. Während § 2065 Abs. 2 dem Erblasser nicht erlaubt, die Bestimmung der Person, die eine Zuwendung erhalten soll, einem anderen zu überlassen (vgl. § 4 Rn. 10 ff.), schafft § 2151 Abs. 1 die Möglichkeit, „mehrere mit einem Vermächtnis in der Weise zu bedenken, dass der Beschwerte oder ein Dritter zu bestimmen hat, wer von den mehreren das Vermächtnis erhalten soll". Diese Regelung spielt in der Praxis vor allem beim sog. **Unternehmertestament** eine Rolle.

> **Beispiel:** E hat drei minderjährige Kinder. Da sich nicht absehen lässt, welches von ihnen am ehesten in der Lage sein wird, das Unternehmen zu leiten, setzt er seine Frau, die bereit ist, das Unternehmen für eine Übergangszeit zu führen, als Alleinerbin ein und bestimmt, dass sie später darüber entscheiden soll, welches Kind das Unternehmen im Wege eines Universalvermächtnisses erhält.

Wegen § 2065 Abs. 2 kann E seine Frau nicht als Vorerbin einsetzen und ihr oder einem Dritten die Bestimmung überlassen, wer Nacherbe werden soll. Die Vermächtnislösung wird daher von einer Mindermeinung mit dem Argument abgelehnt, ein **Universalvermächtnis** sei in der Sache nichts anderes als eine Erbeinsetzung, so dass die Drittbestimmung gemäß § 2065 Abs. 2 auch hier verboten sei. Die h. M. und die notarielle Praxis sehen hingegen in der Drittbestimmung beim Universalvermächtnis wegen des Wortlauts von § 2151 Abs. 1 keinen Fall der Gesetzesumgehung (*Langenfeld*, Rn. 472 ff.).

Vermächtnisnehmer kann auch ein Erbe oder Miterbe sein. Der   12
Miterbe ist in einem solchen Fall gleichzeitig Berechtigter und als Mitglied der Erbengemeinschaft Verpflichteter. Ein solches sog. **Vorausvermächtnis** (§ 2150) ist notwendig, wenn der Erblasser einem Miterben einen Vermögensvorteil ohne Anrechnung auf seinen Erbteil zukommen lassen möchte. Zu unterscheiden ist das Vorausvermächtnis von der **Teilungsanordnung** (§ 2048), mit der der Erblasser die Verteilung (Auseinandersetzung) der Erbschaft unter den Miterben regelt, ohne die einzelnen Erbquoten zu verändern (vgl. Rn. 17).

Wird zugunsten des alleinigen Vorerben ein Vorausvermächtnis angeordnet (§ 2110 Abs. 2), so erwirbt er den Gegenstand entgegen der grundsätzlichen Regelung direkt mit Eintritt des Vorerbfalls (BGHZ 32, 60). In diesem speziellen Fall hat das Vermächtnis ausnahmsweise dingliche Wirkung.

4. Beschwerter

Mit einem Vermächtnis kann der gesetzliche oder gewillkürte Erbe   13
oder ein Vermächtnisnehmer (**Untervermächtnis**) beschwert werden (§ 2147 S. 1). Hat der Erblasser nichts anderes bestimmt, ist der Erbe beschwert (§ 2147 S. 2). Soweit Miterben mit einem Vermächtnis beschwert sind, haften sie gemäß § 2058 als Gesamtschuldner, d. h. der Begünstigte kann von jedem Miterben vollständige Erfüllung verlan-

gen (§ 421). § 2148, wonach mehrere Miterben oder mehrere Vermächtnisnehmer im Zweifel nach dem Verhältnis der Erbteile bzw. des Wertes der Vermächtnisse haften, betrifft nur das Innenverhältnis, also die Frage eines möglichen Regresses unter den Beschwerten.

III. Auflage

14   Eine Auflage ist eine Verfügung von Todes wegen, die den Erben oder einen Vermächtnisnehmer zu einer Leistung verpflichtet, ohne einem anderen ein Recht auf die Leistung zuzuwenden (§§ 1940, 1941 Abs. 1). Der Unterschied zwischen Vermächtnis und Auflage besteht darin, dass beim Vermächtnis einem Begünstigten ein Vermögensvorteil zugewendet wird, auf den er einen klagbaren Anspruch hat (§ 2174), während bei der Auflage ein solcher Anspruch nicht besteht (§ 1940), sei es, weil es an einer begünstigten Person von vornherein fehlt, sei es, weil eine begünstigte Person zwar vorhanden ist, ihr aber nach dem Willen des Erblassers ein Anspruch nicht zustehen soll.

> **Beispiel:** Erblasser E setzt den A zum Alleinerben ein mit den Auflagen, das Familiengrab zehn Jahre zu pflegen, die zum Nachlass gehörende Gemäldesammlung der Öffentlichkeit zugänglich zu machen und eine bestimmte Summe der Armenpflege zur Verfügung zu stellen.

In den genannten Fällen fehlt es an einer begünstigten Person. Ist eine solche vorhanden, so wird die Auslegung des Erblasserwillens in aller Regel, aber nicht notwendigerweise, ergeben, dass dem Begünstigten ein klagbarer Anspruch eingeräumt ist.

> **Beispiel:** E bestimmt, dass sein Erbe ein Nachlassgrundstück nicht bebauen darf.

Die testamentarische Anordnung kommt objektiv den Grundstücksnachbarn zugute. Ob der Erblasser einem von ihnen oder mehreren einen Anspruch auf Nichtbebauung zuwenden wollte, hängt von der konkreten Zielsetzung und damit vom Willen des Erblassers ab. Denkbar wäre auch, dass für die Entscheidung des Erblassers Gründe des Naturschutzes maßgebend waren, so dass schon deshalb nur eine Auflage in Betracht käme.

15   Der Vorteil der Auflage, ohne einen Begünstigten auszukommen, ist zugleich ihre Schwäche. Für die Erzwingung der Auflage fehlt es

an dem natürlichen Interesse eines Anspruchsberechtigten. Das Gesetz versucht zu helfen, indem es dem Erben, jedem Miterben sowie demjenigen, welchem der Wegfall des zunächst Beschwerten unmittelbar zugute kommt, das Recht einräumt, von dem Beschwerten die Vollziehung der Auflage zu verlangen (§ 2194 S. 1). Soweit die Vollziehung im öffentlichen Interesse liegt, kann auch die zuständige Behörde die Vollziehung verlangen (§ 2194 S. 2). Die Vollzugsberechtigten gehören zu den „Beteiligten" i. S. v. § 348 Abs. 2 und 3 FamFG, denen vom Nachlassgericht der sie betreffende Inhalt der Verfügung von Todes wegen bekannt zu geben ist. Kommt der beschwerte Erbe oder Vermächtnisnehmer dem Verlangen des Vollziehungsberechtigten nicht nach, so bedeutet das allerdings nicht, dass er die Erbschaft oder das Vermächtnis einbüßt; denn das Gesetz sieht in der Verweigerung des Vollzugs keine auflösende Bedingung für die Zuwendung (MünchKomm/*Schlichting*, § 2194 Rn. 1). Der Vollziehungsberechtigte muss vielmehr den (Vollziehungs-)Anspruch im Wege der Leistungsklage geltend machen und das Urteil notfalls gegen den Beschwerten vollstrecken. Ob dieser Mechanismus zur Durchsetzung einer Auflage ausreicht, erscheint oftmals fraglich, zumal der Vollziehungsberechtigte nicht selten ein erhebliches Prozessrisiko eingehen muss.

IV. Teilungsanordnung

Mit dem Erbfall geht der Nachlass als Ganzes auf eine oder mehrere Personen über (§ 1922 Abs. 1). Die Zuordnung bestimmter Nachlassgegenstände an einzelne Miterben erfolgt erst im Rahmen der Erbauseinandersetzung (vgl. § 19 Rn. 21 ff.). Für diesen Fall kann der Erblasser gemäß § 2048 S. 1 durch letztwillige Verfügung Anordnungen treffen (sog. Teilungsanordnungen) und auf diese Weise Streitigkeiten unter den Miterben verhindern. Mit Hilfe einer Teilungsanordnung kann der Erblasser insbesondere einem Miterben einen bestimmten Gegenstand zuweisen. Die Zuweisung erfolgt nur mit schuldrechtlicher, nicht mit dinglicher Wirkung. Auch bei einer Teilungsanordnung werden die Miterben in ihrer Gesamtheit als Miterbengemeinschaft Rechtsnachfolger des Erblassers. Der Vollzug der Teilungsanordnung erfordert die Übertragung des Nachlassgegenstandes durch die Miterbengemeinschaft auf den einzelnen Miterben nach den für die Übertragung vorgesehenen gesetzlichen Bestimmungen. Die Teilungsanordnung berührt die Höhe der Erbteile und den Wert der Beteiligung der einzelnen Miterben nicht: Der Miterbe muss sich im Falle einer Teilungsanordnung den Wert des zugewiesenen Gegenstandes auf seinen Erbteil anrechnen lassen.

17   Zu unterscheiden ist die Teilungsanordnung vom **Vorausvermächtnis** (§ 2150). Anders als bei der Teilungsanordnung wird bei einem Vorausvermächtnis der vermachte Gegenstand nicht auf den Erbteil des Miterben angerechnet. Dieser erhält den Gegenstand vielmehr „im Voraus" als Vermächtnis. Der Miterbe wird also bei gleicher Erbquote besser gestellt als die übrigen Miterben.

> **Beispiel:** Erblasserin E hinterlässt 80 000 € Barvermögen und Familienschmuck im Wert von 20 000 €. Im Testament heißt es: „Mein Sohn S und meine Tochter T sollen Erben je zur Hälfte sein. Da mich T in den letzten zehn Jahren aufopferungsvoll gepflegt hat, soll sie den Schmuck erhalten."

Würde es sich um eine Teilungsanordnung handeln, erhielte T bei der Auseinandersetzung den Schmuck sowie Bargeld in Höhe von 30 000 €; S bekäme 50 000 €. Wäre die Anordnung bzgl. des Schmucks dagegen als Vorausvermächtnis zu verstehen, hätte T zunächst einen Anspruch auf Übereignung des Schmucks gegen die Erbengemeinschaft (§ 2174). Sodann würde das übrige Vermögen hälftig geteilt. T erhielte also außer dem Schmuck noch 40 000 €, S insgesamt nur 40 000 €.

Die Abgrenzung im Einzelfall bestimmt sich nach dem Willen des Erblassers, der durch **Auslegung** zu ermitteln ist. Wollte der Testierende einem Miterben einen besonderen Vermögensvorteil zuwenden, liegt ein Vorausvermächtnis vor; fehlt ein solcher **Begünstigungswille,** handelt es sich bei der Anordnung um eine reine Teilungsanordnung (BGHZ 36, 115; *OLG Koblenz* NJW-RR 2005, 1601). Im Beispielsfall läge demnach ein Vorausvermächtnis vor, da anzunehmen ist, dass E ihrer Tochter wegen der langen Pflege einen besonderen Vermögensvorteil zukommen lassen wollte.

18   Ausnahmsweise kann ein Begünstigungswille und damit ein Vorausvermächtnis vorliegen, obwohl die Übernahme vom Erblasser nur gegen vollen Wertausgleich angeordnet wurde (BGHZ 36, 115; ergänzend *BGH* NJW 1995, 721; *Lange/Kuchinke,* § 29 V 1d a. E. m. w. N. zur h. L.). Hätte E im Beispielsfall bestimmt, dass T das Recht haben soll, den Familienschmuck gegen vollen Wertausgleich zu übernehmen (sog. **Übernahmerecht**), läge die Annahme einer Tei-

lungsanordnung zwar nahe, wäre indessen nicht zwingend. Denn die Begünstigung der T könnte anstatt in einem rein wirtschaftlichen in einem rechtlichen Vorteil gesehen werden: T ist begünstigt, weil ihr durch die Anordnung der E die Möglichkeit eingeräumt wird zu *wählen*, ob sie den Schmuck übernehmen will oder nicht. Die Annahme eines Vorausvermächtnisses hätte auch weitere rechtliche Konsequenzen, die T ebenfalls begünstigen könnten: So könnte T als Vorausvermächtnisnehmerin ihren Anspruch gegen die Erbengemeinschaft schon mit dem Erbfall geltend machen (§§ 2174, 2176), auch wenn sie als Miterbin noch nicht die Auseinandersetzung verlangen könnte (§§ 2042 ff.). Sie könnte das Vorausvermächtnis ausschlagen (§ 2180), während sie durch eine Teilungsanordnung gebunden wäre. Vor allem könnte der Erblasser nur das Vorausvermächtnis mit bindender Wirkung in einem Erbvertrag oder in einem gemeinschaftlichen Testament anordnen (§§ 2278 Abs. 2, 2270 Abs. 3).

Da die Abgrenzung zwischen Vorausvermächtnis und Teilungsanordnung danach erfolgt, ob ein Begünstigungswille vorliegt oder nicht, kann bei fehlendem Begünstigungswillen niemals ein Vorausvermächtnis vorliegen, auch dann nicht, wenn der vom Erblasser einem Miterben zugewiesene Gegenstand wertmäßig dessen Erbquote übersteigt.   19

Beispiel: Erblasser E setzt seine Kinder A, B und C als Miterben zu je ⅓ ein. A soll ein Nachlassgrundstück erhalten, dessen Wert der Erblasser allerdings falsch einschätzt, so dass A entgegen dem Erblasserwillen mehr erhalten würde als seine Geschwister.

Entscheidend ist zunächst, dass der Erblasser seine drei Kinder gleich behandeln wollte, so dass ein Begünstigungswille hinsichtlich A auszuschließen ist. Da es allerdings **keine wertverschiebenden Teilungsanordnungen** gibt, weil die vom Erblasser gewollte quotenmäßige Beteiligung der Miterben am Nachlass durch die Teilungsanordnung nicht verändert werden kann, ist die vom Erblasser angeordnete Auseinandersetzung als Teilungsanordnung nur aufrecht zu erhalten, wenn der objektiv begünstigte Miterbe bereit ist, den Mehrwert aus seinem eigenen Vermögen auszugleichen (BGHZ 82, 274, 279; *BGH* NJW-RR 1990, 1220, 1221).

§ 11. Testamentsvollstreckung

Literatur: *Damrau*, Der Testamentsvollstrecker, JA 1984, 130; *Dörrie*, Reichweite der Kompetenzen des Testamentsvollstreckers an Gesellschaftsbeteiligungen, ZEV 1996, 370.

I. Bedeutung und Aufgaben

1   Mit der Ernennung eines Testamentsvollstreckers kann der Erblasser erreichen, dass sein letzter Wille durch eine Person seines Vertrauens ausgeführt wird. Die Anordnung einer Testamentsvollstreckung bietet sich vor allem an, wenn befürchtet werden muss, dass zwischen den Erben Streit über die Verteilung des Nachlasses entsteht oder die Anordnungen des Erblassers nicht genau befolgt werden. Gehört zum Nachlass ein Unternehmen und ist der Erbe minderjährig oder geschäftlich unerfahren, so kann durch die Anordnung einer Testamentsvollstreckung sichergestellt werden, dass der Erbe die eigenverantwortliche Leitung des Unternehmens erst dann übernimmt, wenn er volljährig geworden ist, seine Berufsausbildung abgeschlossen oder geschäftliche Erfahrung gesammelt hat.

2   Entsprechend der Zielsetzung des Erblassers unterscheidet man die Abwicklungs- oder **Auseinandersetzungsvollstreckung** einerseits und die **Verwaltungsvollstreckung** andererseits:

Der Abwicklungsvollstrecker hat die letztwilligen Verfügungen des Erblassers, insbes. Vermächtnisse und Auflagen, zur Ausführung zu bringen (§ 2203) sowie sonstige Nachlassverbindlichkeiten zu begleichen. Sind mehrere Erben vorhanden, so hat er auch die Auseinandersetzung unter ihnen zu bewirken (§ 2204). Zwecks Durchführung der Abwicklung ist der Testamentsvollstrecker gemäß § 2205 S. 1 zur Verwaltung des Nachlasses berechtigt.

Der Verwaltungsvollstrecker hat die Aufgabe, den Nachlass insgesamt, Teile des Nachlasses oder einzelne Nachlassgegenstände zu verwalten (§ 2209). Die Verwaltungsvollstreckung wird in § 2210 S. 1 als Dauervollstreckung auf dreißig Jahre begrenzt. Allerdings kann die Frist unter den Voraussetzungen des § 2210 S. 2 z. T. erheblich überschritten werden (zur äußersten Dauer einer Testamentsvollstreckung BGHZ 174, 346 m. Anm. *Wellenhofer*, JuS 2008, 281).

II. Beginn und Ende des Amtes

Die Ernennung des Testamentsvollstreckers steht im freien Belie- **3** ben des Erblassers; sie geschieht durch Testament (§ 2197 Abs. 1) oder einseitige Verfügung im Erbvertrag (§§ 2299 Abs. 1, 2278 Abs. 2), ist also stets widerruflich.

Zum Testamentsvollstrecker kann grundsätzlich jede natürliche Person ernannt werden, die bei Antritt des Amtes voll geschäftsfähig ist und nicht unter Betreuung steht (§ 2201), ebenso eine juristische Person (arg. § 2210 S. 3). Auch ein Miterbe kann Testamentsvollstrecker sein (BGHZ 30, 67, 70), in Ausnahmefällen sogar ein Alleinerbe (*BGH* ZEV 2005, 204 m. Anm. *Adams*). Im Regelfall verbietet sich jedoch die Ernennung eines Alleinerben zum Testamentsvollstrecker, weil diese i.A. ohne Sinn und deshalb auch unwirksam wäre (*OLG Jena* ZEV 2009, 244, 245). Schließlich kann sich der Erblasser auf die bloße Anordnung der Testamentsvollstreckung beschränken und die Auswahl der Person des Testamentsvollstreckers dem Nachlassgericht (§ 2200) oder einem Dritten (§ 2198) übertragen.

Das Amt des Testamentsvollstreckers **beginnt** nicht schon mit dem **4** Erbfall, sondern erst, wenn der Testamentsvollstrecker das Amt durch Erklärung gegenüber dem Nachlassgericht annimmt (§ 2202 Abs. 1 und 2). Trotzdem entfaltet die Testamentsvollstreckung als solche bereits mit dem Erbfall Wirkungen: So kann der Erbe beispielsweise nicht mehr gemäß § 2211 Abs. 1 über einen der Verwaltung des Testamentsvollstreckers unterliegenden Nachlassgegenstand verfügen, und Zwangsvollstreckungen durch Eigengläubiger des Erben in den Nachlass sind unzulässig (§ 2214).

Das Amt des Testamentsvollstreckers **endet** mit seinem Tod **5** (§ 2225), seiner Kündigung (§ 2226) oder mit der Entlassung durch das Nachlassgericht aus wichtigem Grund (§ 2227). Im Übrigen endet es mit der vollständigen Erledigung aller Aufgaben, ohne dass es einer besonderen Aufhebung der Testamentsvollstreckung oder einer Entlassung des Testamentsvollstreckers durch das Nachlassgericht bedarf (BGHZ 41, 23, 25).

III. Rechtsstellung des Testamentsvollstreckers

6   Der Testamentsvollstrecker ist ähnlich wie der Insolvenzverwalter
Inhaber eines ihm vom Erblasser übertragenen Amtes, kraft dessen er
in eigenem Namen tätig wird (**Amtstheorie**). Der Testamentsvollstrecker ist also weder Vertreter des Erben noch des Erblassers oder gar
des Nachlasses (so aber die ältere **Vertretertheorie**). Der dogmatische
Streit um die Rechtsnatur der Testamentsvollstreckung ist unbedeu-
tend geworden, weil beide Theorien im Wesentlichen zu gleichen Ergebnissen gelangen (Näheres *Lange/Kuchinke*, § 31 III).
    Der Wirkungskreis des Testamentsvollstreckers bestimmt sich nach
dem Willen des Erblassers. Mangels besonderer Anordnungen räumt
das Gesetz sowohl dem Abwicklungs- als auch dem Verwaltungsvollstrecker eine umfassende Herrschaftsmacht über den Nachlass ein.

1. Verfügungsgeschäfte

7   Der Testamentsvollstrecker hat gemäß § 2205 S. 1 den Nachlass zu
verwalten. Er ist insbesondere berechtigt, den Nachlass in Besitz zu
nehmen und über Nachlassgegenstände zu verfügen (§ 2205 S. 2).
Die Verfügungsmacht des Testamentsvollstreckers ist grundsätzlich
unbeschränkt (vgl. aber § 2208 Abs. 1).

> **Beispiel:** Testamentsvollstrecker T, der dem Gläubiger G aus privaten Ge-
> schäften 100 000 € schuldet, verpfändet diesem als Sicherheit ein wertvolles
> Gemälde, das zum Nachlass gehört.

    Grundsätzlich ist die Verpfändung (§ 1204) im Außenverhältnis ge-
mäß § 2205 S. 2 wirksam, auch wenn T im Innenverhältnis seine Befugnisse als Testamentsvollstrecker überschreitet (§ 2216 Abs. 1) und
sich den Erben gegenüber schadensersatzpflichtig macht (§ 2219
Abs. 1). In Anlehnung an die Grundsätze vom Missbrauch der Ver-
tretungsmacht ist allerdings mit der Rechtsprechung davon auszugehen, dass bei einem **Missbrauch der Verfügungsmacht** ein von einem Testamentsvollstrecker abgeschlossenes Rechtsgeschäft (hier:
die Verpfändung) unwirksam ist. Ein solcher Missbrauch liegt dann
vor, wenn der Testamentsvollstrecker bewusst zum Nachteil des Erben gehandelt hat und der Geschäftspartner erkannte oder erkennen

musste, dass der Rahmen ordnungsgemäßer Verwaltung überschritten wurde (BGHZ 30, 67, 71; RGZ 130, 131, 134).

Gemäß § 2205 S. 3 kann der Testamentsvollstrecker **unentgeltliche** **Verfügungen** mit Ausnahme von Pflicht- und Anstandsschenkungen nicht wirksam vornehmen.

8

Ermächtigen die Erben den Testamentsvollstrecker zu einer unentgeltlichen Verfügung, so scheint dies nichts an der Unwirksamkeit der Verfügung nach § 2205 S. 3 zu ändern, weil die Erben selbst über Nachlassgegenstände nicht verfügen können (§ 2211). Allerdings ist der Anwendungsbereich des § 2205 S. 3 bei **Zustimmung der Erben** teleologisch zu reduzieren: Die Erben bedürfen des Schutzes nach § 2205 S. 3 nicht, wenn sie der unentgeltlichen Verfügung zustimmen (BGHZ 57, 84, 91 ff.; a. A. *Schlüter,* Rn. 845).

Die Möglichkeit eines gutgläubigen Erwerbs sieht das Gesetz bei unentgeltlichen Verfügungen des Testamentsvollstreckers nicht vor.

9

> **Beispiel:** Testamentsvollstrecker T schenkt seiner Ehefrau E ein zum Nachlass gehörendes Gemälde. E glaubt, T sei von den Erben zu diesem Geschenk ermächtigt worden.

E wird nicht gemäß §§ 929 S. 1, 932 Eigentümerin, weil sie weiß, dass das Gemälde nicht ihrem Ehemann, sondern den Erben gehört. Der gute Glaube der E an die Verfügungsmacht des T wird nicht geschützt. Ein gutgläubiger Erwerb gemäß §§ 929, 932 wäre nur möglich, wenn E angenommen hätte, T sei selbst Eigentümer des Gemäldes. E wäre allerdings auch in diesem Fall gemäß § 816 Abs. 1 S. 2 zur Rückübereignung des Gemäldes an die Erben verpflichtet.

2. Verpflichtungsgeschäfte

Nach § 2206 Abs. 1 S. 1 ist der Testamentsvollstrecker berechtigt, Verbindlichkeiten *für den Nachlass* einzugehen, soweit dies zur ordnungsgemäßen Verwaltung erforderlich ist. Der Testamentsvollstrecker kann also nur **Nachlassverbindlichkeiten** begründen, d. h. den Erben nur als Träger des Sondervermögens Nachlass, nicht aber als Träger seines Eigenvermögens verpflichten. Allerdings wird durch die Ernennung eines Testamentsvollstreckers die Haftung des Erben für Nachlassverbindlichkeiten nicht auf den Nachlass beschränkt. Es bleibt aber dem Erben unbenommen, die Haftungsbeschränkung gemäß § 1975 herbeizuführen (vgl. § 18 Rn. 9).

10

11   Der Testamentsvollstrecker kann, falls der Erblasser nichts anderes
angeordnet hat (§ 2207), den Nachlass nur insoweit verpflichten, als
dies zur ordnungsgemäßen Verwaltung erforderlich ist (§ 2206
Abs. 1 S. 1). Die Verpflichtungsbefugnis des Testamentsvollstreckers
scheint somit hinter seiner Verfügungsbefugnis zurückzubleiben
(vgl. § 2205 S. 2). Das wäre indessen wenig sinnvoll, weil wirksame
Verfügungen wegen Rechtsgrundlosigkeit umgehend wieder kondi-
ziert werden könnten. § 2206 Abs. 1 S. 2 bestimmt deshalb als Ausnahme zu S. 1, dass der Testamentsvollstrecker eine Verbindlichkeit
zur Verfügung über einen Nachlassgegenstand immer auch dann
wirksam eingehen kann, wenn er zur Verfügung berechtigt ist.

Beispiel: Der Testamentsvollstrecker T veräußert einen Nachlassgegenstand, ohne dass dies zur ordnungsgemäßen Verwaltung erforderlich wäre.

Da der Testamentsvollstrecker nach § 2205 S. 2 zu entgeltlichen
Verfügungen berechtigt ist, kann er den Nachlass gemäß § 2206
Abs. 1 S. 2 auch wirksam verpflichten. Dass das Verpflichtungs- und
Verfügungsgeschäft Dritten gegenüber wirksam ist, schließt nicht aus,
dass sich der Testamentsvollstrecker wegen Verletzung seiner Pflicht
zur ordnungsgemäßen Verwaltung des Nachlasses (§ 2216 Abs. 1)
den Erben gegenüber schadensersatzpflichtig macht (§ 2219 Abs. 1).
Der Grundsatz des § 2206 Abs. 1 S. 1, wonach der Testamentsvollstrecker den Nachlass nur im Rahmen ordnungsgemäßer Verwaltung
verpflichten kann, gilt somit nur für Verbindlichkeiten, die nicht auf
eine Verfügung ausgerichtet sind, wie z. B. Miet-, Pacht- und Darlehensverträge. Allerdings kann auch bei solchen Verträgen der Geschäftspartner des Testamentsvollstreckers oft nur schwer abschätzen,
ob diese zur ordnungsgemäßen Verwaltung erforderlich sind oder
nicht. Im Interesse des Verkehrsschutzes wird deshalb § 2206 Abs. 1
S. 1 erweiternd dahingehend ausgelegt, dass Verpflichtungsgeschäfte
immer auch dann wirksam sind, wenn der Geschäftspartner ohne
Fahrlässigkeit annehmen durfte, dass die Eingehung der Verbindlichkeit zur ordnungsgemäßen Verwaltung des Nachlasses erforderlich
war (*BGH* NJW 1983, 40; Staudinger/*Reimann*, § 2206 Rn. 11 f.).

12   **Insichgeschäfte** des Testamentsvollstreckers werden an § 181 (analog) gemessen, obwohl der Testamentsvollstrecker nicht als Vertreter
des Erben, sondern als Träger eines privaten Amtes tätig wird.

3. Prozessführung

Der materiellrechtlichen Verfügungsbefugnis des Testamentsvoll- 13
streckers (§ 2205 S. 2) entspricht im Prozess die Prozessführungsbefugnis. Soll ein Recht, das der Testamentsvollstreckung unterliegt, gerichtlich geltend gemacht werden (**Aktivprozess**), so darf nach § 2212 nur der Testamentsvollstrecker als Partei kraft Amtes den Prozess führen. Eine Klage des Erben müsste mangels Prozessführungsbefugnis als unzulässig abgewiesen werden. Ein Urteil, das zwischen dem Testamentsvollstrecker und einem Dritten ergeht, wirkt gemäß § 327 Abs. 1 ZPO für und gegen den Erben.

Wird ein Anspruch gegen den Nachlass geltend gemacht (**Passiv-** 14
prozess), so kann der Gläubiger wählen, ob er gegen den Testamentsvollstrecker, gegen den Erben oder gegen beide vorgehen will (§ 2213). Ein Urteil gegen den Testamentsvollstrecker reicht zur Vollstreckung in den Nachlass aus (§ 748 Abs. 1 ZPO). Ein Vorgehen gegen den Erben hat den Vorteil, dass – vorbehaltlich beschränkter Erbenhaftung (vgl. § 780 ZPO) – auch in dessen eigenes Vermögen vollstreckt werden kann, das nicht der Verwaltung des Testamentsvollstreckers unterliegt. **Eigengläubiger des Erben** können nicht in Nachlassgegenstände vollstrecken, solange diese der Verwaltung des Testamentsvollstreckers unterliegen (§ 2214). Der Erblasser hat es somit in der Hand, durch Anordnung einer Verwaltungstestamentsvollstreckung zu erreichen, dass Eigengläubiger des Erben auf längere Zeit, etwa bis zum Tod des Erben (§ 2210 S. 2), vom Nachlass fern gehalten werden.

4. Rechtsverhältnis zu den Erben

Der Testamentsvollstrecker ist im Innenverhältnis zu den Erben 15
nicht deren Weisungen, sondern allein dem geäußerten oder mutmaßlichen Willen des Erblassers unterworfen. Der Testamentsvollstrecker unterliegt auch nicht der Aufsicht des Nachlassgerichts und kann von diesem nach § 2227 nur entlassen werden, wenn ein wichtiger Grund vorliegt, insbes. wegen grober Pflichtverletzung oder Unfähigkeit zu ordnungsgemäßer Geschäftsführung. § 2218 Abs. 1 erklärt für das **gesetzliche Schuldverhältnis** zwischen Testamentsvollstrecker und Erben einige zentrale Bestimmungen des Auftragsrechts für anwendbar

(z. B. die Verpflichtung zur Auskunft und zur Herausgabe des Nachlasses gemäß §§ 666, 667). Darüber hinaus ist der Testamentsvollstrecker nach § 2219 Abs. 1 dem Erben zu Schadensersatz verpflichtet,
wenn er die ihm obliegenden Verpflichtungen schuldhaft nicht erfüllt.
Nach § 2221 kann der Testamentsvollstrecker eine angemessene Vergütung verlangen, sofern nicht der Erblasser ein anderes bestimmt
hat. Den geschuldeten Betrag kann der Testamentsvollstrecker selbst
dem Nachlass entnehmen; § 181 steht nicht entgegen, da es sich um
die Erfüllung einer Verbindlichkeit handelt.

IV. Rechtsstellung der Erben

16   Die starke Rechtsstellung des Testamentsvollstreckers hat eine
weitgehende Entmachtung der Erben zur Folge. Zwar bleiben die Erben Rechtsträger des Nachlasses, doch können sie gemäß § 2211
Abs. 1 über Gegenstände, die der Testamentsvollstreckung unterliegen, nicht mehr wirksam verfügen. Gutgläubige Erwerber, die von
der Testamentsvollstreckung nichts wissen und denen insoweit auch
keine grobe Fahrlässigkeit zur Last fällt, werden allerdings nach
§ 2211 Abs. 2 i. V. m. §§ 932 ff. geschützt.

> **Beispiel:** Obwohl Testamentsvollstreckung angeordnet ist, veräußert Al-
> leinerbe E ein zum Nachlass gehörendes Gemälde an K.

Obwohl E gemäß § 2211 Abs. 1 nicht verfügungsbefugt ist, erwirbt
K das Gemälde nach § 2211 Abs. 2 i. V. m. §§ 929, 932 gutgläubig,
falls ihm die Anordnung der Testamentsvollstreckung ohne grobe
Fahrlässigkeit unbekannt geblieben ist. Weiß K, dass das Gemälde
zum Nachlass des E gehört, so handelt er allerdings grob fahrlässig,
wenn er sich nicht einen Erbschein vorlegen lässt, aus dem gemäß
§ 2364 Abs. 1 die Anordnung der Testamentsvollstreckung hervor-
geht (MünchKomm/*Zimmermann*, § 2211 Rn. 18). Gutgläubiger Erwerb wäre nach § 2211 Abs. 2 i. V. m. § 935 nicht möglich, wenn der
Testamentsvollstrecker den Nachlass bereits in Besitz genommen
hätte, wozu er nach § 2205 S. 2 berechtigt ist.

17   Im Immobiliarsachenrecht ist ein gutgläubiger Erwerb vom Erben
bei angeordneter Testamentsvollstreckung ausgeschlossen, sobald ein
sog. **Testamentsvollstreckervermerk** im Grundbuch eingetragen ist
(§ 892 Abs. 1 S. 2). Der Testamentsvollstreckervermerk ist nach § 52

GBO von Amts wegen mit einzutragen, sobald der Erbe auf Antrag des Testamentsvollstreckers (§ 82 GBO) oder auf eigenen Antrag im Wege der Grundbuchberichtigung (§§ 22 Abs. 1, 35 Abs. 1 GBO) eingetragen wird.

Schließt ein Erbe in Bezug auf den Nachlass ein Verpflichtungsge- 18 schäft ab, so ist dieses selbstverständlich wirksam (§ 311a Abs. 1). Allerdings wird der Erbe oftmals seine Verpflichtung nicht erfüllen können, weil ihm gemäß § 2211 Abs. 1 die notwendige Verfügungsmacht fehlt. Verkauft der Erbe beispielsweise einen Nachlassgegenstand und stimmt der Testamentsvollstrecker der Verfügung nicht zu (§ 185), so haftet der Erbe gemäß § 311a Abs. 2 auf Schadensersatz statt der Leistung oder auf Aufwendungsersatz.

V. Testamentsvollstreckung bei Rechtsnachfolge in einzelkaufmännische Unternehmen oder Gesellschaftsanteile

Gehört zum Nachlass ein einzelkaufmännisches Unternehmen, ge- 19 raten erbrechtliche und handelsrechtliche Regelung miteinander in Konflikt; denn handelsrechtlich haftet bei einem einzelkaufmännischen Unternehmen auch der Erbe als Inhaber nach Maßgabe der §§ 27, 25 HGB stets persönlich und unbeschränkt. Würde ein solches Unternehmen von einem Testamentsvollstrecker fortgeführt, weil der Erbe nach Meinung des Erblassers z. B. noch zu jung oder geschäftlich unerfahren ist, so bestünde die Gefahr, dass niemand für die Geschäftsschulden persönlich haftet: Der Testamentsvollstrecker nicht, weil er nur mit Wirkung für und gegen den Erben handelt (§§ 2206, 2207), und der Erbe nicht, wenn er seine Haftung auf den Nachlass beschränkt hat (§ 1975).

Aus Gründen des Verkehrsschutzes muss sich im Ergebnis die 20 Wertung des Handelsrechts durchsetzen (vgl. auch Art. 2 EGHGB). Zulässig ist eine Testamentsvollstreckung deshalb nur, wenn gewährleistet ist, dass entweder der Testamentsvollstrecker oder der Erbe persönlich haftet. Nach h. L. und Rechtsprechung (*Ebenroth*, Rn. 689 ff.; BGHZ 12, 100, 102) kommen zwei Gestaltungsmöglichkeiten in Betracht:

(1) Der Erbe wird als Inhaber des Unternehmens in das Handels- 21 register eingetragen und erteilt dem Testamentsvollstrecker Prokura

oder Generalhandlungsvollmacht, so dass dieser das Geschäft im Namen des Erben leitet (**Vollmachtlösung**). Um den Erben zur Vollmachtserteilung anzuhalten, kann eine entsprechende Auflage angeordnet oder die Erbeinsetzung von der Vollmachtserteilung als Bedingung abhängig gemacht werden (*Ebenroth*, Rn. 692 f. m. w. N. auch zu krit. Gegenstimmen, die eine solche Auflage oder Bedingung für sittenwidrig halten). Die Vollmacht müsste außerdem unwiderruflich erteilt werden, weil der Erbe sie andernfalls jederzeit widerrufen und damit das Ziel des Erblassers vereiteln könnte.

22   (2) Die zweite Lösungsmöglichkeit besteht darin, dass nicht der Erbe, sondern der Testamentsvollstrecker als Inhaber des Unternehmens in das Handelsregister eingetragen wird. Er führt dann das Unternehmen in eigenem Namen, aber für Rechnung des Erben fort (**Treuhandlösung**). Hierbei trägt der Testamentsvollstrecker allerdings ein nicht unerhebliches persönliches Risiko; er haftet den Gläubigern persönlich und ist auf Freistellungs- bzw. Regressansprüche gegen den Erben angewiesen (§§ 2218 Abs. 1, 670).

Welchen dieser beiden Wege ein Testamentsvollstrecker einschlägt, bleibt seinem pflichtgemäßen Ermessen überlassen, soweit der Erblasser keine besondere Bestimmung getroffen hat (BGHZ 12, 100, 102).

23   Ähnliche Fragen stellen sich, wenn der Anteil eines persönlich haftenden Gesellschafters einer BGB-Gesellschaft, einer OHG oder einer KG zum Nachlass gehört. Wurde die Beteiligung des Erblassers mittels einer erbrechtlichen Nachfolgeklausel vererblich gestellt, so erwerben die Erben die Beteiligung im Wege der Sondererbfolge (vgl. § 24 Rn. 18). Eine Auseinandersetzungsvollstreckung kommt in diesem Falle nicht in Betracht, weil der Gesellschaftsanteil als vom übrigen Nachlass abgespalten unmittelbar auf die Miterben in Höhe ihrer Erbquote übergeht und damit einer Auseinandersetzung entzogen ist. Problematisch ist die Verwaltungsvollstreckung: Wie beim einzelkaufmännischen Unternehmen, so kollidiert auch hier die Möglichkeit der Haftungsbeschränkung nach den Vorschriften des Erbrechts mit der unbeschränkbaren Haftung des Gesellschaftsrechts (§§ 105 Abs. 1, 161 Abs. 2, 128 HGB). Als Lösung bieten sich wiederum die beiden bereits dargestellten Gestaltungsmöglichkeiten an: Entweder wird der Erbe persönlich haftender Gesellschafter und beauftragt den Testamentsvollstrecker unwiderruflich mit der Wahrnehmung seiner Rechte, oder der Testamentsvollstrecker tritt selbst in die Gesellschafterstellung ein und übt sie treuhänderisch für den Erben

aus (*OLG Düsseldorf* ZEV 2008, 142, 143 m. Anm. *Grunsky*). Wegen der personalistischen Struktur der Gesellschaft (Arbeits- und Haftungsgemeinschaft) kann der Testamentsvollstrecker allerdings bei beiden Lösungsalternativen Gesellschafterrechte anstelle des Erben nur dann wahrnehmen, wenn der Gesellschaftsvertrag dies vorsieht oder alle Gesellschafter damit einverstanden sind. Aber auch dann, wenn der Gesellschaftsvertrag schweigt und es an einer Zustimmung der Gesellschafter fehlt, geht die Anordnung einer Testamentsvollstreckung nicht etwa ins Leere. Sie erfasst nach der Rechtsprechung allerdings nicht die „Innenseite" der Beteiligung (Stimmrecht, Geschäftsführung), wohl aber die „Außenseite", d. h. die verkehrsfähigen vermögensrechtlichen Ansprüche auf Auseinandersetzungsguthaben und Gewinn (BGHZ 98, 48, 57; *BGH* NJW 1996, 1284, 1285).

Geringere Probleme ergeben sich bei der Vererbung eines Kommanditanteils, da der Kommanditist schon gesellschaftsrechtlich nur beschränkt haftet (§ 171 Abs. 1 HGB). Der Kommanditanteil als solcher kann deshalb nach BGHZ 108, 187 der Verwaltung des Testamentsvollstreckers unterstellt werden, falls die übrigen Gesellschafter (im Gesellschaftsvertrag oder auch später) zugestimmt haben. **24**

VI. Testamentsvollstreckerzeugnis

Auf Antrag hat das Nachlassgericht gemäß § 2368 Abs. 1 dem Testamentsvollstrecker ein Zeugnis über seine Ernennung zu erteilen, mit dem er sich im Rechtsverkehr ausweisen kann. Auf dieses Testamentsvollstreckerzeugnis finden gemäß § 2368 Abs. 3 die Vorschriften über den Erbschein entsprechende Anwendung. Es wird also gemäß § 2365 vermutet, dass der Ausgewiesene Testamentsvollstrecker ist und dass keine weiteren als die im Zeugnis angegebenen Beschränkungen oder Erweiterungen seiner Befugnisse bestehen. Vor allem aber werden Dritte im Vertrauen auf die Richtigkeit des Testamentsvollstreckerzeugnisses gemäß § 2368 Abs. 3 i. V. m. §§ 2366, 2367 geschützt (**öffentlicher Glaube** des Testamentsvollstreckerzeugnisses; vgl. die entsprechenden Ausführungen zum Erbschein § 16 Rn. 7 ff.). **25**

§ 12. Gemeinschaftliches Testament

Literatur: *Nieder,* Die Feststellung der Wechselbezüglichkeit beim gemeinschaftlichen Testament, ZErb 2001, 120; *Muscheler,* Der Einfluß der Eheauflösung auf das gemeinschaftliche Testament, DNotZ 1994, 733; *Tiedtke,* Zur Bindung des überlebenden Ehegatten an das gemeinschaftliche Testament bei Ausschlagung der Erbschaft als eingesetzter, aber Annahme als gesetzlicher Erbe, FamRZ 1991, 1259; *Wilhelm,* Wiederverheiratungsklausel, bedingte Erbeinsetzung und Vor- und Nacherbfolge, NJW 1990, 2857.
Zur Übung: Fall Nr. 3 im Anhang; *Heinrichsmeier,* Fußball, Briefmarken und postmoderne Kunst, JuS 2000, 49; *Helms/Zeppernick,* Gute Zeiten – Schlechte Zeiten, Jura 2003, 47; *Körner,* (Original-)Referendarklausur – Erbrecht: Die unentschlossene Erblasserin, JuS 2007, 260; *Löhnig,* Fälle, Fall Nr. 5.

I. Einführung

1 Nach § 2265 können **Ehegatten** gemeinschaftlich ihren letzten Willen erklären. Trotz der Gemeinschaftlichkeit der Errichtung verfügt jeder Ehegatte einseitig für den Fall seines Todes über sein Vermögen. Die eigentliche Problematik der §§ 2265 ff. liegt allerdings nicht so sehr im gemeinschaftlichen Testieren an sich als vielmehr darin, dass in einem gemeinschaftlichen Testament oft, wenn auch nicht notwendigerweise, sog. wechselbezügliche Verfügungen getroffen werden: Ein Ehegatte trifft seine letztwillige Verfügung nur deshalb, weil auch der andere in einer bestimmten Weise testiert (§ 2270). Wichtigster Fall ist das sog. Berliner Testament (§ 2269), in dem Ehegatten sich gegenseitig als Erben einsetzen und bestimmen, dass der gesamte Nachlass nach dem Tode des zuletzt Versterbenden an die Kinder fallen soll. Die Wechselbezüglichkeit der Verfügungen hat hier notwendigerweise zur Folge, dass spätestens nach dem Tode des zuerst Versterbenden der Überlebende seine Verfügung zugunsten der Kinder nicht mehr ohne weiteres abändern kann. § 2271 Abs. 2 bestimmt deshalb, dass das Recht zum Widerruf grundsätzlich mit dem Tod des anderen Ehegatten erlischt. Hier liegt die Besonderheit des gemeinschaftlichen Testaments: Der überlebende Ehegatte bleibt möglicherweise jahrzehntelang an eine Verfügung von Todes wegen

gebunden, die er trotz späterer besserer Einsicht oder veränderter Lebensumstände nicht mehr zu korrigieren vermag.

Neben Ehegatten haben seit Inkrafttreten des Lebenspartner- 2
schaftsgesetzes am 1.8.2001 auch **eingetragene gleichgeschlechtliche Lebenspartner** die Möglichkeit, ein gemeinschaftliches Testament zu errichten. § 10 Abs. 4 S. 2 LPartG verweist ohne jede Einschränkung auf die §§ 2266–2272, so dass die folgenden Ausführungen zum gemeinschaftlichen Testament von Ehegatten auch für ein gemeinschaftliches Testament von eingetragenen Lebenspartnern gelten.

Die Möglichkeit, im Zusammenwirken mit anderen testieren zu dürfen, ist 3
keineswegs selbstverständlich. Wegen der Gefahr einer Beeinflussung des Erblasserwillens gibt es Rechtsordnungen, die ein gemeinschaftliches Testament strikt verbieten (z. B. Frankreich, Spanien, Italien). Außerdem wird eine Bindungswirkung letztwilliger Verfügungen wegen der damit verbundenen Beschränkung der Testierfreiheit im Ausland oft aus prinzipiellen Erwägungen abgelehnt.

Bindende letztwillige Verfügungen kennt das BGB nicht nur im 4
Falle gemeinschaftlichen Testierens. Nach §§ 2274 ff. kann jeder unbeschränkt Geschäftsfähige vertragsmäßige, d. h. bindende Verfügungen von Todes wegen auch in einem Erbvertrag treffen. Erbverträge sind nicht auf Eheleute beschränkt. Anders als beim gemeinschaftlichen Testament tritt die Bindungswirkung sofort mit Abschluss des Erbvertrags ein (vgl. § 13).

II. Errichtung des gemeinschaftlichen Testaments

1. Beschränkung auf Ehegatten und eingetragene Lebenspartner

Ein gemeinschaftliches Testament kann nur von Ehegatten (§ 2265) 5
und eingetragenen gleichgeschlechtlichen Lebenspartnern (§ 10 Abs. 4 S. 1 LPartG) errichtet werden. Gemeinschaftliche Testamente von Nichtverheirateten bzw. „Nichtverpartnerten" (z. B. Verlobten, eheähnlich Zusammenlebenden, Geschwistern) sind nichtig, können aber entgegen einer früher vom RG vertretenen Auffassung (RGZ 87, 33) grundsätzlich in wirksame Einzeltestamente **umgedeutet** werden (§ 140; vgl. *BGH* NJW-RR 1987, 1410; *OLG Hamm* ZEV 1996, 304 m. Anm. *Kanzleiter*). Voraussetzung hierfür ist, dass die

umzudeutenden Verfügungen den Formerfordernissen eines Einzel-
testaments genügen, was nicht der Fall ist, wenn ein Testierender die
gemeinschaftliche Erklärung nur unterzeichnet, aber nicht eigenhändig geschrieben hat (§ 2267). Die Umdeutung der anderen, an sich
formwirksamen Verfügung wird jedoch oft daran scheitern, dass
diese Verfügung als wechselbezügliche (§ 2270) gewollt war, in ihrem
Bestand also von einer wirksamen Gegenverfügung abhängig sein
sollte (vgl. § 140 a. E.).

6   Eine spätere Eheschließung vermag ein nichtiges gemeinschaftliches Testament Nichtverheirateter nicht zu heilen. Ebenso wenig
führt umgekehrt eine **Ehescheidung** notwendigerweise dazu, dass
ein gültiges gemeinschaftliches Testament seine Wirksamkeit verliert.
Zwar bestimmt § 2268 Abs. 1 i. V. m. § 2077, dass ein gemeinschaftliches Testament mit der Ehescheidung grundsätzlich seinem ganzen
Inhalt nach unwirksam wird. Dies gilt jedoch nach § 2268 Abs. 2
nur, soweit nicht ein anderer Wille der Verfügenden anzunehmen ist
(Näheres *Rausch*, FPR 2006, 141, 145 f.; zur fortbestehenden Wechselbezüglichkeit von Verfügungen, die ausnahmsweise gemäß § 2268
Abs. 2 weitergelten, vgl. BGHZ 160, 33 = ZEV 2004, 423 m. Anm.
Keim). Die Auslegungsregel des § 2268 Abs. 1 gilt trotz des unklaren
Gesetzeswortlauts („in den Fällen des § 2077") ohne Rücksicht auf
den konkreten Inhalt des gemeinschaftlichen Testaments, also insbesondere auch dann, wenn die Ehegatten sich nicht gegenseitig zu Erben berufen haben.

2. Form

7   Ein gemeinschaftliches Testament kann als eigenhändiges oder öffentliches Testament, auch als Nottestament, also in jeder allgemein
für Testamente vorgesehenen Form errichtet werden. § 2267 sieht allerdings für das eigenhändige gemeinschaftliche Testament eine
Formerleichterung vor: Es genügt, wenn einer der beiden Ehegatten
die Erklärung eigenhändig schreibt und unterschreibt, während der
andere die Erklärung lediglich mitunterzeichnet. Unterschreibt nur
ein Ehegatte, so stellt sich auch hier die Frage, ob eine Umdeutung
in ein Einzeltestament möglich ist (*BayObLG* NJW-RR 2000, 1534
m. Anm. *Hohloch*, JuS 2001, 186; *OLG Frankfurt* FamRZ 2012, 330).

3. Gemeinschaftlichkeit der Erklärung

Das Gesetz äußert sich nicht zu der Frage, wann die Erklärungen **8** der Eheleute als „gemeinschaftlich" anzusehen sind. Nach Meinung des RG (RGZ 72, 204, 206) sollte es auf die Einheitlichkeit der Urkunde ankommen (**objektive Theorie**). Nach der in reiner Form allerdings kaum vertretenen **subjektiven Theorie** ist nicht die Einheitlichkeit der Urkunde, sondern der Wille des Erblassers, gemeinschaftlich zu testieren, maßgebend. Herrschend ist heute die **eingeschränkte subjektive Theorie**, nach der es zwar genügt, wenn die Eheleute in getrennten Urkunden testieren; der Wille, gemeinsam zu testieren, muss aber „aus den beiderseitigen Urkunden selbst erkennbar sein" (BGHZ 9, 113, 116; *OLG München* FamRZ 2012, 581, 582; *OLG München* ZEV 2008, 485 m. Anm. *Wellenhofer*, JuS 2009, 88; MünchKomm/ *Musielak*, Vor § 2265 Rn. 4 ff. m. w. N.). Die praktische Bedeutung des Meinungsstreits liegt in der Anwendbarkeit der §§ 2270, 2271.

> **Beispiel** (nach *BayObLG* FamRZ 1991, 1485): Die Ehefrau hatte in einem eigenhändigen Testament verfügt: „Hiermit bestätige ich, dass nach meinem Tod mein Mann alleiniger Erbe von unserem Hab und Gut, Hausbesitz, Inventar und Bargeld ist." Der Ehemann verfügte in getrennter Urkunde am gleichen Ort, zur gleichen Zeit und mit gleichem Wortlaut zugunsten seiner Frau. Beide Testamente wurden gemeinsam aufbewahrt.

Das Gericht vermisste im Wortlaut selbst einen ausreichenden Hinweis auf ein „gemeinschaftliches Rechtsgeschäft", z. B. die Worte „wir" oder „gemeinsam" und verneinte daher die Wechselbezüglichkeit der Verfügungen i. S. d. §§ 2270, 2271.

Die subjektive Theorie kann schwerlich richtig sein, weil es ihr an einem Bezugspunkt mangelt, der es erlauben würde, die „Gemeinschaftlichkeit" der Erklärung festzustellen. Schließlich kann in einem gemeinschaftlichen Testament jeder Ehegatte Verfügungen treffen, die völlig unabhängig von denen des anderen sind. Wie soll hier beim Testieren in getrennten Urkunden die Gemeinschaftlichkeit vom Willen her bestimmt werden? Da auch die objektive Theorie nicht befriedigt, weil sie formal nur auf die Einheitlichkeit der Urkunde abhebt, wird man richtigerweise der eingeschränkten subjektiven Theorie der Rechtsprechung und h. L. folgen müssen.

Machen die Ehegatten von der **Formerleichterung des § 2267 Gebrauch**, indem nur ein Ehegatte die Erklärung eigenhändig schreibt

und unterschreibt und der andere Ehegatte lediglich mitunterzeichnet, können von vornherein keine Zweifel an ihrem Willen, gemeinschaftlich zu testieren, aufkommen.

III. Berliner Testament

1. Einheits- und Trennungsprinzip

9   In einem gemeinschaftlichen Testament, in dem sich Ehegatten gegenseitig als Erben einsetzen, wird oft bestimmt, dass nach dem Tod
des Überlebenden der Nachlass an die gemeinsamen Kinder oder an
einen sonstigen Dritten fallen soll.

> **Beispiel:** „Wir, die Eheleute A und B setzen uns gegenseitig zu Erben ein.
> Nach dem Tod des Überlebenden soll der Nachlass an unsere Tochter T fal-
> len."

Zwei Auslegungen sind möglich:

10   (1) Der Wille der Testierenden kann darauf gerichtet sein, den
überlebenden Ehegatten hinsichtlich des Vermögens des Erstversterbenden als **Vorerben** und die Tochter T als Nacherbin i. S. d.
§§ 2100 ff. einzusetzen. Mit dem Tod des Überlebenden soll später
der Nacherbfall eintreten. Zu diesem Zeitpunkt soll die Tochter
dann außerdem den überlebenden Ehegatten bzgl. dessen eigenen
Vermögens als Vollerbin beerben. Man spricht bei dieser Fallgestaltung von **Trennungsprinzip**, weil der überlebende Ehegatte Träger
zweier getrennter Vermögensmassen ist, des eigenen (freien) Vermögens und des vom Verstorbenen erworbenen (gebundenen) Vermögens, bzgl. dessen er nur die Stellung eines Vorerben hat. Im Beispielsfall hieße das: Die Tochter T erhält das Vermögen ihrer Eltern
in zwei getrennten Erbgängen, zum einen als Nacherbin des Erstversterbenden und zum anderen als Vollerbin des Überlebenden.

11   (2) Der Wille der Testierenden kann auch dahingehend verstanden
werden, dass der erstversterbende Ehegatte den überlebenden als seinen **Vollerben** (nicht als seinen *Vor*erben) einsetzt, so dass das Erblasservermögen in der Hand des Überlebenden zu einer Einheit verschmilzt **(Einheitsprinzip)**. Tochter T ist nach dem Tod des
Erstversterbenden enterbt. Sie wird später Erbin des Überlebenden,
erhält also das Vermögen ihrer Eltern in einem Erbgang nach dem

Tod des zuletzt Versterbenden (sog. **Berliner Testament**). Im Unterschied zum Lösungsmodell der **Vor- und Nacherbschaft** spricht man hier von **Voll- und Schlusserbschaft**, wobei allerdings die Begriffe Voll- und Schlusserbschaft dem Gesetz selbst fremd sind.

Unterschied zwischen Trennungs- und Einheitsprinzip

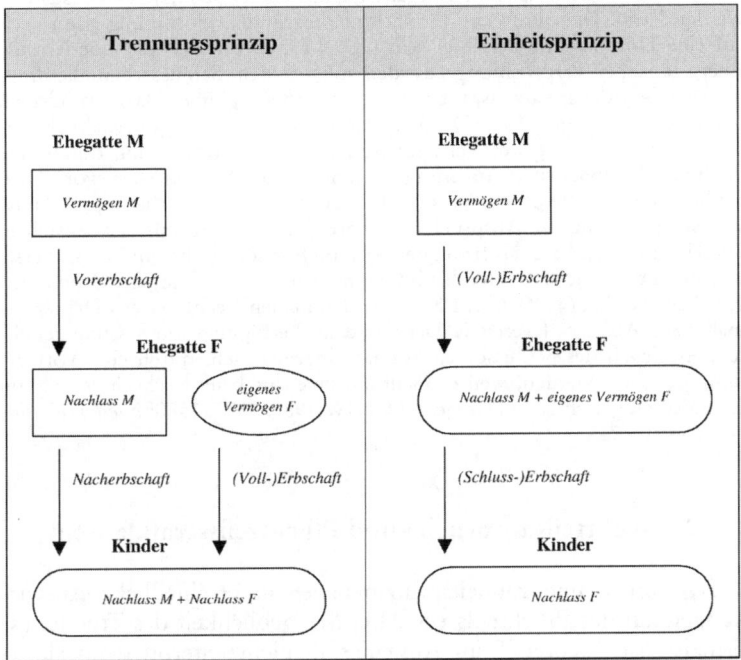

Da der Wille der Ehegatten oft nur schwer zu ermitteln ist und in 12 einem privatschriftlichen Testament selbst die Verwendung der an sich klaren Begriffe „Vor- und Nacherbschaft" nur begrenzte Interpretationshilfe leistet (vgl. *BGH* NJW 1983, 277; *OLG München* FamRZ 2012, 581, 582), bestimmt die **Auslegungsregel des § 2269 Abs. 1,** dass im Zweifel ein Berliner Testament (Einheitsprinzip) gewollt ist.

Entscheiden sich die Ehegatten für das Einheitsprinzip, so besteht dennoch 13 oft der Wunsch, einen einzelnen Nachlassgegenstand (z. B. ein Grundstück) in der Familie zu halten, d. h. dem überlebenden Ehegatten nicht zu gestatten, dieses zu veräußern. Die Frage ist, wie in einem solchen Fall das Testament zu gestalten ist. Eine gegenständlich beschränkte Vor- und Nacherbschaft kennt das BGB nicht. Es gibt zwar ein Vor- und Nachvermächtnis (§ 2191), eine gegenständliche Aufspaltung des Nachlasses in einen Teil, bzgl. dessen Vor- und Nacherbschaft, und in einen anderen Teil, bzgl. dessen Vollerbschaft gelten soll, würde jedoch dem Grundsatz der Universalsukzession (§ 1922) widersprechen. In Betracht kommt ein sog. **Verfügungsunterlassungsvermächtnis**, mit dem der überlebende Ehegatte zugunsten der Schlusserben beschwert werden kann. Die durch ein Vermächtnis begründete Forderung kann auch auf eine Unterlassung gerichtet sein (vgl. § 1939). Handelt der überlebende Ehegatte seiner Verpflichtung zuwider, so steht dem Schlusserben allerdings nur ein Schadensersatzanspruch zu, die Verfügung über das Grundstück bliebe wirksam (vgl. § 137). Die Kautelarjurisprudenz schlägt deshalb als Lösung eine Ergänzung der Verfügungsunterlassungsverpflichtung durch eine **bedingte Vermächtnisanordnung** zugunsten der Schlusserben vor: Dem Schlusserben soll bei einem Verstoß des Erben gegen die Verfügungsunterlassungsverpflichtung ein Anspruch auf Übereignung des Grundstücks zustehen. Dieser Anspruch kann als bedingter Anspruch schon nach dem Tod des erstversterbenden Ehegatten durch Eintragung einer Vormerkung im Grundbuch gesichert werden (§ 883 Abs. 1 S. 2), die dann einen Rechtserwerb Dritter gemäß § 883 Abs. 2 S. 1 vereitelt. Der bloße auf Verfügungsunterlassung gerichtete Anspruch des Schlusserben könnte hingegen nicht durch eine Vormerkung gesichert werden, weil er nicht auf eine dingliche Rechtsänderung am Grundstück gerichtet ist (*Langenfeld*, NJW 1987, 1577, 1580; *Nieder/Kössinger*, § 14 Rn. 71).

2. Pflichtteilsansprüche und Pflichtteilsstrafklauseln

14   Trennungs- und Einheitsprinzip haben unterschiedliche Auswirkungen auf das Pflichtteilsrecht. Bei Maßgeblichkeit des Trennungsprinzips ist Tochter T im Ausgangsfall nicht enterbt; denn sie ist vom erstversterbenden Elternteil als Nacherbin eingesetzt, auch wenn die Nacherbfolge erst mit dem Tod des Letztversterbenden eintreten soll. T kann jedoch die Nacherbschaft ausschlagen und stattdessen den Pflichtteil verlangen (§ 2306 Abs. 2 i. V. m. § 2306 Abs. 1). Ihre Stellung als Erbin des zuletzt Versterbenden büßt sie dadurch nicht ein. Bei Maßgeblichkeit des Einheitsprinzips ist T beim Tod des Erstversterbenden enterbt. Sie kann deshalb gemäß § 2303 Abs. 1 den Pflichtteil verlangen, was allerdings auch hier ihre Stellung als Schlusserbin nicht berührt.

15   Um Abkömmlinge davon abzuhalten, nach dem Tod des Erstversterbenden Pflichtteilsansprüche geltend zu machen, wird in gemein-

schaftliche Testamente oft die Bestimmung aufgenommen, dass derjenige, welcher nach dem Tod des Erstversterbenden den Pflichtteil verlangt, auch nach dem Tod des Letztversterbenden nur den Pflichtteil erhalten soll (sog. **Pflichtteilsstrafklausel**). Soweit sich allerdings später der Nachlass des Erstversterbenden noch im Nachlass des Letztversterbenden befindet, mit dem er sich vereinigt hat, erhält der Pflichtteilsberechtigte wirtschaftlich betrachtet den Pflichtteil aus dem Nachlass des Erstversterbenden zweimal. Dies zu verhindern, ist das Ziel der (ergänzenden) **Jastrow'schen Formel** (benannt nach ihrem Erfinder, dem Berliner Amtsgerichtsrat Jastrow). Sie sieht vor, dass zugunsten der Abkömmlinge, die den Pflichtteil nicht verlangen, Vermächtnisse in Höhe ihrer gesetzlichen Erbteile angeordnet werden. Diese fallen mit dem Tod des Erstversterbenden an, werden aber erst mit dem Tod des Letztversterbenden fällig. Als vom Erstversterbenden angeordnet, gehören die Vermächtnisse zu seinen Nachlassverbindlichkeiten (§ 1967 Abs. 2) und schmälern daher den Nachlass des Überlebenden und damit auch die gegen diesen Nachlass gerichteten Pflichtteilsansprüche der enterbten Abkömmlinge (vgl. *Jastrow*, DNotZ 1904, 424; *Mayer*, ZEV 1995, 136 m. w. N.). Den wirksamsten Schutz gegen Pflichtteilsansprüche der Abkömmlinge auf den Tod des erstversterbenden Ehegatten bildet allerdings der nach §§ 2346 Abs. 2, 2348 notariell zu beurkundende Pflichtteilsverzichtsvertrag zwischen jedem Ehegatten und jedem Abkömmling.

IV. Wechselbezügliche Verfügungen

In einem gemeinschaftlichen Testament können die gleichen Verfügungen getroffen werden wie in einem Einzeltestament. Sind die Verfügungen der Ehegatten nicht wechselbezüglich, so unterscheiden sich gemeinschaftliches Testament und Einzeltestament nur hinsichtlich der Form ihrer Errichtung. Jeder Ehegatte kann seine nicht wechselbezüglichen Verfügungen jederzeit sowohl zu Lebzeiten des anderen als auch nach dessen Tod in einem Einzeltestament frei widerrufen. Sind die Verfügungen dagegen **wechselbezüglich (= korrespektiv)**, so ist ein Widerruf zu Lebzeiten des anderen Ehegatten nur nach Maßgabe des § 2271 Abs. 1 S. 1 i. V. m. § 2296 möglich, d. h. nur durch eine notariell beurkundete Widerrufserklärung gegenüber dem anderen Ehegatten. Nach dem Tod des anderen Ehegatten erlischt das

16

Recht zum Widerruf gänzlich (§ 2271 Abs. 2). Außerdem haben Nichtigkeit und Widerruf (soweit überhaupt möglich) der Verfügung des einen Ehegatten immer die Unwirksamkeit der Verfügung des anderen zur Folge (§ 2270 Abs. 1). Der Begriff der **Wechselbezüglichkeit ist somit Schlüsselbegriff** des Rechts des gemeinschaftlichen Testaments.

Nach § 2270 Abs. 3 können nur Erbeinsetzungen, Vermächtnisse oder Auflagen als wechselbezügliche Verfügungen getroffen werden. Testamentsvollstreckungen, Teilungsanordnungen, Enterbungen und Pflichtteilsentziehungen sind dagegen selbst dann nur als einseitige Verfügungen möglich, wenn die Eheleute Wechselbezüglichkeit gewollt haben. Ehegatten, die in einem Berliner Testament den Schlusserben durch die Anordnung einer Testamentsvollstreckung beschränkt haben, können also jederzeit diese Beschränkung einseitig widerrufen (*KG* FamRZ 1977, 485).

17 Wechselbezügliche Verfügungen sind nach § 2270 Abs. 1 durch den Willen beider Ehegatten so miteinander verbunden, dass sie sich in ihrer Wirksamkeit **gegenseitig bedingen**. Die eine steht und fällt mit der anderen. Wechselbezüglich ist nur die einzelne Verfügung, nicht das gemeinschaftliche Testament insgesamt.

> **Beispiel:** Die kinderlosen Eheleute M und F setzen sich in einem Berliner Testament (§ 2269 Abs. 1) gegenseitig als Erben und die voreheliche Tochter T der F, zu der M keine näheren persönlichen Beziehungen hat, als Schlusserbin ein.

Die gegenseitigen Erbeinsetzungen von M und F stellen im Zweifel wechselbezügliche Verfügungen dar (§ 2270 Abs. 2 Var. 1 „gegenseitig bedenken"). Die Erbeinsetzung von M durch F ist im Zweifel wechselbezüglich zur Schlusserbeneinsetzung von T durch M; denn F setzt ihren Ehemann unter der Voraussetzung zum Alleinerben ein, dass ihre Tochter T später Schlusserbin des M wird (§ 2270 Abs. 2 Var. 2 „mit dem anderen Ehegatten verwandt"). Ob die Erbeinsetzung von F durch M wechselbezüglich zur Schlusserbeneinsetzung von T durch F ist, hängt davon ab, wie eng das Verhältnis zwischen T und ihrem Stiefvater M ist, mit dem sie nicht verwandt ist (§ 2270 Abs. 2 Var. 3 „ihm sonst nahe steht"). Gelangt man zu dem Ergebnis, dass Stiefvater M keine näheren persönlichen Beziehungen zu T hat und daher kein erhebliches Interesse an der Schlusserbeneinsetzung der T durch ihre Mutter F besitzt, so hat dies zur Folge, dass nach dem Tod von M die F die Erbeinsetzung der T widerrufen könnte, während nach dem Tod von F der M gemäß § 2271 Abs. 2 S. 1 an seine Verfügung zugunsten der T gebunden bliebe (sog. **einseitige Wechselbezüglichkeit**).

Da die Frage, ob eine Verfügung wechselbezüglich ist, oft zu erheblichen Auslegungsproblemen führt, empfiehlt es sich, in einem gemeinschaftlichen Testament ausdrücklich festzulegen, welche Verfügungen wechselbezüglich sein sollen. Ist die Wechselbezüglichkeit nicht eindeutig aus dem Text des gemeinschaftlichen Testaments zu entnehmen, so muss mit den Mitteln der **Auslegung** auch unter Heranziehung von Umständen, die außerhalb der Testamentsurkunde liegen, der Wille der Testierenden erforscht werden. Erst wenn diese Auslegung zu keinem eindeutigen Ergebnis führt, ist auf die Auslegungsregel des § 2270 Abs. 2 zurückzugreifen. **18**

> **Beispiel** (nach *OLG München* NJW-RR 2000, 526): Erblasser E ist ein wohlhabender Sammler ostasiatischer Kunst. In einem gemeinschaftlichen Testament setzen sich E und seine Ehefrau F gegenseitig als Alleinerben ein. Erbe nach dem Tod des zuletzt Versterbenden soll eine Stiftung sein, die E und F in ihrem Testament mit dem Zweck gründen, „alles zu fördern, was dem Bestand und der Erhaltung einer dem Freistaat Bayern bereits übereigneten Kunstsammlung dient". Nach dem Tod des E errichtet F ein neues Testament, in dem sie eine von ihr gegründete Stiftung für hilfsbedürftige Kinder als Alleinerbin einsetzt.

F konnte ihre Verfügung zugunsten der Stiftung für ostasiatische Kunst nur widerrufen (§ 2254), wenn sie nicht gemäß § 2271 Abs. 2 gebunden war, also keine Wechselbezüglichkeit vorlag. Die Auslegung des gemeinschaftlichen Testaments ergibt jedoch, dass die **Verfügung der F zugunsten der Stiftung** wechselbezüglich i. S. v. § 2270 Abs. 1 zur **Alleinerbeinsetzung der F durch E** war; denn E hatte erkennbar ein erhebliches Interesse daran, seine Sammlung in Form einer Stiftung zu erhalten, die E und F zusammen mit dem gemeinschaftlichen Testament errichtet hatten. E hatte F daher als Alleinerbin nur unter der Bedingung eingesetzt, dass diese ihrerseits die Stiftung für ostasiatische Kunst als Erbin einsetzt. Zusätzlich hat das OLG München bei der Auslegung auch Umstände herangezogen, die außerhalb der Testamentsurkunde lagen: Es stützte seine Auslegung insbesondere auch darauf, dass beide Eheleute die Sammlung über Jahrzehnte hinweg gemeinsam aufgebaut hatten und dass diese als Einheit und finanziell wohl ausgestattet der Nachwelt erhalten werden sollte.

Das Gericht sieht seine Auslegung durch § 2270 Abs. 2 Var. 3 bestätigt. Nach dieser Bestimmung ist Wechselbezüglichkeit im Zweifel anzunehmen, wenn ein Ehegatte den anderen bedenkt und der andere für den Fall seines Überlebens eine Verfügung zugunsten einer Person trifft, die mit dem Erstversterbenden zwar nicht verwandt ist, aber „ihm sonst nahe steht". Bei dem Begriff des „sonst nahe Stehens" komme es auf die Existenz enger persönlicher Beziehungen an, die wie im Beispielsfall ausnahmsweise auch zu einer juristischen Person bestehen könnten (vgl. auch *LG Stuttgart* ZEV 1999, 441 m. Anm. *Frisch*). Bloße Schwägerschaft allein (§ 1590) wie im Beispielsfall Rn. 17 (*OLG Hamm* FamRZ 2010, 1201) oder nachbarschaftliche Beziehungen (*OLG Hamm* FamRZ 2001, 1647) reichen dagegen nicht aus. Zentral für die korrekte Lösung des Beispielsfalles ist, zu erkennen, dass es auf die Wechselbezüglichkeit der **Erbeinsetzung von F durch E** im Verhältnis zur **Erbeinsetzung der Stiftung durch F** ankommt. Dass sich F und E im gemeinschaftlichen Testament auch gegenseitig als Alleinerben eingesetzt haben und diese Verfügungen zweifellos wechselbezüglich sind (vgl. § 2270 Abs. 1 Var. 1), spielt im vorliegenden Fall demgegenüber keine Rolle. Denn mit dem Tod des E ist die Erbeinsetzung des E durch F (für den Fall des Vorversterbens der F) gegenstandslos geworden.

Probleme können sich ergeben, wenn die Auslegungsregel des § 2270 Abs. 2 mit einer weiteren Auslegungsregel, nämlich der des § 2069, zusammentrifft.

> **Beispiel** (nach BGHZ 149, 363): Erblasserin E und ihr Ehemann M setzen sich in einem gemeinschaftlichen Testament gegenseitig als Alleinerben und ihren gemeinsamen Sohn S als Erben des zuletzt Versterbenden ein. Nach dem Tod des M errichtet E, die sich mit ihrem Sohn zerstritten hat, ein Testament zugunsten ihrer Nichte N, die sie als Alleinerbin einsetzt. Als E stirbt, ist ihr Sohn S unter Hinterlassung von zwei Töchtern, T1 und T2, bereits vorverstorben.

Auch hier ist die Erbeinsetzung der N nur wirksam, falls E nicht gemäß § 2271 Abs. 2 S. 1 an ihre Verfügung zugunsten des S gebunden war. Die Erbeinsetzung des Sohnes S war wechselbezüglich i. S. v. § 2270 Abs. 1 (vgl. § 2270 Abs. 2 Var. 2). S ist jedoch vor seiner Mutter E verstorben und somit als Schlusserbe weggefallen. An seiner Stelle könnten aber T1 und T2 als Ersatzerbinnen (§ 2096) berufen sein, wofür sich aber im gemeinschaftlichen Testament kein Anhaltspunkt findet. Allerdings besagt die Auslegungsregel des § 2069, dass beim Wegfall eines Abkömmlings im Zweifel anzunehmen ist, dass dessen Abkömmlinge insoweit bedacht sind, als sie bei der gesetzlichen Erbfolge an seine Stelle treten würden. T1 und T2 sind danach also als Ersatzerbinnen des S zu je ½ berufen (§ 1924). Fraglich ist aber, ob diese Ersatzerbeneinsetzung ebenfalls wechselbezüglich i. S. d. § 2270 ist. Für eine solche Auslegung finden sich im gemeinschaftlichen Testament keine Anhaltspunkte. Die Wechselbezüglichkeit könnte sich aber „im Zweifel" aus § 2270 Abs. 2 Var. 2 ergeben, weil T1 und T2 mit M verwandt sind. Der BGH teilt diese Ansicht jedoch nicht. Zwar könne grundsätzlich auch eine Ersatzerbeneinsetzung wechselbezüglich sein. Hier aber beruhe die Ersatzerbeneinsetzung auf einer Auslegungsregel (§ 2069), und es sei nicht angemessen, in diesem Fall auch noch die Frage der Wechselbezüglichkeit mit Hilfe einer weiteren Auslegungsregel, nämlich der des § 2270 Abs. 2, zu klären. Beide Auslegungsregeln beruhten auf einer allgemeinen Lebenserfahrung, die aber das Ergebnis einer kumulativen Anwendung beider Regelungen nicht mehr trage. Die Bejahung einer Wechselbezüglichkeit nach § 2270 Abs. 2 setze vielmehr im Falle einer Ersatzerbenberufung nach § 2069 voraus, dass sich ein entsprechender Wille des Erblassers durch Auslegung aus dem Testament entnehmen lasse. Da es für einen solchen Willen im Testament keinen Anhaltspunkt gebe, sei auch die Verfügung der E im gemeinschaftlichen Testament nicht bindend und damit die Erbeinsetzung der N wirksam. T1 und T2 wären danach also wirksam enterbt worden und müssten sich mit dem Pflichtteil begnügen. Entgegen der mittlerweile ganz herrschenden Meinung (vgl. auch *OLG Schleswig* FamRZ 2011, 66, 68 m. w. N.) ist jedoch nicht einzusehen, warum § 2270 Abs. 2 nicht auch auf das über § 2069 gefundene Ergebnis anwendbar sein soll; denn auch hier beruht die Einsetzung des Erben (Ersatzerben) letztlich auf dem – wenn auch nur vermuteten – Erblasserwillen (vgl. *Leipold*, JZ 2002, 895; *Otte*, ZEV 2002, 151).

V. Bindungswirkung wechselbezüglicher Verfügungen

1. Zu Lebzeiten beider Ehegatten

19   Jeder Ehegatte kann zu Lebzeiten des anderen seine Verfügungen frei widerrufen, mögen diese wechselbezüglich sein oder nicht. Wechselbezügliche Verfügungen können jedoch nach § 2271 Abs. 1 S. 1 nur in der **Form** widerrufen werden, die § 2296 für den Rücktritt vom Erbvertrag vorsieht, d. h. in einer notariell beurkundeten Widerrufserklärung gegenüber dem anderen Ehegatten. Auf diese Weise wird sichergestellt, dass der andere, dessen Gegenverfügung im Falle beidseitiger Wechselbezüglichkeit nach § 2270 Abs. 1 unwirksam wird, vom Widerruf Kenntnis erlangt. Die Wirksamkeit des Widerrufs wird nicht dadurch beeinträchtigt, dass die Erklärung dem anderen Teil erst nach dem Tod des Widerrufenden zugeht (§ 130 Abs. 2; vgl. BGHZ 48, 374, 379). Etwas anderes gilt im Hinblick auf den Gesetzeszweck, wenn der Widerrufende den **Zugang** bewusst über seinen Tod hinaus verzögert, insbesondere eine Mittelsperson anweist, die Erklärung erst nach seinem Tod zugehen zu lassen (BGHZ 9, 233). Die Widerrufserklärung muss dem anderen Teil in Urschrift oder in Gestalt einer diese im Rechtsverkehr ersetzenden Ausfertigung (§ 47 BeurkG) zugehen (BGHZ 36, 201). War ihm nur eine beglaubigte Abschrift zugegangen, so kann der Mangel nach dem Tod des Widerrufenden nicht mehr geheilt werden; denn § 130 Abs. 2 setzt voraus, dass sich die Willenserklärung beim Tod des Erklärenden bereits auf dem Weg zum Adressaten befindet (BGHZ 48, 374, 380; *OLG Hamm* NJW-RR 1991, 1480).

2. Nach dem Tod eines Ehegatten

a) Verfügungen von Todes wegen

20   Nach § 2271 Abs. 2 S. 1 erlischt das Recht zum Widerruf einer wechselbezüglichen Verfügung mit dem Tod des anderen Ehegatten. Etwas anderes gilt dann, wenn der überlebende Ehegatte in einem gemeinschaftlichen Testament ganz oder teilweise zur Aufhebung oder Abänderung der eigenen wechselbezüglichen Verfügungen ermäch-

tigt wurde (sog. **Freistellungsklausel oder Änderungsvorbehalt**).
Der Streit darüber, ob mit einer Freistellungsklausel bereits die Wechselbezüglichkeit der Verfügung entfällt oder lediglich die Bindungswirkung, ist weitgehend theoretischer Natur. Er erlangt allerdings praktische Bedeutung, wenn es beim Widerruf zu Lebzeiten beider Ehegatten um die Frage geht, ob der andere Teil (trotz Freistellungsklausel wegen der Wechselbezüglichkeit) gemäß § 2271 Abs. 1 S. 1 vom Widerruf in Kenntnis gesetzt werden muss. Rechtsprechung und h. L. vertreten zutreffend die Auffassung, dass eine Freistellungsklausel die Wechselbezüglichkeit der Verfügungen nicht notwendigerweise aufhebt (*BGH* NJW 1964, 2056; *OLG Hamm* NJW-RR 1995, 777; MünchKomm/*Musielak*, § 2271 Rn. 31).

Nach § 2271 Abs. 2 S. 1 kann sich der Überlebende seine Verfü- **21** gungsfreiheit „erkaufen", indem er das ihm Zugewendete ausschlägt. Probleme ergeben sich aus der Regelung des § 1948 Abs. 1, die einem Erben, der ohne die testamentarische Verfügung als gesetzlicher Erbe berufen wäre, das Recht einräumt, die Erbschaft als eingesetzter Erbe auszuschlagen und als gesetzlicher Erbe anzunehmen.

> **Beispiel** (nach *KG* NJW-RR 1991, 330): Die kinderlosen Eheleute M und F setzen sich in einem Berliner Testament als Alleinerben und eine gemeinsame Bekannte X als Schlusserbin ein. Nach dem Tod des M schlägt F die Erbschaft als eingesetzte Erbin aus, nimmt sie aber als gesetzliche Erbin zu $3/4$ (neben einer Schwester des Erblassers zu $1/4$) an (§ 1931 Abs. 1 S. 1, Abs. 3 i. V. m. § 1371 Abs. 1) und ändert ihre letztwillige Verfügung ab.

Das KG vertritt im Einklang mit Rechtsprechung und h. L. (*BayObLG* FamRZ 1991, 1232, 1233 m. w. N.; krit. *Tiedtke*, FamRZ 1991, 1259) die Ansicht, dass sich zwar der Wortlaut von § 2271 Abs. 2 S. 1 („das ihm Zugewendete") nur auf die Ausschlagung des testamentarisch Zugewendeten beziehe, dass aber nach Sinn und Zweck der Vorschrift entscheidend auf den Willen des vorverstorbenen Ehegatten abzustellen sei. Dessen (hypothetischer) Wille rechtfertige grundsätzlich die Annahme, dass der Überlebende seine Testierfreiheit nur wiedererlange, wenn er die Zuwendung aus beiden Berufungsgründen ausschlage. Etwas anderes gelte nur, wenn der gesetzliche Erbteil erheblich hinter dem testamentarischen zurückbleibe, was bei einer Erbquote von $3/4$ nicht der Fall sei.

Gemäß § 2271 Abs. 2 S. 2 ist der Überlebende auch nach Annahme **22** der Zuwendung berechtigt, seine eigenen wechselbezüglichen Verfügungen aufzuheben, falls sich der Bedachte einer **Verfehlung** schuldig macht, die den Erblasser nach § 2294 zum Rücktritt vom Erbvertrag berechtigt. Der Aufhebungsgrund muss gemäß § 2336 in der Verfügung genannt werden.

b) Verfügungen unter Lebenden

23   Durch ein gemeinschaftliches Testament werden Ehegatten nicht gehindert, unter Lebenden über ihr Vermögen frei zu verfügen. Das gilt zu Lebzeiten beider ebenso wie nach dem Tod eines Ehegatten für den Überlebenden, der an seine letztwillige Verfügung gemäß § 2271 gebunden ist. Für den erbvertraglich gebundenen Erblasser wird dies in § 2286 klargestellt. Für den durch ein gemeinschaftliches Testament gebundenen Erblasser kann nichts anderes gelten. Nach unbestrittener Rechtsprechung und Lehre sind jedoch die §§ 2287, 2288 auf wechselbezügliche Verfügungen in gemeinschaftlichen Testamenten entsprechend anzuwenden, **soweit diese unwiderruflich geworden sind** (BGHZ 66, 8; *BGH* ZEV 2012, 37; MünchKomm/*Musielak*, § 2271 Rn. 45 ff. m. w. N.). Denn ab diesem Zeitpunkt besteht eine Bindung des Erblassers, die der beim Erbvertrag vergleichbar ist.

Bindungswirkung beim gemeinschaftlichen Testament

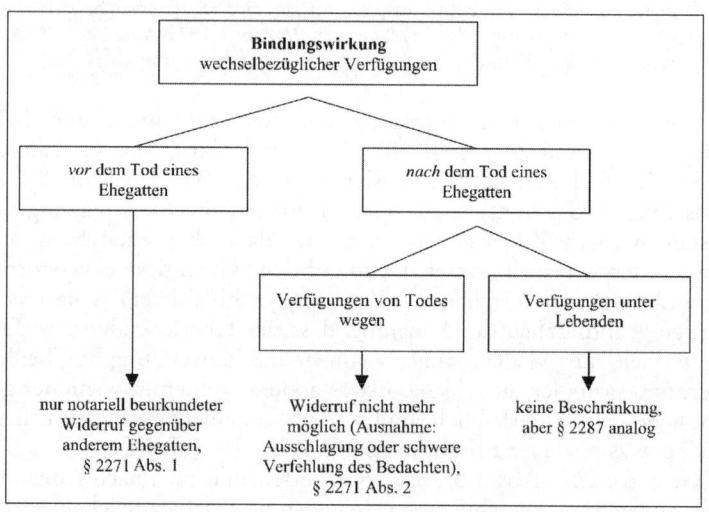

> **Beispiel** (nach BGHZ 66, 8): Die Ehegatten M und F setzen sich in einem   **24**
> Berliner Testament gegenseitig zu Erben und Sohn S als Erben des zuletzt
> Versterbenden ein. Nach dem Tod der F schenkt M dem X ein Sparguthaben
> in Höhe von 10 000 €.

Nach § 2287 analog steht im Falle einer „beeinträchtigenden
Schenkung" dem S als Schlusserben ein Herausgabeanspruch gegen
den beschenkten X nach Maßgabe der §§ 818 ff. zu. Von einer beeinträchtigenden Schenkung geht die Rechtsprechung aus, wenn ein
achtenswertes „lebzeitiges Eigeninteresse" des Erblassers an der Vermögensdisposition fehlt (vgl. § 13 Rn. 21). Der Anspruch des S gegen
X entsteht gemäß § 2287 allerdings erst nach dem Tod des M, so dass
der Beschenkte, sofern nicht ausnahmsweise die verschärfte Haftung
nach § 819 Platz greift, sich oft auf den Wegfall der Bereicherung
(§ 818 Abs. 3) wird berufen können.

VI. Selbstanfechtung beim gemeinschaftlichen Testament

> **Beispiel:** Die Eheleute M und F setzen sich in einem Berliner Testament   **25**
> als Erben und die gemeinsame Tochter T als Erbin des zuletzt Versterbenden
> ein. Nach dem Tod des M nimmt F die Erbschaft an. Drei Jahre später
> schließt sie mit X eine neue Ehe. Kann F ihre Verfügungsfreiheit wiederer-
> langen?

Nach Annahme der Erbschaft ist F an ihre wechselbezügliche Verfügung (Erbeinsetzung der T) gebunden (§ 2271 Abs. 2). Die Frage
ist, ob F sich darauf berufen kann, sie habe bei Errichtung des gemeinschaftlichen Testaments eine mögliche Wiederheirat nicht bedacht. Eine Anfechtung nach § 119 kommt nicht in Betracht, da nur
ein unbeachtlicher Irrtum im Motiv vorliegt. Die Vorschriften der
§§ 2078, 2079 helfen ebenfalls nicht weiter, da sie nur die Anfechtung
einer letztwilligen Verfügung durch Dritte nach dem Tode des Erblassers regeln. Würde man der F ein Anfechtungsrecht versagen, so
könnte nach ihrem Tod ihr Ehemann als übergangener Pflichtteilsberechtigter gemäß §§ 2079, 2080 Abs. 3 die Verfügung der F durch Anfechtung zu Fall bringen. Wenn aber eine Anfechtung der letztwilligen Verfügung der F nach ihrem Tod durch Dritte möglich ist, so
liegt es nahe, ihr selbst dieses Anfechtungsrecht zu Lebzeiten zuzuge-

stehen, damit ihr noch die Möglichkeit verbleibt, ihre Rechtsnachfolge von Todes wegen durch eine neue letztwillige Verfügung zu regeln. Für den erbvertraglich gebundenen Erblasser sieht § 2281 i. V. m. §§ 2078, 2079 eine sog. Selbstanfechtung vor, während beim gemeinschaftlichen Testament eine entsprechende gesetzliche Regelung fehlt. Es ist jedoch kein Grund zu erkennen, weshalb die Rechtslage für einen aufgrund eines gemeinschaftlichen Testaments gebundenen Erblasser eine andere sein sollte. Nach unbestrittener Rechtsprechung und Lehre sind deshalb die §§ 2281–2285 auf **bindend gewordene Verfügungen** in einem gemeinschaftlichen Testament entsprechend anzuwenden (BGHZ 37, 331, 333; *Muscheler,* Bd. 1, Rn. 2167 ff.; guter Überblick *KG* NJW 1963, 766). Ficht F ihre Verfügung nicht binnen Jahresfrist nach der Wiederheirat an (§ 2283), so kommt allerdings nach ihrem Tod eine Anfechtung durch ihren Ehemann nicht mehr in Betracht. Das Anfechtungsrecht wäre zu seinen Lasten verbraucht (§ 2285; vgl. *OLG München* FamRZ 2012, 581, 584).

Die Folgen einer Selbstanfechtung durch F sind einschneidend, weil sie nicht nur zur Nichtigkeit der eigenen wechselbezüglichen Verfügung (§ 142) führt, sondern auch zur Nichtigkeit der Gegenverfügung des Ehemannes M (§ 2270 Abs. 1). Da rückwirkend gesetzliche Erbfolge nach M eintritt, war F nie Alleinerbin geworden, sondern nur Miterbin zu ½ neben ihrer Tochter (§§ 1931 Abs. 1 und 3, 1371 Abs. 1). Soweit F bereits Verfügungen über Nachlassgegenstände getroffen hat, hat sie als Nichtberechtigte verfügt (§ 2040 Abs. 1).

26 Bei der Selbstanfechtung durch F ist allerdings zu beachten, dass eine Wiederheirat nicht notwendigerweise die Möglichkeit einer Selbstanfechtung zur Folge hat. Nach § 2281 i. V. m. § 2079 S. 2 ist nämlich die Anfechtung ausgeschlossen, „soweit anzunehmen ist, dass der Erblasser auch bei Kenntnis der Sachlage die Verfügung getroffen haben würde". Außerdem kommt eine Anfechtung nicht in Betracht, wenn die Ehegatten M und F den Fall der Wiederheirat bedacht und mit Hilfe einer Wiederverheiratungsklausel im gemeinschaftlichen Testament geregelt haben (vgl. Rn. 28). Die Beweislastregelung des § 2079 S. 2 erleichtert allerdings Selbstanfechtungen nicht nur im Falle der Wiederheirat, sondern auch bei sonstigen Fällen des späteren Hinzutretens neuer Pflichtteilsberechtigter.

Beispiel (nach *BGH* FamRZ 1970, 79): Die Eheleute M und F hatten ein Berliner Testament errichtet. Nach dem Tod der F heiratete M wieder, versäumte jedoch die Anfechtungsfrist des § 2283. M adoptierte daraufhin die in seinem Haushalt lebenden sechs einseitigen Kinder der zweiten Ehefrau und schuf so neue Anfechtungsgründe, die es ihm ermöglichten, seine bindend gewordene Verfügung gemäß §§ 2281, 2079 doch noch zu Fall zu bringen. Dass M sodann seine zweite Ehefrau zur Alleinerbin einsetzte, seine Adoptivkinder also enterbte, ist nach Ansicht des BGH nicht zu beanstanden: Der Anfechtende erlange durch die Anfechtung die volle Verfügungsfreiheit wieder und sei nicht genötigt, die Adoptivkinder, deren Vorhandensein erst die Anfechtung ermöglichte, letztwillig zu bedenken.

Nicht nur die Anwendung von § 2079, sondern auch die von **27** § 2078 kann beim gemeinschaftlichen Testament zu Schwierigkeiten führen. Fehlvorstellungen des Erblassers berechtigen auch dann, wenn sie sich auf die Zukunft beziehen, jedenfalls vom Grundsatz her zur Anfechtung gemäß § 2078 Abs. 2, falls der Erblasser sie zwar nicht in sein Bewusstsein aufgenommen, aber als selbstverständlich seiner Verfügung zugrunde gelegt hat (vgl. § 7 Rn. 35). Während ein nichtgebundener Erblasser nach Errichtung eines Testaments überraschenden Entwicklungen jederzeit durch eine Änderungsverfügung Rechnung tragen kann, besteht für einen gebundenen Erblasser bei erheblich veränderten Lebensumständen (Zusammenleben mit einem neuen Partner; gravierendes Fehlverhalten eines Kindes, das zur Pflichtteilsentziehung gemäß §§ 2271, 2294, 2333 nicht ausreicht; finanzielle Notsituation oder Pflegebedürftigkeit eines Kindes usw.) allenfalls die Chance einer Selbstanfechtung. Bislang sind jedoch keine Entscheidungen bekannt geworden, in denen die Bindungswirkung wechselbezüglicher Verfügungen bei erheblich veränderten Lebensumständen unter Berufung auf „selbstverständliche Vorstellungen" des Erblassers in Frage gestellt worden wäre (vgl. aber *Ritter*, DEuFamR 1999, 153).

Eine andere Frage ist es, ob der nach § 2271 Abs. 2 S. 1 gebundene Ehegatte seine Verfügung gemäß §§ 2281, 2078 Abs. 1 analog mit der Begründung anfechten kann, er sei sich über die mit der Wechselbezüglichkeit der Verfügung einhergehende Bindungswirkung nicht im Klaren gewesen. Beim Erbvertrag wird eine Anfechtungsmöglichkeit nach §§ 2281, 2078 Abs. 1 allgemein bejaht, falls sich der Erblasser über dessen **Bindungswirkung geirrt** hat (vgl. § 7 Rn. 31 und § 13 Rn. 36). Beim gemeinschaftlichen Testament hingegen wird eine entsprechende Anfechtungsmöglichkeit vom OLG München (FamRZ 2011, 1817, 1820; a. A. *Kanzleiter*, MittBayNot 2012, 264) mit dem Argument verneint, dass die Bindungswirkung beim Erbvertrag

Folge einer rechtsgeschäftlichen Erklärung sei, während sich beim gemeinschaftlichen Testament die Bindungswirkung aus dem Gesetz selbst ergebe, sofern nur die Verfügung eines Ehegatten nicht ohne entsprechende Gegenverfügung des anderen Ehegatten getroffen worden sei. Dass die Rechtsprechung einer Aufweichung der Bindungswirkung beim gemeinschaftlichen Testament entgegen zu steuern versucht, ist verständlich. Die Begründung indessen überzeugt nicht angesichts der besonderen Schutzwürdigkeit von Ehegatten, die eigenhändig gemeinschaftlich testieren und daher ohne notarielle Aufklärung über die Bindungswirkung bleiben.

VII. Wiederverheiratungsklauseln

28   Wiederverheiratungsklauseln sind sowohl bei der Trennungs- als auch bei der Einheitslösung (vgl. Rn. 9 ff.) möglich und üblich. Sie sollen sicherstellen, dass Abkömmlinge ihren Anteil am Nachlass des zuerst verstorbenen Elternteils schon zu Lebzeiten des überlebenden Elternteils erhalten, falls dieser wieder heiratet. Denn durch das Hinzutreten des neuen (Stief-)Elternteils sowie etwaiger (Halb-)Geschwister werden **neue Erb- und Pflichtteilsrechte begründet**, die die Ansprüche der Kinder bei Tod des überlebenden Ehegatten schmälern, was vor allem bei der Einheitslösung problematisch ist, weil sich dort auch das Vermögen des erstverstorbenen Elternteils im Nachlass des länger Lebenden befindet (Rn. 11). Außerdem besteht stets die Gefahr, dass der **Nachlass des zuerst verstorbenen Elternteils faktisch zugunsten der neuen Familienmitglieder aufgezehrt** wird. Damit dienen Wiederverheiratungsklauseln einem legitimen Zweck und stellen in aller Regel im Lichte des § 138 (vgl. § 3 Rn. 18) keine unangemessene Einschränkung der Eheschließungsfreiheit dar (anders wird dies teilweise beurteilt, wenn dem überlebenden Ehegatten nicht einmal der Pflichtteil verbleibt, MünchKommm/*Leipold*, § 2074 Rn. 25; vgl. auch *OLG Zweibrücken* ZEV 2011, 661; a. A. *Röthel*, AcP 201 (2010), 53).

1. Trennungslösung

29   Bei der Trennungslösung wird der überlebende Ehegatte Vorerbe, die Kinder Nacherben. Nacherbfall ist der Tod des Vorerben. Für den

Fall der Wiederheirat kann bestimmt werden, dass die Nacherbfolge nicht erst mit dem Tod des Vorerben, sondern bereits mit dessen Wiederheirat eintritt. Der Erblasser wird bei dieser Gestaltung den Ehegatten in der Regel zum befreiten Vorerben (§ 2136) berufen.

2. Einheitslösung

Berliner Testamente enthalten oft folgende Wiederverheiratungs- **30** klausel:

„Im Fall der Wiederheirat soll sich der Überlebende mit den Kindern nach den Regeln der gesetzlichen Erbfolge auseinander setzen."
Rechtsprechung und h. L. interpretieren diese Klausel als eine **auflösend bedingte Vollerbeneinsetzung** des überlebenden Ehegatten sowie eine **aufschiebend bedingte Vorerbeneinsetzung** des Ehegatten **und Nacherbeneinsetzung** der Kinder in Höhe ihres gesetzlichen Erbteils (BGHZ 96, 198; Staudinger/*Kanzleiter*, § 2269 Rn. 42; *Kipp/Coing*, § 79 IV 1; guter Überblick bei *Eidenmüller*, S. 107 ff.). Heiratet der überlebende Ehegatte nicht wieder, so bleibt er bis zu seinem Tod Vollerbe. Heiratet er wieder, so tritt die aufschiebende Bedingung für die Vor- und Nacherbeneinsetzung und gleichzeitig der Nacherbfall ein. Die Kinder werden also Nacherben in Höhe ihres gesetzlichen Erbteils, der überlebende Ehegatte wird in entsprechender Höhe Vorerbe. Verfügungen, die der überlebende Ehegatte vor seiner Wiederheirat getroffen hat, werden an §§ 2113 ff. gemessen, wobei im Zweifel von einer befreiten Vorerbschaft gemäß § 2136 ausgegangen wird. Rechtsprechung und h. L. wenden die Verfügungsbeschränkungen des Vorerben auch auf den nur bedingten Vorerben an (RGZ 156, 172, 181; Staudinger/*Kanzleiter*, § 2269 Rn. 43; *Schlüter*, Rn. 349). Demgemäß erteilen Nachlassgerichte dem überlebenden Ehegatten auch vor der (möglicherweise niemals geplanten oder abzusehenden) Wiederheirat nur einen Erbschein, der ihn als Vorerben (§ 2366) und nicht als Vollerben ausweist (*OLG Hamm* ZEV 2011, 589). In der Sache verwandelt die Wiederverheiratungsklausel die Einheitslösung in eine Vorerblösung (*Lange/Kuchinke*, § 24 IV 3d). Richtigerweise kann deshalb mit einer im Vordringen befindlichen Ansicht der überlebende Ehegatte nicht als auflösend bedingter Vollerbe, sondern nur als **auflösend bedingter Vorerbe** bezeichnet werden (MünchKomm/*Musielak*, § 2269 Rn. 56; *Leipold*, Rn. 480), wobei die Bedingung darin liegt, dass der überle-

bende Ehegatte verstirbt, ohne wieder geheiratet zu haben. Noch einfacher wäre es allerdings, den überlebenden Ehegatten schlicht als **Vorerben** zu qualifizieren (*Muscheler*, Bd. I, Rn. 2105; *Wilhelm*, NJW 1990, 2857, 2863); denn dass der Nacherbfall (hier: die Wiederheirat) ausfällt und die Erbschaft dem Vorerben verbleibt, ist bei jeder „normalen" Vorerbschaft möglich (vgl. auch schon § 9 Rn. 8). Auf keinen Fall darf allerdings die hier vertretene Ansicht mit der oben dargestellten Trennungslösung verwechselt werden: Bei der Trennungslösung tritt die Nacherbfolge u. U. bereits mit der Wiederheirat, *in jedem Fall* aber mit dem Tod des Vorerben ein. Bei der Einheitslösung tritt der Nacherbfall dagegen *nur* bei der Wiederheirat ein. Stirbt der überlebende Ehegatte, ohne wieder geheiratet zu haben, ist der Bedingungseintritt nicht mehr möglich und der Vorerbe wird zum Vollerben.

Der Umstand, dass Rechtsprechung und Lehre immer wieder verfehlt von einer auflösend bedingten Vollerbschaft des überlebenden Ehegatten sprechen, hat wohl mit zu der teilweise vertretenen Ansicht geführt, der überlebende Ehegatte könne bis zur Wiederheirat über § 2136 hinaus von allen Verfügungsbeschränkungen freigestellt werden, sei also als eine Art „vorläufiger Vollerbe" anzusehen, wenn die Eheleute dies nur wünschen (*OLG Celle* ZEV 2013, 40 m. Anm. *Weidlich*; MünchKomm/*Musielak*, § 2269 Rn. 57 ff.; *Leipold*, Rn. 480; offen gelassen in BGHZ 96, 198, 203 f.). Eine solche Betrachtungsweise scheitert jedoch am **erbrechtlichen Typenzwang**, der für das Nacheinander von Erben zwingend den Typus der Vor- und Nacherbfolge vorsieht (Burandt/Rojahn/*Braun*, § 2269 Rn. 60; *Zawar*, NJW 1988, 16, 19; *Otte*, AcP 187 (1987), 603, 605). Auflösend bedingte Erbeinsetzungen führen notwendigerweise, falls die Bedingung eintritt, zu Vor- und Nacherbschaft. Dem Wunsch nach völliger Freistellung des überlebenden Ehegatten bis zur Wiederheirat kann dadurch Rechnung getragen werden, dass der überlebende Ehegatte als unbedingter Vollerbe eingesetzt und den Kindern für den Fall der Wiederheirat der noch vorhandene Rest des Nachlasses (oder Teile des Restes oder eine bestimmte Geldsumme) vermächtnisweise zugewandt wird (**Wiederverheiratungsvermächtnis**; vgl. Münchener Vertragshandbuch/*Nieder*/*Otto*, S. 1048 f.).

31   Die Frage, wie sich die Wiederheirat des überlebenden Ehegatten auf dessen eigene letztwillige Verfügungen zugunsten der Kinder auswirkt, wird in Rechtsprechung und Lehre nicht einheitlich beantwortet. Einigkeit besteht darüber, dass der überlebende Ehegatte aufgrund

der Wiederverheiratungsklausel zumindest seine Verfügungsfreiheit wiedererlangt. Streitig ist, ob darüber hinaus die im gemeinschaftlichen Testament getroffenen Verfügungen zugunsten der Kinder gegenstandslos werden, ohne dass es eines besonderen Widerrufs bedarf. Da der Wille des wiederheiratenden Ehegatten darauf gerichtet sein dürfte, dass nach seinem Tod gesetzliche Erbfolge eintritt, falls er bis dahin keine abweichende letztwillige Verfügung getroffen haben sollte, wird man mangels besonderer Anhaltspunkte davon ausgehen müssen, dass die getroffenen Verfügungen mit der Wiederverheiratung automatisch ihre Wirksamkeit verlieren (so *BayObLG* NJW-RR 2002, 366, 367 m. w. N.; einschränkend *OLG Hamm* NJW-RR 1994, 1355; *Leipold*, Rn. 481; offen gelassen in *BGH* FamRZ 1985, 1123; a. A. MünchKomm/*Musielak*, § 2269 Rn. 62).

§ 13. Erbvertrag

Literatur: *Krebber,* Die Anfechtbarkeit des Erbvertrages wegen Motivirrtums, DNotZ 2003, 20; *Langenfeld,* Freiheit oder Bindung beim gemeinschaftlichen Testament oder Erbvertrag von Ehegatten?, NJW 1987, 1577; *Mayer,* Der entgeltliche Erbvertrag – Wer erben will, soll auch gelten – Zugleich Anmerkung zum Beschluss des BGH v. 5.10.2010 – IV ZR 30/10, DNotZ 2012, 89.
Zur Übung: Fall Nr. 5 im Anhang; *Paal,* Übungsklausur – Bürgerliches Recht: Drei Hochzeiten und ein Erbfall, JuS 2006, 236.

I. Einführung

1   In manchen Fällen entspricht die freie Widerruflichkeit eines Testaments (§ 2253) nicht den Bedürfnissen der Beteiligten. So wollen ältere Menschen ihre Altersvorsorge manchmal dadurch sichern, dass sie die Personen, die ihre Betreuung und Pflege übernehmen, im Gegenzug als Erben einsetzen. Eine lediglich testamentarische Erbeinsetzung bietet aber den Pflegenden keine Sicherheit. Ähnliches gilt, wenn Sohn oder Tochter zur Mitarbeit im elterlichen Betrieb nur bereit sind, wenn sie die Gewissheit haben, später das Unternehmen zu erben. Selbst für die Zukunftsplanung von Ehegatten oder eingetragenen Lebenspartnern reicht ein gemeinschaftliches Testament nicht aus, wenn der Widerruf wechselbezüglicher Verfügungen bereits zu Lebzeiten beider Ehegatten ausgeschlossen sein soll, und für Nichtverheiratete sieht das Gesetz nicht einmal die Möglichkeit gemeinschaftlichen Testierens vor.

Besteht aus diesen oder anderen Gründen das Bedürfnis nach einer bindenden Verfügung von Todes wegen, kommt nur der Abschluss eines Erbvertrags in Betracht. Gemäß § 1941 Abs. 1 kann der Erblasser durch Vertrag einen Erben einsetzen sowie Vermächtnisse und Auflagen anordnen. Diese Formulierung macht deutlich, dass der Erbvertrag nicht etwa ein schuldrechtlicher Vertrag ist, in dem sich der Erblasser zu einer Verfügung von Todes wegen verpflichtet; ein solcher Vertrag wäre nach § 2302 sogar nichtig. Vielmehr beinhaltet der Erbvertrag bereits die Verfügung von Todes wegen selbst. „Vertrag" ist der Erbvertrag nur deshalb, weil der Vertragspartner die Verfügungserklärung des Erblassers (Angebot) annimmt und auf diese Weise die Bindungswirkung herbeiführt. Der Erbvertrag hat also rechtlich einen **Doppelcharakter:** Er ist Verfügung von Todes wegen und Vertrag zugleich.

Vertragspartner und Bedachter brauchen nicht identisch zu sein. **2** Nach § 1941 Abs. 2 kann als Vertragserbe oder Vermächtnisnehmer auch ein Dritter bedacht werden. Die Gültigkeit eines Erbvertrags hängt auch nicht davon ab, dass der andere Vertragspartner ebenfalls eine Verfügung von Todes wegen trifft. Das Gesetz sieht in § 2278 Abs. 1 lediglich die *Möglichkeit* von **zweiseitigen (gemeinschaftlichen) Erbverträgen** vor. **Einseitige Erbverträge** kommen indessen in der Praxis häufig vor.

Erbverträge können entgeltlich oder unentgeltlich sein. Von ent- **3** geltlichen Erbverträgen spricht man, wenn ein Vertragspartner nur deshalb von Todes wegen verfügt, weil der andere sich zu Gegenleistungen unter Lebenden, insbesondere zu Pflege- und Unterhaltsleistungen, verpflichtet **(Versorgungsvertrag).** Unentgeltlich ist ein Erbvertrag, wenn sich die Mitwirkung der Gegenseite auf die Annahme der Verfügungserklärung des Erblassers beschränkt.

Ob ein Gesetzgeber überhaupt vertragsmäßige Verfügungen von Todes we- **4** gen zulassen sollte, ist international umstritten. Der französische Code civil verbietet Erbverträge rigoros, weil die Vertragsfreiheit hinter der Testierfreiheit zurücktreten müsse. Das deutsche Recht verbietet in § 2302 zwar Verpflichtungsgeschäfte, die auf die Errichtung oder Nichterrichtung einer Verfügung von Todes wegen bezogen sind, lässt aber gleichwohl vertragsmäßige Verfügungen von Todes wegen zu, während etwa das englische Recht den Grundsatz der Vertragsfreiheit über alles stellt und auch Rechtsgeschäfte gutheißt, in denen sich jemand verpflichtet, in bestimmter Weise letztwillig zu verfügen oder nicht zu verfügen.

II. Abschluss

1. Persönliche Voraussetzungen

Der Erblasser kann den Vertrag nur persönlich schließen (§ 2274), **5** sich also nicht vertreten lassen. Der Vertragspartner, der die Erklärungen des Erblassers entgegennimmt, ohne selbst von Todes wegen zu verfügen, kann hingegen beim Abschluss des Vertrags **vertreten** werden. § 2276 Abs. 1 S. 1 schließt mit dem Erfordernis „gleichzeitiger Anwesenheit" nur die Sukzessivbeurkundung (§ 128), nicht die Stellvertretung aus.

6   Nach § 2275 Abs. 1 muss der Erblasser **unbeschränkt geschäftsfähig** sein. Jedoch reicht bei Erbverträgen zwischen Ehegatten oder Verlobten beschränkte Geschäftsfähigkeit des Erblassers aus (§ 2275 Abs. 2 und 3). Die Ausnahme wurde geschaffen, weil der Erbvertrag oft mit einem Ehevertrag verbunden wird (vgl. § 1411). Auf eingetragene Lebenspartner ist die Vorschrift hingegen nicht anwendbar, da die Begründung einer Lebenspartnerschaft anders als die Eheschließung Volljährigkeit voraussetzt (§ 1 Abs. 3 Nr. 1 LPartG). Für den Vertragspartner des Erblassers, der nicht von Todes wegen verfügt, gelten die allgemeinen Vorschriften der §§ 104 ff. Der Abschluss eines Erbvertrags bringt dem beschränkt Geschäftsfähigen lediglich einen rechtlichen Vorteil, falls er selbst durch die Verfügung von Todes wegen begünstigt wird, und stellt für ihn ein rechtlich neutrales Geschäft dar, falls ein Dritter begünstigt wird. In keinem der beiden Fälle ist die Zustimmung des gesetzlichen Vertreters erforderlich (§ 107).

2. Form

7   Ein Erbvertrag kann nur vor einem Notar geschlossen werden (§ 2276 Abs. 1). Im Einzelnen verweist § 2276 Abs. 1 S. 2 weitgehend auf die für das öffentliche Testament geltenden gesetzlichen Bestimmungen.

Ein Erbvertrag kann mit einem anderen Vertrag in einer Urkunde verbunden werden (§ 34 Abs. 2 BeurkG). § 2276 Abs. 2 nennt ausdrücklich den Ehevertrag. Außer diesem werden in der Praxis vor allem Erbverzichtsverträge (§§ 2346 ff.) und Versorgungsverträge (vgl. Rn. 13) mit Erbverträgen verbunden. Fehlt es an einer Verbindung der Verträge in einer Urkunde, so bleibt es bzgl. eines jeden Vertrags bei der für ihn maßgeblichen Form (BGHZ 36, 65). Abzulehnen ist die vom BGH aufgestellte, nicht näher begründete These, mit dem Erbvertrag zusammenhängende Geschäfte bedürften ausnahmsweise dann der Form des § 2276, wenn sie nach dem Willen der Parteien mit dem Erbvertrag „eine rechtliche Einheit" bildeten (BGHZ 36, 65, 71). Es ist nicht einzusehen, warum Vereinbarungen, die nicht Inhalt eines Erbvertrags sein können, beim Vorliegen eines „Einheitlichkeitswillens" dennoch an der Formvorschrift des § 2276 gemessen werden sollen (*Lüke*, S. 22 ff.; *Kanzleiter*, NJW 1997, 217).

III. Inhalt und Arten

1. Inhalt

a) Vertragsmäßige und einseitige letztwillige Verfügungen

In einem Erbvertrag können nur Erbeinsetzungen, Vermächtnisse **8** und Auflagen **vertragsmäßig,** d. h. bindend angeordnet werden (§ 2278 Abs. 2). Daraus folgt, dass Testamentsvollstreckungen, Teilungsanordnungen, Enterbungen und Pflichtteilsentziehungen selbst dann nur als **einseitige, jederzeit widerrufliche Verfügungen** möglich sind, wenn die Vertragspartner eine Bindung wünschen sollten. Aber auch Erbeinsetzungen, Vermächtnisse und Auflagen stellen nicht schon deshalb vertragsmäßige Verfügungen dar, weil sie in einem Erbvertrag angeordnet werden; denn nach § 2299 Abs. 1 können die Vertragsschließenden einseitig jede Verfügung treffen, die auch durch Testament getroffen werden kann.

Beispiel: Erblasser A schließt mit B einen Erbvertrag, in dem er diesen als **9** Alleinerben einsetzt und außerdem bestimmt, dass sein Neffe N ein Wiesengrundstück erhalten soll.

Wird im Erbvertrag nicht ausdrücklich bestimmt, welche Verfügungen vertragsmäßig sind und welche nicht, ist der beiderseitige Parteiwille durch **Auslegung** zu ermitteln. Dabei ist von einer Vertragsmäßigkeit in aller Regel dann auszugehen, wenn der Erblasser den Vertragspartner selbst bedenkt (BGHZ 26, 204, 208). Wird nicht der Vertragspartner selbst, sondern ein Dritter bedacht, so ist eine Bindung im Allgemeinen dann gewollt, wenn der Vertragspartner an der Zuwendung an den Dritten ein eigenes Interesse hat. Ein solches Interesse ist zu vermuten, wenn der Dritte mit dem Vertragspartner des Erblassers verwandt ist oder ihm sonst nahe steht (*BGH* FamRZ 1961, 76, 77; *BayObLG* FamRZ 1989, 1353, 1354). Die Auslegung des beiderseitigen Parteiwillens dürfte im Beispielsfall zu dem Ergebnis führen, dass die Erbeinsetzung des B vertragsmäßig gewollt ist, die Vermächtnisanordnung zugunsten von N aber jederzeit widerrufen werden können soll (§ 2299 Abs. 2 S. 1 i. V. m. §§ 2253, 2254).

Beispiel: Die kinderlosen Eheleute M und F setzen sich in einem Erbver- **10** trag gegenseitig als Erben und die voreheliche Tochter T der F, zu der M keine näheren persönlichen Beziehungen hat, als Erbin des zuletzt Versterbenden ein (vgl. § 2280 mit Verweis auf das Einheitsprinzip des § 2269).

Bei dem hier vorliegenden **zweiseitigen oder gemeinschaftlichen Erbvertrag** stellen die Erbeinsetzungen von M und F nahe liegender Weise vertragsmäßige Verfügungen dar. Die Erbeinsetzung von T durch M für den Fall des Vorversterbens von F dürfte ebenfalls vertragsmäßig erfolgt sein, weil F gerade an dieser Erbeinsetzung interessiert ist. Dagegen dürfte die Erbeinsetzung der T durch F für den Fall des Vorversterbens von M eine lediglich einseitige, d. h. frei widerrufliche Verfügung darstellen, weil M kein erkennbares Interesse an dieser Erbeinsetzung hat (vgl. *OLG Zweibrücken* FamRZ 1995, 1021; *BayObLG* ZEV 1997, 160). Zur parallelen Rechtslage beim gemeinschaftlichen Testament vgl. § 12 Rn. 17.

b) Rechtsstellung von Vertragserbe und Vertragsvermächtnisnehmer

11 Durch den Erbvertrag wird das Recht des Erblassers, über sein Vermögen durch Rechtsgeschäft unter Lebenden zu verfügen, nicht beschränkt (§ 2286). Vertragserbe und Vertragsvermächtnisnehmer haben deshalb bzgl. des Erblasservermögens **keine rechtlich gesicherte Anwartschaft**, sondern lediglich eine tatsächliche Erwerbsaussicht (BGHZ 12, 115). Die Erwerbsaussicht auf ein vertragsmäßig zugewandtes Grundstück stellt nicht einmal einen künftigen Anspruch i. S. v. § 883 Abs. 1 S. 2 dar, der durch Eintragung einer **Vormerkung** im Grundbuch gesichert werden könnte (BGHZ 12, 115); denn von einem künftigen Anspruch kann nach allgemeiner Ansicht nur dann gesprochen werden, wenn sein Entstehen nicht einseitig vom Schuldner verhindert werden kann. Eine **Übertragung der Erwerbsaussicht** auf Dritte scheitert an § 311b Abs. 4 S. 1, der sich seinem Wortlaut nach zwar nur auf Verpflichtungsgeschäfte, vom Gesetzeszweck her aber auch auf Verfügungsgeschäfte bezieht (BGHZ 37, 319, 324).

2. Arten

a) Einseitige und zweiseitige Erbverträge

In einem einseitigen Erbvertrag verfügt nur einer der beiden Ver- **12** tragspartner vertragsmäßig von Todes wegen. In einem zweiseitigen oder gemeinschaftlichen Erbvertrag hingegen treffen beide Vertragsteile jeweils mindestens eine vertragsmäßige Verfügung von Todes wegen (§ 2278 Abs. 1). Zweiseitige Erbverträge werden in der Praxis oft zwischen **Ehegatten, Verlobten, eingetragenen Lebenspartnern oder Partnern einer nichtehelichen Lebensgemeinschaft** abgeschlossen, sind aber auch zwischen anderen Personen möglich. Vertragsmäßigkeit der Verfügungen beider Vertragspartner bedeutet nicht notwendigerweise gegenseitige Abhängigkeit (Wechselbezüglichkeit); denn es ist durchaus denkbar, dass ein Vertragspartner seine Verfügung zwar bindend, aber unabhängig davon trifft, wie der andere verfügt. Allerdings spricht eine Vermutung für die Wechselbezüglichkeit, weshalb die Nichtigkeit einer vertragsmäßigen Verfügung im Zweifel die Nichtigkeit des gesamten Vertrags zur Folge hat (§ 2298 Abs. 1 i. V. m. Abs. 3). § 2298 Abs. 1 i. V. m. Abs. 3 ist lex specialis gegenüber der Regelung des § 2085, die nach § 2279 Abs. 1 an sich anzuwenden wäre.

b) Entgeltliche und unentgeltliche Erbverträge

Die Mitwirkung des Vertragspartners des Erblassers erschöpft sich **13** beim einseitigen Erbvertrag in der Annahme des Vertragsangebots. Die Erbringung einer Gegenleistung ist für die Wirksamkeit des Erbvertrags nicht erforderlich. Häufig verpflichtet sich jedoch der Vertragspartner des Erblassers zur Erbringung von Pflege- oder Unterhaltsleistungen **(entgeltlicher Erbvertrag)**. Ein solcher **Versorgungsvertrag,** der in § 2295 vorausgesetzt, wenn auch nicht näher geregelt wird, bedarf nicht der Form des § 2276 (BGHZ 36, 65); denn er ist nicht Bestandteil des Erbvertrags, dessen Inhalt auf Verfügungen von Todes wegen beschränkt ist. Es handelt sich vielmehr um einen selbständigen Vertrag, der zwar kausal mit dem Erbvertrag verknüpft ist, zu diesem aber schon deshalb in kein echtes Gegenseitigkeitsverhältnis i. S. d. §§ 320 ff. treten kann, weil der Erbvertrag kein Verpflichtungsvertrag ist (*OLG Karlsruhe* NJW-RR 1997, 708, 709).

Die Parteien haben allerdings die Möglichkeit, Erbvertrag und Verpflichtung zur Gegenleistung zu einem einheitlichen Geschäft zu verbinden, so dass die Nichtigkeit des einen Teils die des anderen gemäß § 139 nach sich zieht, oder sie können bestimmen, dass beide Verträge sich hinsichtlich ihrer Wirksamkeit wechselseitig bedingen (§ 158). Fehlt es an einer solchen Vereinbarung, so ist dem Erblasser bei Nichtigkeit der Gegenverpflichtung ein Rücktrittsrecht entsprechend § 2295 einzuräumen (h. L., vgl. Palandt/*Edenhofer*, § 2295 Rn. 1; a. A. MünchKomm/*Musielak,* § 2295 Rn. 6), während bei Nichtigkeit des Erbvertrags dem Vertragspartner des Erblassers ein Kündigungsrecht nach § 314 bzw. ein Kondiktionsanspruch wegen Zweckverfehlung gemäß § 812 Abs. 1 S. 2 zuerkannt werden sollte (bestr.; ausf. *Lüke*, S. 31 ff.). Zur Frage, wie sich die Schlechterfüllung der Gegenverpflichtung auf den Fortbestand des Erbvertrags auswirkt, vgl. Rn. 33 f.

IV. Bindungswirkung vertragsmäßiger Verfügungen

1. Verfügungen von Todes wegen

14 Nach § 2289 Abs. 1 S. 2 kann der vertragsmäßig gebundene Erblasser keine Verfügung von Todes wegen mehr treffen, die das Recht des vertragsmäßig Bedachten **beeinträchtigen** würde. Eine Beeinträchtigung liegt vor, wenn der Bedachte erbrechtlich zurückgesetzt, durch die Einsetzung eines Nacherben, die Ernennung eines Testamentsvollstreckers (*OLG Hamm* FamRZ 1996, 637) oder eine Teilungsanordnung beschränkt oder mit einem Vermächtnis oder einer Auflage beschwert wird. Ob eine Beeinträchtigung vorliegt, ist allerdings nicht immer leicht zu entscheiden.

15 **Beispiel:** Ein Erblasser setzt vertragsmäßig den A zum alleinigen Vorerben ein. Später verfügt er in einem privatschriftlichen Testament, dass A Vollerbe zu ½ werden soll.

Rechtsprechung und h. L. (BGHZ 26, 204; *Lange/Kuchinke*, § 25 VI 2 m. w. N.) vertreten zu Recht die Ansicht, dass der **Begriff der Beeinträchtigung rechtlich** zu bestimmen ist. Eine wirtschaftliche Betrachtungsweise würde die Gültigkeit letztwilliger Verfügungen von objektiv kaum fassbaren Kriterien abhängig machen. Denn was ist für den Bedachten wirtschaftlich günstiger, die Einsetzung zum

Vollerben zu ½ oder die Einsetzung zum alleinigen Vorerben, die vermächtnisweise Zuwendung eines Grundstücks oder die Erbeinsetzung zu einer bestimmten Quote? Im Beispielsfall liegt eine rechtliche Beeinträchtigung vor; die Verfügung des Erblassers ist also unwirksam.

Die formlose Zustimmung des vertragsmäßig Bedachten zu der be- **16** einträchtigenden Verfügung ändert an der sich aus § 2289 Abs. 1 S. 2 ergebenden Unwirksamkeit ebenso wenig etwas wie die formlose Zustimmung des Vertragspartners, falls dieser mit dem Bedachten nicht identisch ist (bestr.). In der Sache geht es den Beteiligten um die Aufhebung des Erbvertrags. Hierfür schreibt das Gesetz einen Aufhebungsvertrag in notarieller Form vor, der zwischen den Partnern des Erbvertrags abzuschließen ist (§ 2290 Abs. 1 und Abs. 4 i. V. m. § 2276). Lediglich im Fall des § 2291 Abs. 2 genügt die Zustimmung des Vertragspartners (nicht des Bedachten); auch diese bedarf allerdings der notariellen Beurkundung (wie hier BGHZ 108, 252; Staudinger/*Kanzleiter*, § 2289 Rn. 19). Nach dem Tod des Erblassers kann die Zustimmung nicht mehr erklärt werden (Burandt/Rojahn/ *Burandt*, § 2291 Rn. 6).

Die Bindungswirkung vertragsmäßiger Verfügungen kann durch **17** einen sog. **Änderungsvorbehalt** eingeschränkt oder aufgehoben werden. So kann z. B. im Erbvertrag vorgesehen werden, dass der Erblasser Vermächtnisse aussetzen, Testamentsvollstreckung anordnen oder im Falle der Wiederheirat abweichende Verfügungen treffen darf. Nach überwiegender Ansicht stellt der Änderungsvorbehalt die Vertragsmäßigkeit der letztwilligen Verfügung nicht in Frage (*BGH* NJW 1982, 441; a. A. *Brox/Walker*, Rn. 161). Das bedeutet, dass auch der Änderungsvorbehalt der Form des § 2276 Abs. 1 S. 1 bedarf (BGHZ 26, 204, 210). Allerdings kollidiert die Abänderung vertragsmäßiger Verfügungen aufgrund des Vorbehalts durch einfaches Widerrufstestament mit der Vorschrift des § 2296 Abs. 2, die für die Ausübung eines vereinbarten *Rücktritts*vorbehalts (§ 2293) eine notariell beurkundete Erklärung gegenüber dem Vertragspartner verlangt. Die Rechtsprechung lässt deshalb Änderungsvorbehalte nur unter der Voraussetzung zu, dass wenigstens eine vertragsmäßige Anordnung vom Vorbehalt nicht erfasst wird, weil sonst keine Änderung, sondern ein Rücktritt vorliegt (BGHZ 26, 204, 208; *OLG Stuttgart* OLGZ 1985, 434, 435 f.). Die Abänderung selbst ist im Rahmen des Vorbehalts durch einfache testamentarische Verfügung möglich (Näheres *Keim*, ZEV 2005, 365; *Weiler*, DNotZ 1994, 427).

2. Lebzeitige Verfügungen

a) Grundsätzliches

18   Das Recht des Erblassers, über sein Vermögen durch **Rechtsgeschäft unter Lebenden** zu verfügen, wird durch den Abschluss eines Erbvertrags nicht beschränkt (§ 2286). Der vertragsmäßig Bedachte kann nicht einmal verhindern, dass der Erblasser durch sinnlose oder verschwenderische Maßnahmen sein Vermögen zu Lebzeiten völlig aufbraucht. § 2287 Abs. 1 schützt jedoch den Vertragserben vor **Schenkungen des Erblassers,** die dieser „in der Absicht, den Vertragserben zu beeinträchtigen", macht. § 2287 Abs. 1 erklärt allerdings derartige Schenkungen nicht etwa für nichtig, sondern gibt dem Vertragserben lediglich das Recht, „nachdem ihm die Erbschaft angefallen ist, von dem Beschenkten die Herausgabe des Geschenkes nach den Vorschriften über die Herausgabe einer ungerechtfertigten Bereicherung zu fordern". Aus dem Wortlaut von § 2287 Abs. 1 ergibt sich, dass eine Schenkung auch dann, wenn sie in Beeinträchtigungsabsicht erfolgt, wirksam ist, also insbesondere nicht gegen §§ 134 oder 138 verstößt.

19   Der BGH hat allerdings früher aus der erbvertraglichen Bindung ein gesetzliches Umgehungsverbot für solche Geschäfte unter Lebenden abgeleitet, die zur Aushöhlung des Erbvertrags führen (sog. **Aushöhlungsnichtigkeit**). Derartige Schenkungen wurden, wenn auch nur „in ganz besonders gelagerten Ausnahmefällen", wegen Verstoßes gegen § 134 als nichtig angesehen (Überblick bei *Spellenberg*, FamRZ 1972, 349 und NJW 1986, 2531). Zu erklären war diese mit dem Wortlaut des § 2287 nicht vereinbare Rechtsprechung dadurch, dass der BGH früher an die **„Beeinträchtigungsabsicht"** i. S. v. § 2287 Abs. 1 sehr hohe Anforderungen stellte und verlangte, dass diese der „treibende" oder „eigentlich leitende" Beweggrund für die Schenkung war. Wenn auch nur die Möglichkeit bestand, dass der Erblasser *auch* aus dem Beweggrund handelte, „dem Beschenkten etwas zukommen zu lassen", so musste der Vertragserbe beweisen, „dass dieser Beweggrund gegenüber dem anderen, die erbvertragliche Anwartschaft des Vertragserben zu schmälern, der schwächere" war – ein Beweis, der praktisch kaum zu führen war (Näheres BGHZ 59, 343, 349). Die Rechtsprechung zur Aushöhlungsnichtigkeit stellte seinerzeit einen gewissen Ausgleich für die restriktive Auslegung von § 2287 Abs. 1 dar. 1972 hat der BGH diese Rechtsprechung jedoch aufgegeben (BGHZ 59, 343) und gleichzeitig die Beeinträchtigungsabsicht neu definiert (vgl. Rn. 21).

Schenkungen, die in Beeinträchtigungsabsicht vorgenommen wer- 20
den, sind selbst dann nicht **sittenwidrig**, wenn Erblasser und Beschenkter „kollusiv" zusammenwirken; denn die Kollusion ist auf
ein Ziel gerichtet, das vom Gesetz zu Lebzeiten des Erblassers nicht
missbilligt wird (*BGH* NJW 1991, 1952). Aus eben diesem Grund
verneint der BGH auch Schadensersatzansprüche des Vertragserben
gegen den Beschenkten aus § 826 (BGHZ 108, 73, 78; krit. *Kohler*,
FamRZ 1990, 464). Dass eine Schenkung nicht deshalb sittenwidrig
ist, weil sie in Beeinträchtigungsabsicht erfolgt, schließt jedoch nicht
aus, dass sie sich aus anderen Gründen als sittenwidrig erweist. Hat
sich z. B. der Erblasser gegenüber dem Vertragserben verpflichtet,
über einen bestimmten Gegenstand nicht zu verfügen (was mit
schuldrechtlicher, nicht aber mit dinglicher Wirkung möglich ist,
§ 137), so kommt eine Sittenwidrigkeit der Schenkung nach den
Grundsätzen über die **Verleitung zum Vertragsbruch** durchaus in
Betracht (*BGH* NJW 1991, 1952).

b) Schenkungen in Beeinträchtigungsabsicht

Bei § 2287 kommt es entscheidend darauf an, wann eine Schenkung 21
des Erblassers in der Absicht erfolgt, den Vertragserben zu beeinträchtigen. Der BGH hat seine frühere Ansicht, nach der die Beeinträchtigungsabsicht das eigentliche Motiv, die treibende Kraft für die
Vermögensdisposition sein musste, aufgegeben (BGHZ 59, 343,
349 f.). Es genügt heute für das Vorliegen des subjektiven Merkmals
der Beeinträchtigungsabsicht das bloße Wissen des Erblassers darum,
dass er durch die unentgeltliche Weggabe das Erbe schmälert. Die Beeinträchtigungsabsicht sei mit der Absicht, den Beschenkten zu begünstigen, „meist untrennbar verbunden" und daher „praktisch immer gegeben" (BGHZ 83, 44, 51; 82, 274, 282). Die Anwendbarkeit
von § 2287 setzt jedoch nach der Rechtsprechung zusätzlich voraus,
dass der Erblasser das Recht zu lebzeitigen Verfügungen (§ 2286)
missbraucht. Ein solcher **Missbrauch** liegt nicht vor, wenn der Erblasser ein beachtenswertes **lebzeitiges Eigeninteresse** an der Schenkung hat (BGHZ 82, 274, 282; 59, 343, 350; *BGH* ZEV 2012, 37, 38
m. Anm. *Wellenhofer*, JuS 2012, 360). Ein lebzeitiges Eigeninteresse
wird insbesondere dann anerkannt, wenn es dem Erblasser darum
geht, seine Altersversorgung zu sichern oder zu verbessern, oder
wenn er einer sittlichen Pflicht bei außergewöhnlichen Hilfeleistun-
gen des Beschenkten genügt. Entscheidend soll sein, „ob die Gründe,

die den Erblasser zu der Verfügung bestimmt haben, ihrer Art nach
so sind, dass der Vertragserbe sie anerkennen und die Beeinträchtigung hinnehmen muss" (*BGH* NJW 1992, 2630, 2631).

22   **Beispiel** (nach *OLG München* NJW-RR 1987, 1484): Ein gegenüber seinem Neffen erbvertraglich gebundener 89-jähriger Witwer überträgt sein
landwirtschaftliches Anwesen schenkweise einem hilfsbereiten Nachbarn,
der als Gegenleistung die Altersversorgung des Witwers übernimmt. Muss
der Nachbar das Anwesen nach dem Tod des Witwers an den Neffen herausgeben?

Hier liegt eine **gemischte Schenkung** vor, die für § 2287 genügt
und nach § 516 Abs. 1 neben einer objektiven Teilunentgeltlichkeit
die Einigung der Beteiligten über die Unentgeltlichkeit des nicht
durch die Gegenleistung abgegoltenen Teils der Zuwendung voraussetzt. Das OLG München bejahte ein anerkennenswertes lebzeitiges
Eigeninteresse des Erblassers an der Schenkung, weil „der im Zeitpunkt der Schenkung noch rüstige 89-jährige Witwer für die Schenkung eines landwirtschaftlichen Anwesens als Gegenleistung eine Altersversorgung samt Pflege im Pflegefall erhält und die Schenkung
außerdem seinen Dank für umfangreiche geleistete Dienste, Pflege
und Hilfe ausdrücken soll". Hätte das OLG München ein anerkennenswertes lebzeitiges Eigeninteresse verneint, so wäre zu prüfen gewesen, ob sich der Anspruch des Neffen aus § 2287 i. V. m. § 818 auf
die Übertragung des landwirtschaftlichen Anwesens gegen Erstattung
der Gegenleistung richtet oder aber von vornherein nur auf die Wertdifferenz zwischen Leistung und Gegenleistung. Nach den zum Widerruf einer Schenkung wegen groben Undanks (§ 530 Abs. 1 i. V. m.
§ 531 Abs. 2) entwickelten Grundsätzen ist darauf abzustellen, ob der
unentgeltliche Charakter des Geschäfts überwiegt (BGHZ 112, 40,
53; *BGH* ZEV 2012, 37, 39). Nur wenn das der Fall ist, richtet sich
der Anspruch auf Übertragung des Gegenstandes gegen Erstattung
der Gegenleistung.

23   Eine Analyse der Rechtsprechung zeigt, dass – soweit nicht bloße
Pflicht- und Anstandsschenkungen (z. B. übliche Weihnachts- und
Geburtstagsgeschenke) betroffen sind – ein lebzeitiges Eigeninteresse
bislang fast nur bei Schenkungen zwecks Verbesserung der Altersversorgung anerkannt wurde (vgl. *BGH* ZEV 2012, 37, 38; *BGH* NJW
1992, 2630; *BGH* FamRZ 1977, 539). Dabei hat der BGH klargestellt, dass ein berechtigtes lebzeitiges Eigeninteresse **nicht notwendigerweise für die Schenkung des kompletten Gegenstandes** ange-

nommen werden muss. Damit besteht Spielraum, um das Verhältnis zwischen dem Wert des Geschenkes und dem Wert einer etwaigen Pflegeleistung, die der Erblasser belohnen bzw. zu der er den Empfänger motivieren will, zu berücksichtigen und nur einen Teil der Schenkung als gerechtfertigt anzusehen. Doch muss kein strikter wirtschaftlicher Zusammenhang bestehen, vielmehr kann im Rahmen der erforderlichen Gesamtabwägung berücksichtigt werden, dass „der Erblasser sich ihm erbrachte oder zu erbringende Leistungen etwas kosten lassen darf" (*BGH* ZEV 2012, 37, 39). Kein anerkennenswertes lebzeitiges Eigeninteresse liegt demgegenüber vor, wenn **lediglich die Korrektur des Erbvertrags** beabsichtigt ist, etwa wenn der Erblasser aufgrund eines Sinneswandels ein Grundstück später doch lieber in der Familie belassen will (BGHZ 59, 343) oder wenn er zu der Überzeugung gelangt, er habe nahe Angehörige nur unzureichend bedacht (BGHZ 77, 264) oder Abkömmlinge nicht in wünschenswerter Weise gleichbehandelt (*BGH* NJW-RR 2005, 1446). Nach *OLG Celle* FamRZ 2006, 1876 stellt nicht einmal „das nachvollziehbare Interesse des Erblassers, seine zweite Ehefrau angesichts ihrer bescheidenen Erwerbsunfähigkeitsrente finanziell abzusichern", ein anerkennenswertes lebzeitiges Eigeninteresse dar.

Sog. **ehebezogene (unbenannte) Zuwendungen unter Ehegatten** 24 werden von der Rechtsprechung im Allgemeinen nicht als Schenkungen i. S. v. § 516 qualifiziert, weil Einzelzuwendungen unter Ehegatten nicht isoliert, d. h. losgelöst vom Gesamtzusammenhang der Ehe im Sinne eines ständigen Gebens und Nehmens gesehen werden dürften. Nach ständiger Rechtsprechung des BGH liegt eine ehebezogene Zuwendung vor, „wenn ein Ehegatte dem anderen einen Vermögenswert um der Ehe willen und als Beitrag zur Verwirklichung und Ausgestaltung, Erhaltung oder Sicherung der ehelichen Lebensgemeinschaft zukommen lässt, wobei er die Vorstellung oder Erwartung hegt, dass die eheliche Lebensgemeinschaft Bestand haben und er innerhalb dieser Gemeinschaft am Vermögenswert und dessen Früchten weiter teilhaben werde" (*BGH* NJW 2006, 2330). Die umstrittene Rechtsprechung, die für Ausgleichsansprüche zwischen Ehegatten im Scheidungsfall entwickelt worden ist, erwies sich außerhalb des Familienrechts als ein „Fehlgriff". Bezogen auf § 2287 würde die Rechtsprechung bedeuten, dass ein erbvertraglich gebundener Ehegatte seine Bindung gegenüber einem Vertragserben problemlos durch Zuwendungen an seinen Ehegatten unterlaufen könnte. Der BGH hat deshalb zwar nicht seine Rechtsprechung zur ehebezogenen (unbenannten) Zuwendung aufgegeben, aber entschieden, dass solche Zuwendungen im Erbrecht „wie Schenkungen zu behandeln" seien (BGHZ 116, 167).

25 Umstritten ist die Frage, ob der vertragsmäßig bedachte Vertragspartner auf den Schutz des § 2287 durch **formlose Zustimmung** verzichten kann. Während eine formlose Zustimmung nicht ausreicht, um eine den Vertragserben beeinträchtigende und nach § 2289 Abs. 1 S. 2 unwirksame Verfügung *von Todes wegen* wirksam werden zu lassen, bestehen entgegen BGHZ 108, 252, 255 keine Bedenken, bei einer Verfügung *unter Lebenden*, die gegen § 2287 verstößt, eine formlose Zustimmung des vertragsmäßig Bedachten genügen zu lassen. Anders als bei einer beeinträchtigenden Verfügung von Todes wegen geht es hier sachlich nicht um die Aufhebung des Erbvertrags oder um einen Erbverzichtsvertrag, die beide der notariellen Beurkundung bedürfen (§§ 2290 Abs. 4, 2348), sondern um ein einzelnes Rechtsgeschäft unter Lebenden, bei dem der Betroffene erlaubtermaßen auf den für ihn vorgesehenen Schutz verzichtet.

c) Anspruch gegen den Beschenkten

26 Der Anspruch gegen den Beschenkten aus § 2287 entsteht erst mit dem Anfall der Erbschaft, also mit dem Erbfall (§ 1942). Er ist inhaltlich auf „Herausgabe des Geschenkes nach den Vorschriften über die Herausgabe einer ungerechtfertigten Bereicherung" gerichtet. Die Verweisung auf die Vorschriften über die ungerechtfertigte Bereicherung ist eine **Rechtsfolgenverweisung** auf die §§ 818 ff. Da zwischen dem Zeitpunkt der Schenkung und dem Erbfall Jahrzehnte liegen können, läuft der Vertragserbe Gefahr, dass sich der Beschenkte, der von der erbvertraglichen Bindung des Schenkers nichts weiß, als gutgläubiger Bereicherungsschuldner auf den Wegfall der Bereicherung berufen kann (§ 818 Abs. 3). Schon aus diesem Grund hat der Vertragserbe bereits zu Lebzeiten des Erblassers ein Interesse an der Erhebung einer **Feststellungsklage** gegen den Beschenkten; denn ein verklagter Bereicherungsschuldner haftet nach § 818 Abs. 4 in gleicher Weise verschärft wie ein bösgläubiger Bereicherungsschuldner (§ 819 Abs. 1). Eine Feststellungsklage (§ 256 ZPO), die darauf gerichtet ist, dass der Kläger nach dem Eintritt des Todes des Erblassers gegen den Beklagten einen Anspruch auf Übertragung des Eigentums an dem betreffenden Gegenstand hat, wird überwiegend für zulässig gehalten (Bamberger/Roth/*Litzenburger*, § 2287 Rn. 28 m. w. N.). Ist

der Anspruch auf Übertragung des Eigentums an einem Grundstück gerichtet, so kann er entgegen der h. M. auch durch eine **Vormerkung** gesichert werden. Auch wenn der Anspruch nicht als ein „bedingter" zu qualifizieren sein mag, so handelt es sich doch wenigstens um einen „künftigen" Anspruch, dessen Entstehen nicht einseitig vom Schuldner verhindert werden kann, und der gemäß § 883 Abs. 1 S. 2 ebenfalls sicherungsfähig ist (so zutr. *Hohmann*, ZEV 1994, 133, 137 m. w. N.). Die Chancen des Vertragserben, Ansprüche gegen den Beschenkten durchsetzen zu können, wurden dadurch weiter verbessert, dass der BGH in Abkehr von der früheren Rechtsprechung dem Vertragserben einen **Auskunftsanspruch** aus § 242 gegen den Beschenkten zugesteht (BGHZ 97, 188).

d) Vermächtnisvereitelung

Die Vorschrift des § 2288 dient dem Schutz des vertragsmäßigen 27 Vermächtnisnehmers. Der Schutz reicht erheblich weiter als der des § 2287, weil nicht nur das Verschenken, sondern auch das Veräußern, Belasten, Zerstören, das Beiseiteschaffen und Beschädigen des vermachten Gegenstandes in Beeinträchtigungsabsicht erfasst werden (§ 2288 Abs. 1 und Abs. 2 S. 1). Die **Beeinträchtigungsabsicht** ergibt sich bereits aus der Tatsache, dass der Erblasser wissentlich „dem Vermächtnis den Boden entzieht" (*BGH* NJW 1984, 731, 732). Wie bei § 2287 kann allerdings auch bei § 2288 die Anwendbarkeit der Bestimmung an einem lebzeitigen Eigeninteresse des Erblassers scheitern (*BGH* NJW 1984, 731, 732; *OLG Köln* ZEV 1996, 23 m. Anm. *Hohmann*). Ein **lebzeitiges Eigeninteresse** an der (entgeltlichen oder unentgeltlichen) Weggabe des vermachten Gegenstandes kann indessen nur bejaht werden, wenn nach Abschluss des Erbvertrags eine Änderung der Sachlage eingetreten ist und der erstrebte Zweck nicht durch andere wirtschaftliche Maßnahmen erreicht werden kann (*BGH* NJW 1984, 731, 732). Der Anspruch des Vermächtnisnehmers richtet sich – anders als bei § 2287 – gegen den Erben, im Schenkungsfall hilfsweise auch gegen den Beschenkten (§ 2288 Abs. 2 S. 2).

V. Beseitigung vertragsmäßiger Verfügungen

28 Ein Erbvertrag kann von den Vertragsparteien **einverständlich** nach §§ 2290 ff. sowie vom Erblasser **einseitig** durch Rücktritt (§§ 2293 ff.) oder Anfechtung (§§ 2281 ff.) beseitigt werden.

1. Einverständliche Aufhebung

29 Der Erbvertrag kann von den Vertragsparteien insgesamt, einschließlich der darin enthaltenen einseitigen Verfügungen (§ 2299 Abs. 2 S. 2), aufgehoben werden (§ 2290 Abs. 1 S. 1). Die Aufhebung kann aber auch nur auf einzelne vertragsmäßige Verfügungen beschränkt werden (§ 2290 Abs. 1 S. 1). Nach dem Tod eines Vertragspartners ist die Aufhebung nicht mehr möglich (§ 2290 Abs. 1 S. 2). Wurde nicht der Vertragspartner selbst, sondern ein Dritter vertragsmäßig bedacht, so ist die Zustimmung des Dritten zum **Aufhebungsvertrag** nicht erforderlich, da es sich beim Erbvertrag nicht um einen Vertrag zugunsten Dritter handelt, dem Dritten also auch kein Forderungsrecht zusteht (BGHZ 12, 115, 119). Für die Aufhebung des Erbvertrags sieht das Gesetz grundsätzlich die gleiche Form wie für den Erbvertrag selbst vor (§ 2290 Abs. 4). Eine Formerleichterung enthält allerdings § 2292 für Erbverträge, die zwischen Ehegatten oder eingetragenen Lebenspartnern abgeschlossen werden; sie können auch durch ein gemeinschaftliches Testament aufgehoben werden. Eine weitere Formerleichterung sieht § 2291 für vertragsmäßig angeordnete Vermächtnisse und Auflagen vor, die vom Erblasser durch Testament aufgehoben werden können, wobei allerdings die Aufhebungsverfügung der notariell beurkundeten Zustimmungserklärung des Vertragspartners bedarf.

2. Rücktritt

30 Das Gesetz sieht zugunsten des vertragsmäßig gebundenen Erblassers in drei Fällen die Möglichkeit eines Rücktritts vom Erbvertrag vor, nämlich bei vorbehaltenem Rücktritt (§ 2293), bei Verfehlungen des Bedachten (§ 2294) und bei Aufhebung der Gegenverpflichtung (§ 2295).

a) Rücktrittsvorbehalt

Entsprechend dem Grundsatz der Vertragsfreiheit kann der Erb- **31**
lasser sich den Rücktritt für den ganzen Erbvertrag oder nur für einzelne vertragsmäßige Verfügungen vorbehalten (§ 2293). Vor allem in
entgeltlichen Erbverträgen wird oft festgelegt, unter welchen Voraussetzungen der Erblasser bei Nichterfüllung der Gegenverpflichtung
vom Erbvertrag zurücktreten kann. Hat sich der Erblasser den Rücktritt für den Fall vorbehalten, dass der Vertragserbe eine bestimmte
Verpflichtung nicht ordnungsgemäß erfüllt, kann er nach Treu und
Glauben (§ 242) auch dann, wenn der Rücktrittsvorbehalt dieses
nicht ausdrücklich vorsieht, erst nach einer **erfolglosen Abmahnung**
zurücktreten (*BGH* NJW 1981, 2299; *OLG Düsseldorf* NJW-RR
1995, 141).

b) Verfehlungen des Bedachten

§ 2294 gibt dem Erblasser ein gesetzliches Rücktrittsrecht für den **32**
Fall, dass ihm eine Bindung an den Erbvertrag nicht mehr zuzumuten
ist. Nach der Wertung des Gesetzes ist dies dann der Fall, wenn der
Bedachte eine schwere Verfehlung begangen hat, die den Erblasser
unter den in § 2294 näher umschriebenen Voraussetzungen zur **Entziehung des Pflichtteils** berechtigen würde. Verfehlungen des Vertragspartners, der nicht selbst Bedachter ist, sind irrelevant.

c) Aufhebung der Gegenverpflichtung

Die Regelung des § 2295 bezieht sich auf **Versorgungsverträge** **33**
(Verpfründungsverträge), in denen sich der Vertragserbe als Gegenleistung für die vertragsmäßige Verfügung von Todes wegen zur
Pflege des Erblassers oder zu sonstigen wiederkehrenden Leistungen
gegenüber dem Erblasser verpflichtet. § 2295 gibt dem Erblasser das
Recht, vom Erbvertrag zurückzutreten, wenn die Gegenverpflichtung vor dem Tod des Erblassers „aufgehoben" wird. Entsprechend
dem Normzweck ist das Aufheben der Gegenverpflichtung mit ihrem nachträglichen Wegfall gleichzusetzen, ohne dass es auf den
Rechtsgrund im Einzelnen ankäme (Aufhebungsvertrag, Rücktritt
des Verpflichteten, nachträgliche Unmöglichkeit der Leistung, Eintritt einer auflösenden Bedingung).

Beispiel (nach *BGH* NJW 2011, 224): Erblasserin E setzt im Jahre 1981 **34**
einen entfernten Verwandten V in einem Erbvertrag als Erbe ein, im Gegen-

zug verpflichtet dieser sich zu wiederkehrenden Unterhalts- und Pflegeleis-
tungen. Obwohl E seit dem Jahre 2005 in größerem Umfang pflegebedürftig
ist, erbringt V keinerlei Betreuungsleistungen. Im Jahre 2008 erklärt E daher
den Rücktritt vom Erbvertrag.

In Frage kommt die Anfechtung des Erbvertrags wegen eines
Motivirrtums nach § 2281 Abs. 1 i. V. m. § 2078 Abs. 2 (vgl. Rn. 36).
Doch ist im vorliegenden Fall die einjährige Anfechtungsfrist des
§ 2283 Abs. 1 verstrichen, weil E bereits seit 2005 Kenntnis von ihrer
Pflegebedürftigkeit und der nicht erbrachten Betreuungsleistung
durch V hat (vgl. § 2283 Abs. 2). Der Lösungsansatz über § 2281
kann allerdings nicht allein maßgebend sein, weil E sich nicht in erster Linie auf ihren Irrtum beruft, sondern darauf, dass V seine Ver-
tragspflichten nicht erfüllt.

E kann die Pflegevereinbarung daher auch aus wichtigem Grund
kündigen, was – entgegen dem zu engen Wortlaut der Vorschrift –
die Möglichkeit zum **Rücktritt vom Erbvertrag gem. § 2295** eröffnet. Dabei wurde das Kündigungsrecht für den Pflegevertrag ursprünglich aus § 626 Abs. 1 analog abgeleitet (eine direkte Anwendung scheidet aus, weil E zu Lebzeiten keine Gegenleistung i. S. v.
§ 611 zu erbringen hat, *OLG Karlsruhe* NJW-RR 1997, 708, 710);
demgegenüber wendet der BGH nunmehr § 314 an (*BGH* NJW
2011, 224, 226). Dieser Ansatz hat den Vorteil, dass nicht die kurze
Zweiwochenfrist des § 626 Abs. 2 einzuhalten ist, sondern die Kündigung gem. § 314 Abs. 3 „innerhalb einer angemessenen Frist" erfolgen kann. Allerdings ist eine Frist von weit über einem Jahr sicherlich
nicht mehr angemessen, so dass im vorliegenden Fall auch dieser Weg
versperrt ist.

Eine andere Beurteilung soll nach Auffassung des BGH geboten sein, wenn
sich der Gesundheitszustand der E so verschlechtert hat, dass eine (persönliche) Betreuung durch V gem. § 275 Abs. 1 unmöglich geworden ist. Dann
wäre E – ohne dass es auf eine fristgerechte Kündigung ankommen würde –
aus diesem Grund gem. § 2295 zum Rücktritt vom Erbvertrag berechtigt
(*BGH* NJW 2011, 224, 225 f.; zum gleichen Verfahren auch *BGH* ZEV 2013,
330). Das würde aber bedeuten, dass E selbst nach jahrelanger vertragsgemä-
ßer Betreuung durch V bei (gravierender) Verschlechterung ihres Gesund-
heitszustandes die Erbeinsetzung ohne Weiteres wieder rückgängig machen
könnte (*Kornexl*, MittBayNot 2011, 321 f.). Das kann nicht richtig sein (vgl.
auch *Mayer*, DNotZ 2012, 89, 95 f.), denn wäre E bereits im Jahre 1982 kurz
nach Abschluss des Erbvertrags verstorben (ohne jemals pflegebedürftig geworden zu sein), wäre an der Erbberechtigung des V auch nicht zu rütteln.

Es spricht daher viel dafür, dass die versprochene Betreuung nur solange geschuldet ist, wie V auch in der Lage ist, diese Leistung persönlich zu erbringen. Übersteigt der Pflegebedarf die Möglichkeiten des V, tritt kein Fall der Unmöglichkeit ein, sondern die Verpflichtung ruht, weil ihre vertraglich stillschweigend vereinbarten Voraussetzungen nicht (mehr) gegeben sind.

Entscheidend ist damit die Frage, ob ein **Rücktritt vom Erbvertrag auch nach § 323** möglich ist, denn dieser ist an keine Frist gebunden. Nach bislang h. M. kam eine Anwendung von § 323 nicht in Betracht, denn der Erbvertrag als abstraktes Rechtsgeschäft begründet keine Leistungspflicht (vgl. § 2302) und steht daher mit der Betreuungsverpflichtung nicht in einem Gegenseitigkeitsverhältnis i. S. d. §§ 320 ff. (*OLG Karlsruhe* NJW-RR 1997, 708, 709 m. w. N.; MünchKomm/*Musielak*, Vor § 2274 Rn. 20 und 29; vgl. auch Rn. 13). An dieser Auffassung hält grundsätzlich auch der Bundesgerichtshof fest. Doch wird das Vorliegen eines gegenseitigen Vertrages im vorliegenden Fall deshalb bejaht, weil sich E zusätzlich verpflichtet hatte, (1) über ihr Wohnhaus nicht zu verfügen und (2) bei Verstoß gegen diese Verpflichtung das Haus dem V unentgeltlich zu übertragen (Hintergrund: für den zukünftigen Anspruch auf Übertragung des Hauses kann eine Vormerkung in das Grundbuch eingetragen werden, so dass eine abredewidrige Verfügung gem. § 883 Abs. 2 S. 1 gegenüber V unwirksam ist und dieser somit nicht lediglich auf den relativ schwachen Schutz des § 2287 angewiesen ist). Ein Rücktritt vom Erbvertrag ist damit im konkreten Fall nach Ansicht des BGH nach erfolglosem Ablauf einer angemessenen Frist zur Nacherfüllung möglich (*BGH* NJW 2011, 224 f.). Diese Ansicht vermag dogmatisch nicht zu überzeugen: Bei der angesprochenen Verfügungsunterlassungsabrede handelt es sich um eine kautelarjuristische Nebenabrede, die lediglich die Erreichung des primären Vertragszwecks sicherstellen soll. Aus Sicht des Vertragserben ist die erstrebte „Belohnung", die ihn zur Pflegeleistung motiviert, die Erbeinsetzung (bezüglich des gesamten Nachlasses) und nicht das Versprechen, die Verfügung über ein Nachlassgrundstück zu unterlassen (abl. daher auch *Kornexl*, MittBayNot 2011, 321; *Kanzleiter*, ZEV 2011, 257; *Mayer*, DNotZ 2012, 89, 96 f.).

Allen drei unter a) bis c) genannten Rücktrittsfällen ist gemeinsam, **35** dass der Rücktritt durch notariell beurkundete Erklärung gegenüber dem anderen Vertragsschließenden erfolgen muss (§ 2296 Abs. 2). Zu **Form und Zugang der Rücktrittserklärung** vgl. die gleichgelagerte Problematik beim gemeinschaftlichen Testament § 12 Rn. 19. Der

Rücktritt des Erblassers nach dem Tod des Vertragspartners wird vom Gesetz als Aufhebung des Vertrags bezeichnet und erfolgt durch Testament (§ 2297). Wird der Erbvertrag insgesamt durch Ausübung des Rücktrittsrechts aufgehoben, so werden auch die einseitigen Verfügungen mitaufgehoben, sofern nicht ein anderer Wille des Erblassers anzunehmen ist (§ 2299 Abs. 3). Die Vermutung für die Unwirksamkeit auch einseitiger Verfügungen gilt nicht, wenn nur einzelne vertragsmäßige Verfügungen aufgehoben werden; hier bleibt es bei der Anwendbarkeit von § 2085. Haben in einem Erbvertrag beide Vertragspartner bindende Verfügungen getroffen, so geht § 2298 davon aus, dass diese wechselbezüglich sind, soweit nicht ein anderer Wille des Erblassers anzunehmen ist (§ 2298 Abs. 3). Macht also ein Vertragspartner von dem ihm vorbehaltenen Rücktrittsrecht Gebrauch, so wird dadurch im Zweifel der ganze Vertrag aufgehoben (§ 2298 Abs. 2 S. 1).

3. Selbstanfechtung

36   Der Erblasser kann vertragsmäßige Verfügungen nach Maßgabe der §§ 2281–2285 anfechten (ausf. *Veit*, NJW 1993, 1553). Einseitige Verfügungen kann der Erblasser frei widerrufen (§ 2299 Abs. 2 S. 1 i. V. m. §§ 2253, 2254), so dass eine Anfechtung insoweit nicht in Betracht kommt. Einer Anfechtung bedarf es auch nicht, wenn der Erbvertrag zwischen Ehegatten, eingetragenen Lebenspartnern oder Verlobten abgeschlossen wurde und die Ehe, Lebenspartnerschaft oder Verlobung vor dem Tod des Erblassers aufgelöst wird. In diesem Fall wird der Erbvertrag unwirksam, falls nicht anzunehmen ist, dass er auch unabhängig vom Bestand der Ehe, Lebenspartnerschaft oder Verlobung Geltung haben sollte (§ 2279 i. V. m. § 2077 bzw. § 10 Abs. 5 LPartG).

Die Regelung der §§ 2281 ff. beruht auf der Überlegung, dass nach dem Tod des Erblassers jeder, dem der Wegfall der letztwilligen Verfügung unmittelbar zustatten käme, diese unter den Voraussetzungen der §§ 2078, 2079 anfechten könnte (§ 2080 Abs. 1). Wenn aber diese Möglichkeit Dritten nach dem Tod des Erblassers zugestanden wird, muss auch der vertraglich gebundene Erblasser selbst seine Verfügung bereits zu seinen Lebzeiten durch Anfechtung zu Fall bringen können. Die Interessenlage ist im Übrigen die gleiche wie bei einem Erblasser, der nicht durch Erbvertrag, sondern aufgrund wechselbezüglicher Verfügungen in einem gemeinschaftlichen Testament an seine Verfügung von Todes wegen gebunden ist (vgl. § 12 Rn. 25 ff.).

Die Anfechtung nach §§ 2078, 2079 reicht weiter als nach §§ 119, 123, weil wegen des besonderen Schutzes der Testierfreiheit auch der **Motivirrtum** zur Anfechtung berechtigt (vgl. § 7 Rn. 33 ff.). Der vertragsmäßig gebundene Erblasser kann also seine Verfügung insbesondere auch dann anfechten, wenn der Vertragserbe übernommene Pflichten nicht wie erwartet erfüllt (vgl. Rn. 34) oder durch sein späteres Verhalten die Erwartungen des Erblassers enttäuscht (*BGH* FamRZ 1983, 898; *BayObLG* NJW-RR 1999, 86). Ist sich der Erblasser bei Abschluss des Erbvertrags über die eintretende Bindungswirkung nicht im Klaren, so liegt nach h. A. ein anfechtungsrelevanter **Inhaltsirrtum** i. S. v. § 2078 Abs. 1 vor (BayObLGZ 2002, 128, 133 f. m. w. N.; *OLG Frankfurt* ZEV 1997, 422, 423; vgl. auch § 7 Rn. 31 u. § 12 Rn. 27).

> **Beispiel:** Die Eheleute M und F haben sich in einem Erbvertrag gegenseitig als Alleinerben und Sohn S als Erben des zuletzt Versterbenden eingesetzt. Nach Errichtung des Erbvertrags wendet sich M einer anderen Frau zu, nimmt diese in die eheliche Wohnung auf und demütigt F in schlimmster Weise. Kann F ihre vertragsmäßige Verfügung anfechten? Könnte S die Verfügung anfechten, nachdem F sich aus Verzweiflung das Leben genommen hat?   **37**

F kann gemäß § 2281 Abs. 1 i. V. m. § 2078 Abs. 2 ihre Verfügung nach den Grundsätzen anfechten, welche die Rechtsprechung für die Fälle „unbewusster" oder „selbstverständlicher" Vorstellungen des Erblassers entwickelt hat (vgl. § 7 Rn. 35). Die Anfechtung muss F dem M gegenüber in notariell beurkundeter Form erklären (§§ 143 Abs. 2, 2282 Abs. 3). Die Anfechtung führt gemäß § 142 Abs. 1 zur Nichtigkeit der eigenen und gemäß § 2298 Abs. 1 und 3 wegen der Wechselbezüglichkeit der Verfügungen auch zur Nichtigkeit der Verfügung des Mannes.

Nach dem Tod der F kann S als unmittelbar betroffener Dritter aus eigenem Recht die vertragsmäßige Verfügung seiner Mutter nach §§ 2080, 2078 Abs. 2 anfechten. Voraussetzung ist allerdings nach § 2285, dass das Anfechtungsrecht der Mutter nicht durch Fristablauf erloschen ist (§ 2283 Abs. 1). War das Anfechtungsrecht der F nicht durch Fristablauf erloschen, so beginnt die (volle) Jahresfrist des § 2082 Abs. 1 für S mit dem Zeitpunkt zu laufen, in dem S vom Anfechtungsgrund Kenntnis erlangt (§ 2082 Abs. 2). Die Wirkung der

Anfechtung ist die gleiche wie im Falle einer Anfechtung durch F selbst.

38 Umstritten ist, ob der Erblasser im Falle der Selbstanfechtung seinem Vertragspartner unter den weiteren Voraussetzungen des § 122 den Vertrauensschaden ersetzen muss.

> **Beispiel:** Der 60 jährige Witwer W setzt den A erbvertraglich zum Alleinerben ein. Später heiratet W wieder und ficht den Erbvertrag nach §§ 2281 i. V. m. 2079 an. A verlangt Ersatz für die ihm im Zusammenhang mit dem Vertragsschluss entstandenen Beratungs- und Beurkundungskosten.

§ 2281 Abs. 1 S. 1 verweist auf § 2078. Ob sich die Verweisung auch auf § 2078 Abs. 3 bezieht, der die Anwendbarkeit des § 122 ausschließt, ist nicht eindeutig. Die Verweisung kann durchaus in dem Sinne verstanden werden, dass § 2281 Abs. 1 S. 1 nur auf die in § 2078 Abs. 1 und 2 geregelten Anfechtungs*gründe* verweist. Richtigerweise ist ein **Ersatz des Vertrauensschadens** mit Rücksicht auf den Gesetzeszweck abzulehnen, weil der Vertragserbe A den Schutz des § 122 nicht verdient (vgl. *OLG München* NJW 1997, 2331; a. A. *Mankowski*, ZEV 1998, 46 m. w. N.). Für den Vertragserben war von vornherein ungewiss, ob er den Erblasser überleben wird oder ob er im Nachlass etwas vorfindet, falls er Erbe werden sollte.

§ 14. Rechtsgeschäfte unter Lebenden auf den Todesfall

Literatur: *Bork,* Schenkungsvollzug mit Hilfe einer Vollmacht, JZ 1988, 1059; *Gubitz,* Der Wettlauf zwischen Erben und Begünstigtem beim Vertrag zugunsten Dritter auf den Todesfall ist vermeidbar!, ZEV 2006, 333; *Harder,* Das Valutaverhältnis beim Vertrag zugunsten Dritter auf den Todesfall, FamRZ 1976, 418; *Martinek/Röhrborn,* Der legendäre Bonifatius-Fall – Nachlese zu einer reichsgerichtlichen Fehlentscheidung, JuS 1994, 473, 564; *Michalski,* Postmortale Grundstücksvollmacht, WuM 1997, 658.
Zur Übung: Fall Nr. 1 im Anhang.

I. Einführung

Rechtsgeschäfte unter Lebenden auf den Todesfall nehmen eine 1 Mittelstellung zwischen Rechtsgeschäften unter Lebenden und Verfügungen von Todes wegen ein, weil sie zwar zu Lebzeiten abgeschlossen werden, ihre vereinbarte Wirkung aber erst nach dem Tod eines Vertragspartners eintreten soll.

Bei **entgeltlichen Geschäften** auf den Todesfall ist allerdings eine 2 inhaltliche Berührung und damit eine Kollision mit letztwilligen Verfügungen von vornherein ausgeschlossen. Deshalb ist es unproblematisch, die Wirksamkeit entgeltlicher Geschäfte auf den eigenen Tod (zukünftiges sicheres Ereignis) zu befristen oder durch das eigene Vorversterben (zukünftiges unsicheres Ereignis) zu bedingen.

> **Beispiel:** E verpflichtet den Musiklehrer M, seine Tochter und Alleinerbin T zu unterrichten, falls er eine bevorstehende Operation nicht überlebt. Unter der gleichen Bedingung verkauft E dem M seine Geige für 10 000 €.

Sowohl der Dienst- als auch der Kaufvertrag sind als Rechtsgeschäfte unter Lebenden wirksam zustande gekommen. E und M können sich als Vertragsparteien nicht mehr einseitig von ihren vertraglichen Verpflichtungen lösen. Rechte und Pflichten aus dem Dienst- und Kaufvertrag entstehen indessen erst mit dem Erbfall (Bedingungseintritt) in der Person des M und der T als Gesamtrechtsnachfolgerin des E.

3   Problematisch sind dagegen **unentgeltliche Rechtsgeschäfte** unter Lebenden auf den Todesfall, wenn sie der erbrechtlichen Vermögensübertragung so nahe kommen, dass sie die Umgehung der dafür geregelten Voraussetzungen ermöglichen würden: Schenkungsversprechen, die erst nach dem Tod des Schenkers erfüllt werden sollen und unter der Bedingung erteilt werden, dass der Beschenkte den Schenker überlebt, haben das gleiche Ziel wie Verfügungen von Todes wegen. Sie sind wie diese unentgeltlich, begründen eine Leistungsverpflichtung erst nach dem Tod des Schenkers und setzen voraus, dass der Bedachte zum Zeitpunkt des Erbfalles noch lebt (vgl. §§ 1923 Abs. 1, 2160).

> **Beispiel:** E verspricht dem M seine Geige als Geschenk unter der Bedingung, dass M ihn überlebt.

Würde sich die Gültigkeit des Schenkungsvertrages nach §§ 516ff. bestimmen, so könnte E den Formvorschriften des Erbrechts ausweichen. Außerdem wäre er in der Lage, Vermögenswerte zum Nachteil von Erben, Vermächtnisnehmern, Pflichtteilsberechtigten und sonstigen Nachlassgläubigern am Nachlass vorbeizusteuern, weil diese Vermögenswerte nicht kraft Gesetzes mit dem Erbfall (§ 1922), sondern kraft Rechtsgeschäfts unter Lebenden auf den Bedachten übergingen. § 2301 Abs. 1 ordnet deshalb an, dass „Schenkungsversprechen, die unter der Bedingung erteilt werden, dass der Beschenkte den Schenker überlebt", ausschließlich nach den Vorschriften des Erbrechts zu beurteilen sind, d.h. nur als formgerechte Verfügungen von Todes wegen wirksam werden. Alle anderen Rechtsgeschäfte, selbst wenn sie unter der Bedingung des eigenen Vorversterbens geschlossen werden, so der zulässige Umkehrschluss aus § 2301 Abs. 1, regeln sich nach den Vorschriften über Rechtsgeschäfte unter Lebenden. Sinn und Zweck des § 2301 Abs. 1 ist es also, die **notwendige Abgrenzung** zwischen den nur als erbrechtliche Verfügung wirksamen und allen anderen Rechtsgeschäften vorzunehmen.

4   **§ 2301 Abs. 2** schränkt den von § 2301 Abs. 1 geforderten Vorrang des Erbrechts wieder ein: Sogar eine Schenkung unter Überlebensbedingung soll sich nach §§ 516ff. richten, wenn der Erblasser sie bereits zu Lebzeiten „vollzieht". Auf den ersten Blick scheint diese Verweisung wenig sinnvoll; denn § 518 Abs. 1 stellt mit der notariellen Beurkundung des Schenkungsversprechens ein strengeres oder zumindest ebenso strenges Formerfordernis auf wie die §§ 2247, 2276

für Testament und Erbvertrag. Den an der Schenkung Beteiligten wäre also wenig geholfen. In der Tat stammt die Verweisung des § 2301 Abs. 2 aus einer Zeit, in der an Testamente und Erbverträge strengere Formanforderungen gestellt wurden als an ein Schenkungsversprechen (*Lange/Kuchinke*, § 33 I 6b). Die Verweisung auf das Schenkungsrecht nützt dem Beschenkten aber auch heute noch; denn sie eröffnet die Heilungsmöglichkeit des § 518 Abs. 2, weil durch Bewirkung der Leistung eine formlose Schenkung geheilt werden kann, während ein formunwirksames Testament nichtig bleibt.

> **Beispiel:** E schenkt dem M formlos seine Geige unter der Bedingung, dass M ihn überlebt. E gibt dem M die Geige schon einmal mit. Eigentümer soll M allerdings erst werden, wenn E eine ihm bevorstehende lebensgefährliche Operation nicht überlebt.

Hier liegt ein Schenkungsversprechen i. S. v. § 2301 Abs. 1 S. 1 vor. M wird außerdem mit dem Tode des E nach §§ 929 S. 1, 158 Abs. 1 Eigentümer der Geige (bedingte Übereignung). Die Frage ist nur, ob diesem Eigentumserwerb eine gültige causa zugrunde liegt oder ob die Erben nach § 812 Abs. 1 S. 1 Alt. 1 die Geige wieder zurückfordern können. Ein Anspruch aus § 812 Abs. 1 S. 1 Alt. 1 wäre gegeben, wenn sich die Wirksamkeit des Schenkungsversprechens nach § 2301 Abs. 1 S. 1 beurteilen würde; denn ein formloses Schenkungsversprechen genügt nicht den erbrechtlichen Formvorschriften. Sieht man allerdings die Schenkung als unter Lebenden vollzogen an (vgl. Rn. 11 ff.), so müsste die Zuwendung gemäß § 2301 Abs. 2 als eine Schenkung unter Lebenden qualifiziert werden, und der Mangel der Form wäre durch die Bewirkung der versprochenen Leistung nach § 518 Abs. 2 geheilt.

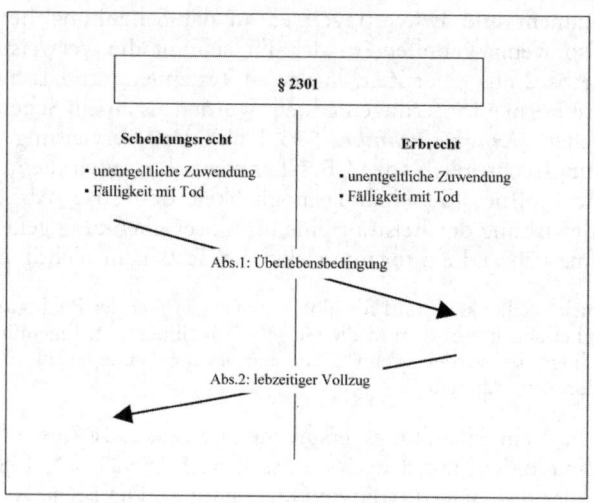

II. Regelung des § 2301 Abs. 1

1. Voraussetzungen

5   § 2301 Abs. 1 S. 1 setzt nicht nur voraus, dass die Fälligkeit der Verpflichtung des Schenkers bis zu seinem Tod hinausgeschoben ist (sog. betagte oder befristete Schenkung), sondern auch, „dass der Beschenkte den Schenker überlebt". Diese **Überlebensbedingung** des Schenkungsversprechens kann als *auflösende* oder *aufschiebende Bedingung* angesehen werden, je nachdem, ob man auf das Überleben des Schenkers oder des Beschenkten abstellt. Unterschiedliche rechtliche Konsequenzen ergeben sich indessen daraus nicht.

6   Da im Einzelfall eine Überlebensbedingung nicht immer ausdrücklich formuliert wird, muss durch Auslegung ermittelt werden, ob eine solche gewollt ist. Dies soll nach BGH und h. L. grundsätzlich dann der Fall sein, wenn der Anlass der Schenkung – wie meistens – in der Person des Beschenkten liegt, der Schenker den Gegenstand also nur dem konkret Beschenkten und nicht etwa dessen Erben zukommen lassen wollte (BGHZ 99, 97 m. Anm. *Leipold,* JZ 1987, 362). In einer

späteren Entscheidung meinte der BGH ergänzend, bei der Beant-
wortung der Frage, ob eine Überlebensbedingung vorliegt, sei auch
§ 2084 analog zu beachten. Danach verdiene diejenige Auslegung
den Vorzug, die dem Erblasserwillen zum Erfolg verhilft, regelmäßig
also – wegen der Möglichkeit der Heilung gemäß § 518 Abs. 2 – die
Annahme einer Schenkung ohne Überlebensbedingung (*BGH* NJW
1988, 2731 m. Anm. *Bork,* JZ 1988, 1059).

Beispiel: Der kinderlose E schenkt seiner Schwester S formlos ein altes Fa-   7
milienschmuckstück, das S allerdings erst nach seinem Tod erhalten soll. E
will auf diese Weise sicherstellen, dass das Schmuckstück im Familienbesitz
bleibt.

Obwohl das Schenkungsversprechen erst nach dem Tod des E erfüllt werden soll (betagte Schenkung), fehlt es an einer Überlebensbedingung i. S. v. § 2301 Abs. 1; denn es ist anzunehmen, dass E das
Schenkungsversprechen auch abgegeben hätte, wenn er gewusst
hätte, dass S vor ihm versterben und der Schmuck so an ihre Kinder
als Erben fallen würde. § 2301 ist daher nicht anwendbar. Der Fall ist
vielmehr nach Schenkungsrecht zu lösen (§§ 516 ff.). Hätte E dagegen
das Schmuckstück seiner Haushälterin geschenkt, deren mögliche Erben er weder kannte noch bereichern wollte, wäre von einer Überlebensbedingung auszugehen und somit § 2301 anzuwenden. Am Ergebnis würde sich indessen nichts ändern: Schwester S hätte gegen
die Erben des E keinen Anspruch auf Übereignung des Schmuck-
stücks, weil ein formgültiger Schenkungsvertrag unter Lebenden fehlt
(§§ 518, 125). Auch die Haushälterin hätte gegen die Erben keinen
Anspruch, weil E weder die Form des Erbvertrags noch des Testaments eingehalten hat. Unterschiedliche Rechtsfolgen träten nur ein,
wenn das Versprechen nach dem Tode des E erfüllt würde, weil sich
beispielsweise die Erben des E irrig zur Übereignung verpflichtet
fühlten. Dann nämlich würde im ersten Fall (Schwester des E) die
Schenkung mit der Bewirkung der Leistung nach § 518 Abs. 2 geheilt;
denn eine Heilung nach § 518 Abs. 2 tritt nicht nur ein, wenn der
Schenker leistet, obwohl er seine fehlende Verpflichtung kennt, sondern auch dann, wenn er oder sein Erbe irrig annimmt, aufgrund eines formlosen Schenkungsversprechens zur Leistung verpflichtet zu
sein (MünchKomm/*J. Koch,* § 518 Rn. 14). Anders wäre hingegen
die Rechtslage im zweiten Fall (Haushälterin): Die Erben würden
hier irrig auf eine nichtbestehende Schuld leisten und könnten das
Geleistete nach § 812 Abs. 1 S. 1 Alt. 1 zurückverlangen.

Ob die unterschiedliche Behandlung der beiden Fälle de lege ferenda wirklich gerechtfertigt ist, erscheint zweifelhaft (*Leipold*, JZ 1987, 361, 364). Auch das Schenkungsversprechen gegenüber der Schwester steht einer erbrechtlichen Verfügung nahe, denn auch wenn man vom Vorliegen einer Verfügung von Todes wegen ausgehen würde, könnte bei Vorversterben der ursprünglich bedachten Person eine andere an ihre Stelle treten (§ 2096).

2. Rechtsfolgen

8   Liegen die Voraussetzungen des § 2301 Abs. 1 S. 1 vor und ist die Schenkung nicht vollzogen, finden die Regelungen für Verfügungen von Todes wegen Anwendung. Anders ausgedrückt: Eine Schenkung unter Überlebensbedingung ist *als solche* gar nicht möglich. Wer die mit der Schenkung angestrebte Rechtsfolge erreichen will, *muss* sich der erbrechtlichen Regeln bedienen und in einem Testament oder Erbvertrag ein Vermächtnis anordnen oder den Begünstigten als Erben einsetzen. Glaubt der Erblasser irrig, er könne das gewünschte Ergebnis auch mit einer Schenkung erreichen, so stellt sich die Frage, ob das Rechtsgeschäft in eine Verfügung von Todes wegen **umgedeutet** werden kann (§ 140). Dabei ist zunächst zu prüfen, ob die erbrechtlichen Formvorschriften eingehalten wurden. Die h. M. schließt aus der Stellung des § 2301 im Abschnitt über den Erbvertrag und aus der Tatsache, dass es sich beim Schenkungsvertrag um ein zweiseitiges Rechtsgeschäft handelt, dass als erbrechtliche Form nur die notarielle Form des Erbvertrags nach § 2276 Abs. 1 gemeint sein kann (*Michalski*, Rn. 1111; Staudinger/*Kanzleiter*, § 2301 Rn. 3 f.). Nach a. A. soll die testamentarische Form gemäß § 2247 Abs. 1 ausreichen (MünchKomm/*Musielak*, § 2301 Rn. 13). Im Ergebnis spielt der Meinungsstreit jedoch keine Rolle, da nach h. M. ein handschriftliches Schenkungsversprechen, das der Form des Erbvertrags nicht genügt, in eine wirksame testamentarische Verfügung umgedeutet werden kann.

9   **Beispiel:** E schenkt seinem Freund A in notarieller Form einen alten Bauernschrank und seinem Freund B handschriftlich seine Briefmarkensammlung. Beide Versprechen werden unter der Bedingung abgegeben, dass E vor seinen Freunden stirbt, und sollen erst nach dem Tod des E vollzogen werden. Der Erbe weigert sich, die Gegenstände an A oder B herauszugeben.

Weder A noch B haben einen Anspruch aus §§ 516, 1967 gegen den Erben. Da die Voraussetzungen des § 2301 Abs. 1 vorliegen, richten sich die Ansprüche ausschließlich nach den erbrechtlichen Vorschriften. Bei B kommt hinzu, dass der Schenkungsvertrag ohnehin gemäß § 125 nichtig wäre, da die in § 518 geforderte notarielle Form nicht eingehalten wurde. A und B könnten somit einen Anspruch aus § 2174 nur geltend machen, wenn die Erklärungen als Vermächtnis formwirksam wären. Die Form des Erbvertrags gemäß § 2276 ist hier in keinem der beiden Fälle eingehalten worden, da dafür – anders als bei § 518 Abs. 1 – nicht nur die Erklärung des Zuwendenden, sondern auch die seines Vertragspartners notariell beurkundet werden muss und außerdem die gleichzeitige Anwesenheit beider Teile vor dem beurkundenden Notar erforderlich ist. Lässt man für § 2301 auch die Form des eigenhändigen Testaments nach § 2247 oder die des öffentlichen Testaments nach § 2232 ausreichen, sind beide Erklärungen als testamentarische Vermächtnisse wirksam. § 2301, der eigentlich die Umgehung der erbrechtlichen Formen verhindern will, ermöglicht also im Fall des B sogar die Wirksamkeit eines Rechtsgeschäfts, das unter Lebenden so nicht möglich gewesen wäre. Die wohl h. A., die für Rechtsgeschäfte des § 2301 die erbvertragliche Form fordert, kommt mit einer anderen Überlegung zu demselben Ergebnis: Die formunwirksamen Erbverträge können nach § 140 in wirksame testamentarische Verfügungen (hier: Vermächtnisanordnungen) zugunsten von A und B umgedeutet werden.

III. Regelung des § 2301 Abs. 2

Während § 2301 Abs. 1 Schenkungsversprechen unter der Bedingung des Überlebens des Beschenkten ausschließlich dem Erbrecht zuordnet, erklärt § 2301 Abs. 2 als Ausnahmebestimmung die Vorschriften über Schenkungen unter Lebenden doch wieder für anwendbar, falls die Schenkung zu Lebzeiten des Schenkers bereits vollzogen wird. Damit eröffnet sich, wie erwähnt, die Heilungsmöglichkeit nach § 518 Abs. 2. Durch den Vollzug der Schenkung, so die Überlegung des Gesetzgebers, entfernt sich das Rechtsgeschäft wieder von einer erbrechtlichen Verfügung, da dort die Vermögensübertragung erst zum Todeszeitpunkt stattfindet. Es besteht deshalb nicht mehr die Gefahr einer Umgehung erbrechtlicher Regelungen.   10

Entscheidend ist also die Frage, wann eine Schenkung als **vollzo-** **gen** i. S. v. § 2301 Abs. 2 anzusehen ist. Unproblematisch ist zunächst der Fall, dass der Schenker den Gegenstand unbedingt auf den Be-   11 schenkten überträgt, da ein „Mehr an Vollzug" überhaupt nicht denkbar ist. Dieser Fall ist allerdings eher theoretischer Natur, da die unbedingte Erfüllung eines bedingten Verpflichtungsgeschäfts kaum jemals vorkommen dürfte. § 2301 Abs. 2 muss daher, um überhaupt einen praktischen Anwendungsbereich zu haben, für den Vollzug weniger verlangen als die endgültige und unbedingte Erfüllung. Nach unbestrittener Meinung genügt es deshalb, wenn der Gegenstand nur **bedingt übertragen** wird, und zwar entweder unter der auflösenden Bedingung, dass der Beschenkte zuerst verstirbt, oder unter der aufschiebenden Bedingung, dass der Beschenkte den Schenker überlebt (MünchKomm/*Musielak*, § 2301 Rn. 18, 21).

12   An dieser Stelle sei das in der Einführung bereits angesprochene Beispiel noch einmal aufgegriffen:

> E schenkt dem M formlos seine Geige unter der Bedingung, dass M ihn überlebt. E gibt dem M die Geige schon mit. Eigentümer soll M allerdings erst werden, wenn E die bevorstehende Operation nicht überlebt.

E hat hier dem M zu Lebzeiten die Geige übergeben (§ 929 S. 1) und sich mit M unter der aufschiebenden Bedingung geeinigt, dass M den E überlebt (§§ 929 S. 1, 158 Abs. 1). Obwohl M zu Lebzeiten des E noch kein Eigentum erworben hat, hat er doch eine gesicherte **Anwartschaft** erhalten, da eine erneute Verfügung des E zu Lasten des M mit Bedingungseintritt unwirksam wäre (§ 161 Abs. 1 S. 1). Soll die Bestimmung des § 2301 Abs. 2 nicht leerlaufen, muss zumindest die bedingte Übereignung, die dem M bereits ein Anwartschaftsrecht verschafft, als Vollzug i. S. v. § 2301 Abs. 2 ausreichen. Auf das Schenkungsversprechen des E finden deshalb im Beispielsfall die Vorschriften über Schenkungen unter Lebenden und damit auch § 518 Abs. 2 Anwendung; d. h. der zunächst formunwirksame Schenkungsvertrag zwischen E und M (§ 518 Abs. 1) wird nach § 518 Abs. 2 durch die Bewirkung der versprochenen Leistung, also mit Eintritt der Bedingung für das dingliche Erfüllungsgeschäft, geheilt.

13   Ein Schenkungsvollzug ohne zumindest aufschiebend oder auflösend bedingte Übertragung des Gegenstandes ist dann, wenn **am Vollzugsgeschäft nur zwei Personen beteiligt** sind, nämlich Schenker und Beschenkter, praktisch nicht denkbar. Rechtsprechung und Lehre umschreiben zwar die Vollzugssituation mit unterschiedlichen Worten, gelangen jedoch in der Sache zum gleichen Ergebnis. Nach der wohl h. L., die sich auf den Willen des Gesetzgebers stützen kann (Mot. V, S. 352), ist Voraussetzung für den Vollzug, dass der

Schenker sein Vermögen sofort und unmittelbar mindert und damit bereits **zu Lebzeiten ein Vermögensopfer** erbringt (*Brox/Walker,* Rn. 744 m. w. N.). Nach dem BGH (WM 1971, 1338, 1339; BGHZ 87, 19, 26) soll es ausreichen, dass der Schenker zu Lebzeiten alles getan hat, „was von seiner Seite zur Zuordnung des Gegenstandes an den Begünstigten erforderlich ist". Nach beiden Auffassungen genügt es für den Vollzug nicht, wenn der Gegenstand dem Beschenkten entweder lediglich übergeben wird (z. B. aufgrund eines Leihvertrages) oder wenn zwar eine bedingte Einigung über den Eigentumserwerb vorliegt, die Übergabe aber erst durch den Erben erfolgen soll.

Fraglich ist, ob ein lebzeitiger Vollzug i. S. v. § 2301 Abs. 2 auch   14 dann zu bejahen ist, wenn der Begünstigte den Gegenstand zwar erst nach dem Tod des Erblassers erwirbt, ohne dass indessen ein Zutun der Erben zum Rechtserwerb erforderlich wäre.

Beispiel: E schenkt dem M formlos seine Geige unter der Bedingung, dass M ihn überlebt. Da M ohnehin im Hause des E ein- und ausgeht, gestattet ihm E, die Geige nach seinem Tod an sich zu nehmen, was später auch geschieht. Die Erben des E verlangen von M Herausgabe der Geige.

Einen Anspruch aus § 985 haben die Erben des E nicht, weil M gemäß § 929 S. 1 Eigentümer der Geige geworden ist. E hat dem M ein Einigungsangebot gemacht, das M spätestens mit der Mitnahme der Geige angenommen hat. Zwar war E zu diesem Zeitpunkt bereits tot, was aber nach § 130 Abs. 2 an der Wirksamkeit des Übereignungsangebots nichts ändert. Nach § 151 S. 1 ist die Einigung auch ohne Zugang der Annahmeerklärung wirksam zustande gekommen. Die Übergabe der Geige ist darin zu sehen, dass M diese mit Einverständnis des E an sich genommen hat; denn es reicht aus, wenn der Erwerber den Besitz auf Veranlassung des Eigentümers erhält. Auch wenn die Erben durch Universalsukzession gemäß § 1922 zu diesem Zeitpunkt bereits Eigentümer der Geige waren, genügte das Einverständnis des E, weil dieses bis zu einem möglichen Widerruf zu Lasten der Erben wirkt. Die Erben haben aber gegen M einen Anspruch aus § 812 Abs. 1 S. 1 Alt. 1, da die Eigentumsübertragung ohne Rechtsgrund erfolgte. Eine wirksame letztwillige Verfügung des E zugunsten des M liegt nicht vor. Eine Heilung des formnichtigen Schenkungsversprechens durch Bewirkung der Leistung (§ 518 Abs. 2) kommt ebenfalls nicht in Betracht, weil es an einem lebzeitigen Vollzug gemäß § 2301 Abs. 2 fehlt; denn E hatte dem M zu Lebzeiten lediglich die Mitnahme der Geige nach seinem Tod gestattet und somit noch kein Vermögensopfer erbracht. E hatte auch nicht die Zuordnung des Gegenstandes so veranlasst, dass sich der Rechtserwerb i. S. d. BGH nach dem Tod des E von selbst (ohne Zutun des M) vollenden konnte.

15   An der soeben geschilderten Problematik ändert sich nichts, wenn der Schenker dem Beschenkten eine **postmortale Vollmacht** zur Übertragung eines Gegenstandes auf sich selbst erteilt.

> **Beispiel:** E leiht dem M seine Geige, die dieser später als Geschenk erhalten soll, falls er den E überlebt. E bevollmächtigt den M unter Befreiung vom Verbot des Selbstkontrahierens (§ 181), nach seinem Tod die Geige sich selbst zu übereignen, was dann auch geschieht. Die Erben des E verlangen von M Herausgabe der Geige.

Aufgrund der postmortalen Vollmacht, die weder von E noch später von dessen Erben widerrufen worden ist, konnte M die Geige sich selbst übereignen. Die Erben können daher die Geige nicht nach § 985 herausverlangen. Ein Rückübereignungsanspruch ergibt sich aber auch hier aus § 812 Abs. 1 S. 1 Alt. 1, da M das Eigentum ohne Rechtsgrund erlangt hat. Das Schenkungsversprechen wurde unter einer Überlebensbedingung erteilt und beurteilt sich daher gemäß § 2301 Abs. 1 grundsätzlich nach den Regeln des Erbrechts. Danach wäre der Vertrag gemäß § 125 S. 1 nichtig, da weder die Form des Erbvertrags noch die des Testaments eingehalten wurde. Das Schenkungsversprechen ist auch nicht zu Lebzeiten des E vollzogen worden: Durch das bloße Verleihen der Geige hat E noch kein Vermögensopfer i. S. v. § 2301 Abs. 2 erbracht. Die spätere Übereignung genügt nicht, weil es sich dabei bereits um ein Rechtsgeschäft der Erben handelt, da nach dem Tod des E die Willenserklärung des Vertreters nur ihnen zugerechnet werden kann. Selbst bei einer unwiderruflichen Vollmacht hätte M zu Lebzeiten des E noch keine gesicherte Anwartschaft, da E das Instrument jederzeit gemäß §§ 929, 931 durch Abtretung des Herausgabeanspruchs an Dritte übereignen könnte. Auch der BGH kommt zu diesem Ergebnis (BGHZ 87, 19, 25 f.), weil der Erblasser mit der Vollmachterteilung noch nicht alles getan habe, was zum späteren Eigentumserwerb des M erforderlich sei. Es fehle nämlich noch die Übereignungserklärung des Erben, die nur im Wege des § 164 Abs. 1 ersetzt werde.

16   Die Entscheidung der Frage, ob ein Vollzug im Sinne des § 2301 Abs. 2 vorliegt, ist schwieriger, wenn eine **Mittelsperson bei der Übertragung des Gegenstandes** eingeschaltet wird.

Beispiel (nach RGZ 83, 223 – „Bonifatius-Fall"): Priester E, der mit seinem baldigen Tod rechnet, übergibt dem Pfarrkuraten D Wertpapiere, die dieser dem kirchlichen Bonifatiusverein „bei Gelegenheit" überbringen soll. Kurz danach stirbt E, und D übergibt die Papiere dem Weihbischof in dessen Funktion als Vereinsvorstand. S, die Schwester und Alleinerbin des E, verlangt die Wertpapiere vom Bonifatiusverein heraus.

Die Erbin S hat keinen Anspruch aus § 985. Die Übertragung der Wertpapiere richtet sich nach § 929 S. 1. Das Angebot des E auf Übereignung besteht auch nach seinem Tod gemäß § 130 Abs. 2 weiter, und der Verein, vertreten durch seinen Vorstand, hat das Angebot anlässlich der Übergabe durch D wirksam angenommen (vgl. §§ 153, 151 S. 1). S hätte die Übereignung nur verhindern können, wenn sie die Willenserklärung des E vor deren Zugang gegenüber dem Pfarrkuraten D oder gegenüber dem Weihbischof widerrufen hätte.

Anders hatte noch das RG entschieden. Es war der heute nicht mehr vertretenen Auffassung gefolgt, dass eine Übereignung nach § 929 „Einigsein" in dem Sinne voraussetzt, dass beide Parteien die dingliche Einigung im Zeitpunkt der Übergabe auch innerlich noch wollen. Da S gemäß § 1922 durch den Erbfall an die Stelle des E getreten war, reichte nach Ansicht des RG ihre innere Ablehnung gegen das Geschäft aus, um eine Übereignung zu verhindern (vgl. *Martinek/Röhrborn*, JuS 1994, 473, 476).

Ob der Verein das Eigentum an den Wertpapieren jedoch behalten darf, ist mit Blick auf § 2301 fraglich. Probleme bereitet zunächst die Frage, ob überhaupt die Tatbestandsvoraussetzungen des § 2301 Abs. 1 S. 1 vorliegen. E hatte den Pfarrkuraten gebeten, die Wertpapiere *bei Gelegenheit* dem Bonifatiusverein zu überbringen, so dass die Annahme einer Schenkung unter Lebenden, die nicht auf den Todesfall betagt ist, nahe liegt. Auch eine Überlebensbedingung hatte E nicht ausdrücklich formuliert. Das RG subsumierte den Fall dennoch unter § 2301 Abs. 1 S. 1: Anlass für die Schenkung war die schwere Erkrankung des E, von deren tödlichem Verlauf E selbst ausging. Da E um die nahe liegende Möglichkeit einer Übereignung der Wertpapiere erst nach seinem Tod wusste und nichts unternahm, um die Übereignung noch zu Lebzeiten sicherzustellen, lag nach Meinung des RG eine Schenkung auf den Todesfall vor. Auch eine Überlebensbedingung bejahte das RG, da E wusste, dass der Verein als juristische Person ihn im Rechtssinne „überleben" würde (RGZ 83, 223, 226).

Geht man mit dem RG davon aus, dass der Fall unter § 2301 Abs. 1 S. 1 zu subsumieren ist, so stellt sich die Frage, ob die Schenkung gemäß § 2301 Abs. 2 noch zu Lebzeiten des E vollzogen wurde und damit eine Heilung nach § 518 Abs. 2 eingetreten ist. Dies wird von einem Teil der Literatur abgelehnt: Die Vermögensübertragung sei nicht aus dem Vermögen des E erfolgt und mindere somit auch nicht dessen Vermögen, sondern das der Erbin S. Das zugrunde liegende Verpflichtungsgeschäft i. S. v. § 2301 Abs. 1 sei somit gemäß § 125 nichtig, so dass der S ein Anspruch aus § 812 Abs. 1 S. 1 Alt. 1 zustehe (*Medicus/Petersen,* Bürgerliches Recht, 23. Aufl. 2011, Rn. 393). Die h. M. lässt es dagegen für den Vollzug genügen, wenn der Rechtserwerb aufgrund der §§ 130 Abs. 2, 153 erst nach dem Tode des Schenkers eintritt (MünchKomm/*Musielak,* § 2301 Rn. 23 f.). Sinn und Zweck der §§ 130 Abs. 2, 153 sei es gerade zu verhindern, dass der Tod nach Abgabe der Willenserklärung noch Einfluss auf deren Wirksamkeit hat. Demnach soll es auch nicht vom **zufälligen Todeszeitpunkt** abhängen, ob sich die Schenkung auf den Todesfall nach Erb- oder Schenkungsrecht richtet. Nach h. M. soll es für den Vollzug sogar genügen, wenn D nicht als Bote, sondern als Stellvertreter gehandelt hätte. Zwar wären dann nicht die §§ 130 Abs. 2, 153 maßgebend, weil D als Stellvertreter eine eigene Willenserklärung abgegeben hätte. Die Interessenlage wäre aber die gleiche (vgl. §§ 168, 672; *Ebenroth,* Rn. 529).

Anders wäre nur zu entscheiden, wenn die Übermittlung durch den Boten bzw. Stellvertreter zur Umgehung erbrechtlicher Vorschriften missbraucht und bewusst so gesteuert würde, dass sie erst nach dem Todesfall erfolgt (*Brox/Walker,* Rn. 751).

IV. Besonderheiten beim Vertrag zugunsten Dritter

17   Beim echten (berechtigenden) Vertrag zugunsten Dritter erhält der Dritte ein eigenes Recht auf Leistung gegen den Versprechenden, der sich gegenüber dem Versprechensempfänger entsprechend verpflichtet hat (§ 328). § 331 Abs. 1 macht deutlich, dass ein solcher Vertrag auch auf den Todesfall geschlossen werden kann.

18   **Beispiel:** E (Versprechensempfänger) hat einen Lebensversicherungsvertrag mit der L-AG (Versprechende) abgeschlossen. Im Falle seines Todes soll die D (Begünstigte) 50 000 € erhalten. Dafür zahlt E bis an sein Lebensende entsprechende monatliche Beiträge.

Ein echter Vertrag zugunsten Dritter i. S. v. § 328 Abs. 1 liegt vor,
wenn D ein eigenes Forderungsrecht erwirbt. Im Zweifelsfall hilft
hier die Auslegungsregel des § 159 VVG die bei einem **Lebensversicherungsvertrag** den Erwerb eines solchen Forderungsrechts annimmt. Nach der Auslegungsregel des § 331 Abs. 1 (vgl. § 159 Abs. 1
und 2 VVG) entsteht das Forderungsrecht im Zweifel erst mit dem
Tod des E. D kann die 50 000 € also nach dem Tod des E von der L-
AG verlangen.

Dass D mit dem Tod des E eine Forderung in Höhe von 50 000 €
erwirbt, bedeutet allerdings nicht notwendigerweise, dass sie diese
auch mit Rechtsgrund erwirbt. Rechtsgrund für das Behaltendürfen
der Forderung (oder der ausbezahlten Lebensversicherungssumme)
könnte eine Verfügung von Todes wegen oder eine Schenkung unter
Lebenden sein. Es stellt sich also auch hier wieder die Frage, ob
§ 2301 eingreift.

Beim Vertrag zugunsten Dritter sind zwei Rechtsverhältnisse zu   19
unterscheiden, das **Deckungsverhältnis** zwischen dem Versprechenden (L-AG) und dem Versprechensempfänger (E) und das **Valutaverhältnis** (Zuwendungsverhältnis) zwischen E und der Begünstigten D.

Rechtsverhältnisse beim Vertrag zugunsten Dritter

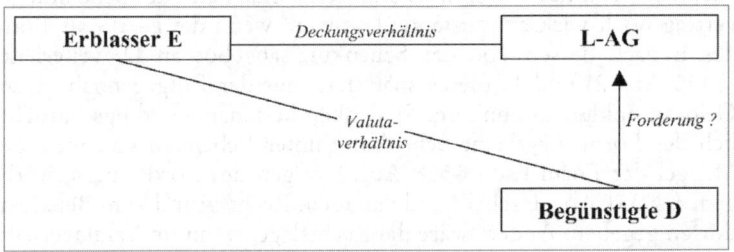

Das Deckungsverhältnis klärt die Frage, wann und unter welchen   20
Voraussetzungen D einen Anspruch auf die Lebensversicherungssumme erhält. Mit § 2301 hat das Deckungsverhältnis nichts zu tun.
Ob die Begünstigte D die nach §§ 328 Abs. 1, 331 Abs. 1 erworbene
Forderung behalten darf, ob also ein Rechtsgrund für die Zuwendung des E an D besteht, entscheidet das Valutaverhältnis. Es gilt
also bei der Zuwendung einer Forderung ebenso wie bei der Übereignung einer beweglichen Sache das **Abstraktionsprinzip:** Die Gül-

tigkeit der Zuwendung ist zwar unabhängig von ihrer causa; die Zuwendung hat aber auf Dauer nur Bestand, wenn ihr ein gültiges Verpflichtungsgeschäft zugrunde liegt.

Die Erben des E könnten also im Beispielsfall nach § 812 Abs. 1 S. 1 Alt. 1 Abtretung der Forderung bzw. Rückzahlung der bereits ausbezahlten Lebensversicherungssumme verlangen, wenn es an einem gültigen Valutaverhältnis fehlen sollte.

Eine Mindermeinung ist allerdings der Ansicht, dass Rechtsgrund für die Zuwendung § 328 Abs. 1 i. V. m. § 331 selbst sei, dass also die Zuwendung ihren Rechtsgrund in sich selbst trage (*Leipold*, Rn. 580a; *M. Wolf*, FamRZ 2002, 147). In der Tat befremdet den unbefangenen Leser des Gesetzestextes die Vorstellung, dass durch den wirksamen Lebensversicherungsvertrag dem Begünstigten ein Recht eingeräumt wird, das er möglicherweise nicht behalten darf. § 328 Abs. 1 i. V. m. § 331 löst indessen das Problem des Rechtsgrundes nicht, weil richtigerweise jede bestandskräftige Zuwendung durch Rechtsgeschäft unter Lebenden einer causa bedarf. Nach ganz herrschender Meinung kommt als causa nur ein im Valutaverhältnis, also zwischen E und D, abgeschlossener Schenkungsvertrag in Frage (BGHZ 157, 79, 82 f.; *BGH* NJW 2008, 2702, 2703 m. Anm. *Leipold*, ZEV 2008, 395). Ein solcher könnte bereits zu Lebzeiten des E geschlossen worden sein. Aber auch wenn die begünstigte D von der Lebensversicherung erst nach dem Tod des E Kenntnis erlangen sollte, kann der Schenkungsvertrag noch wirksam zustande kommen, wenn die L-AG als Botin des E nach dessen Tod das Schenkungsangebot an D weiterleitet (§ 130 Abs. 2) und D dieses spätestens mit der Entgegennahme des Geldes konkludent annimmt. Bedenken bestehen allerdings hinsichtlich der Form. Läge eine Schenkung unter Lebenden vor, wäre der Mangel der Form nach § 518 Abs. 2 wegen des Forderungserwerbs gemäß § 331 Abs. 1 geheilt und damit ein Rechtsgrund zum Behaltendürfen gegeben. Anders wäre die Rechtslage, wenn im Valutaverhältnis § 2301 Anwendung fände. Da zu Lebzeiten des E kein Vollzug der Schenkung i. S. d. § 2301 Abs. 2 vorlag (E hätte den Versicherungsvertrag jederzeit kündigen oder gem. § 159 Abs. 1 VVG im Zweifel auf einen anderen Begünstigten umschreiben können), wäre eine Heilung nach dem Tod des E nicht mehr möglich. Das Schenkungsversprechen wäre vielmehr nach § 125 nichtig, da die Formvorschriften für letztwillige Verfügungen nicht eingehalten wurden. D wäre somit einem Kondiktionsanspruch der Erben ausgesetzt.

Ob § 2301 Abs. 1 im Valutaverhältnis Anwendung findet, ist um- **21**
stritten. Obwohl die Voraussetzungen des § 2301 Abs. 1 S. 1 im Beispielsfall an sich vorliegen, lehnen BGH und h. M. die Anwendbarkeit des § 2301 Abs. 1 ab (BGHZ 66, 8, 12 f.; 185, 252, 259; *BGH
NJW* 2008, 2702, 2703; Palandt/*Weidlich*, § 2301 Rn. 17). Zur Begründung wird darauf verwiesen, § 331 Abs. 1 regele Verträge zugunsten Dritter auf den Todesfall, ohne einen Bezug zum Erbrecht
herzustellen, was sich schon an der systematischen Stellung der Vorschrift zeige. Außerdem werde anders als in den typischen Fällen des
§ 2301 Abs. 1 der Nachlass nicht direkt geschmälert; denn die Auszahlung der Lebensversicherungssumme erfolgt durch den Versprechenden und mindert somit dessen Vermögen. Nachlassgläubiger
genießen deshalb auch nur den Schutz, den sie bei einer Schenkung
unter Lebenden genießen. So ist ein Pflichtteilsberechtigter auf einen
Pflichtteilsergänzungsanspruch gemäß § 2325 Abs. 1 angewiesen (vgl.
§ 20 Rn. 26 ff.). Andere Nachlassgläubiger müssen die Schenkung gegebenenfalls nach §§ 3, 4, 9, 11 AnfG anfechten.

Obwohl Rechtsprechung und h. L. bei Verträgen zugunsten Drit- **22**
ter mit Wirkung auf den Todesfall die Anwendbarkeit von § 518
Abs. 2 bejahen und somit die Heilung formnichtiger Schenkungsversprechen nach dem Tod des Erblassers ermöglichen, bleibt doch eine
Ungereimtheit, die Rechtsprechung und Lehre allerdings hinzunehmen bereit sind: Die Heilung eines formnichtigen Schenkungsvertrags gemäß § 518 Abs. 2 setzt voraus, dass es überhaupt zu einem,
wenn auch formlosen, Vertragsschluss kommt. **Widerruft der Erbe
das Schenkungsangebot** des Erblassers, *bevor* es dem Beschenkten
zugeht, so ist eine Heilung ausgeschlossen, weil wegen § 130 Abs. 1
S. 2 ein Vertragsschluss nicht mehr in Betracht kommt (Näheres *Muscheler*, WM 1994, 921). In der Sache bedeutet dies, dass es dem Zu-
fall überlassen bleibt, ob der Erbe zuerst von der Existenz des Le-
bensversicherungsvertrags zugunsten eines Dritten erfährt oder der
Dritte (*BGH* NJW 1975, 382, 384). Hat der Dritte das Schenkungsangebot erst einmal angenommen, kommt ein Widerruf durch den
Erben nicht mehr in Betracht.

Die geschilderte Problematik bei Lebensversicherungsverträgen ist **23**
die gleiche wie bei den sog. **Sparbuchfällen** (vgl. dazu Fall Nr. 1 im
Anhang).

§ 15. Annahme und Ausschlagung der Erbschaft

Literatur: *Olzen*, Annahme der Erbschaft und Rechtsstellung des vorläufigen Erben, Jura 2001, 366.

I. Anfall der Erbschaft

1   Mit dem Tod des Erblassers fällt die Erbschaft von selbst (ipso iure) dem berufenen Erben an (§ 1942 Abs. 1; sog. **Vonselbsterwerb**). Der Erbe wird also Träger aller Rechte und Pflichten, ohne dass es einer Annahme der Erbschaft bedarf. Allerdings kann der Erbe innerhalb von sechs Wochen die Erbschaft ausschlagen (§ 1944 Abs. 1). Der Anfall der Erbschaft gilt dann als nicht erfolgt (§ 1953 Abs. 1). Eine Ausschlagung ist nicht mehr möglich, wenn der Erbe die Erbschaft angenommen hat oder wenn die für die Ausschlagung vorgesehene Frist verstrichen ist; mit dem Ablauf der Frist gilt die Erbschaft als angenommen (§ 1943).

2   Für eine gewisse Zeit besteht also Unsicherheit darüber, ob der Anfall der Erbschaft an den Erben endgültig ist oder rückwirkend wieder entfällt. Während dieser Zeit bildet der Nachlass ein Sondervermögen, das im Falle einer Ausschlagung dem Nächstberufenen anfällt (§ 1953 Abs. 2), ansonsten aber mit dem Eigenvermögen des Erben verschmilzt. Bis zur Annahme der Erbschaft können Gläubiger Ansprüche, die sich gegen den Nachlass richten, nicht gegen den Erben gerichtlich geltend machen (§ 1958).

3   Der Vonselbsterwerb ist keineswegs eine denknotwendige Konsequenz des Grundsatzes der Gesamtrechtsnachfolge (§ 1922 Abs. 1). So erwirbt der Erbe nach italienischem Recht das Erblasservermögen erst durch eine Annahmeerklärung. Zuvor „ruht" die Erbschaft (sog. hereditas iacens). Das österreichische Recht verlangt für den eigentlichen Rechtserwerb neben der Annahmeerklärung des Erben („Erberklärung") noch eine gerichtliche Einweisung in den Nachlass („Einantwortung"). Nach den Rechtssystemen des Common Law geht der Nachlass zunächst auf einen Treuhänder *(personal representative)* über, der vom Erblasser benannt oder vom Gericht bestellt wird. Dieser Treuhänder hat den Willen des Erblassers zur Ausführung zu bringen und den Nachlass nach Begleichung der Verbindlichkeiten dem Erben auszuhändigen.

II. Ausschlagung der Erbschaft

Schlägt der Erbe die Erbschaft aus, so gilt deren Anfall **rückwir-**   **4**
kend als nicht erfolgt (§ 1953 Abs. 1). Die Erbschaft fällt dann gemäß
§ 1953 Abs. 2 demjenigen an, der berufen sein würde, wenn der Ausschlagende zur Zeit des Erbfalls nicht gelebt hätte: Bei der testamentarischen Erbeinsetzung ist das der vom Erblasser bestimmte Ersatzerbe (§§ 2096, 2069), beim Fehlen eines Ersatzerben der gesetzliche
Erbe. Im Falle gesetzlicher Erbfolge treten die nächstberufenen gesetzlichen Erben an die Stelle des Ausschlagenden (§§ 1924 ff.). Der
aufgrund einer Ausschlagung zum Zuge kommende Erbe kann seinerseits wieder frei entscheiden, ob er die Erbschaft annehmen oder
ausschlagen will. Nur der Fiskus darf in seiner Eigenschaft als gesetzlicher Erbe die Erbschaft nicht ausschlagen (§ 1942 Abs. 2), so dass es
niemals zu einem erbenlosen Nachlass kommen kann. Die Ausschlagung der Erbschaft führt auch zum Verlust des Pflichtteilsrechts, weil
die Existenz eines Pflichtteilsanspruchs nach § 2303 Abs. 1 S. 1 voraussetzt, dass der Erbe durch eine *Verfügung von Todes wegen* von
der Erbfolge ausgeschlossen wurde. Eine Ausnahme gilt wegen der
Sonderregelung des § 1371 Abs. 3 für den Ehegatten, der mit dem
Erblasser in Zugewinngemeinschaft gelebt hat (vgl. § 2 Rn. 36). Gemäß § 1950 kann die Ausschlagung nicht auf einen Teil der Erbschaft
beschränkt werden. Etwas anderes gilt nach § 1948 Abs. 1 allerdings
dann, wenn ein durch Verfügung von Todes wegen berufener Erbe
ohne die Verfügung als gesetzlicher Erbe berufen wäre. In diesem
Fall kann er die Erbschaft als eingesetzter Erbe ausschlagen und als
gesetzlicher annehmen, wobei die Beschränkung bei der Ausschlagung wegen § 1949 Abs. 2 hinreichend deutlich gemacht werden
muss.

Die Ausschlagung der Erbschaft erfolgt durch **Erklärung gegen-**   **5**
über dem Nachlassgericht entweder zu dessen Niederschrift oder
in öffentlich beglaubigter Form (§ 1945 Abs. 1). Obwohl es für den
Erben oft nicht einfach ist, sich sofort nach dem Erbfall Klarheit
über den Bestand des Nachlasses zu verschaffen, beträgt die **Aus-**
schlagungsfrist nur sechs Wochen (§ 1944 Abs. 1). Mit Hilfe dieser
kurzen Frist soll im Interesse der Nachlassgläubiger möglichst
schnell Klarheit darüber gewonnen werden, wer endgültig Erbe geworden ist. Die Frist beginnt, sobald der Erbe vom Anfall der Erb-

schaft und vom Grund seiner Berufung Kenntnis erlangt (§ 1944 Abs. 2 S. 1). Der Erbe muss also wissen, ob er kraft Gesetzes oder aufgrund einer Verfügung von Todes wegen zur Erbfolge berufen ist. Bei einer Berufung durch Verfügung von Todes wegen beginnt gem. § 1944 Abs. 2 S. 2 die Ausschlagungsfrist allerdings nicht vor der mündlichen oder schriftlichen Bekanntgabe (§ 348 Abs. 2 und 3 FamFG) der Verfügung gegenüber dem Anfechtungsberechtigten.

6   Der Erbe kann die Erbschaft erst ausschlagen, nachdem der Erbfall eingetreten ist (§ 1946); eine vorher erklärte Ausschlagung ist unwirksam. Beim Berliner Testament (vgl. § 12 Rn. 11) ist deshalb eine Ausschlagung der Erbschaft durch den Schlusserben erst nach dem Tod des längerlebenden Ehegatten möglich (*BGH* NJW 1998, 543). Für die Zeit vor dem Erbfall sieht das Gesetz nur die Möglichkeit eines Erbverzichtsvertrags zwischen dem Erblasser und dem gesetzlichen Erben (§ 2346 Abs. 1) oder eines Zuwendungsverzichtsvertrags zwischen dem Erblasser und dem gewillkürten Erben (§ 2352) vor (vgl. § 22). Schlagen Eltern als gesetzliche Vertreter eines Minderjährigen für diesen die Erbschaft aus, so bedürfen sie hierzu in der Regel der Genehmigung des Familiengerichts (§ 1643 Abs. 2). Die Ausschlagung der Erbschaft ist bedingungsfeindlich (§ 1947). Stirbt der Erbe vor Ablauf der Ausschlagungsfrist, so geht das Ausschlagungsrecht auf seine Erben über. Das **Ausschlagungsrecht** ist also **vererblich** (§ 1952 Abs. 1).

7   **Beispiel:** Witwer W hinterlässt als gesetzlichen Alleinerben seinen Sohn S. Dieser stirbt fünf Wochen nach dem Tod des W und hinterlässt Ehefrau F und Tochter T. S hat die F testamentarisch zur Alleinerbin eingesetzt.

Der Nachlass des S besteht aus zwei getrennt zu betrachtenden Vermögensmassen, nämlich dem eigenen, nicht von W ererbten Vermögen und dem Nachlass seines Vaters W. F als Alleinerbin des S hat nunmehr zwei Möglichkeiten:
(1) Da die Sechs-Wochen-Frist des § 1944 Abs. 1 nach dem Tod des W zu Lasten des S noch nicht abgelaufen ist, kann F an Stelle des S diese Erbschaft ausschlagen (§ 1952 Abs. 1). Macht sie von dieser Möglichkeit Gebrauch, so scheidet der Nachlass des W aus dem Nachlass des S aus und fällt gemäß §§ 1953 Abs. 2, 1924 Abs. 1 und 3 an T, die Tochter des S. Ein solches Vorgehen kann wirtschaftlich sinnvoll sein, wenn F einen Teil des Nachlasses der T zukommen lassen möchte, ohne dass zunächst Erbschaftsteuer und durch die unentgeltliche Weiterübertragung später auch noch Schenkungsteuer anfällt.

(2) F kann auch als testamentarische Alleinerbin des S die Erbschaft insgesamt, d. h. einschließlich des Nachlasses des W, ausschlagen. Zu beachten ist, dass gemäß § 1952 Abs. 2 die Ausschlagungsfrist für das ererbte Ausschlagungsrecht nicht vor Ablauf der Frist für die Ausschlagung der gesamten Erbschaft nach dem Tod des S endigt. Will also die F nur die Erbschaft des S nach dem Tod des W ausschlagen, so schadet es ihr nicht, dass S schon fünf Wochen hat verstreichen lassen. Die Ausschlagungsfrist läuft frühestens sechs Wochen nach dem Tod ihres Mannes ab (vgl. § 1944 Abs. 1).

III. Annahme der Erbschaft

Wie eingangs erwähnt, führt nicht erst die Annahme der Erbschaft zu ihrem Anfall. Dieser tritt vielmehr kraft Gesetzes von selbst ein (§ 1942 Abs. 1). Erklärt der Erbe aber die Annahme der Erbschaft, kann er sie anschließend nicht mehr ausschlagen (§ 1943). Im Gegensatz zur Ausschlagung (§ 1945) ist die Annahme ein **formloses, nicht empfangsbedürftiges Rechtsgeschäft.** Ausreichend ist beispielsweise eine mündliche Erklärung gegenüber dem Nachlassgericht, einem Miterben oder einem Nachlassgläubiger. Die Annahme kann auch durch **schlüssiges Handeln** erklärt werden. Aus dem Verhalten muss allerdings eindeutig der Wille hervorgehen, endgültig Erbe sein zu wollen. Als ein solches Verhalten kommen der Antrag auf Erteilung eines Erbscheins, der Verkauf eines Nachlassgegenstands oder die Geltendmachung einer Nachlassforderung in Betracht. Allerdings bleibt immer zu prüfen, ob die Handlung nicht lediglich dazu dient, den Nachlass vorläufig zu sichern oder zu erhalten. Gemäß § 1959 Abs. 1 ist nämlich der vorläufige Erbe berechtigt (aber nicht verpflichtet), auch vor der Annahme der Erbschaft Geschäfte für den Nachlass zu besorgen. Verkauft der vorläufige Erbe z. B. leicht verderbliche Ware aus einem ererbten Handelsgeschäft, so kann daraus nicht ohne weiteres geschlossen werden, dass er die Erbschaft annehmen will. Lässt der Erbe die Frist zur Ausschlagung der Erbschaft ungenutzt verstreichen, so gilt spätestens dies als Annahme der Erbschaft (§ 1943).

8

IV. Anfechtung von Annahme und Ausschlagung

9   Sowohl die Annahme als auch die Ausschlagung der Erbschaft sind
Willenserklärungen, die durch Willensmängel beeinflusst sein können. Während das Gesetz in §§ 1954, 1955 für die Form und Frist
der Anfechtung besondere Regeln aufstellt, bleibt es bzgl. der Anfechtungsgründe bei den allgemeinen Vorschriften der §§ 119, 123.
Von besonderer Bedeutung ist dabei der **Eigenschaftsirrtum** i. S. v.
§ 119 Abs. 2:
    Der Nachlass ist eine Sache i. S. v. § 119 Abs. 2, da der Begriff „Sa-
che" in § 119 Abs. 2 über die Definition in § 90 hinausgehend jeden
(auch nichtkörperlichen) Gegenstand umfasst. „Eigenschaften" der
Sache sind alle tatsächlichen oder rechtlichen Verhältnisse und Beziehungen der Sache zur Umwelt, soweit sie nach der Verkehrsanschau-
ung für die Wertschätzung der Sache von Bedeutung sind und in ihr
selbst ihren Grund haben. Auf eine kurze Formel gebracht: Sachei-
genschaften sind alle **wertbildenden Faktoren,** nicht aber der Wert
der Sache selbst. Daher liegt ein Eigenschaftsirrtum immer dann vor,
wenn der Erbe über die tatsächliche Zusammensetzung des Nachlasses im Irrtum war, wenn er also die Erbschaft in Unkenntnis weiterer
Nachlassaktiva ausgeschlagen oder in Unkenntnis weiterer Nachlasspassiva angenommen hat (BGHZ 106, 359, 363; *KG* NJW-RR 2004,
941; *OLG Düsseldorf* NJW-RR 2009, 12, 13). Das Auftauchen weiterer Nachlasspassiva reicht allerdings für die Anfechtbarkeit der Annahmeerklärung ebenso wenig aus wie das Auftauchen neuer Nachlassaktiva für die Anfechtbarkeit der Ausschlagungserklärung. Nach
§ 119 Abs. 1 ist nämlich erforderlich, dass der Erbe bei Kenntnis der
wahren Sachlage und verständiger Würdigung des Falles die Erklärung nicht abgegeben hätte. Dies wird man bei Anfechtung der
Annahmeerklärung nur dann annehmen können, wenn die neu ent-
deckten Verbindlichkeiten bewirken, dass es nunmehr an einem wesentlichen Reinnachlass fehlt (*BayObLG* NJW-RR 1999, 590, 592).

10   **1. Beispiel:** Alleinerbe E nimmt nach dem Tod seines Vaters die Erbschaft
durch Erklärung gegenüber dem Nachlassgericht an. Wenige Tage später erfährt er, dass sein Vater aufgrund eines Bürgschaftsvertrags der B-Bank
100 000 € schuldet, so dass der Nachlass überschuldet ist.

Gemäß § 119 Abs. 2 kann E seine Annahmeerklärung anfechten. Die Nachlassverbindlichkeit ist ein Umstand, der den Wert des Nachlasses negativ prägt und somit eine Eigenschaft i. S. v. § 119 Abs. 2 darstellt.

> **2. Beispiel:** E schlägt die Erbschaft aus, weil er der Meinung ist, der Wert   **11**
> des von seinem Vater geerbten Grundstücks reiche nicht aus, um die Nach-
> lassschulden zu begleichen. E irrt sich. Das Grundstück ist erheblich mehr
> wert als angenommen.

Hier liegt kein Irrtum über eine Sacheigenschaft i. S. v. § 119 Abs. 2 vor, weil E bei der Ausschlagung die für die Ermittlung des Nachlasswertes erheblichen Tatsachen gekannt hat. Der Irrtum über den Marktwert eines Gegenstands ist kein beachtlicher Eigenschafts-, sondern ein unbeachtlicher Motivirrtum.

Da § 1943 die Fristversäumung als Annahmeerklärung fingiert,   **12** kann gemäß § 1956 auch die **Versäumung der Ausschlagungsfrist** angefochten werden. Diese Gleichstellung ist sachgerecht: Wer seinen Annahmewillen durch Verstreichenlassen der Annahmefrist zum Ausdruck bringt, muss ebenso behandelt werden wie derjenige, der ausdrücklich oder konkludent die Annahme der Erbschaft erklärt. Hat der Erbe also die Ausschlagungsfrist verstreichen lassen, weil ihm das Vorhandensein von (weiteren) Nachlassschulden nicht bekannt war, so kann er später die Fristversäumung anfechten. Eine Anfechtung der Fristversäumung ist darüber hinaus vor allem dann möglich, wenn der Erbe nicht weiß, dass er durch das Verstreichenlassen der sechswöchigen Ausschlagungsfrist die Erbschaft annimmt, weil er sich entweder über Dauer oder Beginn der Frist irrt oder irrig annimmt, nur eine ausdrückliche Annahmeerklärung führe zum Anfall der Erbschaft (RGZ 143, 419, 423; *BayObLG* NJW-RR 1994, 586; *OLG Hamm* FamRZ 1985, 1185). In diesen Fällen fehlt dem „Erklärenden" das Erklärungsbewusstsein, weil er zum Zeitpunkt des Fristablaufs nicht damit rechnet, hierdurch die Annahme zu erklären, so dass eine Anfechtung gemäß § 119 Abs. 1 analog möglich ist.

Wer eine Erbschaft annimmt oder ausschlägt, befindet sich nicht   **13** selten in einem Irrtum über die konkreten Rechtsfolgen seiner Erklärung. **Rechtsfolgeirrtümer** berechtigen nur dann (ausnahmsweise) zur Anfechtung, wenn sie als Inhaltsirrtümer zu qualifizieren sind, weil sich der Erklärende über die *unmittelbaren* und *wesentlichen* Rechtsfolgen des Geschäfts und damit über dessen Rechtsnatur irrt.

Ein solcher Inhaltsirrtum liegt nach herrschender, wenn auch umstrittener Ansicht nicht vor, wenn der Ausschlagende eine falsche Vorstellung darüber hat, wer an seiner Stelle gesetzlicher Erbe wird (*OLG Schleswig* ZEV 2005, 526 m. Anm. *Ivo*; *OLG Hamm*, Rpfleger 2011, 671, 672); denn die Fehlvorstellung bezieht sich nur auf eine mittelbare Rechtswirkung, die zu der gewollten (= Preisgabe der eigenen Erbenstellung) hinzutritt. Sie ist deshalb auch kein Irrtum über den Inhalt der Erklärung, sondern lediglich ein unbeachtlicher Motivirrtum. Wie schwierig die Abgrenzung zwischen unmittelbaren und mittelbaren, wesentlichen und unwesentlichen Rechtsfolgen ist, zeigt eine Entscheidung des BGH vom 5.7.2006 (BGHZ 168, 210 = ZEV 2006, 498 m. Anm. *Leipold* = JZ 2007, 419 m. Anm. *Olzen/Schwarz*):

> **Beispiel:** Ein als Alleinerbe unter Beschwerungen eingesetzter Pflichtteilsberechtigter nimmt die Erbschaft an, wobei er irrig der Meinung ist, wenn er die Erbschaft ausschlage, verliere er den Anspruch auf den Pflichtteil. Gerade das Gegenteil ist jedoch nach § 2306 Abs. 1 der Fall (vgl. § 20 Rn. 7).

Der BGH bejaht einen zur Anfechtung berechtigenden Inhaltsirrtum i. S. v. § 119 Abs. 1. Anders als das BayObLG (NJW-RR 1995, 904) meint der BGH, die unmittelbare und wesentliche Wirkung der Annahmeerklärung sei nicht nur der endgültige Erwerb der Erbenstellung, sondern auch der Verlust des Pflichtteilsanspruchs. Im Ergebnis dürfte die vom BGH vertretene Ansicht zutreffen: Ob eine Rechtsfolge wesentlich oder unwesentlich, unmittelbar oder mittelbar ist, bleibt letztlich eine Wertungsfrage. Wer irrig glaubt, durch eine Erbschaftsannahme Pflichtteilsansprüche zu erwerben oder jedenfalls nicht zu verlieren, wird durch seinen Irrtum härter („wesentlicher") betroffen als derjenige, welcher eine Erbschaft ausschlägt und eine falsche Vorstellung davon hat, wer an seiner Stelle gesetzlicher Erbe wird.

14   Die Ausübung des Anfechtungsrechts führt gemäß § 142 Abs. 1 zur rückwirkenden Nichtigkeit der Annahme bzw. Ausschlagung. Darüber hinaus bestimmt § 1957 Abs. 1, dass in der Anfechtung der Annahme eine Ausschlagung und in der Anfechtung der Ausschlagung eine Annahme zu sehen ist. Nach der Anfechtung der ursprünglichen Entscheidung des Erben soll nunmehr endgültige Klarheit herbeigeführt werden.

15   Irrt sich der Erbe bei der Annahme der Erbschaft über den Berufungsgrund, hält sich der testamentarische Erbe also beispielsweise

für einen gesetzlichen Erben, so ist die Annahmeerklärung gemäß § 1949 Abs. 1 kraft Gesetzes unwirksam, ohne dass es einer Anfechtung bedarf. § 1949 Abs. 1 greift allerdings mangels Kausalität des Irrtums dann nicht ein, wenn dem Erben der Berufungsgrund gleichgültig ist (*OLG Karlsruhe* ZEV 2007, 380).

V. Rechtsstellung des vorläufigen Erben

Solange ein Erbe noch die Möglichkeit hat, die Erbschaft auszu- 16 schlagen, ist seine Rechtsstellung eine vorläufige. Obwohl die Ausschlagungsfrist mit sechs Wochen sehr kurz bemessen ist, stellt sich die Frage, ob Nachlassgläubiger trotz noch laufender Ausschlagungsfrist zwangsweise gegen den vorläufigen Erben vorgehen können, ob und wie der vorläufige Erbe im Falle der Ausschlagung dem endgültigen Erben haftet und ob Dritte auf die Eigentümerstellung des vorläufigen Erben vertrauen dürfen.

1. Gerichtliches Vorgehen von Nachlassgläubigern

Nach § 1958 kann ein Anspruch, der sich gegen den Nachlass rich- 17 tet, vor der Annahme der Erbschaft nicht gegen den Erben gerichtlich geltend gemacht werden. § 1958 will einerseits dem nur vorläufigen Erben die Last der Prozessführung nicht zumuten, andererseits aber auch Prozesse verhindern, die sich nach der Ausschlagung als nutzlos erweisen. Schutzwürdigen Interessen der Nachlassgläubiger kann durch die Bestellung eines Nachlasspflegers (§ 1961) Rechnung getragen werden, gegen den Nachlassgläubiger ihre Ansprüche geltend machen können, obwohl der endgültige Erbe noch nicht feststeht.

Hat ein Nachlassgläubiger bereits vor dem Erbfall einen Vollstreckungstitel 18 gegen den Erblasser erwirkt, so fragt es sich, ob hieraus die Zwangsvollstreckung gegen den vorläufigen Erben betrieben werden kann. § 778 Abs. 1 ZPO lässt eine Zwangsvollstreckung in den Nachlass als Sondervermögen zwar zu, setzt aber voraus, dass die Vollstreckungsklausel gemäß § 727 ZPO auf den Erben umgeschrieben wurde. Diese Umschreibung scheitert indessen vor der Annahme der Erbschaft an § 1958. § 778 Abs. 1 ZPO erlangt somit praktische Bedeutung nur, wenn mit der Zwangsvollstreckung aus dem Titel gegen den Erblasser bereits vor dessen Tod begonnen wurde. Dann nämlich kann die Zwangsvollstreckung gemäß §§ 779 Abs. 1, 778 Abs. 1 ZPO auch nach seinem Tod ohne Umschreibung gemäß § 727 ZPO fortgesetzt werden.

2. Verwaltung des Nachlasses

19   Aus § 1959 Abs. 1 ergibt sich, dass der vorläufige Erbe zwar berechtigt, aber nicht verpflichtet ist, den Nachlass zu verwalten. Soweit der vorläufige Erbe allerdings Geschäfte für den Nachlass besorgt, wird er im Verhältnis zum endgültigen Erben wie ein **Geschäftsführer ohne Auftrag** berechtigt und verpflichtet.

20   Rechtsgeschäfte, die gegenüber dem Erben als solchem vorgenommen werden müssen, bleiben, wenn sie gegenüber dem vorläufigen Erben vorgenommen wurden, auch dann wirksam, wenn dieser später die Erbschaft ausschlägt (§ 1959 Abs. 3). Die Regelung ist vor allem bei einseitigen empfangsbedürftigen Willenserklärungen (Mahnungen, Kündigungen, Anfechtungserklärungen) von Bedeutung.

21   Kümmert sich der vorläufige Erbe nicht um den Nachlass oder steht noch nicht einmal fest, wer Erbe geworden ist, kann das Nachlassgericht gemäß § 1960 Abs. 2 i. V. m. Abs. 1 einen Nachlasspfleger bestellen. Auf diesen sind gemäß § 1915 Abs. 1 die Vorschriften über die Vormundschaft (§§ 1773 ff.) entsprechend anzuwenden. Der Nachlasspfleger hat den Nachlass zu erhalten, zu sichern und zu verwalten (§ 1793) und haftet dem Erben nach Maßgabe des § 1833.

3. Verfügungen über Nachlassgegenstände

22   Veräußert oder belastet der vorläufige Erbe Nachlassgegenstände, so verfügt er (zunächst) als Berechtigter, weil er mit dem Tod des Erblassers ipso iure dessen Gesamtrechtsnachfolger geworden ist. Hierbei bleibt es, wenn er später durch Annahme der Erbschaft oder Verstreichenlassen der Ausschlagungsfrist zum endgültigen Erben wird. Schlägt er allerdings die Erbschaft aus, so verliert er gemäß § 1953 Abs. 1 rückwirkend seine Erbenstellung. Die Verfügung erweist sich dann im Nachhinein als die Verfügung eines Nichtberechtigten, deren Wirksamkeit sich nach den allgemeinen Regeln der §§ 932 ff., 892 f. richtet. Etwas anderes gilt aufgrund der Sonderregelung des § 1959 Abs. 2 nur für eine Verfügung, die „nicht ohne Nachteil für den Nachlass verschoben werden" konnte. Eine derartige **Dringlichkeitsverfügung** bleibt trotz späterer Ausschlagung der

Erbschaft in jedem Fall wirksam. Zu beachten ist jedoch, dass eine Verfügung gerade dann, wenn sie nicht dringlich war, in aller Regel eine konkludente Annahme der Erbschaft darstellt, so dass eine spätere Ausschlagung überhaupt nicht mehr möglich ist (§ 1943). Probleme können sich dennoch ergeben, wenn der Erbe die Annahme später erfolgreich anficht.

Beispiel: E hat seinen Freund F zum testamentarischen Alleinerben bestimmt und seinen einzigen Abkömmling S enterbt. F verkauft nach dem Tod des E ein Gemälde aus dem Nachlass an D, der von der Erbschaft nichts weiß und F für den Eigentümer hält. Nach Ablauf der Ausschlagungsfrist erfährt F von der Überschuldung des Nachlasses und ficht daraufhin die Erbschaftsannahme an. **23**

Sieht man im Verkauf des Bildes (richtigerweise) eine konkludente Erbschaftsannahme, so kann F diese nach § 119 Abs. 2 anfechten (vgl. Rn. 9). F könnte aber auch die Versäumung der Ausschlagungsfrist nach § 1956 i. V. m. § 119 Abs. 2 anfechten, so dass es auf die Frage, ob der Verkauf des Bildes eine konkludente Annahme darstellt, nicht ankommt. F hat jedenfalls rückwirkend seine Erbenstellung verloren (§ 1953 Abs. 1) und somit als Nichtberechtigter verfügt.

D könnte jedoch das Bild von F gutgläubig gemäß §§ 929, 932 erworben haben. Dem scheint allerdings § 935 entgegenzustehen, falls S den **Erbenbesitz i. S. v. § 857** unfreiwillig verloren hat. § 857 fingiert den automatischen Übergang des Besitzes vom Erblasser auf den Erben zum Todeszeitpunkt. Wegen der Rückwirkung von Anfechtung (§ 142 Abs. 1) und Ausschlagung (§ 1953 Abs. 1) konnte S als wahrer Erbe mit dem Tod des F gemäß § 857 fiktiv dessen Besitzerstellung übernehmen, d. h. unmittelbarer Besitzer des Bildes werden.

Es fragt sich aber, ob die Fiktion des § 857 auch dann zur Anwendbarkeit des § 935 führt, wenn der Verfügende zum Zeitpunkt der Verfügung (vorläufiger) Erbe war und als solcher Besitz an den Nachlassgegenständen ergreifen durfte und bereits ergriffen hat. Richtigerweise misst die h. M. § 857 beim Wegfall des vorläufigen Erben keine rückwirkende Kraft bei (*BGH* NJW 1969, 1349; *Schlüter,* Rn. 524 m. w. N.), so dass D das Bild im Beispielsfall gutgläubig erwerben konnte. Die Rechtslage wäre die gleiche, wenn nicht ein vorläufiger Erbe sondern ein Scheinerbe verfügt hätte, der später seine Erbenstellung durch Anfechtung nach §§ 2078, 2079 rückwirkend verliert. Bzgl. der Gutgläubigkeit des Erwerbers (§ 932 Abs. 2) ist zu beachten, dass diese nach § 142 Abs. 2 analog verneint werden

müsste, wenn D gewusst oder infolge grober Fahrlässigkeit nicht gewusst hätte, dass F nur vorläufiger Erbe war oder dass F die bereits
erfolgte Annahme noch durch Anfechtung zu Fall bringen konnte.

VI. Sicherung des Nachlasses und Ermittlung der Erben

24   Gemäß § 1960 Abs. 1 S. 1 hat das Nachlassgericht bis zur Annahme
der Erbschaft für die Sicherung des Nachlasses zu sorgen, soweit ein
Bedürfnis besteht. Dies kann nach § 1960 Abs. 1 S. 2 insbesondere
dann der Fall sein, wenn der Erbe unbekannt oder wenn ungewiss
ist, ob er die Erbschaft angenommen hat. In einem solchen Fall
kann das Nachlassgericht einen **Nachlasspfleger** bestellen (§ 1960
Abs. 2). Auf ihn finden das allgemeine Recht der Pflegschaft
(§§ 1909 ff.) und damit gemäß § 1915 Abs. 1 die für die Vormundschaft geltenden Vorschriften der §§ 1773 ff. entsprechende Anwendung. Vorrangige Aufgabe des Nachlasspflegers ist die Sicherung
und Verwaltung des Nachlasses sowie die Ermittlung der Erben.

25   Damit das Nachlassgericht überhaupt vom Todesfall erfährt, wird
es vom zuständigen Standesbeamten oder der Ortspolizeibehörde
aufgrund landesrechtlich geregelter Mitteilungspflichten verständigt.
Daraufhin hat das Nachlassgericht von Amts wegen zu prüfen, ob
ein Bedürfnis für eine gerichtliche Nachlassfürsorge besteht (Bu-
randt/Rojahn/*Trimborn von Landenberg*, § 1960 Rn. 4).

26   Während in den meisten Bundesländern die Ermittlung der Erben Aufgabe
des Nachlasspflegers ist, ist in Bayern und Baden-Württemberg das Nachlassgericht selbst aufgrund landesrechtlicher Bestimmungen verpflichtet, von
Amts wegen die Erben zu ermitteln (MünchKomm/*Leipold*, Einl. vor § 1922
Rn. 139). Bei der Bundesnotarkammer wird ein Zentrales Testamentsregister
geführt, in dem alle notariell beurkundeten sowie alle von den Amtsgerichten
in besondere amtliche Verwahrung genommenen Testamente registriert sind
(§ 78b BNotO, § 347 Abs. 1 S. 1 FamFG). Wird von den Standesämtern an
die Bundesnotarkammer ein Sterbefall gemeldet (§ 60 Abs. 1 Nr. 9 PStV), in-
formiert dieses die Verwahrstelle des Testaments sowie das zuständige Nachlassgericht (§ 78c BNotO), das dann gemäß § 348 FamFG einen Termin zur
Eröffnung der Verfügung bestimmen kann.

27   **Gewerbliche Erbenermittler** beschäftigen die Rechtsprechung in zuneh-
mendem Maße. Abgrenzungsprobleme bereitet ihre Tätigkeit, wenn sie sich
nicht auf das bloße Erbensuchen beschränkt, sondern – aufgrund einer Vereinbarung mit den Erben – auch die Vertretung in anderen den Nachlass be-

treffenden Angelegenheiten umfasst, gegenüber der Erbringung außergerichtlicher Rechtsdienstleistungen, die nur nach den Vorgaben des RDG zulässig ist (*Grunewald*, ZEV 2008, 257, 258). Verfassungsrechtlich ist es nicht zu beanstanden, dass gewerbliche Erbenermittler Beteiligte in einem Erbscheinsverfahren gem. § 10 Abs. 2 S. 1 FamFG nur dann vertreten können, wenn sie als Rechtsanwalt zugelassen sind (*BVerfG* NJW 2010, 3291). Problematisch sind unter dem Aspekt des § 138 weiterhin die Verträge, welche die Erbenermittler mit den Erben abschließen (i. a. Beteiligungen an 15–40% des Nachlasswertes), weil die Erben die Auskunft entweder teuer bezahlen oder aber auf die Erbschaft gänzlich verzichten müssen. Kommt es zwischen Erbenermittler und Erben nicht zu einer Honorarvereinbarung, so steht dem Erbenermittler auch dann kein Vergütungsanspruch aus Geschäftsführung ohne Auftrag (§§ 683, 670) zu, wenn es dem Erben aufgrund der Ersthinweise des Erbenermittlers gelingen sollte, die Anschrift des Erblassers ausfindig zu machen (*BGH* NJW 2000, 72; a. A. *Dornis*, JZ 2013, 592); denn das Rechtsinstitut der Geschäftsführung ohne Auftrag darf nicht dazu dienen, das Ergebnis gescheiterter Vertragsverhandlungen zu korrigieren. Umstritten ist schließlich, ob und unter welchen Voraussetzungen gewerbliche Erbenermittler nach § 62 Abs. 1 S. 2 und Abs. 2 PStG ein rechtliches Interesse an der Erteilung von Personenstandsurkunden oder Auskünften über Personenstandsdaten haben, ohne die eine erfolgreiche Erbensuche kaum möglich ist. Richtigerweise wird man ein rechtliches Interesse nur annehmen dürfen, wenn der Erbenermittler unmittelbar vom Nachlassgericht beauftragt oder vom Nachlasspfleger bevollmächtigt wurde (Näheres *Frank*, StAZ 2007, 165).

§ 16. Erbschein

Literatur: *Kuchinke,* Grundfragen des Erbscheinsverfahrens und des Verkehrsschutzes bei Verfügungen des Scheinerben über Erbschaftsgegenstände, Jura 1981, 281; *Medicus,* Besitz, Grundbuch und Erbschein als Rechtsscheinsträger, Jura 2001, 294.
Zur Übung: *Löhnig,* Fälle, Fall Nr. 9; *Simon/Werner,* Problem Nr. 21; *Stumpf,* Ein eifriger Scheinerbe, JuS 1992, 935.

I. Einführung

1   Der Erbschein ist ein auf Antrag ausgestelltes **amtliches Zeugnis** des Nachlassgerichts über die Erbfolge (§ 2353), das den Erben legitimiert. Vor allem Grundbuchämter, Banken und Versicherungen werden ohne Vorlage eines Erbscheins in aller Regel nicht für einen Erben tätig. Die Erteilung eines Erbscheins ändert allerdings nichts an der materiellen Rechtslage; ein „falscher" Erbschein macht aus einem Scheinerben keinen wahren Erben. Der Erbschein schützt jedoch gutgläubige Dritte, die mit dem Erbscheinsinhaber Rechtsgeschäfte i. S. d. §§ 2366, 2367 tätigen. Sie werden dabei so gestellt, als hätten sie das Rechtsgeschäft mit dem wahren Erben abgeschlossen.

Nach BGHZ 164, 181 = ZEV 2006, 24 m. Anm. *Muscheler* ist der Erbe – schon mit Rücksicht auf die anfallenden Kosten – nicht verpflichtet, sein Erbrecht immer und ausnahmslos durch einen Erbschein nachzuweisen. Ein eröffnetes öffentliches Testament, an dessen Gültigkeit keine Zweifel bestehen, kann beispielsweise durchaus einen ausreichenden Nachweis darstellen.

II. Inhalt und Arten

1. Inhalt

2   Der Erbschein weist das Erbrecht, die Erbteilsgröße (§ 2353) und die Verfügungsbeschränkungen des Erben durch Nacherbfolge (§ 2363) und Testamentsvollstreckung (§ 2364) aus. Schuldrechtliche

Verpflichtungen des Erben (z. B. Vermächtnisse, Pflichtteilsansprüche) sind im Erbschein nicht anzugeben, weil sie die Verfügungsbefugnis des Erben nicht berühren.

Formulierungsbeispiel

Amtsgericht Augsburg   Az.: ...
– Nachlassgericht –

Erbschein

Es wird bezeugt, dass der am 7. Februar 2013 verstorbene Architekt Peter Schmidt, geb. am 7.8.1930 in Dresden, zuletzt wohnhaft Hauptstraße 250, 86199 Augsburg,
von seiner Tochter Luise Bühren, geb. Schmidt, geb. am 10.6.1959 in Soltau, Hausfrau, wohnhaft Hauptstraße 252, 86199 Augsburg, allein beerbt worden ist.

Augsburg, den 2. April 2013

Dr. Roll
Richter am Amtsgericht

---

2. Arten

Dem Alleinerben kann nach § 2353 ein **Alleinerbschein** ausgestellt **3** werden, dem Miterben ein **Teilerbschein,** der Auskunft über die Größe des Erbteils durch Nennung einer Quote gibt. Der nach § 2357 zu erteilende **gemeinschaftliche Erbschein** weist das Erbrecht aller Miterben einer Erbengemeinschaft aus.

Nach § 105 FamFG erteilen deutsche Gerichte auch in Fällen mit Auslands- **4** berührung einen Erbschein, wenn sie gem. § 343 FamFG örtlich zuständig sind. Ob ein Erbschein durch ein deutsches Gericht erteilt wird, ist damit anders als nach dem früher geltenden „Gleichlaufprinzip" unabhängig von der Frage, ob sich die Erbfolge nach deutschem Recht beurteilt. Allerdings besteht gem. § 2369 Abs. 1 die Möglichkeit, den Erbscheinsantrag auf im Inland belegene Gegenstände zu beschränken (vgl. *Zimmermann*, JuS 2009, 817, 818).

III. Rechtswirkungen des Erbscheins

5   Die Rechtswirkungen beginnen mit der Erteilung des Erbscheins durch das Nachlassgericht. Sie enden, sobald das Nachlassgericht den Erbschein eingezogen, für kraftlos erklärt oder sein Besitzer ihn auf Verlangen des wahren Erben dem Nachlassgericht herausgegeben hat (§§ 2361 Abs. 1 und 2, 2362 Abs. 1).

1. Vermutung des § 2365

6   Nach § 2365 begründet der Erbschein zwei Vermutungen, zum einen die Vermutung, dass dem Erbscheinserben das Erbrecht in der angegebenen Höhe zusteht (**Richtigkeitsvermutung**), zum anderen die Vermutung, dass andere als die angegebenen Beschränkungen (vgl. §§ 2363, 2364) nicht bestehen (**Vollständigkeitsvermutung**). In beiden Fällen handelt es sich um eine **Rechtsvermutung**, die entspr. § 292 ZPO durch den Beweis des Gegenteils entkräftet werden kann. § 2365 ähnelt in Struktur und Funktion der Grundbuchvermutung des § 891.

§ 2365 spielt vor allem im Prozess eine Rolle, wenn es dem Richter nicht gelingt, die wahre Sachlage zu klären. Dabei kann sich die Vermutung sowohl zu Gunsten als auch zu Lasten des Erbscheinserben auswirken – zu Gunsten, wenn der Erbscheinserbe einen zum Nachlass gehörenden Anspruch geltend macht, zu Lasten, wenn er wegen einer Nachlassschuld belangt wird.

2. Öffentlicher Glaube des Erbscheins (§§ 2366, 2367)

7   Regelungszweck und Struktur der §§ 2366, 2367 entsprechen den Vorschriften der §§ 892, 893. Wie das Grundbuch, so erzeugt auch der Erbschein einen Rechtsschein, auf den der Rechtsverkehr vertrauen darf.

Rechtsgeschäfte i. S. d. §§ 2366, 2367 sind nur **Verfügungsgeschäfte**, wobei § 2366 Verfügungen des Scheinerben über Nachlassgegenstände betrifft, während es in § 2367 vor allem um Leistungen Dritter an den Scheinerben geht.

Verpflichtungsgeschäfte werden von §§ 2366, 2367 nicht erfasst. Ein gutgläubiger Dritter bleibt also ohne Schutz, wenn er vom Erbscheinserben ein Grundstück mietet. Entsprechend wird aus einem Kaufvertrag nur der Scheinerbe persönlich verpflichtet, auch wenn er durch einen Erbschein ausgewiesen ist. Kann der Scheinerbe den Kaufvertrag nicht erfüllen, weil der zunächst gutgläubige Käufer später bösgläubig oder der Erbschein vom Nachlassgericht eingezogen wird (§ 2361 Abs. 1), so haftet er dem Käufer nach § 311a Abs. 2.

a) Erwerb vom Erbscheinserben (§ 2366)

§ 2366 schützt gutgläubige Dritte, die vom Erbscheinserben einen **8** Erbschaftsgegenstand, ein Recht an einem solchen Gegenstand oder die Befreiung von einem zur Erbschaft gehörenden Recht erwerben. Erbschaftsgegenstände sind Sachen (Mobilien oder Immobilien) sowie Rechte jeder Art, dingliche und persönliche, wie z. B. Forderungen, Urheber- und Patentrechte. Aufgrund des Erbscheins wird **der gutgläubige Dritte so gestellt, als hätte er das Rechtsgeschäft mit dem wahren Erben abgeschlossen.**

Beispiel für den Erwerb einer beweglichen Sache: A ist Alleinerbe des **9** Erblassers E. Der durch einen Erbschein zu Unrecht als Erbe ausgewiesene S (Scheinerbe) veräußert ein Bild aus dem Nachlass des E an den gutgläubigen X.

S konnte als Nichteigentümer das Bild nicht gemäß § 929 S. 1 übereignen. Auch ein gutgläubiger Erwerb des X nach § 932 scheitert, weil A unfreiwillig den (fiktiven) Erbenbesitz gemäß § 857 verloren hat, so dass ein Abhandenkommen i. S. v. § 935 Abs. 1 S. 1 vorliegt (Fallvariante des „oder sonst abhanden gekommen"). Aufgrund des Erbscheins wird X jedoch gemäß § 2366 so gestellt, als hätte er das Bild vom wahren Erben erworben. Vom wahren Erben hätte X das Bild wirksam nach § 929 S. 1 erworben. Also wird X hier Eigentümer gemäß **§§ 2366, 929 S. 1.**

Würde das Bild bei im Übrigen gleicher Fallgestaltung nicht dem Erblasser E gehören, sondern dessen Freund F, von dem es der Erblasser nur geliehen hatte, so wäre ein Eigentumserwerb durch X allein nach §§ 2366, 929 S. 1 nicht möglich. Zwar würde X nach § 2366 so gestellt, als hätte er vom wahren Erben erworben, aber auch vom wahren Erben hätte X kein Eigentum nach § 929 S. 1 erwerben können, da E nicht Eigentümer war. X hätte aber das Eigentum vom wahren Erben A nach §§ 929 S. 1, 932 gutgläubig erworben, weil dieser nach § 857 in die Besitzposition des Erblassers eingerückt ist, so dass gegenüber dem Eigentümer F kein Abhandenkommen gemäß § 935 Abs. 1 S. 2 vorliegt. Der Eigentumserwerb des X würde sich also in der Abwandlung des Beispielfalls nach §§ 2366, 929 S. 1, 932 vollziehen.

Hätte der Erblasser E das Bild hingegen von seinem Freund F nicht geliehen, sondern es diesem gestohlen, so wäre ein gutgläubiger Erwerb des X allerdings ausgeschlossen. § 2366 hilft dem X nicht, weil auch der wahre Erbe A dem X wegen § 935 kein Eigentum hätte verschaffen können.

10   **Beispiel für den Erwerb einer Immobilie:** A ist Alleinerbe des Erblassers E. Der durch einen Erbschein zu Unrecht als Erbe ausgewiesene S (Scheinerbe) veräußert ein Nachlassgrundstück an den gutgläubigen X.

S könnte mit Hilfe des Erbscheins zuerst die **Berichtigung des Grundbuchs** herbeiführen, d. h. sich selbst als Eigentümer eintragen lassen (§§ 13 Abs. 1, 22 Abs. 1 S. 1, 35 Abs. 1 S. 1 GBO), und erst danach über das Grundstück verfügen. In diesem Fall würde X nach § 892 i. V. m. §§ 873, 925 gutgläubig Eigentum vom Bucheigentümer S erwerben. Auf § 2366 käme es nicht an. S könnte aber auch nach § 40 Abs. 1 GBO (Ausnahme vom Grundsatz der Voreintragung) vorgehen und sofort X als neuen Eigentümer in das Grundbuch eintragen lassen. Grundbuchrechtlich wäre dazu neben dem Antrag (§ 13 GBO) der Nachweis der Auflassung (§ 20 GBO) und der Nachweis der Erbfolge durch Erbschein (§ 35 Abs. 1 S. 1 GBO) erforderlich. X würde in diesem Fall nach § 2366 i. V. m. §§ 873, 925 gutgläubig Eigentum erwerben, da er so gestellt werden muss, als hätte er das Grundstück vom wahren Erben erworben. Wurde S durch ein **öffentliches Testament** zum Erben berufen und erweist sich dieses später als nichtig, so könnte S zwar ohne Erbschein allein aufgrund des öffentlichen Testaments die sofortige Eintragung des X bewirken (§ 35 Abs. 1 S. 2 GBO). Da jedoch das öffentliche Testament keinen öffentlichen Glauben genießt, wäre ein gutgläubiger Erwerb des Eigentums durch X nicht möglich.

Wandelt man das Beispiel dahingehend ab, dass E nur Bucheigentümer war, dann könnte Scheinerbe S sich im Wege der Grundbuchberichtigung mit Hilfe eines Erbscheins oder öffentlichen Testaments als Eigentümer eintragen lassen (§§ 13 Abs. 1, 22 Abs. 1 S. 1, § 35

Abs. 1 GBO) und sodann gemäß §§ 873, 925, 892 wirksam zugunsten des gutgläubigen X verfügen.

S könnte allerdings auch, ohne voreingetragen zu sein, mit Hilfe eines Erbscheins die sofortige Eintragung des X veranlassen. Der gutgläubige Erwerb des X würde sich dann nach §§ 2366, 873, 925, 892 richten. § 2366 würde sicherstellen, dass der gutgläubige X so behandelt wird, als hätte er das Grundstück vom wahren Erben erworben. Vom wahren Erben hätte X das Grundstück über § 892 gutgläubig erwerben können.

Würde S allerdings mit Hilfe eines öffentlichen Testaments die sofortige Eintragung des X bewirken, so wäre ein gutgläubiger Erwerb ausgeschlossen, weil das öffentliche Testament anders als der Erbschein keinen Gutglaubensschutz gewährt.

> **Beispiel für den Erwerb einer Forderung:** A ist Alleinerbe des Erblassers **11**
> E. Der durch einen Erbschein zu Unrecht als Erbe ausgewiesene S (Scheinerbe) tritt eine Kaufpreisforderung des E gegen K an den gutgläubigen X ab.

Die Wirksamkeit der Abtretung richtet sich nach den §§ 398 ff. Danach ist ein gutgläubiger Forderungserwerb vom Nichtberechtigten grundsätzlich nicht möglich (Ausnahme: § 405). Nach § 2366 wird X jedoch so gestellt, als hätte der wahre Erbe die Forderung an ihn abgetreten. X erwirbt also die Forderung gutgläubig (§§ 398, 2366).

Auf den Erbschein kann sich nur berufen, wer beim Rechtserwerb **gutgläubig** war. Bösgläubigkeit setzt nach § 2366 positive Kenntnis von der Unrichtigkeit des Erbscheins oder vom Einziehungsbeschluss des Nachlassgerichts voraus. Grobe Fahrlässigkeit schadet – anders als bei § 932 Abs. 2 – nicht. Bösgläubig ist allerdings auch, wer die Anfechtbarkeit der dem Erbschein zugrunde liegenden letztwilligen Verfügung kennt (§ 142 Abs. 2).

Maßgeblicher Zeitpunkt für die Gutgläubigkeit ist grundsätzlich **12**
die Vollendung des Rechtserwerbs. Soweit sich allerdings im Grundstücksverkehr der gutgläubige Erwerb nach § 2366 vollzieht, stellt sich die Frage nach einer analogen Anwendung des § 892 Abs. 2. Nach dieser Bestimmung genügt es, wenn der Erwerber bei der Stellung des Eintragungsantrags gutgläubig ist. § 892 Abs. 2 beruht auf dem Gedanken, dass der von den Beteiligten nicht zu beeinflussende Zeitpunkt der Eintragung einen gutgläubigen Erwerb nicht in Frage stellen soll, wenn bei der Antragstellung bereits sämtliche Erwerbsvoraussetzungen vorliegen. Ob der Erwerb sich nach § 892 oder

nach § 2366 vollzieht, macht insoweit keinen Unterschied. Man sollte deshalb entgegen der h. L. (*Lange/Kuchinke*, § 39 VII 3e m. w. N.) § 892 Abs. 2 auch im Falle eines Erwerbs nach § 2366 anwenden.

13   Das Gesetz enthält keine Angaben darüber, ob der gute Glaube voraussetzt, dass der Erwerber von der Nachlasszugehörigkeit des erworbenen Gegenstandes überzeugt ist oder weitergehend sogar von der Existenz und vom Inhalt des Erbscheins Kenntnis hat. Die h. L. hat sich für eine Kompromisslösung zwischen den Interessen des wahren Erben einerseits und des gutgläubigen Erwerbers andererseits entschieden. Der Erwerber braucht zwar von der Existenz des Erbscheins nichts zu wissen (BGHZ 33, 314, 317; *Olzen*, Rn. 939; a. A. *Parodi*, AcP 185 (1985), 362, 374); denn ähnlich wie im Grundbuchrecht ist „ein ursächlicher Zusammenhang zwischen dem Handeln des Dritten und der Kunde von dem Erbschein" nicht erforderlich (so Mot. V, 569 f.). Der Erwerber muss aber den in § 2366 genannten Gegenstand als „Erbschaftsgegenstand" erwerben, d. h. von dessen Nachlasszugehörigkeit überzeugt sein (*Michalski*, Rn. 1080 m. w. N.).

b) Leistung an den Erbscheinserben und andere Verfügungsgeschäfte i. S. d. § 2367

14   **§ 2367 Hs. 1** dehnt den öffentlichen Glauben des Erbscheins auf **Leistungen** aus, die aufgrund eines zum Nachlass gehörenden obligatorischen oder dinglichen Rechts an den Erbscheinserben bewirkt werden.

> **Beispiel:** X begleicht eine zum Nachlass gehörende Forderung durch Zahlung an den durch einen Erbschein ausgewiesenen Scheinerben S.

Ist X gutgläubig i. S. v. § 2366, so wird er gemäß § 2367 durch Zahlung an S frei. Dem wahren Erben E steht gegen S ein bereicherungsrechtlicher Ausgleichsanspruch nach § 816 Abs. 2 zu.

15   **§ 2367 Hs. 2** erweitert den Schutz des § 2366 um **Verfügungsgeschäfte**, die nicht von § 2366 erfasst werden. Unter § 2367 Hs. 2 fallen z. B. die Aufhebung oder inhaltliche Änderung eines Rechts an einem Grundstück und die Vormerkung.

> **Beispiel:** Der durch einen Erbschein ausgewiesene Scheinerbe S verkauft ein zum Nachlass gehörendes Grundstück an X und bewilligt zu dessen Gunsten die Eintragung einer Auflassungsvormerkung.

Materiellrechtlich setzt § 885 Abs. 1 S. 1 für den Erwerb einer **Vormerkung** die Bewilligung des Berechtigten und die Eintragung im Grundbuch voraus. Grundbuchrechtlich sind Antrag (§ 13 GBO) und Bewilligung des Betroffenen (§ 19 GBO) in der Form des § 29 GBO erforderlich. Eine Voreintragung des S ist wegen der Ausnahmevorschrift des § 40 Abs. 1 GBO nicht notwendig. X erwirbt von S als Nichtberechtigtem gemäß § 885 Abs. 1 S. 1 i. V. m. § 2367 gutgläubig die Vormerkung als ein einem dinglichen Recht ähnliches Recht (BGHZ 57, 341). Die Rechtslage ist die gleiche, wie wenn S sich zunächst im Wege der Grundbuchberichtigung als Eigentümer hätte eintragen lassen (§§ 13 Abs. 1, 22 Abs. 1 S. 1, 35 Abs. 1 S. 1 GBO) und erst danach die Auflassungsvormerkung bewilligt hätte. Dann nämlich hätte X zwar nicht nach § 2367, wohl aber nach § 893 die Vormerkung gutgläubig erworben. In beiden Fällen garantiert die gutgläubig erworbene Vormerkung dem X den späteren Eigentumserwerb ohne Rücksicht darauf, ob er in der Zwischenzeit bösgläubig, der Erbschein eingezogen oder der wahre Erbe im Wege der Grundbuchberichtigung als Eigentümer eingetragen wird (Näheres zum gutgläubigen Erwerb und zur Wirkung einer gutgläubig erworbenen Vormerkung bei *Wieling*, Sachenrecht, 5. Aufl. 2007, § 22 III 1b und § 22 IV 2).

Von § 2367 Hs. 2 werden trotz des missverständlichen Wortlauts 16 (Rechtsgeschäft „zwischen ihm und einem anderen") auch **einseitige Rechtsgeschäfte** oder rechtsgeschäftsähnliche Handlungen mit Verfügungscharakter erfasst, wie z. B. Kündigung, Aufrechnung, Anfechtung, Genehmigung gemäß § 185.

IV. Erbscheinsverfahren

Das Erbscheinsverfahren gehört zu den Angelegenheiten der frei- 17 willigen Gerichtsbarkeit (§ 23a Abs. 2 Nr. 2 GVG i. V. m. § 342 Abs. 1 Nr. 6 FamFG). Anwendbar sind damit neben den §§ 2353 ff. die Vorschriften des FamFG (insbes. §§ 1 bis 110 und §§ 342 ff.) (übersichtliche Darstellung bei *Zimmermann*, JuS 2009, 817).

1. Zuständigkeit

18 Gemäß § 2353 wird der Erbschein vom **Nachlassgericht** erteilt. Die Wahrnehmung der Aufgaben des Nachlassgerichts ist sachlich den Amtsgerichten zugewiesen (§ 23a Abs. 1 S. 1 Nr. 2 GVG). Nur in Baden-Württemberg ist das Notariat zuständig (Art. 147 EGBGB, §§ 1, 38 LFGG). Das Amtsgericht entscheidet grundsätzlich durch den Rechtspfleger (§ 3 Nr. 2c RpflG). Liegt eine Verfügung von Todes wegen vor oder kommt die Anwendung ausländischen Rechts in Betracht, so ist die Entscheidung gemäß § 16 Abs. 1 Nr. 6 RpflG dem Richter vorbehalten, sofern keine Rückübertragung nach § 16 Abs. 2 RpflG vorliegt. Die örtliche Zuständigkeit richtet sich grundsätzlich nach dem letzten Wohnsitz des Erblassers (§ 343 FamFG).

2. Verfahrensvoraussetzungen und -grundsätze

19 Der Erbschein wird ausschließlich auf **Antrag** erteilt. Antragsberechtigt sind gemäß § 2353 der Alleinerbe, der oder die Miterben, der Vorerbe, nach Eintritt des Nacherbfalls der Nacherbe. Wegen ihrer Aufgaben können auch Testamentsvollstrecker sowie Nachlass- und Nachlassinsolvenzverwalter den Erbschein beantragen, darüber hinaus auch Gläubiger des Erblassers und des Erben, die in den Nachlass vollstrecken wollen (§§ 792, 896 ZPO).

In Verfahren nach dem FamFG gilt gemäß § 26 FamFG grundsätzlich der **Amtsermittlungsgrundsatz.** Auch im Erbscheinsverfahren ist das Nachlassgericht verpflichtet, die zur Feststellung der Tatsachen erforderlichen Ermittlungen und Beweiserhebungen im Umfang des durch den Antrag vorgegebenen Themas von Amts wegen durchzuführen (§ 2358 Abs. 1).

3. Entscheidungen im Erbscheinsverfahren und Rechtsbehelfe

20 Nach Abschluss der Ermittlungen entscheidet das Nachlassgericht über die Begründetheit des Antrags. Dabei kommt entweder der Erlass eines Feststellungsbeschlusses oder die Zurückweisung des Antrags in Frage: Bleiben unbehebbare Zweifel, ob das angebliche Erbrecht besteht, so hat das Nachlassgericht den **Antrag** durch einen begründeten (§ 38 FamFG) und mit einer Rechtsbehelfsbelehrung versehenen (§ 39 FamFG) Beschluss **zurückzuweisen.**

Beabsichtigt das Gericht demgegenüber, einen Erbschein zu erteilen, ergeht zunächst ein **Feststellungsbeschluss**, dass die zur Erteilung eines Erbscheins erforderlichen Tatsachen festgestellt werden konnten (§ 352 Abs. 1 S. 1 FamFG). Dieser Feststellungsbeschluss ist streng von der Erbscheinserteilung zu unterscheiden: Handelt es sich um einen unstreitigen Fall, weil der Feststellungsbeschluss nicht dem erklärten Willen eines Verfahrensbeteiligten widerspricht, wird sofort nach seinem Erlass (§ 352 Abs. 1 S. 2 und 3 FamFG) der Erbschein erteilt. Handelt es sich demgegenüber um einen streitigen Fall, etwa weil dem Gericht widersprechende Anträge unterschiedlicher Erbprätendenten vorliegen, wird nach § 352 Abs. 2 S. 2 FamFG die sofortige Wirksamkeit des Feststellungsbeschlusses ausgesetzt und die **Erteilung des Erbscheins bis zur Rechtskraft des Beschlusses zurückgestellt.** Gegen diesen Beschluss stehen den Beteiligten die allgemeinen Rechtsmittel offen (Rn. 22). Erst wenn der Feststellungsbeschluss rechtskräftig geworden ist, wird der Erbschein erteilt. Würde in dieser Situation der Erbschein dem einen oder anderen Antragsteller ohne Weiteres ausgestellt, könnten dem wahren Erben aufgrund der Publizitätswirkung (§§ 2365–2367) Nachteile entstehen, bevor er die Chance hatte, die Entscheidung überprüfen zu lassen. Der nach früherem Recht zur Lösung dieses Problems entwickelte Vorbescheid ist durch den Mechanismus des § 352 Abs. 2 S. 2 FamFG überflüssig geworden und ist nicht mehr zulässig.

Gegen die Zurückweisung des Antrags auf Erteilung des Erbscheins sowie gegen einen Feststellungsbeschluss i. S. v. § 352 Abs. 1 S. 1 FamFG ist die **Beschwerde** nach §§ 58 ff. FamFG zulässig. Hilft das Nachlassgericht nicht gemäß § 68 Abs. 1 S. 1 FamFG der Beschwerde ab, ist sie dem OLG (§ 119 Abs. 1 Nr. 1b GVG) vorzulegen. Gegen die Entscheidung des OLG ist die **Rechtsbeschwerde** zum BGH (§ 133 GVG) statthaft, soweit das OLG diese zugelassen hat (§ 70 Abs. 1 FamFG). Eine Nichtzulassungsbeschwerde ist nicht vorgesehen.

Gegen die Erteilung des Erbscheins selbst ist kein Rechtsmittel statthaft, da es sich nicht um eine gerichtliche Entscheidung i. S. v. § 38 FamFG, sondern lediglich um die Ausstellung eines Zeugnisses handelt. Allerdings kann nach Erteilung des Erbscheins Beschwerde eingelegt werden mit dem Ziel, die Einziehung bzw. Kraftloserklärung des Erbscheins durch das Nachlassgericht (§ 2361 Abs. 1 und 2) zu erreichen (§ 352 Abs. 3 FamFG). Alternativ besteht die Möglichkeit, zunächst die Einziehung des Erbscheins beim Nachlassgericht zu beantragen und sodann gegen die Zurückweisung des Antrags Beschwerde zu erheben (*Fröhler*, in: Prütting/Helms, FamFG-Kommentar, 3. Aufl., 2013, § 352 Rn. 118).

23 Der wirkliche Erbe kann auch einen materiellrechtlichen Herausgabeanspruch gemäß § 2362 Abs. 1 gegenüber dem Inhaber des unrichtigen Erbscheins geltend machen. Dieser Anspruch ist vor den ordentlichen Gerichten im Zivilprozess durchsetzbar. Mit der Herausgabe des Erbscheins an das Nachlassgericht wird der Erbschein analog § 2361 Abs. 1 S. 2 kraftlos.

4. Einziehung und Kraftloserklärung

24 Einen unrichtigen Erbschein hat das Nachlassgericht gemäß § 2361 Abs. 1 S. 1 von Amts wegen einzuziehen. Unrichtig ist der Erbschein, wenn die Voraussetzungen für die Erteilung entweder ursprünglich nicht gegeben waren oder nachträglich weggefallen sind (BGHZ 40, 54, 56), weil beispielsweise ein neueres Testament aufgefunden oder eine Verfügung von Todes wegen gemäß §§ 2078, 2079 angefochten wurde. Die Unrichtigkeit muss nicht feststehen, ausreichend ist vielmehr, dass die Überzeugung des Gerichts von der Richtigkeit erschüttert ist. Bloße Zweifel rechtfertigen die Einziehung dagegen nicht. Sie können jedoch Anlass geben, von Amts wegen weitere Ermittlungen anzustellen (§ 2361 Abs. 3).

25 Der Erbschein wird mit der tatsächlichen Einziehung der Urschrift und sämtlicher Ausfertigungen ohne ausdrückliche Erklärung des Gerichts kraftlos (§ 2361 Abs. 1 S. 2). Kann der Erbschein nicht sofort eingezogen werden, wird er durch Gerichtsbeschluss für kraftlos erklärt (§ 2361 Abs. 2 S. 1). Der Beschluss ist öffentlich bekannt zu machen (§ 2361 Abs. 2 S. 2).

5. Verhältnis zum Zivilprozess

26 Erbscheinsverfahren vor dem Nachlassgericht und streitiges Verfahren über die Erbberechtigung vor dem Prozessgericht (Erbrechtsfeststellungsklage gemäß § 256 ZPO) sind voneinander unabhängig

(zu Unterschieden und Wechselwirkungen *Zimmermann*, ZEV 2010, 457). Das Nachlassgericht darf den Antragsteller nicht wegen streitiger Rechts- oder Tatfragen auf den Prozessweg verweisen, sondern muss diese Fragen selbst entscheiden. Da die Erteilung des Erbscheins keine Auswirkung auf den Bestand des materiellen Erbrechts hat, kann ein Streit zweier Parteien um das Erbrecht (Erbprätendentenstreit) nur im streitigen Verfahren aufgrund einer Erbrechtsfeststellungsklage rechtskräftig entschieden werden. Das Feststellungsurteil ist vom Nachlassgericht im Erbscheinsverfahren innerhalb der sachlichen und persönlichen Grenzen der Rechtskraft zu beachten (§§ 322, 325 Abs. 1 ZPO). Einwände der unterlegenen Partei gegen die Erbscheinserteilung an die obsiegende Partei dürfen also nicht (mehr) berücksichtigt werden. Gelangt das Nachlassgericht jedoch zu der Überzeugung, dass keine der Parteien des Feststellungsprozesses Erbe ist, muss es auf Antrag dem aus der Sicht des Nachlassgerichts wahren Erben den Erbschein erteilen.

§ 17. Erbschaftsanspruch

Literatur: *Olzen,* Der Erbschaftsanspruch, Jura 2001, 223; *Röthel,* Erbenbesitz und Erbschaftsbesitz, Jura 2012, 947, 948 ff..
Zur Übung: Fall Nr. 2 im Anhang; *Büscher/Witting,* Die minderjährige Schlusserbin, JA 2002, 664; *Konz,* Fortgeschrittenen-Hausarbeit: Sachen- und Erbrecht: Ein Millionengewinn, JuS 2007, 542.

I. Zweck und Rechtsnatur

1   Das Vermögen des Erblassers geht im Wege der Universalsukzession gemäß § 1922 Abs. 1 auf den Erben über. Wer Erbe geworden ist, ist indessen oft unklar, weil Verfügungen von Todes wegen nichtig oder anfechtbar sein können, ein Testament erst geraume Zeit nach dem Tod des Erblassers aufgefunden wird, usw. Der Nachlass wird in solchen Fällen nicht selten von einem Scheinerben in Besitz genommen. Nach § 2018 kann der Erbe von jedem, der aufgrund eines ihm in Wirklichkeit nicht zustehenden Erbrechts etwas aus der Erbschaft erlangt hat (**Erbschaftsbesitzer**), die Herausgabe des Erlangten verlangen. Der Anspruch umfasst auch Surrogate, also Gegenstände, die der Erbschaftsbesitzer mit Mitteln der Erbschaft erlangt (§ 2019), sowie Nutzungen, die er aus dem Nachlass gezogen hat (§ 2020).

2   Der Anspruch aus § 2018 ist ein **Gesamtanspruch,** mit dem der Erbe den gesamten Nachlass einschließlich der Surrogate und Nutzungen herausverlangen kann. Neben diesem Gesamtanspruch stehen dem Erben, wie sich aus dem Wortlaut des § 2029 ergibt, auch **Einzelansprüche** nach Maßgabe der §§ 985, 861, 1007, 812 ff. oder 823 ff. zu, so dass sich die nahe liegende Frage stellt, welche besondere Funktion dem § 2018 als Gesamtanspruch überhaupt zukommt. Materiell setzt § 2018 anders als die Einzelansprüche nur voraus, dass der Anspruchsteller Erbe ist und der Anspruchsgegner unter Anmaßung eines ihm in Wirklichkeit nicht zustehenden Erbrechts (subjektive Voraussetzung) etwas aus der Erbschaft erlangt hat (objektive Voraussetzung). Welche konkreten rechtlichen Beziehungen der Erblasser zu den einzelnen in den Besitz des Beklagten gelangten Nachlassgegenständen hatte, spielt keine Rolle. Es ist für § 2018 nicht

einmal erforderlich, dass der Anspruchsgegner die einmal erlangten Gegenstände noch immer besitzt (vgl. Wortlaut des § 2018). Darüber hinaus schützt § 2019 den Erben durch Anordnung der **dinglichen Surrogation:** Alles, was der Erbschaftsbesitzer mit Mitteln des Nachlasses erworben hat, gehört kraft Gesetzes zum Nachlassvermögen. Eine solche Surrogation besteht bei den mit § 2018 konkurrierenden Einzelansprüchen nicht. Außerdem hat der Erbschaftsbesitzer gemäß § 2020 sämtliche Nutzungen herauszugeben (zur Nutzungsherausgabe bei den Einzelansprüchen vgl. Staudinger/*Gursky*, § 2020 Rn. 1). Andererseits privilegiert § 2022 den **gutgläubigen Erbschaftsbesitzer,** indem ihm über §§ 994 ff. hinaus ein Anspruch auf Ersatz sämtlicher Verwendungen zuerkannt wird, die er auf die Erbschaft gemacht hat, ohne Rücksicht darauf, ob es sich um notwendige oder nützliche Verwendungen handelt. Was schließlich den Anspruch des Erben auf Schadensersatz anbelangt, so enthalten die §§ 2023 ff. Sonderbestimmungen, die die Haftungsregelung der konkurrierenden Singularansprüche gem. § 2029 in der Sache verdrängen (Rn. 15).

Prozessual bietet § 2018 insoweit keinen Vorteil, als der Kläger bei der Geltendmachung des Gesamtanspruchs in gleicher Weise wie bei der Geltendmachung von Einzelansprüchen sämtliche Gegenstände, auf die sich das Herausgabeverlangen bezieht, einzeln aufführen muss; denn nur dann ist sein Klageantrag gemäß § 253 Abs. 2 Nr. 2 ZPO bestimmt genug und ein entsprechender Tenor später zur Vollstreckung geeignet. Die Geltendmachung des Anspruchs aus § 2018 kann für den Erben aber wegen des **besonderen Gerichtsstandes der Erbschaft** (§ 27 ZPO) von Interesse sein. Dieser Gerichtsstand ermöglicht es dem Erben, Herausgabe sämtlicher Nachlassgegenstände vor dem Gericht zu verlangen, bei dem der Erblasser zur Zeit seines Todes seinen allgemeinen Gerichtsstand (Wohnsitz gemäß § 13 ZPO) hatte. Der Erbe braucht also den Erbschaftsbesitzer nicht an dessen Wohnsitz (§§ 12, 13 ZPO) zu verklagen.

II. Gläubiger und Schuldner des Erbschaftsanspruchs

Gläubiger des Anspruchs aus § 2018 ist entweder der **Alleinerbe** 3 oder die **Miterbengemeinschaft** als Gesamthandsgemeinschaft (vgl. § 19 Rn. 1). Ein einzelner Miterbe kann allerdings den der Miterbengemeinschaft zustehenden Anspruch in eigenem Namen im Wege der sog. gesetzlichen Prozessstandschaft geltend machen (§ 2039), dies sogar gegen einen anderen Miterben, der behauptet, Alleinerbe zu sein (MünchKomm/*Helms*, § 2018 Rn. 11, 19). Bei der Anordnung von Vor- und Nacherbschaft steht der Anspruch bis zum Nacherbfall dem Vorerben, danach dem Nacherben zu, allerdings nicht im Verhältnis zum Vorerben, weil insofern § 2130 *lex specialis* ist. Auch bei Ausschlagung einer Erbschaft, die gemäß § 1953 Abs. 1 auf den Erbfall zurückwirkt, findet § 2018 gegenüber dem sog. vorläufigen Erben keine Anwendung, da § 1959 Abs. 1 i. V. m. §§ 677 ff. eine abschließende Sonderregelung trifft.

4   Schuldner ist der **Erbschaftsbesitzer.** Das ist nach der Legaldefinition des § 2018 derjenige, der aufgrund eines ihm in Wirklichkeit nicht zustehenden Erbrechts etwas aus der Erbschaft erlangt hat. Ob der Erbschaftsbesitzer bzgl. seines Erbrechts gut- oder bösgläubig ist oder war, ist unerheblich. Wie bei § 812 hat der Erbschaftsbesitzer „etwas erlangt", wenn ihm ein **Vermögensvorteil** zugeflossen ist, der entweder aus dem Nachlass stammt oder gemäß § 2019 mit Mitteln des Nachlasses erworben worden ist. Es genügt jedoch nicht, dass der Erbschaftsbesitzer nur objektiv einen Vermögensvorteil erlangt hat, er muss ihn auch aufgrund eines ihm nicht zustehenden Erbrechts erlangt, sich also ein **Erbrecht angemaßt** haben.

5   **Beispiel:** Erblasser E setzt seinen Freund F testamentarisch als Alleinerben ein. Zum Nachlass gehören drei wertvolle Flaschen Wein, die aus den Jahren 1880, 1900 und 1920 stammen. Die Flasche aus dem Jahr 1880 übergibt F nach Inbesitznahme der Erbschaft dem A, zu dessen Gunsten der E ein entsprechendes Vermächtnis angeordnet hat (§§ 1939, 2147 ff.). Danach wird ein Widerrufstestament jüngeren Datums aufgefunden, in dem E seine Tochter T als Alleinerbin einsetzt. T verlangt nunmehr von A und F die drei Flaschen heraus. A und F weigern sich, weil nach ihrer Ansicht nur das erste der beiden Testamente gültig ist. F trägt außerdem vor, von den beiden ihm verbliebenen Flaschen gehöre die aus dem Jahre 1900 ohnehin nicht zum Nachlass, weil sie ihm vom Erblasser zu Lebzeiten schenkweise überlassen worden sei.

T ist Alleinerbin des E geworden (§ 2258 Abs. 1). Sie hat gegen A zwar einen Anspruch aus § 985, weil ein gutgläubiger Erwerb des A an §§ 935, 857 scheitert, nicht aber aus § 2018, weil A die Flasche aus dem Jahr 1880 nicht als Erbe, sondern als vermeintlicher Vermächtnisnehmer besitzt. Soweit F behauptet, die aus dem Jahre 1900 stammende Flasche sei ihm vom Erblasser geschenkt worden, besitzt er die Flasche ebenfalls nicht aufgrund eines angemaßten Erbrechts. Lediglich bzgl. der Flasche aus dem Jahre 1920 hat T einen Anspruch aus § 2018.

III. Herausgabepflicht des Erbschaftsbesitzers

Die Herausgabepflicht bezieht sich auf das ursprünglich Erlangte 6
(§ 2018), die Surrogate, welche der Erbschaftsbesitzer mit Mitteln
der Erbschaft erworben hat (§ 2019), sowie auf die gezogenen Nutzungen (§ 2020).

1. Ursprünglich Erlangtes

Ursprünglich erlangt sind nicht nur Sachen, die dem Erblasser ge- 7
hörten, sondern auch solche, die er nur als Mieter, Entleiher, Verwah-
rer usw. in Besitz hatte. Forderungen und Rechte können nicht heraus-
verlangt werden, weil sie der Erbschaftsbesitzer nie erlangt hat und der
Erbe sie als Rechtsnachfolger des Erblassers ohne Mitwirkung des
Erbschaftsbesitzers geltend machen kann. Wohl aber müssen Schuld-
urkunden und Beweismittel, die der Erbprätendent in seinen Besitz gebracht hat, herausgegeben werden. Besitz ist entgegen dem insoweit
missverständlichen Wortlaut des § 2018 („Erbschaftsbesitzer") nicht
notwendige Voraussetzung des Erbschaftsanspruchs (Staudinger/
Gursky, § 2018 Rn. 25). Herauszugeben ist auch ein nicht mit Besitz
verbundener Vorteil, also beispielsweise das erlangte Bucheigentum,
falls der Erbschaftsbesitzer mit Hilfe eines (unrichtigen) Erbscheins
gemäß §§ 22 Abs. 1, 35 Abs. 1 GBO seine Eintragung im Grundbuch
veranlasst hat. Dem Erben steht in diesem Falle neben dem Einzelan-
spruch aus § 894 auch der Gesamtanspruch aus § 2018 zu.

2. Surrogate

§ 2019 erweitert den Anwendungsbereich von § 2018. Als aus der 8
Erbschaft erlangt gilt auch, was der Erbschaftsbesitzer durch Rechtsgeschäft mit Mitteln der Erbschaft erworben hat.

Beispiel: Erblasser E hinterlässt auf seinem Bankkonto 1000 €. Tochter T,
die glaubt, gesetzliche Alleinerbin zu sein, kauft sich von dem Geld einen
Ring. Später stellt sich heraus, dass E testamentarisch seinen Freund F als
Alleinerben eingesetzt hat.

Gäbe es die Regelung des § 2019 nicht, wäre T nach § 929 Eigentümerin des Rings geworden. F als wahrer Erbe hätte gegen T lediglich einen Anspruch gemäß § 812 Abs. 1 S. 1 Alt. 2 (Eingriffskondiktion), der nach § 818 Abs. 2 inhaltlich auf Wertersatz (Rückzahlung der abgehobenen 1000 €) gerichtet wäre. § 2019 bestimmt jedoch, dass F als wahrer Erbe unmittelbar Eigentümer des Rings wird, da dieser mit Mitteln der Erbschaft erworben wurde. Ein Durchgangserwerb bei T findet nicht statt, vielmehr erwirbt der Erbe den Gegenstand so, als hätte die Erbschaftsbesitzerin T als seine Stellvertreterin gehandelt (*Schlüter*, Rn. 620). F kann deshalb den Ring als Teil der Erbschaft nach §§ 2018, 2019 Abs. 1 oder § 985 herausverlangen.

9   § 2019 bewirkt somit, dass dem wahren Erben der Ersatzgegenstand dinglich zugeordnet wird, während ihm sonst nur ein schuldrechtlicher Ausgleichsanspruch gegen den Erbschaftsbesitzer zustünde. Die dingliche Surrogation verstärkt den Schutz des Erben, weil diesem im Falle einer Insolvenz des Erbschaftsbesitzers ein Aussonderungsrecht nach § 47 InsO und im Falle einer Einzelzwangsvollstreckung gegen den Erbschaftsbesitzer die Drittwiderspruchsklage nach § 771 ZPO zusteht.

Verfügt der Erbschaftsbesitzer über das Surrogat, so ist erneut Surrogation möglich (**Kettensurrogation**). Beispiel: T veräußert den mit Mitteln des Nachlasses erworbenen Ring. (Näheres zur Veräußerung von Nachlassgegenständen und zur besonderen Problematik von Geld als Surrogat bei Fall Nr. 2 im Anhang.)

10   § 2019 setzt voraus, dass der **Erwerb durch Rechtsgeschäft** erfolgt. Auf den Zweck des Rechtsgeschäfts kommt es nicht an. Es muss sich insbesondere nicht auf den Nachlass beziehen (MünchKomm/*Helms*, § 2019 Rn. 8), solange nur die aufgewendeten Mittel aus der Erbschaft stammen.

11   Wegen § 1922 Abs. 1 ist der Erbe auch Inhaber sämtlicher zum Nachlass gehörender Forderungen, so dass der Schuldner nicht durch Zahlung an den Erbschaftsbesitzer erfüllen kann. Begründet der Erbschaftsbesitzer eine neue Forderung mit Erbschaftsmitteln, so greift § 2019 Abs. 1 ein, so dass auch diese Forderung zum Nachlass gehört und damit dem wahren Erben zusteht. In diesem Fall schützen jedoch die §§ 2019 Abs. 2, 407 den gutgläubigen Schuldner.

Beispiel: Erblasser E ist Inhaber einer Darlehensforderung gegen A. Nach dem Tod des E nimmt der Nichterbe N die Erbschaft in Besitz und gewährt dem B ein Darlehen. Sowohl A als auch B zahlen das Darlehen an N zurück. Später stellt sich heraus, dass nicht N, sondern M Erbe des E ist.

Gemäß § 1922 Abs. 1 ist mit dem Tod des E der wahre Erbe M Inhaber der Darlehensforderung gegen A geworden. Da A das Darlehen nicht an seinen Gläubiger M, sondern an den Nichterben N zurückbezahlt hat, ist er von seiner Verpflichtung nicht frei geworden (§ 362 Abs. 1). M kann weiterhin Rückzahlung des Darlehens von A verlangen. Etwas anderes würde nur gelten, wenn dem N ein Erbschein erteilt worden wäre (§ 2367). – Als der Nichterbe N dem B ein Darlehen aus Mitteln der Erbschaft gewährte, ist der wahre Erbe M gemäß § 2019 Abs. 1 Gläubiger der Darlehensforderung geworden. B hat allerdings das Darlehen gemäß §§ 2019 Abs. 2, 407 mit befreiender Wirkung an den Erbschaftsbesitzer N zurückbezahlt. Der wahre Erbe M kann sich nunmehr nach §§ 2018, 2019 Abs. 1 an N halten, soweit im Falle von Barzahlung dingliche Surrogation eingetreten ist (zur Möglichkeit einer dinglichen Surrogation bei Überweisung vgl. Fall Nr. 2 im Anhang). Soweit eine dingliche Surrogation ausscheidet, muss M sich mit einem schuldrechtlichen Anspruch aus § 816 Abs. 2 begnügen.

3. Nutzungen

Die Stellung des Erbschaftsbesitzers entspricht bzgl. der Nutzungen (§ 100) der eines unentgeltlichen gutgläubigen Eigenbesitzers im Eigentümer-Besitzer-Verhältnis (§ 988). Beiden ist gemeinsam, dass sie einen Gegenstand ohne finanzielle Opfer erhalten haben. 12

Nach § 2020 hat der Erbschaftsbesitzer sämtliche gezogene Nutzungen herauszugeben; die Verpflichtung zur Herausgabe erstreckt sich auch auf Früchte (§ 99), an denen er das Eigentum erworben hat. Ob der Erbschaftsbesitzer Eigentümer der Früchte geworden ist, die Herausgabepflicht sich also nicht nur auf die Besitzverschaffung, sondern auch auf die Übereignung bezieht, regeln die §§ 953 ff.

Beispiel: Erbschaftsbesitzer N nimmt den Nachlass des E, eine Obstbaumwiese, in Besitz. Nachdem N das Obst geerntet hat, findet sich ein Testament, in dem nicht N, sondern M als Alleinerbe eingesetzt ist.

M kann gemäß § 2018 von N den Besitz am Grundstück und, wenn N bereits als neuer Eigentümer im Grundbuch eingetragen sein sollte, auch die erlangte Buchposition herausverlangen. Durch die Trennung des Obstes von den Bäumen hat N als gutgläubiger Eigenbesitzer gemäß § 955 Abs. 1 S. 1 Eigentum erlangt, so dass er das Obst dem M übereignen muss, um dessen Anspruch aus § 2020 zu erfüllen.

IV. Haftung des Erbschaftsbesitzers

13   Kann der Erbschaftsbesitzer das ursprünglich Erlangte (§ 2018), dessen Surrogat (§ 2019) oder die gezogenen Nutzungen (§ 2020) nicht herausgeben, so ist zu differenzieren:

Der **gutgläubige Erbschaftsbesitzer** haftet nach §§ 2021, 818 Abs. 2 und 3 nur auf Wertersatz in Höhe der noch vorhandenen Bereicherung. Ist der mit Mitteln der Erbschaft erworbene Ring weniger wert als der dafür bezahlte Kaufpreis, so hat der Erbschaftsbesitzer nur das Surrogat herauszugeben (§ 2019), weil es an einer darüber hinausgehenden Bereicherung fehlt (§ 818 Abs. 3).

Der **verklagte Erbschaftsbesitzer** haftet wie der **bösgläubige** (Legaldefinition § 932 Abs. 2) für jede verschuldete Verschlechterung oder Unmöglichkeit der Herausgabe (§§ 2023, 2024, 989).

Hat der Erbschaftsbesitzer Erbschaftsgegenstände durch eine **Straftat** (z. B. Testamentsfälschung, § 267 StGB) oder durch **verbotene Eigenmacht** (§ 858 Abs. 1) erlangt, so haftet er wegen unerlaubter Handlung. § 2025 S. 1 ist eine sog. Rechtsgrundverweisung: Die grundsätzliche Sperrwirkung der Sonderregelung der §§ 2018 ff. gegenüber dem Deliktsrecht wird aufgehoben. Der unfreiwillige Verlust des fiktiven unmittelbaren Erbenbesitzes (§ 857) reicht zwar zur Begründung verbotener Eigenmacht aus, nach § 2025 S. 2 haftet der gutgläubige Erbschaftsbesitzer aber nur, wenn der wahre Erbe den Besitz tatsächlich ergriffen hatte.

V. Verwendungen des Erbschaftsbesitzers

14   Nach § 2022 kann der **gutgläubige Erbschaftsbesitzer** bis zur Rechtshängigkeit Ersatz aller Verwendungen verlangen, nicht nur

der notwendigen und werterhöhenden (wie in §§ 994–996). Die Verwendungen brauchen nicht gerade auf den herausverlangten Gegenstand gemacht worden zu sein. Es genügt, dass sie auf irgendeinen Nachlassgegenstand, auf den Nachlass insgesamt (z. B. Bestreitung von Lasten der Erbschaft) oder zur Berichtigung von Nachlassverbindlichkeiten gemacht wurden.

Für den **verklagten** oder **bösgläubigen Besitzer** gelten nach §§ 2023 Abs. 2, 2024 die Vorschriften des Eigentümer-Besitzer-Verhältnisses (§§ 994–1003). Gleiches gilt nach §§ 2025, 850 für den **deliktischen Erbschaftsbesitzer.**

VI. Verhältnis zu den Einzelansprüchen

Dem Erben stehen gegen den Erbschaftsbesitzer neben dem Erbschaftsanspruch grundsätzlich auch die Einzelansprüche auf Herausgabe der Nachlassgegenstände oder der Bereicherung oder auf Schadensersatz zu (Rn. 2). Nach § 2029 richtet sich bei einer **Konkurrenz** von Erbschaftsanspruch und Einzelansprüchen die Haftung des Erbschaftsbesitzers aber stets nach den Vorschriften über den Erbschaftsanspruch. Dogmatisch handelt es sich hierbei um eine weitgehend einmalige Konstruktion: Die mit dem Erbschaftsanspruch in Anspruchskonkurrenz stehenden Einzelansprüche werden durch § 2029 nämlich nicht tatbestandlich verdrängt, sondern **ipso iure inhaltlich dahingehend modifiziert,** dass sich die Haftung des Erbschaftsbesitzers nach den Vorschriften über den Erbschaftsanspruch bestimmt, und zwar unabhängig davon, ob die §§ 2018 ff. für den Erbschaftsbesitzer vorteilhaft oder nachteilhaft sind. Damit bestehen in vielen Fällen parallele Ansprüche, die auf unterschiedlichen Anspruchsgrundlagen basieren, inhaltlich aber wegen § 2029 nicht divergieren können. Rechtssystematisch wäre es einleuchtender gewesen, wenn der Gesetzgeber den Grundsatz der Anspruchskonkurrenz durchbrochen und festgelegt hätte, dass §§ 2018 ff. in ihrem Anwendungsbereich eine abschließende Sonderregelung darstellen (MünchKomm/*Helms,* § 2029 Rn. 1).

15

§ 18. Haftung des Erben für Nachlassverbindlichkeiten

Literatur: *Joachim*, Die Haftung des Erben, ZEV 2005, 99; *Schreiber*, Die Haftung des Erben für Nachlassverbindlichkeiten, Jura 2010, 117.
Zur Übung: *Werner*, Der überschuldete Nachlass, Jura 2001, 390.

I. Einführung

1   Nach dem Prinzip der Universalsukzession geht das Vermögen des Erblassers einschließlich der Verbindlichkeiten mit dem Tod von selbst auf den Erben über (§§ 1922 Abs. 1, 1967 Abs. 1). Der Erbe haftet daher für die Schulden, die der Erblasser vor seinem Tod gemacht hat (§ 1967 Abs. 2 Alt. 1). Aber auch Verbindlichkeiten, die erst *mit* dem Erbfall entstehen, wie Pflichtteils- und Vermächtnisansprüche, richten sich gegen den Erben (§ 1967 Abs. 2 Alt. 2). Die den Erben treffenden Verbindlichkeiten können sogar erst *nach* dem Erbfall entstehen wie etwa die Kosten der Beerdigung des Erblassers (§ 1968).

2   Der Erbe haftet für die Nachlassverbindlichkeiten grundsätzlich unbeschränkt. Ist der Nachlass erschöpft, muss er sie aus seinem eigenen Vermögen begleichen. Der Erbe kann allerdings eine Beschränkung der Haftung auf den Nachlass herbeiführen. Dies setzt voraus, dass das persönliche Vermögen des Erben vom Nachlass nachträglich getrennt wird, nachdem beide Vermögen zunächst mit dem Erbfall verschmolzen waren. Um die Trennung der Vermögen herbeizuführen, muss der Erbe die Anordnung einer Nachlassverwaltung oder die Eröffnung eines Nachlassinsolvenzverfahrens beantragen (§ 1975). **Der Erbe haftet also unbeschränkt, aber beschränkbar.**

3   Das anglo-amerikanische Recht folgt nicht dem Prinzip der Universalsukzession. Hier bleibt der Nachlass auch nach dem Tod des Erblassers eine selbständige Vermögensmasse. Ein Nachlassverwalter *(personal representative)* begleicht aus dem Nachlass zunächst die Nachlassverbindlichkeiten und kehrt nur den Überschuss an die Erben aus. In Frankreich besteht die Möglichkeit, die Erbschaft „vorsichtig", d. h. unter dem Vorbehalt der Inventarerrichtung anzunehmen *(acceptation sous bénéfice d'inventaire):* Der Erbe verspricht bei

der Annahme, alle Nachlassgegenstände in ein Inventar aufzunehmen. Tut er
dies, haftet er nur mit dem Nachlassvermögen.

II. Nachlassverbindlichkeiten

Nachlassverbindlichkeiten sind gemäß § 1967 Abs. 2 die „vom   4
Erblasser herrührenden Schulden" (**Erblasserschulden**) und „die
den Erben als solchen treffenden Verbindlichkeiten" (**Erbfallschul-**
den).

> **Beispiel:** A ist Alleinerbe des E. G1 verlangt von ihm die Rückzahlung ei-
> nes Darlehens, das er E gewährt hatte. G2 begehrt von A seinen Pflichtteil.
> G3 will, dass A die Kosten der Beerdigung des E übernimmt. G4, den A be-
> auftragt hat, die Heizungsanlage des von E geerbten Hauses zu reparieren,
> verlangt Zahlung der Reparaturkosten.

Die Darlehensschuld gegenüber G1 stammt noch von E. Sie ist
eine Erblasserschuld. Dagegen trifft der Pflichtteilsanspruch des G2
den A in seiner Eigenschaft als Erbe und ist somit Erbfallschuld. In
§ 1967 Abs. 2 werden als Erbfallschulden beispielhaft „Verbindlichkeiten aus Pflichtteilsrechten, Vermächtnissen und Auflagen" genannt. Zu den Erbfallschulden zählen aber nicht nur Verbindlichkeiten, die *mit* dem Erbfall, sondern auch solche, die *aus Anlass* des
Erbfalls und *in Bezug auf* den Nachlass entstehen. Deshalb ist auch
der Anspruch des G3 auf Zahlung der Beerdigungskosten Erbfallschuld (§ 1968). Das gleiche gilt für die Nachlasskostenschulden
(z. B. Kosten der Testamentseröffnung, Vergütung von Testamentsvollstrecker oder Nachlassverwalter, Kosten der Verwaltung des
Nachlasses). Schulden, die der Erbe *in ordnungsgemäßer Verwaltung*
des Nachlasses eingeht, ohne die Haftung ausdrücklich oder konkludent auf den Nachlass zu beschränken – wie die Verbindlichkeit gegenüber G4 – sind im Gesetz nicht genannt. Seit RGZ 90, 91 ist aber
unbestritten, dass für derartige Verbindlichkeiten sowohl der Nachlass als auch das Eigenvermögen des Erben haften. Für diese dritte
Gruppe von Verbindlichkeiten, die nicht nur, aber auch Nachlassverbindlichkeiten darstellen, hat sich die Bezeichnung **Nachlasserben-**
schulden durchgesetzt (vgl. *Michalski*, Rn. 909 f.).

III. Aufgebot der Nachlassgläubiger

5 Ist der Nachlass überschuldet, muss der Erbe seine Haftung auf den Nachlass beschränken, wenn er nicht persönlich für die Nachlassverbindlichkeiten haften will. Für den Erben ist es daher wichtig, rechtzeitig einen Überblick über die Nachlassverbindlichkeiten zu gewinnen. Diesem Zweck dient das Aufgebotsverfahren. Nach § 1970 können Nachlassgläubiger mit Hilfe dieses Verfahrens zur Anmeldung ihrer Forderungen aufgefordert werden.

6 Das **Aufgebotsverfahren** richtet sich im Einzelnen nach §§ 433–441 und §§ 454–463 FamFG. Es wird auf Antrag durch das Nachlassgericht eingeleitet (§§ 434 Abs. 1, 454 Abs. 2, 455 FamFG). Das Nachlassgericht erlässt eine öffentliche Aufforderung, die Nachlassforderungen innerhalb einer bestimmten Frist anzumelden (§§ 434 Abs. 2, 435 FamFG). In dem Aufgebot wird den sich nicht meldenden Gläubigern als Rechtsnachteil angedroht, dass sie vom Erben nur insoweit Befriedigung erlangen können, als sich nach Befriedigung der nicht ausgeschlossenen Gläubiger noch ein Überschuss ergibt (§ 458 Abs. 1 FamFG). Nach Ablauf der Frist ergeht gemäß § 439 i. V. m. §§ 1 ff. FamFG ein **Ausschließungsbeschluss.**

7 **Beispiel:** A ist Alleinerbe des E. Da er sich über den Umfang des Nachlasses Gewissheit verschaffen will, wird auf seinen Antrag ein Aufgebotsverfahren durchgeführt. Vor Erlass des Ausschließungsbeschlusses meldet sich der Nachlassgläubiger G1, dessen Forderung bereits den Wert des Nachlasses übersteigt. A händigt ihm den Nachlass aus, G1 besteht jedoch auf Begleichung der gesamten Verbindlichkeit. Nach Erlass des Ausschließungsbeschlusses verlangt G2, der von der Durchführung des Aufgebotsverfahrens nichts erfahren hat, von A die Zahlung einer Darlehensschuld des E.

Die Durchführung des Aufgebotsverfahrens bewirkt keine allgemeine Haftungsbeschränkung. A muss den Rest der Forderung des G1 daher aus seinem eigenen Vermögen bezahlen, falls er nicht gemäß § 1975 die Haftung auf den Nachlass beschränkt. Dagegen kann A dem G2 die sog. **Erschöpfungseinrede** nach § 1973 Abs. 1 S. 1 entgegenhalten. Gläubigern, die sich bis zum Erlass des Ausschließungsbeschlusses nicht gemeldet haben, steht nämlich gemäß § 1973 Abs. 2 nur noch der Restnachlass als Haftungsmasse zur Verfügung. Hier ist der Nachlass aber bereits durch die Befriedigung des nicht ausgeschlossenen Gläubigers G1 erschöpft.

Meldet sich ein Nachlassgläubiger erst später als fünf Jahre nach 8 dem Erbfall, so steht er, auch wenn kein Aufgebotsverfahren durchgeführt worden ist, einem ausgeschlossenen Gläubiger gleich, muss sich also mit dem Restnachlass begnügen, sog. **Verschweigungseinrede** (§ 1974 Abs. 1 S. 1).

IV. Beschränkung der Haftung des Erben

Die Haftung des Erben für Nachlassverbindlichkeiten beschränkt 9 sich auf den Nachlass, wenn eine **Nachlassverwaltung** angeordnet oder ein **Nachlassinsolvenzverfahren** eröffnet wird (§ 1975). Die Nachlassverwaltung dient der *vollständigen* Befriedigung der Nachlassgläubiger, während die gerechte Verteilung eines überschuldeten Nachlasses Ziel des Nachlassinsolvenzverfahrens ist.

Beschränkung der Erbenhaftung

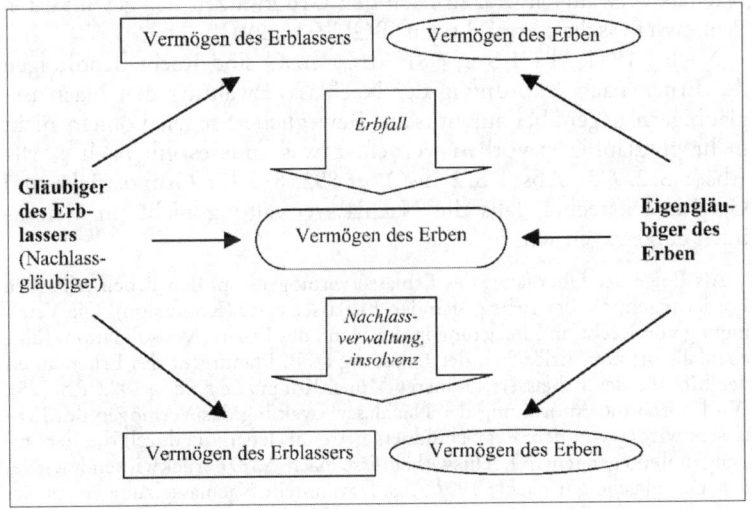

1. Nachlassverwaltung

a) Auf Antrag des Erben

10   Nach § 1981 Abs. 1 ist die Nachlassverwaltung vom Nachlassgericht anzuordnen, wenn der Erbe die Anordnung beantragt. Voraussetzung ist, dass der Wert des Nachlasses mindestens die Kosten der Nachlassverwaltung deckt (§§ 1982, 1988 Abs. 2). Mit der Anordnung verliert der Erbe die Befugnis, den Nachlass zu verwalten und über ihn zu verfügen (§ 1984 Abs. 1). An seine Stelle tritt insoweit der Nachlassverwalter (§ 1985 Abs. 1).

11   Auch vor Gericht darf nur noch der Nachlassverwalter als gesetzlicher Prozessstandschafter **(Partei kraft Amtes)** für den Nachlass tätig werden. Der Erbe ist nicht mehr prozessführungsbefugt (§ 1984 Abs. 1 S. 1 und 3). Hat der Erbe aber ein schutzwürdiges Interesse, eine Nachlassforderung in eigenem Namen einzuklagen, kann der Nachlassverwalter ihn dazu nach den Grundsätzen der gewillkürten Prozessstandschaft ermächtigen (BGHZ 38, 281).

12   Nach § 1984 Abs. 1 S. 2, § 81 Abs. 1 InsO sind Rechtshandlungen des Erben nach Anordnung der Nachlassverwaltung den Nachlassgläubigern gegenüber unwirksam. Bewegliche Sachen können nicht mehr gutgläubig erworben werden. Etwas anderes gilt nach § 1984 Abs. 1 S. 2, § 81 Abs. 1 S. 2 InsO, §§ 892, 893 für Grundstücke und Grundstücksrechte, falls die Nachlassverwaltung nicht im Grundbuch eingetragen wurde.

13   Als Folge des Übergangs des Erblasservermögens auf den Erben erlöschen Forderungen, die der Erbe gegen den Erblasser hatte (Konfusion). Die Vereinigung von Recht und Belastung in der Hand des Erben (Konsolidation) führt ebenfalls oft zum Erlöschen der Belastung (z. B. Pfandrecht des Erben an einer Mobilie des Erblassers; Näheres MünchKomm/*Leipold*, § 1922 Rn. 128). Wird durch die Anordnung der Nachlassverwaltung das Vermögen des Erblassers wieder von dem des Schuldners getrennt, leben die durch die Vereinigung untergegangenen Rechtsverhältnisse nach § 1976 rückwirkend wieder auf. Das gleiche gilt nach § 1977 Abs. 1, wenn ein Nachlassgläubiger vor der Anordnung der Nachlassverwaltung seine Forderung gegen eine nicht zum Nachlass gehörende Forderung des Erben ohne dessen Zustimmung aufgerechnet hat. Die Aufrechnung ist nach der Anordnung der Nachlassverwaltung als von Anfang an nicht erfolgt anzusehen. Hat dagegen der Erbe aufgerechnet oder hat er der Aufrechnung zugestimmt, so bleibt die Wirkung der Aufrechnung bestehen.

Aufgabe des Nachlassverwalters ist es, die Nachlassgläubiger aus **14** dem Nachlass zu befriedigen (§ 1985 Abs. 1). Stellt der Nachlassverwalter fest, dass der Nachlass zur Befriedigung aller Nachlassgläubiger nicht ausreicht, muss er unverzüglich die Eröffnung des Nachlassinsolvenzverfahrens beantragen (§§ 1985 Abs. 2 S. 2, 1980). Versäumt der Nachlassverwalter schuldhaft, einen Antrag auf Eröffnung des Nachlassinsolvenzverfahrens zu stellen, ist er den dadurch benachteiligten Nachlassgläubigern nach § 1985 Abs. 2 S. 1 zum Schadensersatz verpflichtet.

Hat der Nachlassverwalter sämtliche Nachlassverbindlichkeiten **15** beglichen, ist die Nachlassverwaltung aufzuheben. Erst jetzt darf der Nachlassverwalter dem Erben das herausgeben, was noch vom Nachlass übrig ist (§ 1986 Abs. 1). Die Haftung des Erben bleibt analog § 1990 auf diesen Nachlassrest beschränkt (*BGH* NJW 1954, 635).

b) Auf Antrag eines Nachlassgläubigers

Auch die Nachlassgläubiger können ein Interesse an der Trennung **16** von Nachlass und Eigenvermögen des Erben haben. Ist nicht die Solvenz des Nachlasses kritisch, sondern die des Erben, müssen die Nachlassgläubiger befürchten, dass die Eigengläubiger des Erben in den Nachlass vollstrecken und sie selbst mit ihren Forderungen ausfallen.

> **Beispiel:** A ist Alleinerbe des E und seit langem hoch verschuldet. Den Gläubigern des A kommt die Erbschaft sehr gelegen. Sie verlangen von A, endlich seine Schulden zu bezahlen. G, der dem E ein Darlehen gewährt hatte, möchte dies verhindern und verlangt, dass zunächst seine Darlehensforderung beglichen wird.

Ein Schutz des Nachlasses vor dem Zugriff der Eigengläubiger des A ist nur möglich, wenn der Nachlass vom Vermögen des A getrennt wird. Um dies zu erreichen, kann G als Nachlassgläubiger einen Antrag auf Anordnung der Nachlassverwaltung stellen. Nach § 1981 Abs. 2 ordnet das Gericht die Nachlassverwaltung an, da die Befriedigung des G aus dem Nachlass durch die Vermögenslage des A gefährdet wird. Der Nachlassverwalter hat zunächst die gegenüber G bestehende Nachlassverbindlichkeit aus dem Nachlass zu berichten (§ 1985 Abs. 1).

Für die Wirkungen der Nachlassverwaltung macht es keinen Un- **17** terschied, ob sie auf Antrag des Erben oder eines Nachlassgläubigers angeordnet wurde. Aus der Sicht der Nachlassgläubiger ist wichtig, dass mit der Anordnung der Nachlassverwaltung Zwangsvollstreckungen und Arreste in den Nachlass zugunsten eines Gläubigers, der nicht Nachlassgläubiger ist, ausgeschlossen sind (§ 1984 Abs. 2). Hat ein Eigengläubiger des Erben eine ihm gegen den Erben zustehende Forderung gegen eine zum Nachlass gehörende Forderung aufgerechnet, so ist nach § 1977 Abs. 2 die Aufrechnung als nicht erfolgt anzusehen. Auf die Zustimmung des Erben kommt es in diesem Fall nicht an.

2. Nachlassinsolvenzverfahren

18   Zum Zwecke einer gerechten Verteilung des Nachlasses auf die Nachlassgläubiger ist im Falle der Überschuldung oder Zahlungsunfähigkeit ein Nachlassinsolvenzverfahren gemäß §§ 315 ff. InsO durchzuführen. Durch die Eröffnung des Insolvenzverfahrens wird der Nachlass vom Eigenvermögen des Erben getrennt, womit sich die Haftung des Erben auf den Nachlass beschränkt (§ 1975).

19   Antragsberechtigt ist nach § 317 Abs. 1 InsO jeder Erbe und Fremdverwalter des Nachlasses (Nachlassverwalter, Nachlasspfleger, Verwaltungstestamentsvollstrecker) sowie jeder Nachlassgläubiger, wenn er den Antrag innerhalb von zwei Jahren nach Annahme der Erbschaft stellt (§ 319 InsO). Gemäß § 320 InsO kann das Nachlassinsolvenzverfahren außer im Falle der Überschuldung und der Zahlungsunfähigkeit sogar bei drohender Zahlungsunfähigkeit eröffnet werden, falls der Erbe oder ein Fremdverwalter den Antrag auf Eröffnung des Verfahrens stellt. Voraussetzung ist jedoch immer das Vorliegen einer die Kosten des Verfahrens deckenden Masse (§ 26 InsO). Versäumt es der Erbe bei Überschuldung des Nachlasses fahrlässig, einen Antrag auf Eröffnung des Insolvenzverfahrens zu stellen, hat er den Gläubigern den daraus entstehenden Schaden zu ersetzen (§ 1980 Abs. 1 S. 2).

20   Zu dem im Eröffnungsbeschluss genannten Eröffnungszeitpunkt geht das Recht des Erben, den Nachlass zu verwalten und über ihn zu verfügen, nach §§ 80 Abs. 1, 27 Abs. 2 Nr. 3, Abs. 3 InsO auf den Insolvenzverwalter über. Nach der Eröffnung sind Verfügungen des Erben über Nachlassgegenstände gemäß § 81 Abs. 1 S. 1 InsO unwirksam. Insoweit gelten die Ausführungen zu Verfügungen des Erben nach Anordnung der Nachlassverwaltung entsprechend. Da die

Eröffnung des Nachlassinsolvenzverfahrens die Trennung von Nachlass und Eigenvermögen des Erben bewirkt, treten außerdem wie bei der Nachlassverwaltung die in §§ 1976 ff. angeordneten Rechtsfolgen ein. Im Übrigen gilt:

Wie im normalen Insolvenzverfahren so sind auch im Nachlassinsolvenz- 21 verfahren bei der Befriedigung der Nachlassgläubiger zunächst die Rechte der Aussonderungs- und Absonderungsberechtigten zu beachten (§§ 47 f., 49 ff. InsO). Der Kreis der Masseschulden wird in § 324 InsO über die in §§ 54 f. InsO bezeichneten Verbindlichkeiten hinaus erweitert. So gehören zu den Masseschulden beispielsweise die Beerdigungskosten, die Kosten der Testamentseröffnung und die Aufwendungen, die dem Erben nach den §§ 1978, 1979 aus dem Nachlass zu ersetzen sind (§ 324 Abs. 1 Nr. 1, 2, 4 InsO). Pflichtteilsansprüche, Vermächtnisansprüche und Auflagen können nach § 327 InsO erst nach den Nachlassverbindlichkeiten (§ 38 InsO) und den in § 39 InsO bezeichneten nachrangigen Verbindlichkeiten geltend gemacht werden. Hat der Erbe vor Eröffnung des Nachlassinsolvenzverfahrens im guten Glauben an die Solvenz des Nachlasses Pflichtteilsrechte, Vermächtnisse oder Auflagen erfüllt, können diese Rechtshandlungen angefochten werden (§§ 322, 134 InsO).

Gläubigern, die sich erst nach der Durchführung des Nachlassin- 22 solvenzverfahrens melden, kann der Erbe nach §§ 1989, 1973 die **Erschöpfungseinrede** entgegenhalten.

3. Dürftigkeitseinrede

Die Dürftigkeitseinrede nach § 1990 hilft dem Erben, wenn der 23 Wert des Nachlasses derart gering oder der Nachlass derart überschuldet ist, dass die Durchführung einer Nachlassverwaltung oder eines Nachlassinsolvenzverfahrens mangels einer die Verfahrenskosten deckenden Masse nicht in Betracht kommt. Der Erbe kann dann nach § 1990 die Befriedigung der Nachlassgläubiger insoweit verweigern, als der Nachlass nicht ausreicht. Ein besonderes Verfahren zur Trennung des Nachlasses vom Eigenvermögen des Erben als Voraussetzung für eine Haftungsbeschränkung des Erben ist nicht erforderlich.

Erhebt der Erbe die Dürftigkeitseinrede, wird im Verhältnis zu den Nachlassgläubigern zwischen Nachlassvermögen und Eigenvermögen des Erben unterschieden, ohne dass dem Erben die Verfügungsgewalt über den Nachlass entzogen ist. Die Verantwortlichkeit des Erben und der Ersatz seiner Aufwendungen richten sich wie bei

Nachlassverwaltung und Nachlassinsolvenzverfahren nach §§ 1978, 1979 (§ 1991 Abs. 1).

Ist der Nachlass nur aufgrund von Vermächtnissen und Auflagen überschuldet, hat der Erbe ebenfalls die Möglichkeit, sich auf die beschränkte Haftung zu berufen, auch wenn der Nachlass im Übrigen nicht dürftig ist, eine die Verfahrenskosten deckende Masse i. S. v. § 1990 also durchaus vorhanden wäre (§ 1992).

V. Inventarerrichtung

24   Will der Gläubiger einen Überblick über den Nachlass gewinnen – etwa um zu wissen, in welche Gegenstände er vollstrecken kann oder ob er Antrag auf Eröffnung des Nachlassinsolvenzverfahrens stellen muss – so kann er den Erben zur Errichtung eines Inventars auffordern. **Die Inventarerrichtung führt nicht zu einer Beschränkung der Haftung** des Erben.

Der Erbe haftet jedoch mit seinem eigenen Vermögen unbeschränkt für alle Nachlassverbindlichkeiten, wenn er das Inventar nicht rechtzeitig oder absichtlich falsch errichtet (§ 2005 Abs. 1). Die Inventarerrichtung ist somit kein Verteidigungsmittel des Erben, sondern ein **Angriffsmittel des Nachlassgläubigers.** Nach § 1994 Abs. 1 S. 1 setzt das Nachlassgericht dem Erben auf Antrag des Nachlassgläubigers eine Frist zur Errichtung des Inventars.

25   Das Inventar besteht nach § 2001 aus einer Übersicht über die Nachlassgegenstände und Nachlassverbindlichkeiten. Der Erbe kann das Inventar nur unter amtlicher Mitwirkung errichten (§ 2002). Auf seinen Antrag muss es sogar vom Nachlassgericht oder einer zuständigen Behörde aufgenommen werden (§ 2003).

26   Ein rechtzeitig errichtetes Inventar hat nach § 2009 die gesetzliche Vermutung zur Folge, dass weitere Nachlassgegenstände als die angegebenen nicht vorhanden waren.

27   Die Vollständigkeit des Inventars hat der Erbe nach § 2006 Abs. 1 auf Antrag eines Nachlassgläubigers an Eides statt zu versichern. Gibt der Erbe die eidesstattliche Versicherung nicht ab, haftet er *diesem* Nachlassgläubiger nach § 2006 Abs. 3 unbeschränkt. Errichtet der Erbe das Inventar innerhalb der ihm vom Nachlassgericht gesetzten Frist nicht, haftet er nach § 1994 Abs. 1 S. 2 *allen* Nachlassgläubigern gegenüber unbeschränkt. Das gleiche gilt im Fall der **Inventa-**

runtreue, wenn der Erbe bewusst unrichtige Angaben macht oder wenn er bei der amtlichen Errichtung des Inventars nicht mitwirkt (§ 2005 Abs. 1).

> **Beispiel:** A ist Alleinerbe des E. Auf Antrag des Nachlassgläubigers G setzt das Nachlassgericht dem A eine Frist zur Inventarerrichtung. A versäumt diese Frist. Da er eine Überschuldung des Nachlasses befürchtet, möchte er seine Haftung für die Nachlassverbindlichkeiten auf den Nachlass beschränken.

Da nach § 1994 Abs. 1 S. 2 die unbeschränkte Erbenhaftung eingetreten ist, hat A endgültig die Möglichkeit verloren, seine Haftung durch Anordnung der Nachlassverwaltung oder Eröffnung des Nachlassinsolvenzverfahrens nach § 1975 auf den Nachlass zu beschränken. Auch ein Gläubigeraufgebot nach §§ 1970 ff. kann A nicht mehr beantragen (§ 455 Abs. 1 FamFG). Zudem kann er gemäß §§ 2013 Abs. 1 S. 1, 2016 Abs. 1 alle Einreden, mit deren Hilfe die beschränkte Erbenhaftung geltend gemacht werden kann, nicht mehr erheben (§§ 1973, 1974, 1989, 1990, 1992, 2014, 2015). Die Nachlassgläubiger können dagegen weiterhin einen Antrag nach § 1981 Abs. 2 auf Anordnung der Nachlassverwaltung stellen, um einen Zugriff der Eigengläubiger des A auf den Nachlass zu verhindern.

VI. Aufschiebende Einreden

Bis zur Annahme der Erbschaft bleibt das Vermögen des Erben **28** vom Nachlass getrennt. Der Erbe haftet den Nachlassgläubigern gegenüber nur mit dem Nachlass. Eine Klage gegen den Erben auf Erfüllung einer Nachlassverbindlichkeit ist unzulässig (§ 1958; vgl. § 15 Rn. 17).

Nach Annahme der Erbschaft braucht der Erbe zunächst Zeit, um **29** sich einen Überblick über Nachlassgegenstände und Nachlassverbindlichkeiten zu verschaffen und zu entscheiden, ob haftungsbeschränkende Maßnahmen getroffen werden müssen. Die **Dreimonatseinrede** des § 2014 berechtigt den Erben, bis zum Ablauf der ersten drei Monate nach Annahme der Erbschaft die Berichtigung der Nachlassverbindlichkeiten zu verweigern. Hat der Erbe jedoch bereits ein Inventar errichtet, steht der Umfang des Nachlasses fest, so dass die Berichtigung dann wegfällt. Hat er die Durchführung eines

Aufgebotsverfahrens nach §§ 1970 ff. beantragt, um die Nachlassverbindlichkeiten zu ermitteln, so steht ihm mit der Aufgebotseinrede nach § 2015 ein Leistungsverweigerungsrecht bis zur Beendigung des Aufgebotsverfahrens zu.

§ 19. Miterbengemeinschaft

Literatur: *Coester-Waltjen*, Gesamthandsgemeinschaften, Jura 1990, 469.
Zur Übung: *Löhnig*, Fälle, Fall Nr. 10; *Simon/Werner*, Problem Nr. 15.

I. Miterbengemeinschaft als Gesamthandsgemeinschaft

Hinterlässt der Erblasser mehrere Erben, so geht sein Vermögen 1 mit dem Erbfall als Ganzes auf sie über und wird ihr gemeinschaftliches Vermögen (§§ 1922 Abs. 1, 2032 Abs. 1). Die so entstandene Erbengemeinschaft ist neben der Gesellschaft (§ 718 Abs. 1) und der Gütergemeinschaft (§ 1416 Abs. 1) die dritte **Gesamthandsgemeinschaft** des BGB.

Rechtsfähigkeit und damit auch **Parteifähigkeit** kommt der Erbengemeinschaft trotz z. T. abweichender Ansichten in der Literatur (z. B. *Grunewald*, AcP 197 (1997), 305, 313 ff.) nicht zu. Die Frage war lebhaft diskutiert worden, nachdem der BGH (BGHZ 146, 341) die Rechtsfähigkeit der BGB-Gesellschaft bejaht hatte (*Eberl-Borges*, ZEV 2002, 125 m. w. N.). Mit Urteil vom 11.9.2002 hat der BGH indessen klargestellt, dass die Erbengemeinschaft anders als die Gesellschaft bürgerlichen Rechts weder rechtsfähig noch parteifähig ist (NJW 2002, 3389; bestätigt in NJW 2006, 3715).

Die Besonderheit der Gesamthandsgemeinschaft liegt in der **Bildung eines Sondervermögens** neben dem Eigenvermögen der einzelnen Gesamthänder (Miterben). Von der Bruchteilsgemeinschaft (§§ 741 ff.) unterscheidet sich die Gesamthandsgemeinschaft dadurch, dass den Gesamthändern kein ideeller (gedachter) Bruchteil an den einzelnen zum Sondervermögen gehörenden Gegenständen zusteht. Bruchteilsgemeinschaften bestehen immer an *einzelnen* Gegenständen. Während bei der **Bruchteilsgemeinschaft** jeder Teilhaber über seinen Anteil am Gegenstand verfügen kann (§ 747 S. 1), ist den Miterben nach § 2033 Abs. 2 eine Verfügung über ihren Anteil an den einzelnen Nachlassgegenständen verwehrt (ebenso § 719 Abs. 1 für die Gesellschaft und § 1419 Abs. 1 für die Gütergemeinschaft), nicht dagegen die Verfügung über ihren Miterbenanteil als ganzen (§ 2033 Abs. 1). Über Nachlassgegenstände können Erben gemäß § 2040 Abs. 1 nur gemeinschaftlich verfügen. Für das theoretische Verständnis der Erbengemeinschaft wäre es besser gewesen, wenn der Gesetzgeber in § 2033 Abs. 2 nicht von dem Anteil des Miterben an den einzelnen Nachlassgegenständen gesprochen hätte, über den eine Verfügung nicht möglich ist, sondern davon, dass es einen solchen Anteil überhaupt nicht gibt, so dass schon aus diesem Grund eine Verfügung nicht in Betracht kommt.

2   **Beispiel:** A und B sind Miterben zu je ½. Zum Nachlass gehört ein Grundstück. A und B begehren unter Vorlage eines Erbscheins die Berichtigung des Grundbuchs gemäß § 22 Abs. 1 S. 1 i. V. m. § 35 Abs. 1 S. 1 GBO. Wie lautet die Eintragung?

Obwohl A und B durch den Erbschein als Miterben zu ½ ausgewiesen werden, sind sie im Grundbuch nur „in Erbengemeinschaft" ohne Angabe einer Quote einzutragen (§ 47 Abs. 1 Alt. 2 GBO). Die wertmäßige Beteiligung von A und B am Gesamtnachlass, die vor allem bei der Erbauseinandersetzung zum Tragen kommt, bedeutet nicht, dass A und B je zur Hälfte Eigentümer des Grundstücks geworden sind. Eine Angabe der Erbquote im Grundbuch wäre nicht nur überflüssig, sondern auch irreführend, weil sie den Eindruck erwecken würde, als wären A und B Bruchteilseigentümer zu ½. Wollen A und B das Gesamthandseigentum in Bruchteilseigentum umwandeln, so ist, auch wenn die Bruchteile den Erbquoten entsprechen, eine rechtsgeschäftliche Übertragung des hälftigen Grundstückseigentums von der aus A und B bestehenden Erbengemeinschaft auf A bzw. B als Einzelpersonen gemäß §§ 873, 925 erforderlich. Die Eintragung von A und B als Bruchteilseigentümer zu ½ wäre deshalb ein Akt der Rechtsbegründung, nicht der Berichtigung.

3   Mit der Ausgestaltung der Erbengemeinschaft als Gesamthandsgemeinschaft trägt der Gesetzgeber dem Interesse der Nachlassgläubiger an der **Erhaltung des Nachlasses als Haftungsgrundlage** Rechnung. Dieses Ziel wird im Wesentlichen durch folgende Grundkonzeption erreicht: (1) Der Nachlass wird als Sondervermögen vom Eigenvermögen der Miterben getrennt, so dass Eigengläubiger eines Miterben nicht in den Nachlass vollstrecken können (vgl. § 747 ZPO). (2) Durch das Erfordernis gemeinschaftlicher Verwaltung des Nachlasses und gemeinschaftlicher Verfügung der Miterben über Nachlassgegenstände (§§ 2038, 2040) wird der Nachlass „zu-

sammengehalten". (3) Der Grundsatz der Surrogation (§ 2041) schließlich stellt sicher, dass alles, was aufgrund eines zum Nachlass gehörenden Rechts, durch ein Rechtsgeschäft mit Nachlassbezug oder als Ersatz für die Zerstörung, Beschädigung oder Entziehung eines Nachlassgegenstandes erworben wurde, mit dinglicher Wirkung Nachlassgegenstand wird (dingliche Surrogation).

II. Verfügungen über den Miterbenanteil und Vorkaufsrecht der Miterben

1. Verfügungen über den Miterbenanteil

Ein Miterbe kann zwar nicht über seinen Anteil an den einzelnen 4 Nachlassgegenständen, wohl aber über seinen Nachlassanteil insgesamt verfügen. Dass ein Gesamthänder über seinen Gesamthandsanteil verfügen kann, ist keineswegs typisch für die Gesamthandsgemeinschaft. Weder bei der BGB-Gesellschaft (§ 719 Abs. 1) noch bei der Gütergemeinschaft (§ 1419 Abs. 1) lässt das Gesetz eine Übertragung des Gesamthandsanteils zu. Die unterschiedliche Behandlung der Miterbengemeinschaft rechtfertigt sich aus der Überlegung, dass sie eine auf Auflösung angelegte Zufallsgemeinschaft darstellt. Um die Erbengemeinschaft vor Überfremdung zu schützen, wird allerdings den übrigen Miterben ein Vorkaufsrecht eingeräumt (§§ 2034–2037).

In der Praxis ist die Übertragung des Miterbenanteils oft ein **Mittel** 5 **der Erbauseinandersetzung.**

Beispiel: A, B und C sind Miterben zu je ⅓. B und C übertragen ihre Nachlassanteile auf A.

Durch die Übertragung der Anteile auf A erlischt die Gesamthandsgemeinschaft. Gehört zum Nachlass ein Grundstück, so wird A mit der Übertragung des Nachlassanteils automatisch Alleineigentümer. Die Rechtsänderung vollzieht sich also außerhalb des Grundbuchs; die Eintragung des A als Alleineigentümer ist ein Akt der Grundbuchberichtigung. Würde im Beispielsfall nur B seinen Nachlassanteil auf A übertragen, bestünde die Erbengemeinschaft zwischen A (mit nunmehr einer Erbquote von ⅔) und C fort. Soweit im Grundbuch bereits die aus A, B und C bestehende Erbengemeinschaft als Eigentümerin (ohne Quotenangabe, § 47 Abs. 1 Alt. 2 GBO) eingetragen ist, würde das Grundbuch unrichtig, weil B unzutreffend noch als Mitglied der Erbengemeinschaft aufgeführt ist.

6   Wird der Nachlassanteil auf einen Dritten übertragen, der nicht Mitglied der Erbengemeinschaft ist, so tritt dieser zwar vermögensrechtlich in die Stellung des Erben ein, wird jedoch nicht Erbe. **Die Erbenstellung als solche ist nicht übertragbar.** So wird insbesondere der Erbschein nach wie vor auf den Namen des verfügenden Miterben ausgestellt (vgl. § 23 Rn. 5).

7   Eine Verfügung i. S. v. § 2033 Abs. 1 S. 1 stellt neben der Übertragung des Nachlassanteils auch dessen Belastung durch **Verpfändung** oder **Nießbrauchsbestellung** dar. Der Möglichkeit des Miterben, seinen Anteil zu verpfänden, entspricht das Recht seiner Gläubiger zur **Pfändung** des Anteils (§ 859 Abs. 2 ZPO).

8   Für die Verfügung über den Nachlassanteil (Übertragung oder Belastung) schreibt § 2033 Abs. 1 S. 2 die **notarielle Beurkundung** vor. Ist das Kausalgeschäft ein Erbschaftskauf, so ist nach § 2371 auch für dieses die notarielle Beurkundung erforderlich (vgl. § 23 Rn. 6).

2. Vorkaufsrecht der Miterben

9   Das Vorkaufsrecht der Miterben (§§ 2034–2037 i. V. m. §§ 463 ff.) soll das unerwünschte Eindringen Fremder in die Miterbengemeinschaft verhindern. Der Schutz der Miterben ist indessen in zweifacher Weise begrenzt. Zum einen hängt das Vorkaufsrecht begrifflich davon ab, dass ein Miterbe seinen Anteil *verkauft.* Verschenkt oder belastet er ihn, so bleiben die übrigen Miterben ohne Schutz. Zum anderen steht das Vorkaufsrecht den verbleibenden Miterben gemäß §§ 2034 Abs. 1, 472 S. 1 nur **gemeinschaftlich zur gesamten Hand** zu. Gegen den Willen auch nur eines Miterben kann das Vorkaufsrecht nicht ausgeübt werden.

10   Etwas anderes gilt nur, wenn das Vorkaufsrecht gemäß § 472 S. 2 für einen der Berechtigten durch Fristablauf nach § 2034 Abs. 2 S. 1 oder durch Verzicht erloschen ist oder er sein Recht nicht ausübt. „Nicht ausüben" i. S. v. § 472 S. 2 bedeutet in der Sache „verwirken". Dafür genügt es allerdings nicht, dass ein Miterbe die Übertragung des verkauften Miterbenanteils auf sich allein verlangt oder aus sonstigen Gründen mit der Ausübung des Vorkaufsrechts durch die Miterbengemeinschaft nicht einverstanden ist (*BGH* NJW 1982, 330).

Das Vorkaufsrecht richtet sich gegen den veräußernden Miterben 11
(§ 2034 Abs. 1) und wird ihm gegenüber durch formlose Erklärung
ausgeübt (§ 464 Abs. 1). Die Erklärung muss innerhalb einer Frist
von zwei Monaten abgegeben werden (§ 2034 Abs. 2), die mit dem
nach § 469 Abs. 1 erforderlichen Zugang der Anzeige des verkaufen-
den Miterben beginnt. Ein Miterbe, der seinen Anteil bereits früher
veräußert hat, zählt nicht zu den vorkaufsberechtigten „übrigen Miterben" i. S. v. § 2034 Abs. 1, weil er kein schützenswertes Interesse
mehr daran hat, ein Eindringen unerwünschter Personen in die Erbengemeinschaft zu verhindern (BGHZ 188, 109, 111). Umgekehrt
steht einem Erbteilserwerber schon deshalb kein Vorkaufsrecht zu,
weil er durch den Erwerb nicht „Miterbe" geworden ist und weil er
außerdem wegen seines freiwilligen Eintritts in die Erbengemeinschaft des Schutzes der §§ 2034 ff. nicht bedarf (BGHZ 56, 115, 118).

Mit der Ausübung des Vorkaufsrechts kommt zwischen den be- 12
rechtigten Miterben und dem Verkäufer ein Kaufvertrag mit dem Inhalt zustande, wie er zwischen dem Verkäufer und dem Dritten vereinbart wurde (§ 464 Abs. 2). Während jedoch das Vorkaufsrecht der
§§ 463 ff. nur schuldrechtlich wirkt, d. h. den Vorkaufsberechtigten
auf Schadensersatzansprüche verweist, wenn der Vorkaufsverpflich-
tete den Kaufvertrag abredewidrig bereits erfüllt hat, ist das Vorkaufsrecht der Miterben in dem Sinne quasidinglich ausgestaltet,
dass es auch gegenüber dem Käufer, dem der Erbteil bereits übertragen wurde, ausgeübt werden kann (§ 2035). Voraussetzung ist allerdings, dass die Frist für die Ausübung des Vorkaufsrechts (§ 2034
Abs. 2) nicht verstrichen ist. Unter der gleichen Voraussetzung können die Miterben ihr Vorkaufsrecht sogar noch gegenüber weiteren
Erwerbern des Erbanteils ausüben (§ 2037, Näheres *Lange/Kuchinke*,
§ 42 III 3 a–c).

III. Verwaltung des Nachlasses und Verfügung über Nachlassgegenstände

1. System des Gesetzes

Anders als bei der BGB-Gesellschaft, OHG und KG unterscheidet 13
das Gesetz bei der Miterbengemeinschaft nicht zwischen Geschäftsführung (Innenverhältnis) und Vertretung (Außenverhältnis), son-

dern zwischen **Verwaltung** (§ 2038) und **Verfügung** (§ 2040). Unter den Begriff der Verwaltung fallen alle rechtlichen und tatsächlichen Maßnahmen, die auf Erhaltung und Mehrung des Nachlassvermögens oder auf Bestreitung der laufenden Verbindlichkeiten gerichtet sind. Unstreitig ist, dass Verwaltung vom **Innenverhältnis** der Miterben her gesehen nichts anderes ist als Geschäftsführung bei einer BGB-Gesellschaft, OHG oder KG. Was das **Außenverhältnis** anbelangt, so regelt § 2040 für die Erbengemeinschaft allerdings nur einen Teilbereich, nämlich die Verfügung über Nachlassgegenstände. Verpflichtungsgeschäfte (z. B. Erteilung eines Reparaturauftrags für ein der Erbengemeinschaft gehörendes Haus) fallen nicht unter § 2040.

Die Frage, ob und in welchem Umfang § 2038 das Außenverhältnis (teilweise) mitregelt und wie sich § 2038 im Einzelnen zu § 2040 verhält, ist deshalb wichtig, weil Miterben gemäß § 2040 Abs. 1 über einen Nachlassgegenstand nur gemeinschaftlich verfügen können, während § 2038 zwar vom Grundsatz gemeinschaftlicher Verwaltung ausgeht (§ 2038 Abs. 1 S. 1), davon aber Ausnahmen zulässt. So können Maßnahmen der ordnungsgemäßen Verwaltung mit Stimmenmehrheit beschlossen werden (§ 2038 Abs. 2 S. 1 i. V. m. § 745 Abs. 1), und Notverwaltungsmaßnahmen kann jeder Miterbe ohne Mitwirkung der anderen treffen (§ 2038 Abs. 1 S. 2 Hs. 2).

Die nicht geglückte Gesamtregelung der §§ 2038, 2040 (*Kipp/Coing*, § 114 IV 1) lässt auch heute noch eine Reihe von Zweifelsfragen offen, die nicht so sehr das Innen- als vielmehr das Außenverhältnis betreffen.

2. Verwaltung des Nachlasses

14   Im Hinblick auf die Befugnis der Miterben, Verwaltungsmaßnahmen zu treffen, unterscheidet § 2038 (1) notwendige Maßnahmen, (2) Maßnahmen der ordnungsgemäßen Verwaltung und (3) Maßnahmen, die über die ordnungsgemäße Verwaltung hinausgehen.

15   **Beispiel:** A, B und C sind Miterben zu je 1/3. Zum Nachlass gehört ein älteres, unbewohntes Haus. A und B wollen das Haus abreißen und durch ein modernes Mietshaus ersetzen lassen. C will das Haus lieber renovieren lassen und dann vermieten. Zu allererst soll aber das an einigen Stellen undicht gewordene Dach repariert werden.

Die angestrebte Dachreparatur ist – solange der Abriss des Hauses nicht beschlossene Sache ist – eine **notwendige Erhaltungsmaßnahme,** die nach § 2038 Abs. 1 S. 2 Hs. 2 jeder Miterbe ohne Mitwirkung der anderen treffen kann (vgl. BGHZ 6, 76). Da § 2038 nicht nur tatsächliches Verwaltungshandeln, sondern auch Verpflichtungsgeschäfte im Rahmen der Verwaltung des Nachlasses umfasst, kann C den erforderlichen Werkvertrag mit dem Dachdecker als Stellvertreter der Erbengemeinschaft abschließen.

Die Renovierung und anschließende Vermietung wären **Maßnah** 16 **men ordnungsgemäßer Verwaltung.** Nach § 2038 Abs. 2 S. 1 i. V. m. § 745 Abs. 1 können solche Maßnahmen von der Erbengemeinschaft mit Stimmenmehrheit beschlossen werden (Näheres zum Mehrheitsbeschluss in der Erbengemeinschaft bei *Muscheler,* ZEV 1997, 169 ff., 222 ff.), wobei die Stimmenmehrheit sich nach der Größe der Erbteile („Anteile" i. S. v. § 745 Abs. 1 S. 2) bestimmt, nicht nach der Kopfmehrheit. Darüber hinaus kann jeder Miterbe ohne Rücksicht auf seine Erbquote von den anderen Miterben die Mitwirkung bei Maßnahmen der ordnungsgemäßen Verwaltung verlangen (§ 2038 Abs. 1 S. 2 Hs. 1). Diese Mitwirkungspflicht gilt sowohl bzgl. der Willensbildung (Beschlussfassung) als auch bzgl. der Ausführung der beschlossenen Maßnahmen. C kann also A und B auf Zustimmung zur Renovierung und anschließenden Vermietung des Hauses verklagen. Mit Rechtskraft eines obsiegenden Urteils gilt die Zustimmung als erteilt (§ 894 Abs. 1 S. 1 ZPO). Will sich ein Miterbe mit der Renovierung und Vermietung des Hauses nicht abfinden, so hat er nach § 2042 Abs. 1 die Möglichkeit, jederzeit die Auseinandersetzung zu verlangen.

Würden sich A und C gegen den Willen des B auf die Renovierung und Vermietung des Hauses verständigen, stellt sich die Frage, ob A und C aufgrund dieses Mehrheitsbeschlusses die Erbengemeinschaft beim Abschluss der zur Renovierung und Vermietung erforderlichen Verträge vertreten können. Da § 2038 nicht zwischen Innen- und Außenverhältnis differenziert und § 2040 eine Sonderregelung nur für Verfügungsgeschäfte enthält, vertreten der BGH (BGHZ 56, 47; *BGH* ZEV 2010, 36, 37 f.) und die h. L. (MünchKomm/*Gergen,* § 2038 Rn. 51 m. w. N.) zutreffend die Ansicht, dass Mehrheitsbeschlüsse nicht nur nach innen wirken, sondern die Mehrheit auch nach außen in die Lage versetzen, die Gemeinschaft bei der Durchsetzung der beschlossenen Maßnahmen zu vertreten. Andernfalls müsste die widerstrebende Minderheit erst im Prozessweg gezwungen werden, ihre Zustimmung zu den beschlossenen Maßnahmen zu erteilen und an ihrer Durchführung mitzuwirken.

17 Bei dem Plan, das Haus abreißen zu lassen, handelt es sich um eine **Maßnahme, die über die ordnungsgemäße Verwaltung hinausgeht,** da eine wesentliche Veränderung des Grundstücks angestrebt wird (§ 2038 Abs. 2 S. 1 i. V. m. § 745 Abs. 3 S. 1; zum Begriff der wesentlichen Veränderung vgl. BGHZ 164, 181). Nach § 2038 Abs. 1 S. 1 können die Miterben eine solche Entscheidung nur gemeinsam treffen.

3. Verfügung über Nachlassgegenstände

18 Nach § 2040 Abs. 1 können Miterben über einen Nachlassgegenstand **nur gemeinschaftlich** verfügen. Verfügungen sind Rechtsgeschäfte, durch die bestehende Rechte mit unmittelbarer Wirkung aufgehoben, übertragen, belastet oder inhaltlich verändert werden, also z. B. Übereignung, Abtretung, Aufrechnung, Erlass, Verpfändung. Auch die Kündigung eines Miet- oder Darlehensvertrages wird man unter § 2040 Abs. 1 subsumieren müssen (*BGH* ZEV 2006, 358; 2010, 36).

19 Umstritten ist das **Verhältnis von § 2038 zu § 2040.** Sowohl im Rahmen der ordnungsgemäßen Verwaltung als auch der Notverwaltung können Verfügungen erforderlich werden (z. B. Inzahlunggabe des alten Heizkessels bei Anschaffung eines neuen; Verkauf verderblicher Ware). Wer § 2040 als *lex specialis* gegenüber § 2038 ansieht, gelangt zu dem seltsamen Ergebnis, dass nach § 2038 Abs. 2 S. 1 i. V. m. § 745 Abs. 1 Verpflichtungsgeschäfte zum Zwecke ordnungsgemäßer Verwaltung von der Mehrheit abgeschlossen, aber nicht erfüllt werden können. Im Falle der Notverwaltung könnte ein Miterbe verderbliche Ware zwar aus eigener Machtvollkommenheit verkaufen (§ 2038 Abs. 1 S. 2 Hs. 2), aber nicht übereignen. Zur Übereignung müssten die widerstrebenden Erben erst auf Abgabe der für die Übereignung erforderlichen Einigungserklärungen (§ 929) verklagt werden. Die früher h. L. (*Brox/Walker*, Rn. 507; *Lange/Kuchinke*, § 43 III 6) differenziert: Für **Notverfügungen** soll der Regelung des § 2038 Abs. 1 S. 2 Hs. 2 der Vorrang vor § 2040 Abs. 1 gebühren. Für **Verfügungen im Rahmen der ordnungsgemäßen Verwaltung** soll hingegen § 2040 Abs. 1 *lex specialis* sein, mit der Folge, dass im Beispielsfall der Heizkessel erst übereignet würde, nachdem ein Urteil

gegen die widerstrebenden Minderheitserben rechtskräftig geworden ist (§ 894 Abs. 1 S. 1 ZPO).

Diese Ansicht überzeugt nicht, soweit sie bei Verfügungen im Rahmen ordnungsgemäßer Verwaltung § 2040 Abs. 1 als *lex specialis* gegenüber § 2038 Abs. 2 S. 1 i. V. m. § 745 Abs. 1 ansieht (wie hier *Muscheler*, ZEV 1997, 222, 230 f.; *Leipold*, Rn. 736). Für die früher h. L. spricht zwar der Wortlaut des § 2040 Abs. 1. Aber es macht wenig Sinn, Verpflichtungsgeschäfte, die von der Mehrheit abgeschlossen werden, hinzunehmen, die zu ihrer Erfüllung erforderlichen Verfügungsgeschäfte dagegen nicht. Warum soll es der Mehrheit verboten sein, einem Schuldner eine unbedeutende Forderung zu erlassen (Verfügung), wenn es ihr erlaubt ist, Darlehensverträge über hohe Summen abzuschließen? Die Sorge, § 2040 Abs. 1 werde bei einer extensiven Interpretation von § 2038 Abs. 2 S. 1 i. V. m. § 745 Abs. 1 weitgehend gegenstandslos, ist unbegründet. Verfügungen über Nachlassgegenstände stellen eher im Ausnahme- als im Regelfall Maßnahmen der ordnungsgemäßen Verwaltung dar; sie sind außerdem dann keine Maßnahmen der Verwaltung, wenn sie zum Zwecke der (Teil-)Auseinandersetzung erfolgen.

Der BGH (BGHZ 183, 131 = ZEV 2010, 36 m. Anm. *Ann*) hat sich unter Aufgabe seiner früheren Rechtsprechung (vgl. bereits *BGH* ZEV 2006, 358 m. Anm. *Werner*) – zumindest für den Fall der Kündigung – von der bisher herrschenden Lehre abgewendet. Da Verpflichtungsgeschäfte zum Zwecke ordnungsgemäßer Verwaltung aufgrund eines Mehrheitsbeschlusses abgeschlossen werden könnten (Rn. 16), müsse es auch möglich sein, die hierdurch begründeten Rechte wieder durch Mehrheitsbeschluss aufzuheben. Es spricht viel dafür, dass der BGH auch für andere Formen von Verfügungen (Rn. 18) diesem Ansatz folgen wird (vgl. *BGH* NJW 2013, 166 für die Einziehung einer Nachlassforderung; *Muscheler*, Bd. II, Rn. 3876).

Verwaltungsmaßnahmen der Miterbengemeinschaft

Art der Maß-nahme	Innenverhältnis (§ 2038)	Außenverhältnis	
		Verpflichtungsgeschäfte (§ 2038)	Verfügungsgeschäfte (§ 2040 grds. anwendbar)
Notverwaltung	Jeder Miterbe (§ 2038 Abs. 1 S. 2 Hs. 2)	Jeder Miterbe (§ 2038 Abs. 1 S. 2 Hs. 2)	Jeder Miterbe (§ 2038 Abs. 1 S. 2 Hs. 2 speziell)
ordnungsge-mäße Verwal-tung	Mehrheitsbeschluss nach Größe der Erbteile (§ 2038 Abs. 2 S. 1 i. V. m. § 745)	Mehrheitsbeschluss nach Größe der Erbteile (§ 2038 Abs. 2 S. 1 i. V. m. § 745)	Umstritten: Zu den ver-schiedenen Ansichten vgl. Text bei Rn. 19
nicht ordnungs-gemäße Verwaltung	Alle Miterben gemein-schaftlich (§ 2038 Abs. 1 S. 1)	Alle Miterben gemein-schaftlich (§ 2038 Abs. 1 S. 1)	Alle Miterben gemein-schaftlich (§ 2040 Abs. 1)

IV. Geltendmachung von Nachlassansprüchen

20   Nach § 2039 S. 1 kann jeder Miterbe eine Nachlassforderung ge-richtlich und außergerichtlich geltend machen; er muss allerdings Leistung an alle Erben fordern (z. B. Zahlung auf ein Konto der Er-bengemeinschaft). § 2039 ist eine Sondervorschrift gegenüber §§ 2038, 2040. Materiellrechtlich enthält § 2039 eine gesetzliche Er-mächtigung: Jeder Miterbe darf Forderungen der Erbengemeinschaft einziehen; er kann den Schuldner mit Wirkung für alle Miterben mahnen, um ihn in Verzug zu setzen. Prozessual wird jeder Miterbe in die Lage versetzt, ein fremdes Recht, nämlich das der Gesamthand, im eigenen Namen als Partei einzuklagen (gesetzliche Prozessstand-schaft).

§ 2039 S. 1 gewährleistet zum einen, dass die Geltendmachung von Nachlassforderungen nicht am Eigensinn oder an der Gleichgültig-keit der Miterben scheitert, und stellt zum anderen sicher, dass An-sprüche der Erbengemeinschaft gegen einzelne Miterben überhaupt durchgesetzt werden können.

Beispiel: A ist Miterbe zu ³/₄, B zu ¹/₄. A lässt aus Unachtsamkeit eine wertvolle, zum Nachlass gehörende Vase fallen, die zerbricht.

Materiellrechtlich steht der Erbengemeinschaft ein Anspruch aus § 823 Abs. 1 gegen A zu. A ist Schuldner, gleichzeitig aber auch in seiner Eigenschaft als Mitglied der Erbengemeinschaft Gläubiger.

Nur wenn B allein die Interessen der Erbengemeinschaft wahrnehmen kann, besteht die Gewähr, dass der Anspruch auch durchgesetzt wird.

V. Auseinandersetzung

1. Anspruch auf Auseinandersetzung

Die Erbengemeinschaft ist eine von vornherein auf Liquidation an-   21
gelegte Gemeinschaft (sog. **geborene Liquidationsgemeinschaft**). Jeder Miterbe kann nach § 2042 Abs. 1 jederzeit die Auseinandersetzung verlangen.

Allerdings kann kein Miterbe verlangen, dass eine **persönliche Teilauseinandersetzung** nur in Bezug auf ihn stattfindet, während die Erbengemeinschaft im Übrigen unter den anderen Miterben fortbesteht (*BGH* NJW 1985, 51). Persönliche Teilauseinandersetzungen sind jedoch durch einverständliches Handeln der Miterben möglich. Sie erfolgen in der Praxis vor allem im Wege der **Übertragung des Miterbenanteils** nach § 2033 Abs. 1 auf den oder die anderen Miterben (vgl. Rn. 5). Der BGH (BGHZ 138, 8; ZEV 2011, 38) hat als zweiten Weg der persönlichen Teilauseinandersetzung die sog. **personelle Abschichtung** anerkannt. Ein Miterbe kann – ähnlich wie ein BGB-Gesellschafter (§ 738 Abs. 1) – gegen Zahlung einer zuvor vereinbarten Abfindung aus der Erbengemeinschaft ausscheiden, indem er auf seine Mitgliedschaftsrechte und seinen Anspruch auf das künftige Auseinandersetzungsguthaben verzichtet. Als Folge des Ausscheidens wächst der Anteil des Ausscheidenden den verbleibenden Miterben kraft Gesetzes an. Bleibt nur ein Miterbe übrig, führt die Anwachsung zum Alleineigentum am Nachlass und damit zur Beendigung der Erbengemeinschaft. Der entscheidende Unterschied gegenüber der Übertragung des Miterbenanteils nach § 2033 Abs. 1 liegt darin, dass der Verlust des Anteils und die Anwachsung nur die kraft Gesetzes unmittelbar eintretende Folge des Ausscheidens sind, nicht aber die Folge eines Übertragungsaktes zwischen den Miterben. Aus diesem Grund verneint der BGH auch die Notwendigkeit einer formbedürftigen Verfügung i. S. d. § 2033 Abs. 1 S. 2 – und zwar auch dann, wenn zum Nachlass ein Grundstück gehört (vgl. *Fest*, JuS 2007, 1081). Demgegenüber wird in der Literatur z. T. die Ansicht vertreten, dass auch die Erbauseinandersetzung im Wege der

Abschichtung der Form des § 2033 Abs. 1 S. 2 bedarf. Auch wenn man mit dem BGH von einem Erwerb kraft Gesetzes ausgehe, stelle der Verzicht des ausscheidenden Miterben doch eine (Art) unmittelbare(r) Einwirkung auf ein bestehendes Recht und damit eine Verfügung i. S. d. § 2033 Abs. 1 S. 2 dar (*Rieger*, DNotZ 1999, 64, 71 m. w. N.).

22   Der Erblasser kann die sofortige Auseinandersetzung durch letztwillige Verfügung ausschließen (§ 2044 Abs. 1 S. 1). Da der Erblasser die Verfügungsbefugnis der Erben allerdings nicht mit dinglicher Wirkung beschränken kann (§ 137 S. 1), können diese sich einstimmig und ohne Nachteil über das Verbot hinwegsetzen (BGHZ 40, 115). Will der Erblasser sicherstellen, dass sein **Auseinandersetzungsverbot** respektiert wird, sollte er einen Testamentsvollstrecker einsetzen (§ 2204 Abs. 1 i. V. m. § 2044 Abs. 1 S. 1).

Auch die Miterben selbst können die Auseinandersetzung einverständlich durch Vertrag ausschließen. Jeder Miterbe behält dann aber das Recht, bei Vorliegen eines wichtigen Grundes die Auseinandersetzung zu verlangen (§ 2042 Abs. 2 i. V. m. § 749 Abs. 2 S. 1).

2. Durchführung der Auseinandersetzung

a) Anordnungen des Erblassers

23   Der Erblasser kann durch letztwillige Verfügung Anordnungen für die Auseinandersetzung treffen (sog. Teilungsanordnungen, § 2048 S. 1). Er kann insbes. anordnen, dass die Auseinandersetzung nach billigem Ermessen eines Dritten erfolgen soll (§ 2048 S. 2). Die Anordnungen des Erblassers wirken nur schuldrechtlich, nicht dinglich. Wird einem Miterben durch Teilungsanordnung ein Grundstück zugewiesen, so muss ihm dieses von der Erbengemeinschaft gemäß §§ 873, 925 aufgelassen werden (vgl. zur Teilungsanordnung und zur **Unterscheidung vom Vorausvermächtnis** § 10 Rn. 16 ff.).

24   Der Erblasser kann auch einen **Testamentsvollstrecker** ernennen, der an seine Anordnungen gebunden ist (§ 2204 Abs. 1 i. V. m. § 2048). Er kann dem Testamentsvollstrecker einen weiten Ermessensspielraum einräumen, ihn insbesondere wie jeden Dritten ermächtigen, die Auseinandersetzung nach billigem Ermessen zu bewirken (§ 2204 Abs. 1 i. V. m. § 2048 S. 2). Auch ein Miterbe kann

zum Testamentsvollstrecker ernannt werden (vgl. zur Testamentsvollstreckung § 11).

b) Auseinandersetzungsvertrag

Miterben können die Auseinandersetzung einvernehmlich durch **25**
einen formfreien Auseinandersetzungsvertrag regeln. Der Vertrag ist
nur dann formgebunden, wenn er Absprachen enthält, für die das
Gesetz aus anderen Gründen die Einhaltung einer Form vorschreibt
(z. B. Verpflichtung zur Übereignung eines Nachlassgrundstücks auf
einen Miterben, § 311b Abs. 1 S. 1). Besteht Einigkeit unter den Miterben, so können sie sich folgenlos auch über Anordnungen des
Erblassers hinwegsetzen – dies selbst dann, wenn Testamentsvollstreckung angeordnet ist, falls der Testamentsvollstrecker mit den Miterben gemeinsame Sache macht und beispielsweise ein Auseinanderset-
zungs- oder Verfügungsverbot des Erblassers missachtet (BGHZ 40,
115; 56, 275). Sind Minderjährige an einer Erbengemeinschaft beteiligt, so muss für den Abschluss eines Auseinandersetzungsvertrags jeder von ihnen einen besonderen gesetzlichen Vertreter zur Vermei-
dung von Interessenkollisionen haben.

Beispiel: Erben des E sind dessen Witwe W zu ½ und die beiden gemein-   **26**
samen minderjährigen Kinder A und B zu je ¼. Zwischen W, A und B soll
ein Auseinandersetzungsvertrag geschlossen werden.

W ist gesetzliche Vertreterin ihrer Kinder (§§ 1629 Abs. 1 S. 1, 1680
Abs. 1). Sie kann jedoch wegen § 181 weder A noch B vertreten. Für
A und B muss deshalb gemäß § 1909 Abs. 1 S. 1 Ergänzungspfleg-
schaft angeordnet werden. Da der gleiche Ergänzungspfleger wegen
§ 181 nicht A *und* B vertreten kann, ist für beide Kinder jeweils ein
Ergänzungspfleger zu bestellen. Sollten W, A und B sich vor der
Auseinandersetzung entschließen, ein zum Nachlass gehörendes
Grundstück an X zu verkaufen, so könnte W hingegen ihre Kinder
vertreten. W, A und B stünden dann nämlich als Vertragspartner
„auf der gleichen Seite"; § 181 wäre nicht anwendbar (*OLG Jena*
NJW 1995, 3126).

Der Auseinandersetzungsvertrag wirkt nur schuldrechtlich. Die   **27**
Übereignung von Immobilien aufgrund des Auseinandersetzungsvertrags richtet sich nach §§ 873, 925, die von Mobilien nach §§ 929 ff.

c) Gesetzliche Teilungsvorschriften

28   Können sich die Miterben über die Auseinandersetzung nicht verständigen und hat der Erblasser keine Teilungsanordnungen getroffen, so kommt es unvermeidbar zur Versilberung des Nachlasses
und zur Teilung des Erlöses; denn kein Miterbe hat Anspruch auf
die Zuteilung bestimmter Nachlassgegenstände. Ein amtliches
Teilungsverfahren, das den Richter in die Lage versetzen würde,
Nachlassgegenstände nach billigem Ermessen den einzelnen Miterben
zuzuweisen, kennt das deutsche Recht nicht. Zwar kann das Nachlassgericht nach §§ 363 ff. FamFG auf Antrag vermittelnd tätig werden. Es handelt sich dabei aber um ein reines **Vermittlungsverfahren,** das in der Praxis kaum Bedeutung besitzt, weil es bereits am
Widerspruch eines Miterben scheitert.

29   Nach der Teilungsvorschrift des § 2046 Abs. 1 S. 1 (über die sich die
Miterben einverständlich hinwegsetzen könnten) sind zunächst die
Nachlassverbindlichkeiten zu berichtigen. Der danach verbleibende
Überschuss gebührt den Miterben nach dem Verhältnis ihrer Erbteile
(§ 2047 Abs. 1). Können sich die Miterben nicht über die Verteilung
einigen, so sind die ohne Wertminderung teilbaren Gegenstände
(z. B. Geld, Wertpapiere, Forderungen) in Natur zu teilen (§§ 2042
Abs. 2, 752 S. 1). Grundstücke sind zum Zwecke der Aufhebung der
Erbengemeinschaft zu versteigern (§§ 2042 Abs. 2, 753 Abs. 1 S. 1
i. V. m. §§ 180 ff. ZVG), soweit nicht ausnahmsweise (etwa bei einem
unbebauten Grundstück) eine Teilung in Natur ohne Wertminderung
möglich ist. Entsprechendes gilt für Mobilien, bei denen die Aufhebung der Gemeinschaft nach den Vorschriften über den Pfandverkauf
erfolgt (§§ 2042 Abs. 2, 753 Abs. 1 S. 1, 1235 f.).

30   Der Anspruch jedes Miterben auf Auseinandersetzung muss notfalls mit Hilfe einer **Erbteilungsklage** durchgesetzt werden, die auf
Zustimmung zu einem vom Kläger vorzulegenden Teilungsplan gerichtet ist. Der **Teilungsplan** hat zu berücksichtigen, ob zu Einzel-
punkten eine Einigung der Miterben oder eine Teilungsanordnung
des Erblassers vorliegt. Im Übrigen hat er sich an den gesetzlichen
Teilungsvorschriften zu orientieren, ist also z. B. auf Zustimmung
zur Teilung in Natur oder zur öffentlichen Versteigerung gerichtet.
In der Sache handelt es sich bei der Klage auf Auseinandersetzung
um eine Klage auf Schließung eines Auseinandersetzungsvertrags,
also eine Leistungsklage, die auf Abgabe einer Willenserklärung gerichtet ist und nach § 894 Abs. 1 S. 1 ZPO vollstreckt wird (Näheres

zur Praxis der Klage auf Erbauseinandersetzung bei *Steiner,* ZEV 1997, 89).

VI. Ausgleichungspflichten unter Abkömmlingen

1. Ausgleichung von Vorempfängen

§ 2050 begründet für Abkömmlinge des Erblassers die Verpflich- **31**
tung, bestimmte Vermögenszuwendungen auszugleichen, die sie vom Erblasser zu dessen Lebzeiten erhalten haben. Die Ausgleichungspflicht beruht auf dem Gedanken, dass der mutmaßliche Erblasserwille auf eine Gleichbehandlung aller Abkömmlinge gerichtet ist. § 2050 gilt deshalb nur im Falle gesetzlicher Erbfolge oder bei gewillkürter, wenn sie die gesetzliche lediglich bestätigt (§ 2052).

Ausgleichungspflichtig sind gemäß § 2050 Abs. 1 **Ausstattungen,** nach der Legaldefinition des § 1624 also vor allem die Aussteuer anlässlich der Eheschließung und finanzielle Hilfen bei der Existenzgründung. Aber auch die Aufwendungen für die Vorbildung zu einem Beruf, die das den Vermögensverhältnissen des Erblassers entsprechende Maß überstiegen haben (z. B. Universitätsstudium), fallen unter die Ausgleichungspflicht (§ 2050 Abs. 2). Die Ausgleichungspflicht entfällt, falls der Erblasser bei der Zuwendung etwas anderes bestimmt hat (§ 2050 Abs. 1). Sonstige Zuwendungen unter Lebenden sind zur Ausgleichung zu bringen, wenn der Erblasser dies bei der Zuwendung angeordnet hat (§ 2050 Abs. 3).

Beispiel: Der Nachlass des E beträgt 100 000 €. Gesetzliche Erben sind **32**
seine Witwe W zu ½ (§§ 1931 Abs. 1 S. 1 und Abs. 3, 1371 Abs. 1) und die drei Kinder A, B und C zu je ⅙ (§ 1924 Abs. 1 und 4). A hat von E eine Aussteuer von 15 000 €, B anlässlich einer Geschäftsgründung 25 000 € erhalten.

Da die Ausgleichung nur unter Abkömmlingen erfolgt, erhält W zunächst 50 000 €. Die Ausgleichung zwischen A, B und C vollzieht sich sodann nach Maßgabe des § 2055. Dem auf die Kinder entfallenden Nachlassrest von 50 000 € werden die Ausstattungen in Höhe von 15 000 € und 25 000 € hinzugerechnet. Jedes Kind erhält also unter Einbeziehung der ihm gemachten Zuwendungen 90 000 € : 3 = 30 000 €, so dass dem A aus dem Nachlass 30 000 € − 15 000 € =

15 000 €, dem B 30 000 € – 25 000 € = 5000 € und dem C 30 000 € auszuzahlen sind.

Hätte B im Beispielsfall für die Geschäftsgründung nicht 25 000 €, sondern 40 000 € erhalten, so würden an sich auf jedes Kind im Endergebnis (50 000 € + 15 000 € + 40 000 €) : 3 = 35 000 € entfallen. B hätte somit bereits mehr erhalten, als ihm gebührt. Nach § 2056 S. 1 darf er jedoch die 40 000 € behalten. Die Ausgleichung findet gemäß § 2056 S. 2 nur noch zwischen A und C statt. C erhält also (50 000 € + 15 000 €) : 2 = 32 500 €, A erhält 50 000 € – 32 500 € = 17 500 €.

33　　Im Interesse des Ausgleichungsberechtigten muss die **Geldentwertung** zwischen Zuwendung und Erbfall berücksichtigt werden. Dazu wird nach BGHZ 65, 75 bei der Berechnung des Ausgleichungserbteils nicht vom damaligen Betrag der Zuwendung (Nominalwert) ausgegangen, sondern von dem Wert, den die Zuwendung im Zeitpunkt des Erbfalls hätte. Die Umrechnung erfolgt dabei mit Hilfe der im Statistischen Jahrbuch veröffentlichten Preisindexzahlen für die Lebenshaltung. Eine Zuwendung von 2000 € bei einem Lebenshaltungsindex von 100 wäre daher mit 3000 € in Ansatz zu bringen, wenn der Index bis zum Erbfall auf 150 gestiegen ist.

2. Ausgleichung für besondere Leistungen

34　　Ein Abkömmling, der durch **Mitarbeit im Haushalt, Beruf oder Geschäft des Erblassers** in besonderem Maße zur Erhaltung oder Vermehrung des Vermögens des Erblassers beigetragen hat oder **den Erblasser längere Zeit gepflegt hat,** kann nach § 2057a Abs. 1 und 3 bei der Auseinandersetzung einen billigen Ausgleich in Geld verlangen. Die Regelung des § 2057a wurde erstmals durch das Nichtehelichengesetz von 1969 in das BGB aufgenommen. Sie gilt wie die Ausgleichung von Vorempfängen nur für Abkömmlinge und nur für den Fall gesetzlicher Erbfolge.

VII. Haftung der Miterben für Nachlassverbindlichkeiten

1. Grundsätzliches

Zwei Fragen sind zu trennen: Einmal die Frage, ob und unter wel- 35
chen Voraussetzungen einem Nachlassgläubiger überhaupt materiellrechtlich ein Anspruch gegen einen einzelnen Miterben zusteht (Problem der **Schuld**), und zum anderen die Frage, ob ein Miterbe, falls
ein solcher Anspruch besteht, nur mit seinem Anteil am Nachlass
oder auch mit seinem Privatvermögen haftet (Problem der **Haftung**).
§ 2058 geht vom Grundsatz aus, dass jeder Miterbe jederzeit als Gesamtschuldner in Anspruch genommen werden kann – ohne Rücksicht darauf, ob der Nachlass geteilt ist oder nicht. Bezüglich der
Haftung hingegen ist zwischen der Rechtslage vor und nach der
Nachlassteilung zu unterscheiden.

2. Haftung vor Nachlassteilung

Beispiel: A, B und C sind Miterben in ungeteilter Erbengemeinschaft zu je 36
¹/₃. Gläubiger G will eine Nachlassforderung geltend machen.

G hat zwei Möglichkeiten: Er kann nach § 2059 Abs. 2 eine sog.
Gesamthandsklage gegen die Erbengemeinschaft, d. h. gegen alle
Miterben erheben und Befriedigung aus dem ungeteilten Nachlass
verlangen. Er kann aber auch die **Gesamtschuldklage** wählen und
diese gemäß § 2058 gegen einzelne Miterben richten. Der in Anspruch genommene Miterbe kann allerdings die Befriedigung aus
dem Vermögen, das er außer seinem Anteil am Nachlass besitzt, verweigern (**Einrede der vorläufigen Erbteilhaftung**, § 2059 Abs. 1
S. 1). Während ein Alleinerbe seine Haftung auf den Nachlass nur beschränken kann, wenn er durch Anordnung der Nachlassverwaltung
oder Eröffnung des Nachlassinsolvenzverfahrens die Trennung von
Nachlass und Eigenvermögen bewirkt (vgl. § 18 Rn. 9 ff.), haftet ein
Miterbe, ohne haftungsrechtliche Maßnahmen ergreifen zu müssen,
so lange vorläufig beschränkt, als der Nachlass nicht geteilt ist. Die
Regelung des § 2059 Abs. 1 S. 1 rechtfertigt sich aus der Überlegung,

dass bei einer Miterbengemeinschaft das Nachlassvermögen von
vornherein verselbständigt ist, während beim Alleinerben Nachlass-
und Eigenvermögen erst getrennt werden müssen.

37   Im Prozess wird der Miterbe, der sich auf § 2059 Abs. 1 S. 1 beruft, zur
Zahlung der ganzen Nachlassverbindlichkeit unter Vorbehalt der beschränkten Erbenhaftung verurteilt (§ 780 ZPO). Vor der Teilung kann der Gläubiger
nur durch Pfändung des Miterbenanteils vollstrecken (§ 859 Abs. 2 ZPO).
Vollstreckt er in andere Vermögensgegenstände des Miterben, kann dieser dagegen mit der Vollstreckungsgegenklage vorgehen (§§ 781, 785, 767 ZPO).

3. Haftung nach Nachlassteilung

38   Auch nach der Teilung des Nachlasses haftet ein Miterbe grundsätzlich als **Gesamtschuldner** (§ 2058). Da der Nachlass als Sondervermögen nicht mehr existiert, bedeutet dies, dass jeder Miterbe – jedenfalls im Normalfall – mit seinem Eigenvermögen für die gesamte
Nachlassverbindlichkeit haftet. Diese Regelung ist hart, aber gerecht;
denn die Miterben sind verpflichtet, zuerst die Gläubiger zu befriedigen und dann zu teilen, und Gläubiger sollen nicht darunter leiden,
dass Miterben dieser Pflicht zuwiderhandeln.

39   Allerdings kann in Sonderfällen auch nach der Nachlassteilung
noch eine **Haftungsbeschränkung** herbeigeführt werden. Während
eine Nachlassverwaltung nur bis zur Teilung in Betracht kommt, ist
die Eröffnung eines Nachlassinsolvenzverfahrens auch nach der
Nachlassteilung noch möglich (§ 316 Abs. 2 InsO). Beruft sich ein
Miterbe nach der Teilung auf die §§ 1990, 1992, so haftet er nur mit
den Gegenständen, die er bei der Auseinandersetzung erhalten hat.

40   In einigen wenigen in §§ 2060, 2061 enumerativ aufgeführten Fällen wandelt sich die gesamtschuldnerische Haftung der Miterben
nach der Nachlassteilung in eine **Teilschuld** nach Maßgabe der Erbquote um. Es handelt sich dabei ausnahmslos um Fälle, in denen ein
Nachlassgläubiger aus im Einzelnen unterschiedlichen Gründen den
Vorteil einer gesamtschuldnerischen Haftung des Miterben nicht verdient. Dies ist beispielsweise dann der Fall, wenn der Gläubiger vor
der Nachlassteilung in einem Aufgebotsverfahren ausgeschlossen
wurde (§ 2060 Nr. 1) oder wenn ein Nachlassinsolvenzverfahren
durch Verteilung der Masse beendet worden ist (§ 2060 Nr. 3).

§ 20. Pflichtteilsrecht

Literatur: *Helms*, Testierfreiheit und ihre Grenzen im deutschen, österreichischen und schweizerischen Recht, in: Zimmermann (Hrsg.), Freedom of Testation/Testierfreiheit, 2012, S. 1; *Klingelhöffer*, Zuwendungen unter Ehegatten und Erbrecht, NJW 1993, 1097; *Leipold*, Ist unser Erbrecht noch zeitgemäß? Gedankensplitter zu einem großen Thema, JZ 2010, 802; *Schlüter*, Die Änderung der Rolle des Pflichtteilsrechts im sozialen Kontext, in: 50 Jahre Bundesgerichtshof, Festgabe der Wissenschaft 2000, Bd. I, S. 1047.

Zur Übung: *Guski/Lübke*, Engelhardts Erbe (Übungshausarbeit), Jura 2011, 107; *Werner*, Streit vor und nach dem Erbfall (Examensklausur), Jura 2003, 410.

I. Einführung

Das Pflichtteilsrecht stellt einen Kompromiss zwischen dem ge- 1 setzlichen **Familienerbrecht** einerseits und der **Testierfreiheit** andererseits dar (zur verfassungsrechtlichen Problematik vgl. § 1 Rn. 14). Der Erblasser kann zwar in einer Verfügung von Todes wegen seine gesetzlichen Erben von der Erbfolge ausschließen, aber das Pflichtteilsrecht garantiert bestimmten nahen Angehörigen eine Mindestteilhabe am Nachlass. Zum pflichtteilsberechtigten Personenkreis gehören nach § 2303 die **Abkömmlinge** des Erblassers, seine **Eltern** und der **Ehegatte** sowie nach § 10 Abs. 6 S. 1 LPartG der **eingetragene Lebenspartner**, der gemäß § 10 Abs. 6 S. 2 LPartG pflichtteilsrechtlich wie ein Ehegatte zu behandeln ist.

Der Pflichtteilsanspruch ist als **Geldanspruch** gegen den Erben 2 bzw. die Erbengemeinschaft konzipiert (§ 2303 Abs. 1 S. 1) und entspricht, was die Höhe anbelangt, der Hälfte des Wertes des gesetzlichen Erbteils (§ 2303 Abs. 1 S. 2). Der Pflichtteilsberechtigte wird also nicht Not- oder Zwangserbe mit einer um die Hälfte reduzierten Erbquote und kann deshalb auch weder bei der Verwaltung des Nachlasses noch bei der Verfügung über Nachlassgegenstände noch bei der Erbauseinandersetzung mitreden und mitentscheiden.

Der Wandel der Großfamilie zur Kleinfamilie und die oft fehlende Bindung zwischen Eltern und erwachsenen Kindern haben Zweifel aufkommen lassen, ob das geltende Pflichtteilsrecht noch zeitgemäß ist. Nicht selten wird auch das Pflichtteilsrecht als lästige Fessel empfunden (vgl. *Dauner-Lieb*, DNotZ 2001, 460), etwa dann, wenn Ehegatten beim Tod des Erstversterbenden dem Überlebenden den gesamten Nachlass zuwenden und durch sog. Pflichtteilssstrafklauseln (vgl. § 12 Rn. 15) verhindern wollen, dass die gemeinsamen Kinder, denen erst nach dem Tod des Längerlebenden das Vermögen ihrer Eltern zufallen soll, schon beim Tod des Erstversterbenden ihren Pflichtteil geltend machen. Dennoch sind Stimmen, die eine radikale Umgestaltung oder gar Abschaffung des Pflichtteilsrechts fordern, vereinzelt geblieben. In seiner Grundsatzentscheidung aus dem Jahr 2005 hat das BVerfG klargestellt, dass durch die Erbrechtsgarantie des Art. 14 Abs. 1 S. 1 i. V. m. Art. 6 Abs. 1 GG jedenfalls den Kindern des Erblassers eine grundsätzliche unentziehbare und bedarfsunabhängige Mindestbeteiligung am Nachlass garantiert wird (BVerfGE 112, 332; Näheres § 1 Rn. 14). Zur Höhe dieser Mindestbeteiligung hat sich das BVerfG ebensowenig geäußert wie zur Ausgestaltung der Pflichtteilsentziehungsgründe im Einzelnen. Das Pflichtteilsrecht der entfernten Abkömmlinge, der Eltern, des Ehegatten oder Lebenspartners war nicht Gegenstand der Entscheidung. Der 64. Deutsche Juristentag hat sich im Jahre 2002 für eine behutsame Reform des Pflichtteilsrechts ausgesprochen (vgl. *Martiny*, Gutachten A zum 64. DJT Berlin 2002, S. A 61; *Klingelhöffer*, ZEV 2002, 293; *Lipp*, NJW 2002, 2201, 2205): Vorgeschlagen wurde u. a., die Zahl der potentiell Pflichtteilsberechtigten zu reduzieren. So könnten etwa entfernte Abkömmlinge sowie Eltern des Erblassers, wenn sie mit dem Ehegatten zusammentreffen, vom Kreis der Pflichtteilsberechtigten ausgeschlossen werden. Außerdem sollte die nach dem BGB auf seltene Ausnahmefälle beschränkte Möglichkeit der Pflichtteilsentziehung (§§ 2333 ff.) erleichtert werden. Das BVerfG hat in der erwähnten Entscheidung aus dem Jahr 2005 darauf hingewiesen, dass der Gesetzgeber bei einer solchen Erleichterung die Grundsätze der Normenklarheit, der Justiziabilität und der Rechtssicherheit zu beachten habe. Diese Grundsätze stünden de lege ferenda einer allgemeinen Zerrüttungs- oder Entfremdungsklausel entgegen (krit. hierzu § 1 Rn. 14), wie sie etwa das österreichische Recht kennt (§ 773a ABGB). Die zum 1.1.2010 in Kraft getretene Reform der Pflichtteilsentziehungstatbestände beschränkt sich auf marginale Korrekturen und verzichtet nicht nur auf die Einführung einer allgemeinen Zerrüttungsklausel (Rn. 46), sondern auch auf die Einführung jedweder anderen Generalklausel (z. B: Pflichtteilsentziehung bei einer besonders schweren und nachhaltigen Verletzung familienrechtlicher Pflichten gem. § 1618a).

II. Voraussetzungen des Pflichtteilsanspruchs

1. Kreis der pflichtteilsberechtigten Personen

Zum Kreis der pflichtteilsberechtigten Personen gehören nach **3** § 2303 Abs. 1 S. 1 die Abkömmlinge (Kinder, Kindeskinder und entferntere Abkömmlinge) sowie nach § 2303 Abs. 2 S. 1 die Eltern und der Ehegatte des Erblassers, außerdem nach § 10 Abs. 6 S. 1 LPartG der eingetragene Lebenspartner. Ein Pflichtteil steht den genannten Personen allerdings nur dann zu, wenn sie *durch Verfügung von Todes wegen* von der Erbfolge ausgeschlossen sind (§ 2303 Abs. 1 S. 1), d. h. wenn sie ohne die Verfügung des Erblassers dessen gesetzliche Erben wären.

Beispiel: Erblasser E hinterlässt zwei Söhne S1 und S2 sowie die Eltern V und M. Außerdem leben noch je eine Tochter des S1 und S2 (T1 und T2). E hat seinen Sohn S2 als Alleinerben eingesetzt.

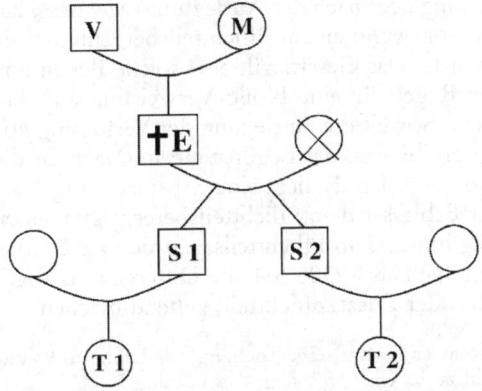

Aus § 2303 Abs. 1 S. 1 ergibt sich, dass V, M und T2 nicht pflichtteilsberechtigt sind; denn sie wären auch ohne die Verfügung von Todes wegen nicht zur Erbfolge berufen (§§ 1930, 1924 Abs. 2). Bei T1 könnte man zweifeln, weil E durch die Einsetzung des S2 als Alleinerben nicht nur S1 enterbt hat, sondern auch die infolge der Enterbung an seine Stelle tretende T1 (vgl. § 8 Rn. 15 f.). § 2309 stellt klar, dass nur S1 pflichtteilsberechtigt ist. „Demselben Stamme darf nicht zweimal ein Pflichtteil gewährt werden" (Mot. V, 401). Ziel des § 2309 ist es, eine **Vervielfältigung der Pflichtteilslast** zu vermeiden. Der Pflichtteilsanspruch des S1 entspricht im Beispielsfall einem Viertel des Nachlasswertes (§ 2303 Abs. 1 S. 2 i. V. m. § 1924 Abs. 1, 2 u. 4). – Hätte E nicht den S2, sondern einen Freund als Alleinerben eingesetzt, so wären durch diese Verfügung sämtliche Verwandte (S1, S2, T1, T2, V und M) enterbt. Aus § 2309 wäre abzuleiten, dass T1 und T2 als entferntere Abkömmlinge und V und M als Eltern des Erblassers nicht pflichtteilsberechtigt sind, weil S1 und S2 als näher Berechtigte den Pflichtteil verlangen können.

2. Enterbung

4   Ein Pflichtteilsanspruch setzt nach § 2303 Abs. 1 S. 1 und Abs. 2 S. 1 voraus, dass der Pflichtteilsberechtigte **enterbt** wurde. Wer hingegen als gesetzlicher oder gewillkürter Erbe die Erbschaft **ausschlägt**, verliert die Erbschaft, ohne einen Pflichtteilsanspruch zu gewinnen.

5   Eine Enterbung liegt nach der Auslegungsregel des § 2304 im Zweifel auch dann vor, wenn einem Pflichtteilsberechtigten der Pflichtteil zugewandt wurde. Das Gesetz hält eine solche Bestimmung des Erblassers in der Regel für eine bloße Verweisung auf das gesetzliche Pflichtteilsrecht. Soweit die Auslegung der Verfügung von Todes wegen allerdings ergibt, dass der Begünstigte am Nachlass dinglich beteiligt werden soll (vgl. Rn. 2), liegt eine Erbeinsetzung vor.

6   Wendet der Erblasser dem Pflichtteilsberechtigten einen Erbteil zu, der wertmäßig hinter dem Pflichtteilsanspruch zurückbleibt, so kann der Berechtigte gemäß § 2305 S. 1 die Differenz als sog. **Pflichtteilsrestanspruch** (oder Zusatzpflichtteil) geltend machen.

Beispiel: Erblasser E setzt seine Tochter T als Erbin zu ¼ und seine Mutter M als Erbin zu ¼ ein.

T wäre ohne die letztwillige Verfügung des E Alleinerbin (§ 1924 Abs. 1). Wäre sie völlig enterbt, stünde ihr ein Pflichtteilsanspruch in Höhe der Hälfte des Nachlasswertes zu (§ 2303 Abs. 1 S. 2). Da der T ein Erbteil von nur einem Viertel zugewandt wurde, steht ihr gemäß § 2305 ein Pflichtteilsrestanspruch in Höhe von einem Viertel des Nachlasswertes zu. Würde T die Erbschaft ausschlagen, so würde sie ihre Nachlassbeteiligung von einem Viertel ersatzlos einbüßen. Ihr verbliebe nur noch der Pflichtteilsrestanspruch, der von der Ausschlagung nicht tangiert würde.

Setzt der Erblasser den Pflichtteilsberechtigten zwar als Erben ein, **7** **beschränkt** er ihn aber durch die Einsetzung eines Nacherben, die Ernennung eines Testamentsvollstreckers oder eine Teilungsanordnung oder **beschwert** er ihn mit einem Vermächtnis oder einer Auflage, lässt § 2306 Abs. 1 dem Erben die Wahl, ob er sich mit der Verfügung des Erblassers zufrieden geben oder aber die Erbschaft ausschlagen und stattdessen den Pflichtteil verlangen will. In diesem Fall besteht also ausnahmsweise die Möglichkeit, den Pflichtteil trotz Ausschlagung geltend zu machen. Der Erblasser kann somit auch durch Anordnung von Beschränkungen und Beschwerungen nicht verhindern, dass der Berechtigte wertmäßig den Pflichtteil erhält. Soweit der zugewandte Erbteil kleiner ist als die Pflichtteilsquote, kann der Erbe neben der Annahme seines mit einer Beschränkung oder Beschwerung belasteten Erbteils auch einen Pflichtteilsrestanspruch nach § 2305 S. 1 geltend machen. Dass der zugewandte Erbteil durch die Beschränkung oder Beschwerung im Wert gemindert ist, bleibt gem. § 2305 S. 2 außer Betracht.

Beispiel: Erblasser E setzt seine Ehefrau F zur Vorerbin und seine einzige Tochter T zur Nacherbin ein.

T ist als Nacherbin Erbin des E und somit nicht enterbt. Aber T ist eben nicht als Alleinerbin, sondern nur als Allein*nach*erbin eingesetzt. Nach § 2306 Abs. 2 i. V. m. Abs. 1 kann T es nunmehr bei der Nacherbeinsetzung belassen oder die Nacherbschaft ausschlagen und den Pflichtteil verlangen. Auch die F muss sich nicht mit ihrer Einsetzung als Allein*vor*erbin begnügen. Nach § 2306 Abs. 1 hat sie ebenfalls die Möglichkeit, die Vorerbschaft auszuschlagen und stattdessen den Pflichtteil zu verlangen. Wäre F in dem Beispiel nur als Vorerbin zu $1/8$ eingesetzt worden, könnte sie auch die Erbschaft annehmen und daneben einen Pflichtteilsrestanspruch in Höhe von $1/8$ des Nachlasswertes geltend machen. Der Umstand, dass die ihr zugewandte Erbquote mit einer Nacherbeneinsetzung belastet ist und damit wirtschaftlich weniger wert ist als eine uneingeschränkte Zuwendung dieses Anteils, bleibt gem. § 2305 S. 2 unberücksichtigt. Ist F damit nicht zufrieden, kann sie gem. § 2306 Abs. 1 ausschlagen und den (vollständigen) Pflichtteil verlangen.

8   Ist ein Pflichtteilsberechtigter nur **mit einem Vermächtnis bedacht,** so hat er nach § 2307 Abs. 1 S. 1 ohne Rücksicht auf den
Wert des Vermächtnisses immer die Möglichkeit, das Vermächtnis
auszuschlagen und stattdessen den Pflichtteil zu verlangen.

3. Besonderheiten bei der Zugewinngemeinschaft

9   Leben Eheleute im Güterstand der Zugewinngemeinschaft, so erhöht sich der gesetzliche Erbteil des überlebenden Ehegatten nach
§ 1931 Abs. 3 i. V. m. § 1371 Abs. 1 um ein Viertel (vgl. § 2
Rn. 32 ff.). Wird der Ehegatte **enterbt,** so könnte man annehmen,
dass sich dann der Pflichtteil auf der Grundlage des um ein Viertel
erhöhten gesetzlichen Erbteils berechnet, neben Abkömmlingen also
ein Viertel des Nachlasswertes beträgt (sog. **großer Pflichtteil;** vgl.
§§ 2303 Abs. 1 S. 2, 1931 Abs. 1 u. 3, 1371 Abs. 1). § 1371 Abs. 2 bestimmt jedoch, dass der Ehegatte im Falle der Enterbung Anspruch
auf den rechnerischen Zugewinnausgleich hat (§§ 1373–1383, 1390)
und daneben nur den sog. **kleinen Pflichtteil** verlangen kann, der
sich aus dem nicht erhöhten gesetzlichen Erbteil errechnet, neben
Abkömmlingen also $1/8$ des Nachlasswertes beträgt.
Das Gleiche gilt, wenn Lebenspartner im gesetzlichen Güterstand
der Zugewinngemeinschaft leben. Nach § 6 S. 2 LPartG ist § 1371
entsprechend anzuwenden.

> **Beispiel:** Erblasser E, der ein Gesamtvermögen im Wert von 88 000 € hin-
> terlässt, hat seinen Sohn S zum Alleinerben eingesetzt. Welche Ansprüche
> hat seine Ehefrau F, mit der er im gesetzlichen Güterstand gelebt hat, wenn
> nur der Erblasser einen Zugewinn (16 000 €) erwirtschaftet hat?

F ist enterbt, so dass ihr gemäß § 1371 Abs. 2 ein Anspruch auf den
rechnerischen Zugewinnausgleich zusteht. Dieser beträgt hier gemäß
§§ 1378, 1373 ff. 8000 €. Daneben kann F gem. § 1371 Abs. 2 den kleinen Pflichtteil, also $1/8$ des Nachlasswertes, verlangen. Der Nachlasswert berechnet sich aus dem vorhandenen Aktivvermögen abzüglich
der Nachlassverbindlichkeiten, zu denen auch der Anspruch auf den
Zugewinnausgleich gehört. Der Pflichtteil beträgt daher (88 000 € –
8000 €) : 8 = 10 000 €. Insgesamt erhält F somit 18 000 €. Deutlich
besser stünde sie, wenn sie auf den rechnerischen Zugewinnausgleich
verzichten und stattdessen den großen Pflichtteil, also 22 000 € (ein
Viertel des Gesamtnachlasses), verlangen könnte.

Nach Einführung des gesetzlichen Güterstandes der Zugewinnge- 10
meinschaft durch das Gleichberechtigungsgesetz von 1957 war zunächst streitig, ob der überlebende Ehegatte an Stelle des kleinen
Pflichtteils + Zugewinnausgleich auch den großen Pflichtteil verlangen kann (so die **Wahltheorie,** im Gegensatz zur **Einheitstheorie**).
Seit BGHZ 42, 182 ist jedoch der Streit zugunsten der Einheitstheorie entschieden (vgl. *Muscheler,* Bd. 1, Rn. 1503 m. w. N.): Hätte der
Gesetzgeber dem Ehegatten trotz der Regelung des § 1371 Abs. 2
noch eine Wahlmöglichkeit zugestehen wollen, so hätte er das im Ge-
setzestext klar zum Ausdruck bringen und vor allem eine Frist zur
Ausübung des Wahlrechts bestimmen müssen. In der Sache erscheint
außerdem ein Zugewinnausgleich in Form einer pauschalen Erhöhung des gesetzlichen Erb- bzw. Pflichtteils nur dann gerechtfertigt,
wenn der Erblasser mit dieser Art der Berechnung auch einverstanden ist, was bei einer Enterbung nicht der Fall ist.

Zu Unstimmigkeiten führt die Einheitstheorie allerdings in Fällen, 11
in denen der Erblasser seinem Ehegatten einen Erbteil zuwendet, der
hinter dem Wert des großen Pflichtteils zurückbleibt.

> **Beispiel:** Erblasser E setzt seinen Sohn S als Erben zu 9/10 und seine Ehe-
> frau F, mit der er im gesetzlichen Güterstand gelebt hat, als Erbin zu 1/10 ein.

F kann die Erbschaft ausschlagen und gemäß § 1371 Abs. 3 i. V. m.
Abs. 2 den rechnerischen Zugewinnausgleich sowie den kleinen
Pflichtteil (1/8) verlangen. Dass F trotz Ausschlagung überhaupt einen
Pflichtteil verlangen kann, widerspricht an sich dem Grundsatz des
§ 2303, dass pflichtteilsberechtigt nur ist, wer durch *Verfügung von
Todes wegen* von der Erbfolge ausgeschlossen ist. Aber § 1371
Abs. 3 stellt insoweit eine Ausnahmeregelung dar.

Fraglich ist, ob F es auch bei der Erbeinsetzung zu 1/10 belassen
und gemäß § 2305 einen **Pflichtteilsrestanspruch** geltend machen
kann, der die Wertdifferenz zwischen Erbteil (1/10) und *großem*
Pflichtteil (1/4) abdeckt. Bezugsgröße für den Pflichtteilsrestanspruch
kann schwerlich der kleine Pflichtteil (1/8) sein, weil dann F sowohl
um den rechnerischen als auch um den pauschalierten erbrechtlichen
Zugewinnausgleich gebracht würde. Die herrschende Meinung (Soer-
gel/*Dieckmann,* § 2305 Rn. 5) bejaht deshalb einen Pflichtteilsrestanspruch, der im Beispielsfall die Differenz zwischen 1/4 und 1/10 abdeckt.

Unbefriedigend, aber unvermeidbar ist bei dieser Lösung, dass ein
völlig enterbter Ehegatte niemals in den Genuss des großen Pflicht-

teils kommen kann, während ein Ehegatte, dem eine auch noch so geringe Erbquote zugewandt wurde, über den Pflichtteilsrestanspruch in der Sache den großen Pflichtteil erhält.

12   Wurde der Ehegatte zwar enterbt, aber mit einem Vermächtnis bedacht, so ist die Rechtslage ähnlich: Der Ehegatte kann das Vermächtnis ausschlagen und gemäß §§ 2307 Abs. 1 S. 1, 1371 Abs. 2 den kleinen Pflichtteil sowie den rechnerischen Zugewinnausgleich verlangen. Er kann aber auch das Vermächtnis annehmen und gemäß § 2307 Abs. 1 S. 2 die Differenz zwischen dem Wert des Vermächtnisses und dem großen Pflichtteil als Pflichtteilsrestanspruch geltend machen.

III. Inhalt des Pflichtteilsanspruchs

1. Geldanspruch

13   Der Pflichtteilsanspruch ist ein Geldanspruch, dessen Höhe der Hälfte des Wertes des gesetzlichen Erbteils entspricht (§ 2303 Abs. 1). Der Pflichtteilsberechtigte wird also nicht dinglich am Nachlass beteiligt, sondern hat nur einen schuldrechtlichen Anspruch. Dieser richtet sich im **Außenverhältnis** gegen den Alleinerben bzw. die Miterbengemeinschaft. Für die Verteilung der Pflichtteilslast im **Innenverhältnis** zwischen Erben, Vermächtnisnehmer und Auflagenbegünstigten enthalten die §§ 2318–2324 besondere Regelungen.

14   Der Anspruch entsteht mit dem Erbfall (§ 2317 Abs. 1), ist **vererblich** und kann nach § 398 **abgetreten** werden (§ 2317 Abs. 2). Von dem Grundsatz, dass abtretbare Forderungen auch gepfändet werden können (§ 851 Abs. 1 ZPO), macht § 852 Abs. 1 ZPO eine Ausnahme: Der Pflichtteilsanspruch ist erst pfändbar, wenn er durch Vertrag anerkannt oder rechtshängig geworden ist. § 852 Abs. 1 ZPO soll sicherstellen, dass der Pflichtteilsanspruch wegen seiner familienrechtlichen Grundlage nicht gegen den Willen des Berechtigten geltend gemacht wird. Der Erbe kann **Stundung** des Anspruchs verlangen, wenn die sofortige Erfüllung in Ansehung der Art der Nachlassgegenstände (z. B. Familienheim) eine unbillige Härte darstellen würde (§ 2331a Abs. 1).

15   Der Pflichtteilsanspruch unterliegt der **Regelverjährung**. Die Verjährungsfrist beträgt damit gem. § 195 drei Jahre und beginnt mit Ab-

lauf des Jahres, in dem der Inhaber von seinem Anspruch Kenntnis erlangt oder ohne grobe Fahrlässigkeit erlangen müsste (§ 199 Abs. 1).

Zweifel an der Gültigkeit der beeinträchtigenden Verfügung schließen, soweit keine grobe Fahrlässigkeit vorliegt, die erforderliche Kenntnis aus (*BGH* NJW 1984, 2935, 2936 betreffend Testierunfähigkeit; *BGH* NJW 1993, 2439 betreffend Testamentsfälschung). Dagegen spielt die Kenntnis vom Umfang des Nachlasses für den Fristbeginn keine Rolle (*BGH* NJW 1995, 1157). Vielmehr ist es Sache des Pflichtteilsberechtigten, durch eine auf Auskunft und Zahlung gerichtete sogenannte **Stufenklage** (§ 254 ZPO) für eine Hemmung der Verjährung (§ 204 Abs. 1 Nr. 1) Sorge zu tragen.

Ohne Rücksicht auf die Kenntnis des Pflichtteilsberechtigten verjährt der Pflichtteilsanspruch in dreißig Jahren (§ 199 Abs. 3a).

2. Ermittlung der Quote

Da der Pflichtteil „in der Hälfte des Wertes des gesetzlichen Erb- **16** teils" besteht (§ 2303 Abs. 1 S. 2), muss zunächst in einem ersten Schritt geklärt werden, welche Erbquote dem Pflichtteilsberechtigten zugestanden hätte, wenn er nicht enterbt worden wäre. Bei dieser Prüfung ist zu berücksichtigen, (1) dass § 1371 nicht nur die Erbquote des in Zugewinngemeinschaft lebenden Ehegatten (bzw. des in Ausgleichsgemeinschaft lebenden Lebenspartners), sondern auch die der Abkömmlinge und Eltern bestimmt. Außerdem muss geklärt werden, (2) ob bei der Feststellung des für die Berechnung maßgebenden Erbteils mitgezählt wird, wer enterbt wurde, die Erbschaft ausschlägt, für erbunwürdig erklärt wird oder aufgrund eines Erbverzichts von der gesetzlichen Erbfolge ausgeschlossen ist (§ 2310).

(1) Die Erhöhung des Ehegattenerbrechts nach § 1371 Abs. 1 (bzw. **17** des Erbrechts des Lebenspartners nach § 6 S. 2 LPartG i. V. m. § 1371 Abs. 1) bewirkt notwendigerweise eine Verkürzung des gesetzlichen Erb- und Pflichtteilsrechts der Abkömmlinge und Eltern; denn die Pflichtteile der Abkömmlinge und Eltern berechnen sich unter Berücksichtigung des erhöhten Ehegattenerbteils, falls der überlebende Ehegatte gesetzlicher oder gewillkürter Erbe oder auch nur Vermächtnisnehmer geworden ist (BGHZ 37, 58; *Muscheler*, Bd. 1, Rn. 1492 f. m. w. N.). Ist der überlebende Ehegatte infolge Enterbung oder Ausschlagung nicht Erbe geworden und steht ihm auch kein

Vermächtnis zu, so kommt es zur güterrechtlichen Lösung des § 1371 Abs. 2. In diesem Fall bestimmt sich sowohl der Pflichtteil des überlebenden Ehegatten als auch der Pflichtteil der Abkömmlinge und Eltern nach dem nicht erhöhten Ehegattenerbteil (§ 1371 Abs. 2 Hs. 2). Der Verkleinerung der Erb- und Pflichtteilsquote des Ehegatten entspricht hier notwendigerweise eine Erhöhung der Pflichtteilsquote der Abkömmlinge und Eltern. Allerdings wird der Nachlasswert, aus dem sich der Pflichtteilsanspruch der Abkömmlinge und Eltern berechnet (§ 2311 Abs. 1 S. 1), um die als Nachlassverbindlichkeit abzusetzende Ausgleichsforderung des überlebenden Ehegatten gemindert.

Da der als Erbe oder Vermächtnisnehmer berufene Ehegatte die Wahl hat, ob er es bei der erbrechtlichen Lösung belassen oder ausschlagen will, um den güterrechtlichen Zugewinnausgleich nebst kleinem Pflichtteil zu verlangen (vgl. Rn. 11 und § 2 Rn. 36), steht die Pflichtteilsquote von Abkömmlingen und Eltern beim Tod des Erblassers nicht fest. Abkömmlinge und Eltern bleiben unter Umständen bis zum Ablauf der Ausschlagungsfrist (§ 1944) über die Höhe ihrer Erbteile im Ungewissen.

18   (2) § 2310 S. 1 bestimmt, dass bei der Feststellung des für die Berechnung des Pflichtteils maßgebenden Erbteils diejenigen mitgezählt werden, welche durch letztwillige Verfügung von der Erbfolge ausgeschlossen sind oder die Erbschaft ausgeschlagen haben oder für erbunwürdig erklärt sind.

> **Beispiel:** Erblasser E wird überlebt von seinen Söhnen S1 und S2 sowie von seinem Vater V und seiner Mutter M. Da E mit S2 schon lange im Streit lebt, hat er S1 als Alleinerben eingesetzt. S1 schlägt die Erbschaft aus.

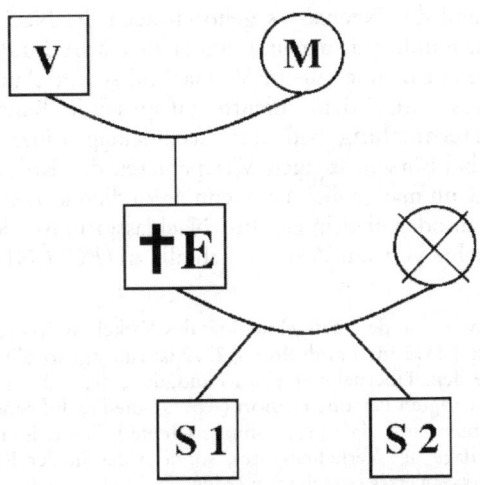

Die Ausschlagung bewirkt, dass die Erbschaft gemäß § 1953 Abs. 2 demjenigen anfällt, welcher berufen sein würde, wenn der Ausschlagende zur Zeit des Erbfalls nicht gelebt hätte. Das wäre eigentlich S2. S2 wurde aber, wenn auch nur konkludent, enterbt (§ 1938). Die Erbschaft fällt also zu gleichen Teilen an V und M (§ 1925). § 2310 S. 1 stellt klar, dass die Ausschlagung der Erbschaft durch S1 an der Größe des Pflichtteils von S2 (ein Viertel) nichts ändert; denn S1 wird – mit oder ohne Ausschlagung – „mitgezählt".

Nicht mitgezählt wird nach § 2310 S. 2, wer durch **Erbverzicht** von der Erbfolge ausgeschlossen ist. Die Regelung wird damit gerechtfertigt, dass ein Erbverzicht im Allgemeinen nur gegen eine Abfindung geleistet wird, die später im Nachlass fehlt (Prot. V, 611 ff.). Die Bestimmung des § 2310 S. 2 ist trotzdem nicht unproblematisch, weil sich durch den Erbverzicht generell die Pflichtteilsquoten der anderen Pflichtteilsberechtigten erhöhen (vgl. § 22 Rn. 12).

3. Berechnung der Höhe

Für die Berechnung der Höhe des mit dem Erbfall entstehenden **19** Pflichtteilsanspruchs (§ 2317 Abs. 1) ist nach § 2311 Abs. 1 S. 1 der Bestand und der Wert des Nachlasses zur Zeit des Erbfalls zugrunde zu legen (**Stichtagsprinzip**).

20 Zum Bestand des Nachlasses gehören auch die Nachlassverbindlichkeiten. Sie mindern also grundsätzlich den Wert des Pflichtteilsanspruchs. Eine Ausnahme gilt für Vermächtnisse und Auflagen, da sie nach § 327 Abs. 1 InsO dem Pflichtteilsanspruch im Rang nachgehen. Für die **Wertermittlung** bedeutet das Stichtagsprinzip des § 2311 Abs. 1, dass bei börsengängigen Wertpapieren der Kurswert am Todestag auch dann maßgeblich ist, wenn er zu diesem Zeitpunkt ungewöhnlich hoch oder niedrig lag. Für Nachlassgrundstücke kommt es auf den Verkehrswert zur Zeit des Erbfalls an (*BGH* NJW-RR 1993, 834).

21 Eine Ausnahme von der Maßgeblichkeit des Verkehrswerts für die Wertermittlung macht § 2312 für **Landgüter.** § 2312 ist eine **agrarpolitische Schutzvorschrift,** die dem Übernehmer eines Landgutes, der selbst zum Kreis der pflichtteilsberechtigten Personen gehört (Abs. 3), die Fortführung des Betriebs dadurch erleichtern soll, dass gegen ihn gerichtete Pflichtteilsansprüche nicht auf der Grundlage des Verkehrswertes, sondern des in der Regel sehr viel niedrigeren Ertragswertes berechnet werden.

22 Das Abstellen auf den Verkehrswert bei Eintritt des Erbfalls und auf die Schätzung als Mittel der Wertfestsetzung (§ 2311 Abs. 2 S. 1) gestaltet sich schwierig, wenn der Bestand des Nachlasses von **künftigen, ungewissen Ereignissen** abhängt. § 2313 hat vor diesen Schwierigkeiten kapituliert (vgl. Mot. V, 407 f.) und bestimmt, dass bei der Festsetzung des Wertes des Nachlasses Rechte und Verbindlichkeiten, die von einer aufschiebenden Bedingung abhängig sind, ebenso außer Ansatz bleiben (Abs. 1 S. 1) wie ungewisse oder unsichere Rechte sowie zweifelhafte Verbindlichkeiten (Abs. 2 S. 1). Dagegen sollen auflösend bedingte Rechte und Verbindlichkeiten zunächst wie unbedingte zum Ansatz kommen (Abs. 1 S. 2). Wird die Ungewissheit behoben, so hat eine der geänderten Lage entsprechende Ausgleichung zu erfolgen (Abs. 1 S. 3).

23 § 2313 Abs. 2 S. 1 i. V. m. Abs. 1 S. 3 ist nach BGHZ 123, 76 (Anmerkungen *Dieckmann*, ZEV 1994, 198 und *Dressler*, NJW 1993, 2519) analog anwendbar, wenn der Erbe aufgrund des Vermögensgesetzes (VermG) ein vor dem Erbfall in der ehemaligen DDR enteignetes Grundstück des Erblassers entweder zurückerhält (§ 3 Abs. 1 S. 1 VermG) oder für das Grundstück eine Entschädigung bekommt. Wer ein Grundstück durch Enteignung verliert, ist zwar im strengen Sinn des Wortes nicht mehr Inhaber eines ungewissen oder unsicheren Rechts, aber potentielle Rückerstattungs- oder Entschädigungsansprüche sind eben doch in seinem Vermögen „keimhaft angelegt".

4. Anrechnung und Ausgleichung

Nach § 2315 muss sich der Pflichtteilsberechtigte auf den Pflichtteil **24** anrechnen lassen, was ihm vom Erblasser mit der Bestimmung zugewendet worden ist, dass es auf den Pflichtteil angerechnet werden soll. Die **Anrechnung** schmälert den Pflichtteil des Anrechnungspflichtigen um den Vorempfang. Sie kommt dem Erben als Pflichtteilsschuldner zugute. Auf die Pflichtteilsansprüche anderer Pflichtteilsberechtigter wirkt sie sich nicht aus.

Beispiel: Erblasser E hinterlässt als einzigen Pflichtteilsberechtigten seinen Sohn A. Testamentarischer Alleinerbe ist X. Der Nachlasswert beträgt 50 000 €. A muss sich einen Vorempfang von 10 000 € auf seinen Pflichtteil anrechnen lassen.

Die Anrechnung erfolgt nicht etwa in der Weise, dass der Pflichtteil aus dem Realnachlass errechnet und von dem so ermittelten Betrag der Vorempfang abgezogen wird. Gemäß § 2315 Abs. 2 S. 1 ist vielmehr aus der Summe von Realnachlass und Vorempfang ein **fiktiver Nachlass** zu ermitteln und daraus der Pflichtteil des Anrechnungspflichtigen zu berechnen, von dem dann der Vorempfang abzuziehen ist. Der Gesetzgeber ging bei dieser Regelung zugunsten des Empfängers davon aus, dass der Realnachlass bei Unterbleiben der Zuwendung um den zugewandten Betrag erhöht wäre. Im Beispielsfall beträgt der aus dem fiktiven Nachlass von 50 000 € + 10 000 € zu errechnende Pflichtteil des A 60 000 € : 2 = 30 000 €. Davon ist der Vorempfang von 10 000 € abzuziehen. A erhält also 20 000 €.

Die in § 2316 geregelte **Ausgleichung** stimmt in ihrer Zielsetzung **25** mit der Anrechnung insoweit überein, als auch sie der Bevorzugung einzelner Pflichtteilsberechtigter durch lebzeitige Zuwendungen entgegenwirkt. Ausgleichungspflichtig sind die in § 2050 angesprochenen Zuwendungen zugunsten von Abkömmlingen, z. B. Ausstattungen i. S. v. § 2050 Abs. 1 i. V. m. § 1624 Abs. 1. Anders als die Anrechnung führt die Ausgleichung jedoch nicht zu einer Schmälerung der Pflichtteilslast, sondern dient dem Zweck, der nach §§ 2050 ff. bei der gesetzlichen Erbfolge stattfindenden Ausgleichung unter Abkömmlingen auch bei der Berechnung der Pflichtteile Geltung zu verschaffen.

Beispiel: Erblasser E hinterlässt als Pflichtteilsberechtigte die Söhne A, B und C. Testamentarischer Alleinerbe ist X. Der Nachlasswert beträgt 50 000 €. A muss eine Ausstattung von 10 000 €, B eine von 6000 € ausgleichen.

Nach § 2316 Abs. 1 berechnet sich der Pflichtteil „nach demjenigen, was auf den gesetzlichen Erbteil unter Berücksichtigung der Ausgleichungspflichten bei der Teilung entfallen würde". Verwiesen wird also auf die Vorschriften der §§ 2050 ff. über die gesetzliche Ausgleichungspflicht (vgl. § 19 Rn. 32). Das bedeutet: Zunächst sind sämtliche ausgleichungspflichtigen Zuwendungen dem Nachlass hinzuzurechnen (§ 2055 Abs. 1 S. 2), so dass im Beispielsfall ein fiktiver Nachlass von 50 000 € + 10 000 € + 6000 € = 66 000 € entsteht. Auf der Grundlage dieses fiktiven Nachlasses ergibt sich für jeden der drei Söhne ein fiktiver gesetzlicher Erbteil von 66 000 € : 3 = 22 000 €. Unter Berücksichtigung der ausgleichungspflichtigen Vorempfänge stünde somit dem A ein Erbteil von 22 000 € − 10 000 € = 12 000 €, dem B von 22 000 € − 6000 € = 16 000 € und dem C von 22 000 € zu. Da der Ausgleichungspflichtteil die Hälfte des Wertes des Ausgleichungserbteils beträgt, erhält A 12 000 € : 2 = 6000 €, B 16 000 € : 2 = 8000 € und C 22 000 € : 2 = 11 000 €.

Das Beispiel zeigt, dass die Summe der Pflichtteile von A, B und C unabhängig davon ist, ob eine Ausgleichung erfolgen muss oder nicht. Ohne Ausgleichungspflicht hätten A, B und C je 50 000 € : 6, zusammen also 3 × 50 000 € : 6 = 25 000 € erhalten, mit Ausgleichungspflicht erhalten sie 6000 € + 8000 € + 11 000 € = 25 000 €. § 2316 führt also nur zu einer Umverteilung der Pflichtteilsansprüche zwischen den Abkömmlingen.

IV. Pflichtteilsergänzungsanspruch

1. Einführung

26   Der Pflichtteilsergänzungsanspruch soll verhindern, dass der Erblasser den Pflichtteil durch Schenkungen unter Lebenden aushöhlt. § 2325 Abs. 1 bestimmt deshalb, dass der Pflichtteilsberechtigte als Ergänzung des Pflichtteils den Betrag verlangen kann, „um den sich der Pflichtteil erhöht, wenn der verschenkte Gegenstand dem Nachlasse hinzugerechnet wird".

Beispiel: Der verwitwete Erblasser E hat seine einzige Tochter T zugunsten seiner Freundin F enterbt, der er außerdem kurz vor seinem Tod 50 000 € geschenkt hat. Der Nachlass des E hat einen Wert von 100 000 €.

T wäre gesetzliche Alleinerbin, wenn E nicht abweichend letztwillig verfügt hätte (§ 1924 Abs. 1). Der sog. **ordentliche Pflichtteil** der T, der sich aus dem Realnachlass von 100 000 € berechnet, beträgt gemäß § 2303 Abs. 1 S. 2 100 000 € : 2 = 50 000 €, der Pflichtteilsergänzungsanspruch (= **außerordentlicher Pflichtteil**) 50 000 € : 2 = 25 000 €, weil sich der Pflichtteil um diesen Betrag erhöht, wenn der verschenkte Gegenstand dem Nachlass hinzugerechnet wird (§ 2325 Abs. 1). – Der Pflichtteilsergänzungsanspruch des § 2325 darf nicht mit dem Pflichtteilsrestanspruch des § 2305 (vgl. Rn. 6) verwechselt werden.

2. Ergänzungspflichtige Schenkungen

Der Schenkungsbegriff des § 2325 stimmt mit dem des § 516 Abs. 1 **27** überein. Es genügt also nicht, dass der Empfänger nur objektiv bereichert ist. Zuwendender und Empfänger müssen sich auch über die Unentgeltlichkeit der Zuwendung einig sein. Bei einem groben Missverhältnis von Leistung und Gegenleistung spricht allerdings eine tatsächliche Vermutung dafür, dass sich die Vertragsschließenden über die Unentgeltlichkeit der Wertdifferenz einig waren (**gemischte Schenkung**; vgl. BGHZ 59, 132, 136). Von der Ergänzungspflicht ausgenommen sind sog. **Pflicht- und Anstandsschenkungen** (§ 2330).

Zuwendungen unter Ehegatten, die der Verwirklichung oder Aus- **28** gestaltung der ehelichen Lebensgemeinschaft dienen (sog. **ehebezogene** oder **unbenannte Zuwendungen**), stellen nach ständiger Rechtsprechung im Verhältnis zwischen den Ehegatten keine Schenkung i. S. v. § 516 Abs. 1 dar, weil die Verfolgung eines ehebezogenen Zuwendungszwecks die für eine Schenkung notwendige Einigung über die Unentgeltlichkeit ausschließe. Im Erbrecht soll jedoch nach BGHZ 116, 167 die unbenannte Zuwendung *wie eine Schenkung behandelt* werden, sofern sie nur objektiv unentgeltlich ist (vgl. § 13 Rn. 24). Der BGH will mit dieser Differenzierung sicherstellen, dass drittschützende Normen, wie insbesondere § 2325 Abs. 1 nicht zum Nachteil des Geschützten (hier: des Pflichtteilsberechtigten) umgangen werden können. Die Rechtsprechung des BGH darf indessen nicht dahingehend missverstanden werden, dass im Interesse des Pflichtteilsberechtigten Einzelzuwendungen zwischen Ehegatten immer isoliert und aus dem Gesamtzusammenhang gelöst zu betrachten seien. So wird man bei der Errichtung eines Familienwohnheims in aller Regel davon ausgehen können, dass der überwiegende (oder alleinige) finanzielle Beitrag eines Ehegatten durch ein erhöhtes andersartiges Engagement des Partners kompensiert wird. Auch fehlt es an der objektiven Unentgeltlichkeit, wenn die Zuwendung (etwa eines Wohnrechts) einer angemessenen Altersvorsorge des begünstigten Ehegatten dient (*OLG Schleswig* ZEV 2010, 369).

29   Hat der Erblasser zugunsten eines Dritten einen **Lebensversicherungsvertrag** abgeschlossen, so fällt die Versicherungssumme gemäß § 331 Abs. 1 nicht in den Nachlass (vgl. § 14 Rn. 18). Pflichtteilsberechtigte werden deshalb, falls es sich um eine Schenkung handelt, über § 2325 geschützt. Nach der früheren Rechtsprechung des Bundesgerichtshofs war als ergänzungspflichtig nicht die Versicherungssumme anzusehen (so allerdings bei widerruflichem Bezugsrecht *OLG Düsseldorf* ZEV 2008, 292; *Elfring*, ZEV 2004, 305, 309), sondern das Vermögensopfer, das der Erblasser erbracht hat, d. h. die gezahlten Prämien (so BGHZ 130, 377, 380; *OLG Stuttgart* NJW-RR 2008, 389; *Hilbig*, ZEV 2008, 262). Demgegenüber hat der BGH in einer neuen Entscheidung eine Kehrtwende vollzogen und meint nunmehr, die Pflichtteilsergänzung richte sich nach dem Wert, den der Erblasser aus den Rechten seiner Lebensversicherung in der letzten – juristischen – Sekunde seines Lebens für sein Vermögen hätte umsetzen können. Regelmäßig sei dies der sog. Rückkaufswert (BGHZ 185, 252 m. krit. Anm. *Mayer*, DNotZ 2011, 89).

3. Degressive Berücksichtigung (§ 2325 Abs. 3)

30   Nur wenn die Schenkung des Erblassers innerhalb des ersten Jahres vor dem Erbfall erfolgte, wird sie für die Berechnung des Pflichtteilsergänzungsanspruchs in vollem Umfang berücksichtigt (§ 2325 Abs. 3 S. 1 Hs. 1). Liegt die Schenkung schon länger zurück, ordnet § 2325 Abs. 3 S. 1 Hs. 2 eine degressive Berücksichtigung an (sog. **Abschmelzungsmodell**): Für jedes volle Jahr, das zwischen Schenkung und Erbfall verstrichen ist, vermindert sich der dem Nachlass hinzuzurechnende Wert um jeweils ein Zehntel. Verschenkt also ein Erblasser am 31.12.2011 ein Geschenk im Wert von 10 000 €, so

wird dem Nachlass, wenn der Erblasser im Jahr 2013 verstirbt, für die Berechnung des Pflichtteilsergänzungsanspruchs nur der Betrag von 9 000 € hinzugerechnet. Stirbt er im Jahr 2020, sind es noch 2 000 €. Sind zur Zeit des Erbfalls bereits zehn Jahre seit der Leistung des verschenkten Gegenstandes verstrichen (im Beispielsfall also bei einem Erbfall im Jahre 2022), bleibt die Schenkung unberücksichtigt (§ 2325 Abs. 3 S. 2).

Streitig ist, ob für den Fristbeginn auf den **Leistungserfolg**, die **Leistungshandlung** oder ein **Zwischenstadium** abzustellen ist. Im Interesse des Pflichtteilsberechtigten sollte man allein auf den Eintritt des rechtlichen Leistungserfolges abstellen.

Nach einer ersten Entscheidung des BGH (NJW 1970, 1638) sollte die Ausschlussfrist zu laufen beginnen, „wenn der Schenker alles getan hat, was von seiner Seite für den Erwerb des Leistungsgegenstandes durch den Beschenkten erforderlich ist". Von dieser Entscheidung hat sich der BGH (BGHZ 98, 226 = JR 1987, 240 m. Anm. *Frank*) später distanziert. Die Frist beginne „erst dann, wenn der Erblasser einen Zustand geschaffen hat, dessen Folgen er selbst noch zehn Jahre lang zu tragen hat und der schon im Hinblick auf diese Folgen von einer 'böslichen Schenkung' abhalten kann". Für den Fall der **Grundstücksschenkung** hat der BGH (NJW 1974, 2319 m. Anm. *Finger*, NJW 1975, 535) zunächst entschieden, dass „mindestens die Auflassungserklärung" erforderlich sei, dann aber klargestellt, dass Voraussetzung für den Beginn der Frist die Umschreibung im Grundbuch ist (BGHZ 102, 289 = JuS 1988, 489 m. Anm. *Hohloch*).

Bei der Schenkung eines Grundstücks unter **Nießbrauchsvorbe-** **halt** meint der *BGH* (BGHZ 125, 395 m. Anm. *Leipold*, JZ 1994, 1121), dass es hier an einer „Leistung" i. S. v. § 2325 Abs. 3 fehle, weil der Schenker das Grundstück weiterhin uneingeschränkt nutze. Nach Auffassung des BGH ist es somit für die Pflichtteilsergänzung im Falle einer Grundstücksschenkung unter Nießbrauchsvorbehalt unerheblich, wie viele Jahre vor dem Tod des Schenkers der Beschenkte in das Grundbuch eingetragen wurde. Die Ansicht überzeugt nicht. Jede schenkweise Übereignung eines Gegenstandes stellt eine Leistung i. S. v. § 2325 Abs. 3 dar und zwar ohne Rücksicht darauf, ob sich der Schenker schuldrechtlich oder dinglich, allumfassend oder teilweise die Nutzung vorbehält. Die Frage ist nur, was eine solche Leistung wert ist und wie sich ergänzungsrechtlich der Umstand auswirkt, dass mit sinkender Lebenserwartung des Schenkers der Wert des Objekts in der Hand des Beschenkten steigt (zu dieser umstrittenen Frage vgl. *Reiff*, ZEV 1998, 241, 246 m. w. N.).

32 Die zehnjährige Degression greift nicht in gleicher Weise bei **Schenkungen unter Ehegatten** (§ 2325 Abs. 3 S. 3) bzw. **Partnern einer eingetragenen Lebenspartnerschaft** (§ 10 Abs. 6 S. 2 LPartG i. V. m. § 2325 Abs. 3 S. 3). § 2325 Abs. 3 S. 3 normiert die Ausnahme etwas versteckt mit den Worten, dass die Frist „nicht vor der Auflösung der Ehe" zu laufen beginnt. Das bedeutet: Wird die Ehe erst durch den Tod des Erblassers aufgelöst, so werden Schenkungen des Erblassers an seinen Ehegatten auch dann voll in die Pflichtteilsergänzung einbezogen, wenn sie länger als ein Jahr (möglicherweise Jahrzehnte) zurückliegen. Ist seit der Auflösung der Ehe (durch Tod des Beschenkten, Scheidung, Aufhebung) mindestens ein Jahr verstrichen, greift die degressive Berücksichtigung nach § 2325 Abs. 3 S. 1. Die Regelung beruht auf der Erwägung, dass bei Schenkungen unter Ehegatten der geschenkte Gegenstand während der Dauer der Ehe im Allgemeinen doch tatsächlich gemeinschaftliches Vermögen der Ehegatten bleibt. Obwohl das BVerfG (NJW 1991, 217) § 2325 Abs. 3 S. 3 als verfassungsgemäß angesehen hat, ist die Bestimmung rechtspolitisch verfehlt und verfassungsrechtlich bedenklich (Art. 3 Abs. 1, 6 Abs. 1 GG). Der 64. Deutsche Juristentag hat daher zu Recht die Abschaffung dieser Ehegatten benachteiligenden Sondervorschrift gefordert (*Martiny*, Gutachten A zum 64. DJT Berlin 2002, S. A 110 f. und S. A 120, These II 23).

4. Bewertung von Schenkungen

33 War eine **verbrauchbare Sache** Gegenstand der Schenkung (z. B. Heizöl oder Geld, nicht aber Möbel oder Kraftfahrzeuge; vgl. § 92), so kommt sie ohne Rücksicht auf ihr späteres Schicksal mit dem Wert in Ansatz, den sie zur Zeit der Schenkung hatte (§ 2325 Abs. 2 S. 1). Für **andere Gegenstände** (insbesondere auch Grundstücke) ist der Wert zur Zeit des Erbfalls maßgebend. Bei Wertsteigerungen (aus Ackerland wird Bauland) ist allerdings nach § 2325 Abs. 2 S. 2 auf den Zeitpunkt der Schenkung abzustellen (sog. **Niederstwertprinzip**).

5. Gläubiger und Schuldner

Der Pflichtteilsergänzungsanspruch als außerordentlicher Pflicht- **34**
teil setzt nicht voraus, dass dem **Gläubiger** auch ein Anspruch auf
den ordentlichen Pflichtteil zusteht.

> **Beispiel:** Erblasser E, der zu Lebzeiten erhebliche Vermögenswerte ver-
> schenkt hat, setzt seinen Sohn S in Höhe seines Pflichtteils als Erben ein.

Wenn E den S entgegen der Auslegungsregel des § 2304 als Erben
eingesetzt hat, steht dem S ein ordentlicher Pflichtteil nicht zu. Trotzdem kann S, wie sich aus § 2326 S. 1 ergibt, einen Pflichtteilsergänzungsanspruch geltend machen. Ein Pflichtteilsergänzungsanspruch
ist auch dann denkbar, wenn der Erblasser es (bei bescheidenem
Nachlass und hoher Schenkung) bei der gesetzlichen Erbfolge belassen hat. Allerdings ist in diesem Fall der Anspruch insoweit ausgeschlossen, als der Wert des Hinterlassenen den ordentlichen Pflichtteil überschreitet (§ 2326 S. 2). Sogar dem Alleinerben kann ein
Pflichtteilsergänzungsanspruch zustehen.

> **Beispiel:** Der Realnachlass ist wertlos. Der Erblasser hat sein Vermögen zu
> Lebzeiten verschenkt.

Hier steht auch dem Alleinerben ein Pflichtteilsergänzungsanspruch zu, der sich allerdings notwendigerweise gegen den Beschenkten richtet (§ 2329 Abs. 1 S. 1; vgl. Rn. 37).

Hat der Ergänzungsberechtigte selbst ein Geschenk vom Erblasser **35**
erhalten, so muss er sich dieses auf seinen Ergänzungsanspruch anrechnen lassen (§ 2327).

> **Beispiel:** Erblasser E hat seinen Sohn S, der gesetzlicher Alleinerbe wäre,
> enterbt. Der Nachlass hat einen Wert von 100 000 €. Kurz vor seinem Tod
> hat E dem S 10 000 € und seinem Neffen N 90 000 € geschenkt.

Der ordentliche Pflichtteil des S beträgt 100 000 € : 2 = 50 000 €
(§ 2303 Abs. 1 S. 2), der außerordentliche (10 000 € + 90 000 €) : 2 =
50 000 € (§ 2325 Abs. 1 i. V. m. § 2327 Abs. 1 S. 1). Auf den außerordentlichen Pflichtteil von 50 000 € muss S sich das Geschenk von
10 000 € anrechnen lassen (§ 2327 Abs. 1 S. 1). S erhält also insgesamt
50 000 € + 40 000 € = 90 000 €.

36   Umstritten ist, ob ein Pflichtteilsergänzungsanspruch voraussetzt, dass der Anspruchsteller schon **bei der Schenkung pflichtteilsberechtigt** war, oder ob es genügt, wenn er beim Erbfall pflichtteilsberechtigt ist. Nach der früher vom BGH vertretenen Ansicht war ein Pflichtteilsergänzungsanspruch des Ehegatten ausgeschlossen, wenn die Schenkung vor Eingehung der Ehe erfolgte (NJW 1997, 2676; BGHZ 59, 210). Entsprechendes galt für Kinder, falls der Zeitpunkt der Schenkung vor dem der Zeugung (vgl. § 1923 Abs. 2) lag. Der BGH begründete seine Ansicht, dass es auf die Pflichtteilsberechtigung bei der Schenkung ankomme, mit dem Argument des Vertrauens- oder Bestandsschutzes. Mittlerweile hat sich der Bundesgerichtshof nicht zuletzt unter Berufung auf die Gesetzesmaterialien (Mot. V, 458 f.; Prot. V, 586 f.) der Gegenansicht angeschlossen, wonach es auf die Pflichtteilsberechtigung zur Zeit des Erbfalls und damit auf die Familienbindung des Erblasservermögens innerhalb der Zehnjahresfrist ankommt, zumal gerade bei Kindern eine Differenzierung danach, ob sie vor oder nach der Schenkung gezeugt wurden, nicht zu überzeugen vermag (BGHZ 193, 260 = ZEV 2012, 478 m. Anm. *Otte*).

37   **Schuldner** des Pflichtteilsergänzungsanspruchs ist grundsätzlich der Erbe bzw. die Miterbengemeinschaft. Allerdings haftet nach § 2329 Abs. 1 S. 1 der Beschenkte selbst, „soweit der Erbe zur Ergänzung des Pflichtteils nicht verpflichtet ist". An dieser Verpflichtung des Erben fehlt es, wenn dieser nach allgemeinen Grundsätzen für die Nachlassverbindlichkeiten nur beschränkt haftet (§§ 1975, 1990) und der Nachlass zur Pflichtteilsergänzung nicht ausreicht. Der Erbe ist auch dann nicht zur Pflichtteilsergänzung verpflichtet, wenn er selbst pflichtteilsberechtigt ist und nach § 2328 seinen eigenen Pflichtteil einredeweise verteidigen darf. Die **subsidiäre Haftung des Beschenkten** verdeutlicht einmal mehr die Schwäche unentgeltlichen Erwerbs im System des BGB (vgl. z. B. §§ 2287, 1390, 816 Abs. 1 S. 2, 822).

38   Der Anspruch aus § 2329 Abs. 1 ist – anders als der Anspruch aus § 2325 – nicht auf Zahlung gerichtet, sondern auf Herausgabe des Geschenks zum Zwecke der Befriedigung nach den Vorschriften über die Herausgabe einer ungerechtfertigten Bereicherung.

6. Verjährung

Der regelmäßigen Verjährung unterliegt nicht nur der ordentliche 39
Pflichtteilsanspruch gemäß § 2303 (Rn. 15), sondern auch der Pflichtteilsergänzungsanspruch gemäß §§ 2325, 2326. Wenn § 199 Abs. 1
Nr. 2 für den Beginn der Verjährungsfrist auf die Kenntnis bzw.
grob fahrlässige Unkenntnis der „den Anspruch begründenden
Umstände" abhebt, so ist damit sowohl die Verfügung von Todes
wegen gemeint, durch die der Pflichtteilsberechtigte enterbt wird, als
auch die unentgeltliche Verfügung, die den Pflichtteilsergänzungsanspruch auslöst. Eine Modifikation der allgemeinen Regeln sieht
§ 2332 Abs. 1 demgegenüber für den Anspruch gegen den Beschenkten (§ 2329) vor.

> **Beispiel:** Erblasser E hat seinen Sohn S enterbt. E hat kurze Zeit vor sei-
> nem Tod 10 000 € verschenkt.

Der ordentliche Pflichtteilsanspruch des S verjährt in drei Jahren
(§ 195) beginnend mit dem Schluss des Jahres, in welchem er vom
Eintritt des Erbfalls und der ihn enterbenden Verfügung von Todes
wegen Kenntnis erlangt oder ohne grobe Fahrlässigkeit erlangen
müsste (§ 199 Abs. 1). Der Fristbeginn für den Pflichtteilsergänzungsanspruch nach § 2325 setzt außerdem voraus, dass S von der
Schenkung Kenntnis erlangt. Erlangt der Pflichtteilsberechtigte
zuerst von der Verfügung von Todes wegen und danach erst von der
Schenkung Kenntnis, so beginnen jeweils selbständige Verjährungs-
fristen für den ordentlichen Pflichtteilsanspruch und den Ergänzungsanspruch (BGHZ 103, 333). Der Pflichtteilsergänzungsanspruch gegen den Beschenkten (§ 2329) verjährt zwar ebenfalls in
drei Jahren, doch handelt es sich gem. § 2332 Abs. 1 um eine kennt-
nisunabhängige Verjährungsfrist, die stets ab dem Erbfall läuft.

V. Auskunftsansprüche des Pflichtteilsberechtigten

§ 2314 räumt dem Pflichtteilsberechtigten einen Auskunftsan- 40
spruch über den Bestand des Nachlasses ein. Ohne diesen Anspruch
wäre der Pflichtteilsanspruch kaum zu verwirklichen. Der Pflichtteilsberechtigte soll sich davon überzeugen können, welchen Umfang

der Nachlass hat, um danach die Höhe seines Anspruchs berechnen zu können.

Der Anspruch richtet sich nach § 2314 Abs. 1 S. 1 **gegen den Erben.** Zum Bestand des Nachlasses, über den Auskunft erteilt werden muss, gehören auch die Zuwendungen des Erblassers gemäß §§ 2050 ff., die bei der Berechnung des Pflichtteils gemäß § 2316 auszugleichen sind. Auch Schenkungen an Dritte aus den letzten zehn Jahren vor dem Erbfall, durch die der Pflichtteilsberechtigte einen Pflichtteilsergänzungsanspruch gemäß § 2325 erworben haben könnte, müssen angegeben werden. Allerdings wird der Erbe aus eigenem Wissen über Schenkungen des Erblassers an Dritte oft keine Auskunft geben können. Der BGH billigt deshalb dem Pflichtteilsberechtigten in erweiternder Auslegung des § 2314 auch einen Auskunftsanspruch **gegen den Beschenkten** zu (BGHZ 55, 378; 89, 24, 27).

VI. Pflichtteilsentziehung

1. Einführung

41   Pflichtteilsansprüche bestehen auch dann, wenn es an jedwedem persönlichen Kontakt zwischen dem Erblasser und dem Pflichtteilsberechtigten fehlt oder die Beziehungen zwischen den Betroffenen ausgesprochen schlecht sind. Bei schweren Verfehlungen des Pflichtteilsberechtigten gegenüber dem Erblasser oder ihm nahe stehenden Personen gibt jedoch § 2333 dem Erblasser die Möglichkeit, den Pflichtteil durch letztwillige Verfügung zu entziehen. Die Entziehungsgründe sind im Gesetz **abschließend geregelt** und **nicht analogiefähig** (*BGH* NJW 1977, 339, 340).

2. Gründe der Entziehung

42   Einem **Abkömmling** kann nach § 2333 Abs. 1 der Pflichtteil entzogen werden, wenn er dem Erblasser, dessen Ehegatten, einem anderen Abkömmling des Erblassers oder einer anderen dem Erblasser nahe stehenden Person nach dem Leben trachtet (Nr. 1).

Weiterhin kann einem Abkömmling nach § 2333 Abs. 1 der Pflichtteil entzogen werden, wenn er sich eines Verbrechens oder eines schweren vorsätzlichen Vergehens gegen den Erblasser oder gegen eine der in Nr. 1 genannten Personen schuldig macht (Nr. 2) oder

die ihm dem Erblasser gegenüber gesetzlich obliegende Unterhalts-
pflicht böswillig verletzt (Nr. 3).

An die Stelle des früher vorgesehenen Entziehungsgrundes des   **43**
„ehrlosen und unsittlichen Lebenswandels", der mit der Veränderung
des Sittenverständnisses an Legitimation verloren hatte (vgl. noch
OLG Hamm NJW 1983, 1067 m. abl. Anm. *Kanzleiter,* DNotZ
1984, 22), ist seit 1.1.2010 ein konkreterer Tatbestand sozialwidrigen
Verhaltens getreten: § 2333 Abs. 1 S. 1 Nr. 4 ermöglicht die Pflichtteilsentziehung, wenn der Pflichtteilsberechtigte wegen einer vorsätzlichen Straftat – unabhängig davon, ob sie eine der in Nr. 1 genannten
Personen betrifft, – zu einer Freiheitsstrafe von mindestens einem
Jahr ohne Bewährung verurteilt wird und deshalb seine Teilhabe am
Nachlass für den Erblasser unzumutbar ist. Gleiches gilt, wenn wegen einer ähnlich schwerwiegenden vorsätzlichen Tat rechtskräftig
die Unterbringung in einem psychiatrischen Krankenhaus oder einer
Entziehungsanstalt angeordnet wird (§ 2333 Abs. 1 S. 2). Damit trägt
der Gesetzgeber der Forderung des BVerfG (BVerfGE 112, 332)
Rechnung, die Testierfreiheit müsse auch in Fällen gewahrt werden,
in denen zwar der Pflichtteilsberechtigte in der durch § 2333 beschriebenen Weise die Interessen des Erblassers beeinträchtigt, eine
Schuld im strafrechtlichen Sinne aber nicht nachgewiesen werden
kann. Vor diesem Hintergrund ist davon auszugehen, dass trotz des
insofern offenen Wortlauts ein schuldhaftes Verhalten im strafrechtlichen Sinne auch für die Pflichtteilsentziehung nach § 2333 Abs. 1
Nr. 1 bis 3 nicht nötig ist (*Muscheler*, ZEV 2008, 105, 106).

Nach § 2333 Abs. 2 kann auch **Eltern und Ehegatten sowie einem**   **44**
eingetragenen Lebenspartner (§ 10 Abs. 6 S. 2 LPartG) der Pflichtteil unter entsprechender Anwendung des § 2333 Abs. 1 entzogen
werden.

Für alle Entziehungsgründe gilt, dass das Recht, den Pflichtteil zu   **45**
entziehen, durch **Verzeihung** erlischt (§ 2337). Verzeihung ist der
nach außen kundgemachte Entschluss des Erblassers, aus den erfah-
renen Kränkungen nichts mehr herleiten und über sie hinweggehen
zu wollen (*BGH* NJW 1974, 1084; BGHZ 91, 273, 280). Die Verzeihung schließt aus, dass der Erblasser eine Pflichtteilsentziehung auf
den verziehenen Grund stützt (§ 2337 S. 1). Eine bereits angeordnete
Pflichtteilsentziehung wird unwirksam (§ 2337 S. 2).

Die Regelung der Pflichtteilsentziehung war schon vor Inkrafttreten des   **46**
BGB umstritten (Mot. V, 429 ff.; Prot. V, 553 ff.). Nachdem der 64. Deutsche

Juristentag im Jahre 2002 den Gesetzgeber vor dem Hintergrund der Diskussion um die grundsätzliche Berechtigung des Pflichtteilsrechts (vgl. Rn.
2) aufgefordert hatte, die Entziehung des Pflichtteilsrechts zu reformieren, wurden
die Pflichtteilsentziehungsgründe durch das Gesetz zur Änderung des Erb-
und Verjährungsrechts mit Wirkung zum 1.1.2010 vorsichtig fortentwickelt
(vgl. *Muscheler*, ZEV 2008, 105; *Langenfeld*, NJW 2009, 3121). Nicht durchgesetzt hat sich der zentrale Reformvorschlag, eine Pflichtteilsentziehung auch
bei „gänzlicher Zerrüttung" der Beziehungen zwischen Erblasser und Pflichtteilsberechtigtem zuzulassen (vgl. z. B. *Martiny*, Gutachten A zum 64. DJT
Berlin 2002, S. A 119, Thesen II 21 u. 22), nachdem das BVerfG in einem obiter dictum gegenüber einem solchen allgemeinen Zerrüttungstatbestand verfassungsrechtliche Bedenken angemeldet hatte (BVerfGE 112, 332, 356 f.).
Dass die Diskussion nicht verstummt ist, zeigt die – wenn auch mit nur knapper Mehrheit verabschiedete – Forderung des 68. Deutschen Juristentages aus
dem Jahre 2010, die Pflichtteilsentziehungsgründe um eine Generalklausel der
Pflichtteilsentziehung wegen Unzumutbarkeit der Nachlassteilhabe zu ergänzen (Beschlüsse zum 68. DJT Berlin 2010, These V 15, S. L 153).

3. Form der Entziehung

47   Die Entziehung des Pflichtteils erfolgt durch letztwillige Verfügung (§ 2336 Abs. 1), wobei der Grund der Entziehung in der Verfügung angegeben werden muss (§ 2336 Abs. 2 S. 1). Für die Fälle des
§ 2333 Abs. 1 Nr. 4 stellt § 2336 Abs. 2 klar, dass die Tat lediglich begangen, aber noch keine (rechtskräftige) Verurteilung erfolgt sein
muss. Nach BGHZ 94, 36 (m. Anm. *Kuchinke*, JZ 1985, 748) ist der
Grund der Entziehung nicht in der Verfügung angegeben, wenn der
Erblasser sich mit seinen Worten nicht auf bestimmte Vorgänge unverwechselbar festgelegt und den Kreis der in Betracht kommenden
Vorfälle praktisch brauchbar eingegrenzt hat. Wesentlich, aber auch
genügend ist, dass ein „Kernsachverhalt" im Testament angeführt
wird. Nach BGHZ 158, 226 (m. Anm. *Kummer*, ZEV 2004, 274)
kann der Pflichtteilsberechtigte bereits zu Lebzeiten des Erblassers
gerichtlich klären lassen, ob die in einer letztwilligen Verfügung unter
Bezug auf bestimmte Vorfälle angeordnete Entziehung des Pflichtteils
wirksam ist. Einer entsprechenden Feststellungsklage fehlt nicht das
für die Zulässigkeit der Klage erforderliche Interesse an einer alsbaldigen Feststellung.

4. Beschränkung des Pflichtteils in guter Absicht

Die Pflichtteilsbeschränkung in guter Absicht (§ 2338) ist ein ge- 48
schichtlich gewachsenes Rechtsinstitut *(exheredatio bona mente)*,
das dem wohlverstandenen Interesse pflichtteilsberechtigter Abkömmlinge dient, die entweder so überschuldet sind oder einen derart verschwenderischen Lebenswandel führen, dass ihr späterer Erwerb erheblich gefährdet ist (§ 2338 Abs. 1 S. 1). Als **Akt der
Zwangsfürsorge** (Mot. V, 438; Prot. V, 566) eröffnet § 2338 gleichzeitig die Möglichkeit, Familienvermögen künftigen Generationen zu
erhalten. § 2338 erlaubt somit einen Eingriff in das Pflichtteilsrecht,
obwohl ein Pflichtteilsentziehungsgrund (§ 2333) nicht oder jedenfalls nicht notwendigerweise vorliegt. Die Beschränkung liegt in der
Einsetzung der gesetzlichen Erben des Pflichtteilsberechtigten als
Nacherben (Nachvermächtnisnehmer) und (oder) der Anordnung
von Testamentsvollstreckung (§ 2338 Abs. 1 S. 2). Auf diese Weise
kann Eigengläubigern des Pflichtteilsberechtigten der Zugriff auf
den Nachlass verwehrt (§§ 2115, 2214) und der Pflichtteilsberechtigte
selbst nach § 2338 Abs. 1 S. 2 Hs. 2 auf den jährlichen Reinertrag des
Zugewandten verwiesen werden (Näheres *Baumann*, ZEV 1996,
121).

§ 21. Erbunwürdigkeit

Literatur: *Muscheler*, Grundlagen der Erbunwürdigkeit, ZEV 2009, 58; *ders.*, Erbunwürdigkeitsgründe und Erbunwürdigkeitsklage, ZEV 2009, 101.
Zur Übung: *Schlosser*, Der Amokschütze und erbrechtliche Verwicklungen, Jura 1988, 424.

I. Einführung

1   Die Vorschriften über die Erbunwürdigkeit (§§ 2339 ff.) beruhen auf der Überlegung, dass ein gesetzlicher oder gewillkürter Erbe bei bestimmten, in § 2339 Abs. 1 näher bezeichneten schweren Verfehlungen es nicht verdient, Gesamtrechtsnachfolger des Erblassers zu werden. Die Erbunwürdigkeit tritt allerdings nicht automatisch kraft Gesetzes ein, sondern setzt eine Anfechtungsklage voraus, die von demjenigen erhoben werden kann, dem der Wegfall des Erbunwürdigen zustatten kommt (§§ 2341, 2342). Die Erbunwürdigkeitsgründe des § 2339 Abs. 1 erfassen Angriffe auf das Leben, die Testierfreiheit und die Testierfähigkeit des Erblassers.

2   Wer **erbunwürdig** ist, ist auch **pflichtteilsunwürdig** (§ 2345 Abs. 2), kann also im Falle einer Enterbung keine Pflichtteils- oder Pflichtteilsergänzungsansprüche durchsetzen. Entsprechendes gilt bei einer Vermächtnisanordnung zugunsten des Erbunwürdigen (§ 2345 Abs. 1).

II. Erbunwürdigkeitsgründe

3   Die Erbunwürdigkeitsgründe sind in § 2339 Abs. 1 erschöpfend aufgezählt. Erbunwürdig ist nach § 2339 Abs. 1 Nr. 1, „wer den Erblasser vorsätzlich und widerrechtlich getötet oder zu töten versucht hat". Körperverletzung mit Todesfolge (§ 227 StGB) führt auch dann nicht zum Verlust des Erbrechts, wenn der Erblasser infolge der Verletzung zur Errichtung einer letztwilligen Verfügung nicht mehr imstande war. Erbunwürdig ist weiter, wer den Erblasser daran gehindert hat, eine Verfügung von Todes wegen zu errichten (§ 2339

Abs. 1 Nr. 2), wer durch arglistige Täuschung oder Drohung eine solche Verfügung herbeigeführt (Nr. 3) oder sich durch Fälschung, Verfälschung oder Vernichtung eines Testaments nach §§ 267, 271–274 StGB strafbar gemacht hat (Nr. 4). Umstritten ist, ob eine Testamentsfälschung auch dann zur Erbunwürdigkeit führt, wenn sie den wahren Willen des Erblassers wiedergibt.

Beispiel: Erblasser E will seine Ehefrau F zur Alleinerbin einsetzen und diktiert ihr eine entsprechende letztwillige Verfügung, welche die F mit der Schreibmaschine schreibt und E sodann unterschreibt. Als F später erfährt, dass das Testament formungültig ist, schreibt sie ein inhaltsgleiches Testament mit der Hand und unterzeichnet es mit dem Namen ihres Mannes.

Das RG (RGZ 72, 207; 81, 413) hat eine Erbunwürdigkeit der F nach § 2339 Abs. 1 Nr. 4 verneint, weil es der Ehefrau nur darum gegangen sei, den wahren Willen des Erblassers zu verwirklichen, so dass eine Verfehlung der F gegen den Erblasser nicht vorliege. Rechtsprechung und Lehre sehen hingegen heute in jeder Fälschungshandlung einen Eingriff in die Testierfreiheit. Auf die Beweggründe des Fälschers soll es nicht ankommen (*BGH* NJW 1970, 197; *OLG Stuttgart* ZEV 1999, 187 m. Anm. *Kuchinke,* ZEV 1999, 317).

Hat der Erblasser dem Erbunwürdigen verziehen, so ist eine Anfechtungsklage wegen Erbunwürdigkeit ausgeschlossen (§ 2343). Die Möglichkeit zu verzeihen scheidet allerdings oft schon deswegen aus, weil der Erblasser dazu entweder nicht mehr in der Lage ist (z. B. bei vorsätzlicher Tötung) oder weil er vom Erbunwürdigkeitsgrund keine Kenntnis hat (z. B. bei einer durch arglistige Täuschung erschlichenen letztwilligen Verfügung oder im Falle einer Testamentsfälschung). 4

III. Geltendmachung der Erbunwürdigkeit

Die Erbunwürdigkeit wird durch Anfechtung des Erbschaftserwerbs (§ 2340 Abs. 1) im Wege der Klage (§ 2342 Abs. 1) geltend gemacht. Anfechtungsberechtigt ist jeder, dem der Wegfall des Erbunwürdigen auch nur mittelbar zustatten kommt (§ 2341), beispielsweise also auch derjenige, welcher erst im Falle einer Ausschlagung durch den Nächstberufenen Erbe würde. Die Anfechtungsklage ist eine **Gestaltungsklage,** die sich gegen den Erbunwürdigen richtet. 5

Für das Verfahren gilt trotz einer insoweit fehlenden gesetzlichen Regelung der Untersuchungsgrundsatz (vgl. *Blomeyer*, ZZP 75, 1, 17). Die erfolgreiche Anfechtung bewirkt, dass der für unwürdig Erklärte so gestellt wird, als sei er nie Erbe geworden (§ 2344 Abs. 1). Die Erbschaft fällt demjenigen an, welcher berufen wäre, wenn der Unwürdige zur Zeit des Erbfalls nicht gelebt hätte (§ 2344 Abs. 2).

6   Wie die Erbunwürdigkeit so entsteht auch die **Vermächtnis- und Pflichtteilsunwürdigkeit** nicht kraft Gesetzes. Zu ihrer Geltendmachung ist allerdings wegen des geringeren öffentlichen Interesses (Mot. V, 525) keine Klage erforderlich. Dies folgt aus der Nichterwähnung der §§ 2342, 2344 in § 2345 Abs. 1 S. 2. Die nach § 2345 Abs. 1 S. 1 notwendige Anfechtung erfolgt durch eine formlose Erklärung gegenüber dem Unwürdigen (§ 143 Abs. 1, Abs. 4 S. 1).

7   Hat der Erblasser von einer möglichen Pflichtteilsentziehung abgesehen, so kann später trotzdem die Pflichtteilsunwürdigkeit geltend gemacht werden.

> **Beispiel:** Erblasser E hinterlässt einen Sohn S und eine Tochter T. Nachdem S versucht hat, den E zu töten, setzt E die T als Alleinerbin ein, ohne S zu erwähnen.

E hätte den S nicht nur enterben, sondern ihm auch den Pflichtteil entziehen können (§ 2333 Abs. 1 Nr. 1). Dass E dies nicht getan hat, steht einer späteren Anfechtung des Pflichtteilsanspruchs durch T wegen Pflichtteilsunwürdigkeit des S nicht im Wege. Eine Verzeihung des E würde allerdings die Anfechtung ausschließen (§ 2345 Abs. 2 i. V. m. § 2343). Die erfolgreiche Anfechtung des Pflichtteilsanspruchs hebt die Sperre des § 2309 für einen Pflichtteilsanspruch entfernterer Abkömmlinge auf (MünchKomm/*Helms*, § 2345 Rn. 8). Ein Abkömmling des S könnte also durchaus anstelle des S in den Genuss des Pflichtteilsanspruchs kommen.

§ 22. Erbverzicht

Literatur: *Edenfeld,* Die Stellung weichender Erben beim Erbverzicht, ZEV 1997, 134.

I. Einführung

Der Erbverzicht ist ein Mittel zweckmäßiger Vorsorge für den To- 1
desfall. Er kommt durch einen Vertrag zwischen dem Erblasser und
dem gesetzlichen Erben zustande, in dem der gesetzliche Erbe auf
seine künftige Erbenstellung und zugleich auf sein Pflichtteilsrecht
verzichtet (§ 2346 Abs. 1). Obwohl eine Gegenleistung des Erblassers
gesetzlich nicht vorgesehen ist, kommen Erbverzichtsverträge in der
Praxis fast ausschließlich im Zusammenhang mit **Abfindungsverträ-
gen** vor. Der Erblasser überträgt beispielsweise ein Hausgrundstück
auf eines seiner Kinder oder ist ihm bei der Existenzgründung behilf-
lich, während das Kind im Gegenzug auf alle künftigen erbrechtlichen Ansprüche verzichtet (zur sog. vorweggenommenen Erbfolge
vgl. § 24 Rn. 1).

Das Gesetz unterscheidet drei Arten des Verzichts, den eigentli- 2
chen Erbverzicht (§ 2346 Abs. 1), dem die §§ 2346–2352 ihre Über-
schrift verdanken, den Pflichtteilsverzicht (§ 2346 Abs. 2) und den
Zuwendungsverzicht (§ 2352).

In der Praxis kommt der **Pflichtteilsverzicht** am häufigsten vor.
Der **Erbverzicht** führt als Verzicht auf das gesetzliche Erbrecht
zwar auch zum Verlust des Pflichtteilsrechts (§ 2346 Abs. 1 S. 2), jedoch ist der Verzicht auf das gesetzliche Erbrecht in den meisten Fällen entbehrlich, weil der Erblasser im Rahmen seiner Testierfreiheit
ohnehin abweichend von der gesetzlichen Erbfolge testieren, den gesetzlichen Erben also auch ohne Erbverzichtsvertrag enterben kann.
Etwas anderes gilt im Falle der Geschäftsunfähigkeit des Erblassers,
weil dieser mit Hilfe seines gesetzlichen Vertreters zwar einen Erbverzichtsvertrag schließen (§ 2347 Abs. 2 S. 2), nicht aber letztwillig
verfügen kann (§ 2229). Der **Zuwendungsverzicht** setzt eine letztwillige Verfügung (Testament oder Erbvertrag) voraus. Der in dieser
Verfügung als Erbe oder Vermächtnisnehmer Bedachte kann durch

Vertrag mit dem Erblasser auf die Zuwendung verzichten. Da der Erblasser aber eine testamentarische Verfügung grundsätzlich frei widerrufen (§ 2253) bzw. einen mit dem Bedachten abgeschlossenen Erbvertrag durch Aufhebungsvertrag wieder beseitigen kann (§ 2290), beschränkt sich die Bedeutung des § 2352 auf diejenigen Fälle, in denen die Verfügung nicht mehr widerrufen oder aufgehoben werden kann. So ist z. B. bei wechselbezüglichen Verfügungen in einem gemeinschaftlichen Testament ein Widerruf nach dem Tod eines Ehegatten grundsätzlich nicht mehr möglich (§ 2271 Abs. 2 S. 1), wohl aber kann der Überlebende mit dem Bedachten einen Zuwendungsverzichtsvertrag abschließen und auf diese Weise seine Verfügungsfreiheit wiedererlangen.

II. Rechtsnatur und causa des Erbverzichtsvertrags

3　　Der Erbverzichtsvertrag ist ebenso wie der Pflichtteils- oder Zuwendungsverzichtsvertrag ein **abstraktes Verfügungsgeschäft** (BGHZ 37, 319, 327). Er hat keinen verpflichtenden Inhalt, ihm liegt aber – wie jedem Verfügungsgeschäft – eine causa zugrunde. Diese ist beim entgeltlichen Erbverzicht ein gegenseitiger Vertrag, in dem sich der Erblasser zur Leistung der vereinbarten Abfindung, der Vertragspartner zum Abschluss eines Erb-, Pflichtteils- oder Zuwendungsverzichtsvertrags verpflichtet. Rechtsgeschäfte, die zum Abschluss eines Erbverzichtsvertrags verpflichten, bedürfen nach h. L. (*Keller,* ZEV 2005, 229; Staudinger/*Schotten,* § 2348 Rn. 10) und Rechtsprechung (*OLG Köln* ZEV 2011, 384; offen gelassen in *BGH* ZEV 2012, 145, 146) der für den Erbverzichtsvertrag selbst vorgeschriebenen Form, um die Warnfunktion des § 2348 nicht ins Leere laufen zu lassen. Wird der Erbverzichtsvertrag abgeschlossen, ohne dass das Kausalgeschäft entsprechend § 2348 notariell beurkundet wurde, tritt – nach ebenfalls h. L. (Staudinger/*Schotten,* § 2348 Rn. 17 m. w. N.) – eine Heilung des Formmangels in Analogie zu §§ 311b Abs. 1 S. 2, 518 Abs. 2, 766 S. 3 ein.

Beispiel: Sohn S vereinbart mit Vater V einen Erbverzicht gegen Zahlung von 100 000 €. Der Erbverzichtsvertrag wird formgerecht gemäß § 2348 geschlossen. V stirbt, bevor er die Abfindung gezahlt hat.

Der Formmangel des Verpflichtungsgeschäfts wurde durch den formgerechten Abschluss des Verzichtsvertrags geheilt. S kann von den Erben des V Zahlung von 100 000 € verlangen (§ 1967 Abs. 1).

Soweit das Verpflichtungsgeschäft ein formwirksamer **gegenseiti-** 4 **ger Vertrag** ist, sind die §§ 320 ff. uneingeschränkt anwendbar (*Edenfeld*, ZEV 1997, 134, 140). Kommt einer der Vertragspartner der Erfüllung seiner Pflichten nicht nach, kann der andere nach Maßgabe des § 323 vom Vertrag zurücktreten. Tritt der Verzichtende nach Abschluss des Erbverzichtsvertrags vom (schuldrechtlichen!) Vertrag zurück, so ist der Erblasser nach § 346 verpflichtet, an der Aufhebung des Erbverzichtsvertrags gemäß § 2351 mitzuwirken.

Schwierigkeiten ergeben sich, wenn im Falle eines wirksamen Ver- 5 pflichtungsgeschäfts der Erblasser stirbt, bevor es zum Abschluss eines Erbverzichtsvertrags gekommen ist. Zwar rücken hier die Erben in die Pflichtenstellung des Verstorbenen ein. Einen Erbverzichtsvertrag kann der Verzichtende aber ebenso wie einen Pflichtteilsverzichtsvertrag (BGHZ 134, 60 m. Anm. *Pentz*, JZ 1998, 88) nur mit dem Erblasser selbst, nicht mit dessen Erben schließen (§ 2346 Abs. 1 S. 1). Die geschuldete Leistung, der Abschluss des Erbverzichtsvertrags, wird dem Vertragspartner des Erblassers also mit dessen Tod gemäß § 275 Abs. 1 unmöglich (BGHZ 37, 319, 329). Eine bereits geleistete Abfindung können die Erben nach § 326 Abs. 4 i. V. m. §§ 346 ff. zurückfordern.

Auf das Verpflichtungsgeschäft sind nach BGHZ 134, 152 (= JZ 6 1998, 141 m. Anm. *Kuchinke* = ZEV 1997, 69 m. Anm. *Edenfeld*) die Grundsätze über den **Wegfall der Geschäftsgrundlage** (§ 313) anzuwenden. Die notwendige Vertragsanpassung kann zu einer Erhöhung der vereinbarten Abfindung führen (Beispiel: Die Tochter hat auf Wunsch der Eltern gegen geringe Abfindung verzichtet, damit der Bruder den Hof übernehmen kann; kurze Zeit nach dem Erbfall verkauft der Bruder den Hof). Dagegen soll nach *BGH* NJW 1999, 789 der Erbverzichtsvertrag als *Verfügungsgeschäft* nach dem Eintritt des Erbfalls nicht mehr mit dem Argument in Frage gestellt werden können, die Geschäftsgrundlage für den Verzicht habe von Anfang an gefehlt oder sei später weggefallen.

Beispiel (nach *BGH* NJW 1999, 789): Die durch wechselbezügliche Verfügungen in einem Berliner Testament (§ 2269) gebundene überlebende Ehefrau schließt mit ihrem Sohn als Schlusserben einen Zuwendungsverzichtsvertrag i. S. v. § 2352, um auf diese Weise selbst ihre Verfügungsfreiheit wiederzuerlangen. Mutter und Sohn übersehen, dass im gemeinschaftlichen Testament für den Fall, dass S als Erbe wegfallen sollte, Ersatzerbschaft (§ 2096) angeordnet war, so dass das angestrebte Ziel von vornherein nicht erreicht werden konnte. Der beiderseitige Irrtum stellt sich erst nach dem Tod der Mutter heraus.

Eine Anfechtung des Erbverzichtsvertrags durch S wegen Irrtums kommt schon deshalb nicht in Betracht, weil nur ein nach § 119 unbeachtlicher Motivirrtum vorliegt. Eine Aufhebung des Verzichts gemäß § 2351 scheidet nach dem Tod des Erblassers ebenfalls aus. Der BGH lehnt schließlich auch eine „Rückabwicklung des Verzichtsvertrages" wegen Fehlens der Geschäftsgrundlage (§ 313) ab, weil damit § 2351 umgangen und die Rechtssicherheit gefährdet würde; denn „die Erbfolge muss mit dem Tod des Erblassers auf einer festen Grundlage stehen und darf grundsätzlich nicht noch nach beliebig langer Zeit wieder umgestoßen werden können" (*BGH* NJW 1999, 789). Die Entscheidung des BGH überzeugt nicht, weil Mutter und Sohn an einem Vertrag festgehalten werden, den beide so nicht gewollt haben. Wer der Ansicht des BGH folgt, müsste konsequenterweise auch bei einem Erbverzichtsvertrag, der auf einem nichtigen Kausalgeschäft beruht, dem Verzichtenden nach dem Tod des Erblassers jede Hilfe verweigern. Die richtige Lösung dürfte, da eine Aufhebung des Verzichts nach dem Tod des Erblassers nicht mehr möglich ist, in § 242 zu finden sein: Berufen sich die Erben der Mutter auf die ihnen durch den Verzicht des S zugefallene, nicht mehr aufhebbare Rechtsposition, die ihnen nicht gebührt, kann S sich mit dem Einwand der unzulässigen Rechtsausübung zur Wehr setzen (so *Edenfeld,* ZEV 1997, 134, 141; *Schlüter,* Rn. 412).

Die verallgemeinernde und fragwürdige These des BGH, die Erbfolge müsse aus Gründen der Rechtssicherheit „mit dem Tod des Erblassers auf einer festen Grundlage stehen", hat inzwischen das BayObLG (ZEV 2006, 209 m. Anm. *Leipold*) dazu bewogen, die Anfechtbarkeit von Erbverzichtsverträgen gemäß §§ 119 ff. nach dem Eintritt des Erbfalls generell in Frage zu stellen. Eine Entscheidung des BGH steht insoweit allerdings noch aus.

III. Abschluss des Erbverzichtsvertrags

Der Erbverzichtsvertrag wird zwischen dem Erblasser und dem   7
gesetzlichen Erben geschlossen. Nur der Staat als potentieller gesetzlicher Zwangserbe (§ 1936) kann auf sein Erbrecht nicht verzichten
(§ 2346 Abs. 1 S. 1). Nach dem Tod von Erblasser oder Verzichten-
dem ist das Zustandekommen eines Erbverzichtsvertrags ausgeschlossen. Dies gilt auch für den Pflichtteilsverzichtsvertrag: Nach
Eintritt des Erbfalls kann der Pflichtteilsberechtigte zwar auf den bereits entstandenen Pflichtteilsanspruch durch einen mit dem Erben
abzuschließenden Erlassvertrag verzichten; er kann aber nicht ein
möglicherweise fortwirkendes Angebot des Erblassers auf Abschluss
eines Erbverzichtsvertrags (§§ 130 Abs. 2, 153) annehmen (BGHZ
134, 60, 63 ff. m. zust. Anm. *Pentz*, JZ 1998, 88 gegen *Muscheler*, JZ
1997, 853).

Der Erbverzichtsvertrag bedarf ebenso wie der Pflichtteils- und   8
Zuwendungsverzichtsvertrag der notariellen Beurkundung (§§ 2348,
2352 S. 3).

Nach BGHZ 22, 364 und *BGH* NJW 1977, 1728 kann ein still-   9
schweigend abgeschlossener Erb- und Pflichtteilsverzicht auch in einem Erbvertrag oder notariellen gemeinschaftlichen Testament mit-
enthalten sein, eine problematische Ansicht, die mit dem Sinn und
Zweck des Formzwangs (§ 2348) schwerlich vereinbar sein dürfte
(Staudinger/*Schotten*, § 2346 Rn. 13 ff.).

Nach § 2347 Abs. 2 S. 1 Hs. 1 kann der Erblasser den Erbver-   10
zichtsvertrag nur persönlich abschließen. Ein in der Geschäftsfähigkeit beschränkter Erblasser (also auch ein siebenjähriges Kind!) bedarf zum Abschluss eines Erbverzichtsvertrags nicht einmal der
Zustimmung seines gesetzlichen Vertreters (§ 2347 Abs. 2 S. 1,
Hs. 2). Beim geschäftsunfähigen Erblasser durchbricht das Gesetz
das Erfordernis persönlichen Handelns. Für den geschäftsunfähigen
Erblasser wird sein gesetzlicher Vertreter tätig. Dies ist beim Volljäh-
rigen sein Betreuer, wenn dessen Aufgabenkreis den Erbverzicht umfasst (§§ 1896 Abs. 2, 1902). Ein vom gesetzlichen Vertreter für den
geschäftsunfähigen Erblasser abgeschlossener Erbverzichtsvertrag bedarf der Genehmigung des Familien- oder Betreuungsgerichts (§ 2347
Abs. 2 S. 2, Hs. 2).

11 Für den Verzichtenden gelten die allgemeinen Regeln der Geschäftsfähigkeit und Stellvertretung. Ist der Verzichtende geschäftsunfähig oder nur beschränkt geschäftsfähig, bedarf der Erbverzichtsvertrag in der Regel der Genehmigung des Familien- oder Betreuungsgerichts (§ 2347 Abs. 1).

IV. Wirkungen des Erbverzichtsvertrags

12 Mit dem Abschluss des Erbverzichtsvertrages verliert der Verzichtende sein gesetzliches Erb- und Pflichtteilsrecht (§ 2346 Abs. 1). Er wird rechtlich so gestellt, als würde er zur Zeit des Erbfalls nicht mehr leben. § 2310 S. 2 zieht daraus die nahe liegende Konsequenz, dass der Verzichtende bei der Berechnung der **Pflichtteilsansprüche Dritter** nicht mitgezählt wird, so dass sich deren Pflichtteilsquoten erhöhen. Gerade das wird aber vom Erblasser in aller Regel nicht gewünscht.

> **Beispiel:** Der verwitwete Erblasser E hat drei Kinder A, B und C. A wird abgefunden und verzichtet auf sein Erb- und Pflichtteilsrecht (§ 2346 Abs. 1). B soll später das elterliche Geschäft übernehmen.

Durch den Verzicht des A erhöht sich die Pflichtteilsquote von B und C von je $1/6$ (§ 2303 Abs. 1) auf je $1/4$ (§ 2303 Abs. 1 i. V. m. § 2310 S. 2). Wird B, der das elterliche Geschäft übernehmen soll, zum Alleinerben eingesetzt, so schuldet er dem C nicht $1/6$ des Nachlasswertes, sondern $1/4$. Diese Folge des Erbverzichts hat in der Praxis mit dazu beigetragen, dass anstelle von Erbverzichtsverträgen Pflichtteilsverzichtsverträge (§ 2346 Abs. 2) abgeschlossen werden, die nicht zur Anwendung des § 2310 S. 2 und damit nicht zur Erhöhung der Pflichtteilsquoten der übrigen Abkömmlinge führen (Münchener Vertragshandbuch/*Nieder/Otto*, S. 1136 f.).

13 Der Abschluss eines Erbverzichtsvertrags hindert den Erblasser nicht daran, den Verzichtenden später dennoch letztwillig zu bedenken, ihn möglicherweise sogar aufgrund eines Sinneswandels als Alleinerben einzusetzen; denn das Ziel eines Erbverzichtsvertrags ist es, die **Verfügungsfreiheit des Erblassers** zu erweitern. Auch ein Pflichtteilsverzichtsvertrag (§ 2346 Abs. 2) kann später ohne weiteres gegenstandslos werden, wenn der Erblasser es entweder bei der gesetzlichen Erbfolge belässt oder den Verzichtenden durch letztwillige Verfügung als Erben beruft.

Verzichtet ein Abkömmling oder ein Seitenverwandter des Erblas- **14** sers auf sein gesetzliches Erb- oder Pflichtteilsrecht, so erstreckt sich die **Wirkung des Verzichts auf seine Abkömmlinge,** sofern nicht ein anderes bestimmt wird (§ 2349). Der Regelung liegt der Gedanke zugrunde, dass ein Erbverzicht grundsätzlich mit einer Abfindung verbunden ist, die nicht nur den Verzichtenden selbst, sondern auch dessen ganzen Stamm von der Erbfolge ausschließen soll.

Auch auf den Zuwendungsverzicht findet § 2349 gem. § 2352 S. 3 **15** Anwendung.

V. Aufhebung des Erbverzichtsvertrags

Erb- und Pflichtteilsverzicht können durch Vertrag wieder aufge- **16** hoben werden (§ 2351). Wie beim Abschluss eines Erb- und Pflichtteilsverzichtsvertrags gilt auch hier, dass nur der Erblasser und der Verzichtende den Aufhebungsvertrag abschließen können. Die Abkömmlinge des Verzichtenden, auf die sich die Wirkung des Verzichts nach § 2349 erstreckt, sind nach dessen Tod nicht in der Lage, die Wirkung des Erbverzichts zu beseitigen.

Beispiel (nach BGHZ 139, 116): Erblasser E hat zwei Söhne A und B. A **17** schließt mit E gegen Abfindung einen Erbverzichtsvertrag. Nach dem Tod des A setzt E den Sohn S des A testamentarisch als Alleinerben ein und schließt mit ihm einen Aufhebungsvertrag nach § 2351.

Dass sich die Wirkung des Erbverzichtsvertrags auf S erstreckt, ist für E kein Hindernis, den B zu enterben und den Sohn des A als Alleinerben einzusetzen. Für eine Aufhebung des Erbverzichtsvertrags scheint also überhaupt kein Anlass zu bestehen. Wie oben dargestellt (Rn. 12), hat jedoch der Erbverzichtsvertrag zur Folge, dass B gesetzlicher Alleinerbe wird und seine Pflichtteilsquote ½ beträgt (§ 2310 S. 2). Würde der Erbverzichtsvertrag aufgehoben, wäre B neben S nur noch gesetzlicher Erbe zu ½ und die Pflichtteilsquote würde sich auf ¼ reduzieren. Richtig ist, dass es bei der Vereinbarung zwischen E und S streng genommen nicht um eine Aufhebung des Erbverzichts an sich, sondern um die Beseitigung von dessen Drittwirkungen geht (so zutr. *Muscheler,* ZEV 1999, 49, 51). Aber die Erhöhung der Pflichtteilsquote des B war Folge und möglicherweise sogar Ziel des Erbverzichtsvertrags, und A war außerdem aufgrund von § 2349 legitimiert, zu Lasten des S eine endgültige Entscheidung zu treffen. Der Abschluss eines Aufhebungsvertrages (§ 2351) ist damit nach dem Tod des A nicht mehr möglich.

§ 23. Erbschaftskauf

I. Vertragsgegenstand

Der Erbschaftskauf ist ein Vertrag, durch den sich ein Erbe (Ver- 1 käufer) verpflichtet, die ihm angefallene Erbschaft gegen Zahlung eines Entgelts auf einen anderen (Käufer) zu übertragen (§§ 2371 ff.). Gegenstand des Erbschaftskaufs können die **Erbschaft des Alleinerben,** der **Erbteil eines Miterben** (§ 1922 Abs. 2), die **Vorerbschaft** oder die **Anwartschaft des Nacherben** (vgl. § 9 Rn. 23, 29) sein. Gemäß § 2385 Abs. 1 finden die Vorschriften über den Erbschaftskauf auch auf den Weiterverkauf der Erbschaft sowie auf andere Verträge Anwendung, die auf die Veräußerung einer Erbschaft gerichtet sind (z. B. Schenkung).

Der Erbschaftskauf bietet dem Erben die Möglichkeit, die Erbschaft rasch wirtschaftlich zu verwerten, wenn er die Mühen der Abwicklung des Nachlasses scheut. Praktische Bedeutung hat vor allem der Verkauf des Miterbenanteils an den oder die anderen Miterben zwecks Auseinandersetzung der Erbengemeinschaft. Verkauft ein Miterbe seinen Anteil an einen Dritten, so sind die übrigen Miterben zum Vorkauf berechtigt (§ 2034 Abs. 1).

Der Vertrag bezieht sich nach § 2371 auf eine bereits angefallene Erbschaft. Verträge, durch die sich der Erbe vor Eintritt des Erbfalls zur Veräußerung verpflichtet, fallen nicht unter § 2371 und wären im Übrigen gemäß § 311b Abs. 4 S. 1 nichtig, weil sie sich auf den Nachlass eines noch lebenden Dritten beziehen. Eine Ausnahme lässt § 311b Abs. 5 nur zu, wenn der Vertrag unter künftigen gesetzlichen Erben geschlossen wird. Es handelt sich dann aber nicht um einen Erbschaftskauf im Sinne der §§ 2371 ff., mögen auch einzelne Vorschriften analog anwendbar sein (vgl. *Ebenroth,* Rn. 1192).

Der **Verkauf eines einzelnen Nachlassgegenstandes** stellt keinen Erbschaftskauf dar. Die Rechtsprechung wendet aber die §§ 2382 f. auch beim Erwerb eines einzelnen Nachlassgegenstandes an, wenn der Käufer wusste, dass es sich beim übernommenen Gegenstand um die ganze oder nahezu die ganze Erbschaft handelte (*BGH* NJW 1965, 862). Auf diese Weise wird verhindert, dass sich der Erbschaftskäufer der gesetzlichen Haftung nach § 2382 gegenüber den Nachlassgläubigern entzieht.

II. Verpflichtungs- und Erfüllungsgeschäft

2   Der Erbschaftskauf ist wie jeder Kaufvertrag ein Verpflichtungsgeschäft. Die Vorschriften der §§ 433 ff. finden allerdings nur insoweit Anwendung, als in §§ 2371 ff. nichts Abweichendes geregelt ist.

3   Ist der Kauf auf die **Erbschaft des Alleinerben** gerichtet, so erfolgt die Erfüllung für jeden einzelnen Nachlassgegenstand nach den für diesen maßgebenden Vorschriften (§§ 929 ff.; §§ 873, 925 Abs. 1; §§ 398 ff.). Die in § 2374 genannten Surrogate gehören ebenfalls zur verkauften Erbschaft.

4   Bezieht sich der Kauf auf den **Anteil eines Miterben,** so kommt eine Verfügung über den Anteil an einzelnen Nachlassgegenständen nicht in Betracht (§ 2033 Abs. 2). Der Miterbe als Verkäufer muss vielmehr seinen Anteil gemäß § 2033 Abs. 1 mit Hilfe eines einzigen Verfügungsgeschäfts durch notariell beurkundeten Vertrag auf den Käufer übertragen. Der Käufer rückt mit Abschluss des formwirksamen Erfüllungsgeschäfts unmittelbar in die Rechtsstellung des Verkäufers ein. Gehören zum Nachlass Grundstücke und sind die Miterben als Erbengemeinschaft bereits im Grundbuch eingetragen, so wird dieses unrichtig. Der Erwerber des Miterbenanteils kann vom Veräußerer gemäß § 894 eine Berichtigungsbewilligung (§ 19 GBO) dahingehend verlangen, dass er als Mitglied der Erbengemeinschaft eingetragen wird.

5   Die Erfüllung des Erbschaftskaufs macht den Erbschafts- oder Erbteilserwerber nicht zum Erben. Der Erwerber rückt lediglich vermögensrechtlich in die Stellung des Erben ein. **Die Erbenstellung selbst ist unveräußerlich** (vgl. BGHZ 86, 379, 380). Das bedeutet, dass ein Allein- oder ein Teilerbschein gemäß § 2353 nur dem Allein- oder Miterben erteilt wird, nicht aber dem Erbschaftserwerber. Die Geltendmachung der Erbunwürdigkeit eines Miterben (§ 2341) bleibt dem veräußernden Erben vorbehalten. Gemäß § 857 geht der Besitz kraft Gesetzes auf den Erben, nicht auf den Erwerber der Erbschaft bzw. eines Erbteils über. Auf der anderen Seite hat der Erbteilserwerber bei der Verwaltung des Nachlasses, bei Verfügungen über Nachlassgegenstände und bei der Erbauseinandersetzung die gleichen Rechte wie jeder Miterbe.

III. Form des Vertrags

Der Erbschaftskauf bedarf gemäß § 2371 der **notariellen Beurkun-** 6
dung.
Fraglich ist, ob der aufgrund eines Formmangels nichtige Erb-
schaftskaufvertrag (§ 125 S. 1) analog § 311b Abs. 1 S. 2 **durch Voll-**
zug geheilt werden kann. Die Rechtsprechung lehnt eine Heilung
des Formmangels unter Hinweis auf eine fehlende Vorschrift im Gesetz ab (RGZ 137, 171, 175; *BGH* NJW 1967, 1128, 1131). Man wird
differenzieren müssen: Beim Verkauf einer Alleinerbschaft kommt
eine analoge Anwendung des § 311b Abs. 1 S. 2 nicht in Betracht,
weil die Verfügung über die einzelnen Nachlassgegenstände – von
Grundstücksgeschäften abgesehen – ohne Einschaltung eines Notars
erfolgt und eine Heilung außerdem erst mit dem letzten Übertragungsakt möglich wäre, was zu einer unerträglichen Rechtsunsicherheit führen würde. Anders ist die Rechtslage beim Verkauf eines
Erbteils. Hier erfolgt die Übertragung durch einen notariell beurkundeten Verfügungsvertrag (§ 2033 Abs. 1 S. 2), so dass der Erwerber –
ähnlich wie im Fall des § 311b Abs. 1 S. 2 – anlässlich des Verfügungsgeschäfts ausreichend beraten und geschützt wird. Mit der wohl
überwiegenden Lehre sollte man deshalb beim Verkauf eines Erbteils
eine Heilung des Formmangels bejahen (*Keller*, ZEV 1995, 427
m. w. N.).

IV. Gefahrtragung und Gewährleistung

Abweichend von § 446 trägt der Käufer die **Gefahr des zufälligen** 7
Untergangs der Erbschaftsgegenstände schon vom Zeitpunkt des
Vertragsschlusses an (§ 2380 S. 1). Ratio der Regelung ist die Erwä-
gung, dass der Käufer so gestellt werden soll, als wäre er selbst Erbe
geworden. Aus dem gleichen Grund haftet der Verkäufer nicht für
Sachmängel, soweit er diese nicht arglistig verschwiegen oder eine
Beschaffenheitsgarantie übernommen hat (§ 2376 Abs. 2). Die Haf-
tung für **Rechtsmängel** ist ebenfalls eingeschränkt (§ 2376 Abs. 1).
Der Verkäufer haftet zwar dafür, dass ihm das Erbrecht zusteht, nicht
aber dafür, dass die einzelnen Nachlassgegenstände frei von Rechten
Dritter sind. Stellt sich z. B. heraus, dass ein im Nachlass befindliches

Schmuckstück nicht dem Erblasser gehörte, so haftet der Verkäufer nicht.

V. Haftung für Nachlassverbindlichkeiten

8   Verkäufer und Käufer haften gemäß § 2382 Abs. 1 S. 1 den Nachlassgläubigern vom Abschluss des Verpflichtungsgeschäfts an als Gesamtschuldner (= **gesetzliche kumulative Schuldübernahme**). Die Haftung des Käufers beruht auf der Überlegung, dass den Nachlassgläubigern durch die Veräußerung das Haftungsobjekt nicht entzogen werden soll. Die Parteien des Erbschaftskaufs können die Haftung des Käufers deshalb auch nicht durch Vereinbarung mit Wirkung für die Nachlassgläubiger ausschließen oder beschränken (§ 2382 Abs. 2). Die Fortdauer der Haftung des Verkäufers (§ 2382 Abs. 1 S. 1 a. E.) erklärt sich aus dem allgemeinen Prinzip, dass sich ein Schuldner seiner Verpflichtung nicht ohne Mitwirkung des Gläubigers entziehen kann (vgl. §§ 414 f.).

Der als Schuldner hinzutretende Käufer kann zum Zwecke der Haftungsbeschränkung die gleichen Rechte geltend machen wie der Erbe (§ 2383 Abs. 1 S. 1). Er haftet allerdings unbeschränkbar, wenn auch der Verkäufer bereits unbeschränkbar haftete (§ 2383 Abs. 1 S. 2), kann dann aber wegen eines Rechtsmangels vom Verkäufer Schadensersatz verlangen (§ 2376 Abs. 1).

9   Von der Außenhaftung ist das Innenverhältnis zu unterscheiden. Nach dem Sinn des Erbschaftskaufs soll der Käufer vermögensrechtlich an die Stelle des Erben treten. Dem entspricht es, dass der Käufer mangels abweichender Vereinbarung im Innenverhältnis dem Verkäufer verpflichtet ist, die Nachlassgläubiger zu befriedigen (§ 2378).

§ 24. Erbrecht und Unternehmensnachfolge

Literatur: *K. Schmidt*, Gesellschaftsrecht, 4. Aufl., 2002, § 45 V, S. 1331 ff.
Zur Übung: Fall Nr. 6 im Anhang; *Klöhn*, Der praktische Fall – Gesellschaftsrecht: Wenn der Komplementär stirbt ..., JuS 2003, 360.

I. Einführung

Die Unternehmensnachfolge wird i. a. schon frühzeitig zu Lebzeiten des Inhabers oder Mitgesellschafters des Unternehmens bedacht, geplant und rechtlich festgelegt. Grundsätzlich bieten sich zwei Lösungsmöglichkeiten an: ein Rechtsgeschäft des Unternehmers unter Lebenden oder eine Verfügung von Todes wegen.

1

Überträgt der künftige Erblasser bereits zu Lebzeiten sein Unternehmen oder Gesellschaftsanteile auf seinen Nachfolger, so spricht man von einer **vorweggenommenen Erbfolge.** Einer solchen Übertragung liegt ein sog. Übergabevertrag zugrunde, der in aller Regel auch Verpflichtungen des Empfängers beinhaltet (z. B. Abfindungszahlungen an Geschwister oder Versorgungsleistungen an den Unternehmer). Mit den erbrechtlichen Regelungen des 5. Buches des BGB haben derartige Verträge nichts zu tun. Enthält der Übergabevertrag allerdings unentgeltliche lebzeitige Zuwendungen, so sind im Hinblick auf eventuelle spätere Pflichtteilsansprüche Dritter die §§ 2325, 2329 zu beachten.

Regelt der Erblasser seine Nachfolge in der Weise, dass das Unternehmen oder die Unternehmensbeteiligung erst mit seinem Tod auf einen oder mehrere Nachfolger übergeht, so ergeben sich aufgrund widerstreitender Prinzipien des Erb- und Gesellschaftsrechts nicht selten Konfliktsituationen, die gesetzlich nicht geregelt sind. So kennt das Erbrecht zum Schutz der Erben verschiedene Möglichkeiten der Haftungsbeschränkung (vgl. § 18 Rn. 9 ff.), die der persönlichen Haftung der Gesellschafter von Personengesellschaften zuwider laufen würden. Außerdem sind Personengesellschaften durch eine enge persönliche Verbundenheit der Gesellschafter gekennzeichnet. Diese würde empfindlich gestört, wenn beim Tod eines Gesellschafters eine Vielzahl von Erben an seine Stelle treten würde.

II. Nachfolge in das Geschäft eines Einzelkaufmanns

2   Ein einzelkaufmännisches Handelsgeschäft ist frei **vererblich**. Dies ergibt sich u. a. aus § 22 Abs. 1 HGB, der die Fortführung eines ererbten Handelsgeschäfts unter der bisherigen Firma (mit oder ohne Nachfolgezusatz) erlaubt.

1. Haftung für Geschäftsverbindlichkeiten des Erblassers

3   Für den Erben eines Handelsgeschäfts stellt sich vordringlich die Frage, wer für die Schulden, die der Erblasser durch seine Unternehmensführung begründet hat, haftet und ob Geschäftsgläubiger auch auf sein Privatvermögen zugreifen können. Während nach allgemeinen erbrechtlichen Grundsätzen die Erbenhaftung beschränkbar ist (§ 1975; vgl. § 18 Rn. 9ff.), besteht nach §§ 27 Abs. 1, 25 Abs. 1 HGB eine **unbeschränkte Haftung** für die vor dem Tod des Erblassers entstandenen Geschäftsverbindlichkeiten, wenn die Firma (= Name des Handelgeschäfts) des verstorbenen Geschäftsinhabers fortgeführt wird, was bedeutet, dass der Erbe auch mit seinem Privatvermögen haftet. Der Konflikt zwischen Erb- und Handelsrecht wird in diesem Fall zugunsten des Handelsrechts entschieden, der Handelsverkehr somit in seinem Vertrauen auf die Kontinuität des Unternehmensträgers und seines Vermögens als Haftungsmasse geschützt. Die allgemeinen Möglichkeiten der Haftungsbeschränkung für Nachlassschulden gelten **bei Firmenfortführung** aufgrund der Spezialregelungen in den §§ 27 Abs. 1, 25 Abs. 1 HGB für die Geschäftsverbindlichkeiten des verstorbenen Einzelkaufmanns nicht.

4   Hat der Erbe die Firma zunächst fortgeführt, kann er der verschärften handelsrechtlichen Haftung nur entgehen, wenn er die **Fortführung des Handelsgeschäfts** innerhalb von drei Monaten, nachdem er vom Anfall der Erbschaft Kenntnis erlangt hat, **einstellt** (§ 27 Abs. 2 S. 1 HGB). Das bedeutet, dass sich der Erbe von dem Geschäft und dem darin verkörperten wirtschaftlichen Wert endgültig trennen muss (Näheres *Baumbach/Hopt*, Handelsgesetzbuch, 35. Aufl. 2012, § 27 Rn. 5). Nach der Geschäftsaufgabe haftet der Erbe nach den allgemeinen Regeln der §§ 1967 ff. unbeschränkt, aber beschränkbar.

Nach h. M. bezieht sich die Verweisung in § 27 Abs. 1 HGB auch auf § 25 Abs. 2 HGB, so dass der Erbe die unbeschränkte handelsrechtliche Haftung auch durch einseitige Erklärung und Eintragung derselben im Handelsregister ausschließen kann (*RG* DR 1940, 2007; *Baumbach/Hopt*, Handelsgesetzbuch, 35. Aufl. 2012, § 27 Rn. 8).

2. Fortführung in ungeteilter Erbengemeinschaft

Wird der Inhaber des Handelsgeschäfts von mehreren Personen 5 beerbt, so wird das Unternehmen Gesamthandsvermögen der Erbengemeinschaft (BGHZ 30, 391, 394). Nach herrschender Ansicht können die Miterben das Handelsgeschäft in ungeteilter Erbengemeinschaft **ohne zeitliche Begrenzung** fortführen (BGHZ 92, 259, 262; 17, 299, 302; Staudinger/*Werner*, § 2032 Rn. 18). Diese Aussage überrascht, da das HGB als Rechtsformen für den gemeinsamen Betrieb eines Handelsgeschäfts nur die OHG oder KG vorsieht. Eine „Zwangsumwandlung" der Erbengemeinschaft in eine Handelsgesellschaft gegen den Willen der Miterben kommt dennoch nicht in Betracht: Ein solcher zwangsweiser Rechtsformwechsel ist dem geltenden Recht fremd und praktisch auch nicht durchführbar, weil sich das Unternehmensvermögen kaum vom Nachlass trennen lässt (BGHZ 92, 259, 263; *K. Schmidt*, NJW 1985, 2785, 2787). Zwar können die Miterben – auch konkludent – eine Gesellschaft gründen, aber der lange Zeitablauf allein reicht als Indiz für die Annahme eines Vertragsschlusses nicht aus (*Lange*, § 101 Rn. 13 f.). Die Fortführung durch die Erbengemeinschaft hat zur Folge, dass jeder Miterbe gemäß §§ 27 Abs. 1, 25 Abs. 1 HGB persönlich für bestehende Verbindlichkeiten haftet.

Führt nur einer der Miterben das Geschäft fort, so kommt eine Haftung nach § 27 HGB für die anderen nur dann in Betracht, wenn sie zumindest konkludent eine Vollmacht zur Geschäftsführung erteilt haben (BGHZ 30, 391, 395). In diesem Fall haften sie auch für neu eingegangene Verbindlichkeiten – allerdings unabhängig von § 27 HGB – mit ihrem eigenen Vermögen (Nachlasserbenschulden; MünchKomm/*Gergen*, § 2032 Rn. 44; vgl. auch § 18 Rn. 4).

Besondere Probleme ergeben sich, wenn **Minderjährige** an der Er- 6 bengemeinschaft beteiligt sind.

Beispiel (nach BGHZ 92, 259; BVerfGE 72, 155): Kaufmann A wurde im Jahre 1974 von seiner Ehefrau F und seinen zur Zeit des Erbfalls noch min-

derjährigen Kindern X und Y beerbt. Das Unternehmen wurde in ungeteilter Erbengemeinschaft fortgeführt, die Umwandlung in eine KG vom Vor-
mundschaftsgericht abgelehnt. Noch bevor die Kinder volljährig geworden
waren, gab F im Jahre 1981 wegen Zahlungsschwierigkeiten des Unternehmens im eigenen Namen, im Namen der Firma und im Namen ihrer Kinder
ein abstraktes Schuldanerkenntnis über 400 000 € ab. Aus diesem Schuldanerkenntnis wurden später die volljährig gewordenen Kinder in Anspruch genommen.

Nach dem oben Gesagten ist gegen die Fortführung des Unternehmens in ungeteilter Erbengemeinschaft über Jahre hinweg nichts einzuwenden. Auch eine gerichtliche Genehmigung war für die Fortführung nach §§ 1643 Abs. 1, 1822 Nr. 3 nicht erforderlich. Der BGH
vertrat deshalb die Ansicht, dass die Kinder aus dem Schuldanerkenntnis zur Zahlung verpflichtet seien. Das Urteil wurde jedoch
vom Bundesverfassungsgericht aufgehoben, weil es nicht mit dem allgemeinen Persönlichkeitsrecht Minderjähriger zu vereinbaren sei,
wenn diese aufgrund des elterlichen Vertretungsrechts unbegrenzt finanziell verpflichtet werden könnten. Infolge dieses Urteils hat der
Gesetzgeber durch das Minderjährigenhaftungsbeschränkungsgesetz
von 1998 die Regelung des § 1629a eingeführt, durch die es volljährig
Gewordenen ermöglicht wird, ihre Haftung entsprechend §§ 1990,
1991 (dazu § 18 Rn. 23) auf den Bestand des bei Eintritt der Volljährigkeit vorhandenen Vermögens zu beschränken.

III. Nachfolge in Anteile an Kapitalgesellschaften

7   Der Übergang von Anteilen an Kapitalgesellschaften ist aus erbrechtlicher Sicht unproblematisch. Die wichtigsten Kapitalgesellschaften sind die GmbH und die Aktiengesellschaft. Ihnen ist gemeinsam, dass ausschließlich die Gesellschaft als juristische Person
Trägerin von Rechten und Pflichten ist. Die Anteilseigner haften
also nicht mit ihrem Privatvermögen. Für Gläubiger der Gesellschaft
ist es deshalb in der Regel gleichgültig, wer als Kapitalgeber hinter
der Gesellschaft steht. Diese Konzeption spiegelt sich auch in der
Vererblichkeit von Anteilen an Kapitalgesellschaften (Aktien,
GmbH-Geschäftsanteile) wider: Solche Anteile sind frei **vererblich**
(§ 15 Abs. 1 GmbHG; MünchKomm/*Leipold,* § 1922 Rn. 55 f.). Im
Todesfall gehen sie also automatisch im Wege der Gesamtrechtsnach-

folge auf den Alleinerben oder ungeteilt auf die Erbengemeinschaft über.

Die Teilung einer **Aktie** ist ausgeschlossen (§ 8 Abs. 5 AktG); die Rechte aus einer Aktie können von der Erbengemeinschaft nur gemeinschaftlich ausgeübt werden (§ 69 Abs. 1 AktG). Auch mehrere Erben eines **GmbH-Anteils** üben ihre Rechte vor der Auseinandersetzung des Nachlasses stets gemeinschaftlich aus (§ 18 Abs. 1 GmbHG); eine Realteilung des Gesellschaftsanteils setzt nach § 46 Nr. 4 GmbHG einen Gesellschafterbeschluss voraus.

IV. Nachfolge in Anteile an Personengesellschaften

Schwieriger liegen die Dinge bei Personengesellschaften (GbR, OHG, KG). Ihnen ist gemeinsam, dass die Gesellschaft gerade auch vom persönlichen Einsatz der Gesellschafter getragen wird und die Gesellschafter den Gläubigern der Gesellschaft grundsätzlich persönlich haften. Die Funktionsfähigkeit der Gesellschaft beruht also in hohem Maße auf der **persönlichen Zusammenarbeit** und dem gegenseitigen Vertrauen der Gesellschafter. Diese Funktionsfähigkeit ist im Falle des Todes eines Gesellschafters in Gefahr. **8**

Eine Ausnahme bildet insoweit nur der **Kommanditist** der KG, der anders als der Komplementär nach Leistung seiner Einlage nicht mehr persönlich haftet (§ 171 HGB). Für die Vererbung eines Kommanditanteils gelten daher eigene Regeln (vgl. Rn. 23).

1. Gesetzliche Ausgangslage

a) Gesellschaft bürgerlichen Rechts (GbR)

Bis zur Handelsrechtsreform von 1998 wurden die GbR, die OHG und KG im Falle des Todes eines Gesellschafters grundsätzlich **aufgelöst**. Dies gilt nunmehr nur noch für die Grundform der Personengesellschaften, die GbR (§ 727). Das Gesetz geht davon aus, dass eine GbR in aller Regel nicht mehr sinnvoll weiter bestehen kann, wenn einer ihrer Gesellschafter durch Tod wegfällt. Die „werbende" BGB-Gesellschaft verwandelt sich mit dem Tod eines Gesellschafters in eine („sterbende") Liquidationsgesellschaft. Für die Zeit der Liquidation nehmen die Erben des verstorbenen Gesellschafters sowohl vermögens- als auch personenrechtlich dessen Stellung ein (§ 727 Abs. 2 S. 1). Der Gesellschaftsanteil fällt ungeteilt in den Nachlass. **9**

Gesellschafter werden also nicht die einzelnen Miterben, sondern die Miterbengemeinschaft als Gesamthandsgemeinschaft.

10   § 727 stellt **dispositives Gesetzesrecht** dar („sofern nicht"). Eine Abweichung von der Vorschrift durch gesellschaftsvertragliche Regelung ist möglich. So können die Gesellschafter bestimmen, dass die Gesellschaft im Falle des Todes eines Gesellschafters unter den übrigen Gesellschaftern fortgeführt wird (**Fortsetzungsklausel**). In diesem Fall scheidet der verstorbene Gesellschafter aus der Gesellschaft aus (§ 736 Abs. 1) und der Gesellschaftsanteil des Erblassers wächst den verbleibenden Gesellschaftern an. Die Erben erhalten einen Abfindungsanspruch gegen die Gesellschaft (§ 738). Auf diese Weise kann durch rechtliche Gestaltung für die GbR die gleiche Rechtslage herbeigeführt werden, wie sie für die OHG und KG kraft Gesetzes maßgebend ist (§§ 131 Abs. 3 Nr. 1, 161 Abs. 2 HGB).

11   Der **Abfindungsanspruch** kann eine erhebliche Belastung für das Gesellschaftsvermögen darstellen, zumal der Gesamtwert eines Unternehmens, etwa aufgrund seiner Marktposition (good will), oft höher ist als die Summe seiner Einzelwerte. Um einen für das Unternehmen nachteiligen Kapitalabfluss zu vermeiden, vereinbaren die Gesellschafter oft die Beschränkung oder den Ausschluss von Abfindungsansprüchen der Erben eines verstorbenen Gesellschafters (Abfindungsklausel). Solche Vertragsklauseln werden im Interesse des Fortbestands der Gesellschaft als grundsätzlich zulässig angesehen (vgl. *BGH* WM 1971, 1338). Umstritten ist allerdings, ob sie ein unentgeltliches Rechtsgeschäft zugunsten der Mitgesellschafter darstellen und mithin einen Pflichtteilsergänzungsanspruch nach § 2325 Abs. 1 auslösen (vgl. Münch-Komm/*Lange,* § 2325 Rn. 33 f.), oder ob wegen der wechselseitigen Begünstigung der Mitgesellschafter Entgeltlichkeit zu bejahen ist (so die h. M., vgl. BGHZ 22, 186, 194 u. *Brox/Walker,* Rn. 781).

b) Persönlich haftende Gesellschafter einer Handelsgesellschaft

12   Der Gesetzgeber hat die unbefriedigenden Ergebnisse, die oft mit der Auflösung einer OHG oder KG nach dem Tod eines Gesellschafters verbunden waren, im Zuge der Handelsrechtsreform von 1998 zum Anlass für eine Neuregelung genommen. Um den Fortbestand vor allem mittelständischer Unternehmen zu sichern, wurde § 131 HGB, der früher wie § 727 beim Tod eines Gesellschafters die Auflösung der Gesellschaft vorsah, geändert. Aus § 131 Abs. 3 Nr. 1 HGB, der für die Gesellschafter einer OHG sowie gemäß § 161 Abs. 2 HGB auch für die Komplementäre einer KG gilt, ergibt sich nunmehr die **Fortsetzung der Gesellschaft** unter den übrigen Gesell-

schaftern als Regelrechtsfolge beim Tod eines persönlich haftenden Gesellschafters. Zugleich wird den Erben über § 105 Abs. 3 HGB i. V. m. § 738 Abs. 1 S. 2 ein Abfindungsanspruch gegen die Gesellschaft zuerkannt. Im Ergebnis gilt für OHG und KG nunmehr kraft Gesetzes, was früher mit einer Fortsetzungsklausel besonders vereinbart werden musste.

2. Rechtliche Gestaltung

Die gesetzliche Regelung des § 131 Abs. 3 Nr. 1 HGB hat sich in **13** der Praxis aus zwei Gründen oft als unbefriedigend erwiesen: Zum einen wird der Zweck der Norm dann verfehlt, wenn hohe Abfindungsansprüche der Erben im Falle fehlender Liquidität den Fortbestand der Gesellschaft gefährden (*K. Schmidt*, NJW 1998, 2161, 2166). Diesem Risiko begegnet die Kautelarjurisprudenz mit sog. Abfindungsklauseln (vgl. Rn. 11). Zum anderen berücksichtigt das Gesetz den naheliegenden Wunsch eines Gesellschafters, einen seiner Abkömmlinge in die Gesellschafterstellung einrücken zu lassen, nur bei einer entsprechenden gesellschaftsvertraglichen Regelung (§ 139 HGB). Um einerseits die Nachfolge in die Gesellschafterstellung zu ermöglichen und andererseits den drohenden Kapitalabfluss zu verhindern, wurden zwei Arten von Vertragsklauseln entwickelt, die Eintrittsklausel und die Nachfolgeklausel: Während die **Eintrittsklausel** (Rn. 14) einem Dritten ein von diesem noch auszuübendes Recht auf Eintritt in die Gesellschaft gibt, hat die **Nachfolgeklausel** (Rn. 15 ff.) das Ziel, eine unmittelbare Nachfolge in den Gesellschaftsanteil des Verstorbenen zu bewirken.

a) Eintrittsklauseln

Eine vertragliche Eintrittsklausel gibt als Rechtsgeschäft unter Le- **14** benden auf den Todesfall einem Dritten das Recht auf Eintritt in die Gesellschaft. Es handelt sich dabei um einen **Vertrag zugunsten Dritter** (§§ 328, 331; vgl. § 14 Rn. 17 ff.). Die begünstigte Person rückt nicht automatisch in die Stellung des Verstorbenen ein, sondern hat nur einen Anspruch gegen die verbleibenden Gesellschafter auf Aufnahme. Die Eintrittsklausel ist als Rechtsgeschäft unter Lebenden **vom Erbrecht unabhängig;** die begünstigte Person kann, muss aber nicht Erbe sein.

> **Beispiel:** A, B und C vereinbaren anlässlich der Gründung einer OHG im
> Gesellschaftsvertrag: „Beim Tod eines Gesellschafters wird die Gesellschaft
> zwischen den verbleibenden Gesellschaftern fortgesetzt. Die Abkömmlinge
> jedes Gesellschafters haben das innerhalb von zwei Monaten nach dem
> Tode des Verstorbenen auszuübende Recht, in die Gesellschaft zu den Be-
> dingungen der Mitgliedschaft des verstorbenen Gesellschafters einzutreten.
> Der Eintritt erfolgt durch Vereinbarung mit den übrigen Gesellschaftern."
> (vgl. *Langenfeld*, Testamentsgestaltung, Rn. 949).

Stirbt A, so wächst sein Gesellschaftsanteil kraft Gesetzes (§§ 105
Abs. 3 HGB i. V. m. 738 Abs. 1 S. 1 BGB) den Gesellschaftern B und
C an. Die Abkömmlinge des A haben das Recht, von B und C den
Abschluss eines Aufnahmevertrags in die Gesellschaft zu verlangen.
Da der Anteil des A zunächst an B und C fällt, entstehen Abfindungsansprüche der Erben aus § 105 Abs. 3 HGB i. V. m. § 738
Abs. 1 S. 2. Andererseits müssen die Eintrittsberechtigten ihre Einlagepflicht erfüllen. Zweckmäßigerweise sollten die Abfindungsansprüche den Eintrittsberechtigten zugewandt werden oder, wenn sichergestellt ist, dass diese ihre Einlagepflicht anderweitig erfüllen
können, im Gesellschaftsvertrag ausgeschlossen werden (Abfindungsklausel; vgl. *Ebenroth*, Rn. 884).

Da der Übergang des Gesellschaftsanteils noch von der Erklärung
der in der Klausel benannten Person abhängt, kann die Eintrittsklausel den Wunsch der Gesellschafter nach einer unmittelbaren Nachfolge in die Mitgliedschaft nicht erfüllen. Sie hat außerdem den
Nachteil, dass der Dritte schon mit Vereinbarung der Klausel ein
Recht auf Aufnahme in die Gesellschaft erwirbt und sich die Gesellschafter daher zu einem sehr frühen Zeitpunkt vertraglich festlegen.

b) Nachfolgeklauseln

15   Die Nachteile der Eintrittsklausel werden vermieden, wenn in den
Gesellschaftsvertrag eine Nachfolgeklausel aufgenommen wird. Die
Nachfolgeklausel hat den Zweck, den Gesellschaftsanteil mit dem
Tod eines Gesellschafters **unmittelbar** auf einen oder mehrere Erben
übergehen zu lassen, ohne die Funktionsfähigkeit der Gesellschaft
auch nur vorübergehend zu beeinträchtigen. Man unterscheidet je
nachdem, wer als Nachfolger vorgesehen ist, folgende Arten von
Nachfolgeklauseln:

(1) Werden *sämtliche Erben* des Gesellschafters durch die Nachfol- **16** geklausel begünstigt, so spricht man von einer **einfachen Nachfolgeklausel.**

> **Beispiel:** A, B und C gründen eine OHG. In den Gesellschaftsvertrag nehmen sie folgende Klausel auf: „Im Falle des Todes eines Gesellschafters wird die Gesellschaft mit seinen Erben fortgesetzt. Mehrere Erben erhalten die Mitgliedschaft des verstorbenen Gesellschafters zu Teilen, die ihren Erbteilen entsprechen" (vgl. *Langenfeld*, Rn. 928).

Die Gesellschafter haben somit eine „abweichende vertragliche Regelung" i. S. d. § 131 Abs. 3 HGB getroffen. Stirbt ein Gesellschafter, so geht sein Anteil mit unmittelbarer Wirkung auf den oder die Erben über. Umstritten ist, ob sich dieser einseitig vom Gesellschafter bestimmte unmittelbare Erwerb nach Maßgabe des Gesellschaftsrechts oder Erbrechts vollzieht.

Die **gesellschaftsrechtliche Lösung** geht davon aus, dass die Mit- **17** gliedschaft allein aufgrund der Regelung des Gesellschaftsvertrags, also eines Rechtsgeschäfts unter Lebenden auf den Todesfall, auf den oder die Erben übergeht (*Lange/Kuchinke*, § 5 VI A 4). Der Gesellschaftsvertrag stellt nach dieser Ansicht einen verfügenden Vertrag zugunsten Dritter dar. Die herrschende **erbrechtliche Lösung** nimmt demgegenüber einen Erwerb aufgrund einer Verfügung von Todes wegen an (BGHZ 68, 225, 229; *K. Schmidt*, Gesellschaftsrecht, 4. Aufl., 2002, S. 1341 f.). Durch die Nachfolgeklausel wird die nach § 131 Abs. 3 Nr. 1 HGB unvererbliche Mitgliedschaft vererblich gestellt. Der Erwerb selbst erfolgt erbrechtlich. Für diese Lösung spricht, dass das gesellschaftsrechtliche Denkmodell auf nicht zu beseitigende dogmatische Schwierigkeiten stößt: Schon die Annahme eines *verfügenden* Vertrags zugunsten Dritter lässt sich mit der Konstruktion der §§ 328 ff. als schuldrechtliches Rechtsgeschäft und ihrer systematischen Stellung schwerlich in Einklang bringen. Entscheidend dürfte aber sein, dass die Mitgliedschaft dem Erwerber nicht nur Rechte, sondern auch Pflichten (insbesondere die persönliche Haftung nach § 128 HGB) bringt, so dass in der Vertragsklausel ein mit dem Grundsatz der Privatautonomie unvereinbarer Vertrag zu Lasten Dritter gesehen werden müsste (vgl. BGHZ 68, 225, 231).

Nach der zutreffenden erbrechtlichen Lösung setzt sich also das Erbrecht gegenüber dem Gesellschaftsrecht bei der Frage des Übergangs des Gesellschaftsanteils durch. Das bedeutet, dass Gesellschaftsvertrag und erbrechtliche Nachfolgeregelung insoweit harmonieren müssen, als nur derjenige von einer Nachfolgeklausel profitieren kann, der auch Erbe wird.

18   Wird der verstorbene Gesellschafter von **mehreren Erben** beerbt, so ergeben sich allerdings Schwierigkeiten, weil nach den Grundsätzen der Universalsukzession an sich die Erbengemeinschaft Gesellschafterin werden müsste. Gegen die Stellung der Erbengemeinschaft als Gesellschafterin sprechen aber organisations- und haftungsrechtliche Bedenken: Die Erbengemeinschaft ist eine lose Personenverbindung, die auf die eigene Auflösung gerichtet ist. Sie bietet deshalb nicht die Festigkeit, die Gesellschaftsgläubiger im Handelsverkehr von einer Gesellschaft erwarten. Auch die Möglichkeit der Haftungsbeschränkung auf den Nachlass (§ 2059) ist nicht mit der unbegrenzten persönlichen Haftung des § 128 HGB zu vereinbaren. Schließlich scheint das Gesetz selbst in § 139 HGB davon auszugehen, dass jeder Miterbe für sich Mitglied der Gesellschaft wird. Nach völlig h. A. ist deshalb davon auszugehen, dass die Mitgliedschaft nicht ungeteilt auf die Erben als Erbengemeinschaft übergeht. Vielmehr erwirbt jeder Miterbe die Mitgliedschaft *unmittelbar geteilt* in Höhe seiner Erbquote im Wege der **Sonderrechtsnachfolge** (BGHZ 22, 186, 192 f.; 98, 48, 50 f.; *K. Schmidt*, Gesellschaftsrecht, 4. Aufl., 2002, S. 1339 ff.). Dieser Singularsukzession wird man bereits den Rang von Gewohnheitsrecht zuerkennen müssen (*Wiedemann*, JZ 1977, 689, 691).

19   Dass der Erbe den Gesellschaftsanteil ohne sein Zutun und ohne Rücksicht auf seinen Willen erwirbt, ist für ihn nicht ungefährlich. Möchte er (z. B. wegen der wirtschaftlichen Situation der Gesellschaft oder wegen des Risikos der persönlichen Haftung nach §§ 130, 128 HGB) nicht Gesellschafter werden, so kann er die Erbschaft insgesamt **ausschlagen** (§ 1953). Das Gesetz erlaubt aber auch einen Mittelweg: Der Erbe kann die Erbschaft annehmen und in die Handelsgesellschaft als Kommanditist einrücken (§ 139 HGB). Nach § 139 Abs. 1 HGB kann jeder Nachfolger einzeln („jeder Erbe") innerhalb einer Dreimonatsfrist nach Kenntniserlangung vom Anfall der Erbschaft (§ 139 Abs. 3 S. 1 HGB) verlangen, dass sein Gesellschaftsanteil in eine **Kommanditbeteiligung** umgewandelt wird, so dass er nicht mehr persönlich haftet (§ 171 Abs. 1 Hs. 2 HGB). Lehnen die übrigen Gesellschafter das ab, so hat er ein sofortiges Kündigungsrecht (§ 139 Abs. 2 HGB).

20   (2) Um die Aufteilung des Gesellschaftsanteils auf eine zu große Zahl von Erben zu vermeiden, geht die **qualifizierte erbrechtliche Nachfolgeklausel** noch einen Schritt weiter als die einfache erbrechtliche Nachfolgeklausel und bestimmt, dass die Gesellschaft nur mit *bestimmten* Erben bzw. nur mit *einem* Erben fortgesetzt werden soll.

Beispiel: A, B und C vereinbaren anlässlich der Gründung einer OHG: „Beim Tod eines Gesellschafters wird die Gesellschaft nur mit dem ältesten Abkömmling des verstorbenen Gesellschafters fortgesetzt, soweit dieser Erbe wird. Andere Erben werden nicht Gesellschafter." A wird von seiner Ehefrau F und seinen Töchtern X und Y, von denen X die ältere ist, beerbt.

Aufgrund der gesellschaftsvertraglichen Regelung kann nur X in die Gesellschafterstellung nachrücken. Der Gesellschaftsvertrag stellt die Mitgliedschaft nur für bestimmte Personen vererblich i. S. v. § 1922 Abs. 1. Er bildet also – bildlich gesprochen – den „Rahmen", innerhalb dessen der Erblasser verfügen darf (erbrechtliche Lösung, vgl. Rn. 17). X als Nachfolgerin des A erhält gleichwohl, wie der BGH in einer Grundsatzentscheidung (BGHZ 68, 225) klargestellt hat, nicht bloß einen Anteil in Höhe ihrer Erbquote von $^{1}/_{4}$, sondern unmittelbar den gesamten Gesellschaftsanteil (sog. **unmittelbare Vollnachfolge;** anders noch BGHZ 22, 186, 193 f.). Mit dieser Modifikation der erbrechtlichen Regeln wird dem Willen des Unternehmer-Erblassers, eine bestimmte Person unmittelbar in seine gesamte Stellung nachrücken zu lassen, Rechnung getragen. Im Beispielsfall wird also X mit dem Tod ihres Vaters A unmittelbar Inhaberin von dessen gesamtem Gesellschaftsanteil.

Der ererbte Gesellschaftsanteil ist Nachlassbestandteil (*BGH* NJW 1996, 1284). Daraus folgt, dass ein Miterbe, der allein in die Gesellschaftsbeteiligung nachfolgt, sich bei der Auseinandersetzung der Erbengemeinschaft den Wert des Gesellschaftsanteils auf seine Erbquote **anrechnen** lassen muss. Übersteigt der Gesellschaftsanteil wertmäßig das, was dem Nachfolger aufgrund seiner Erbquote zusteht, so ist er nach Treu und Glauben (§ 242) verpflichtet, den anderen Miterben einen Ausgleich zu zahlen (BGHZ 22, 186, 196 f.).

Hätte im Beispielsfall die Beteiligung des A einen Wert von 80 000 € und betrüge der Wert des sonstigen Nachlasses 40 000 €, so wäre X, die nach der gesetzlichen Erbfolge zu $^{1}/_{4}$ erbberechtigt ist, am Gesamtnachlass mit 30 000 € zu beteiligen. Der Wert des Gesellschaftsanteils würde diesen Betrag aber um 50 000 € übersteigen. In dieser Höhe müsste X ihren Miterben F und Y bei der Auseinandersetzung einen Ausgleich zahlen.

Der Erblasser kann die Ausgleichungspflicht vermeiden, indem er seinem Nachfolger den Mehrwert der Gesellschaftsbeteiligung als **Vorausvermächtnis** (§ 2150) zuwendet (*Langenfeld*, Rn. 936).

21   (3) Wird die in der Nachfolgeklausel genannte Person *nicht Erbe,*
so geht die Nachfolgeklausel ins Leere. Dies ist die notwendige Konsequenz der h. A., nach der sich die Nachfolge in den Gesellschaftsanteil nach Erbrecht vollzieht (vgl. Rn. 17). Wird dennoch ein auto-
matischer Übergang des Gesellschaftsanteils gewünscht, so kann
dieses Ziel dadurch erreicht werden, dass der Gesellschafter im Gesellschaftsvertrag den Gesellschaftsanteil gemäß §§ 413, 398 abtritt
(sog. **rechtsgeschäftliche Nachfolgeklausel**). In diesem Fall erwirbt
der Nachfolger die Beteiligung nicht kraft Erbrechts, sondern aufgrund Rechtsgeschäfts unter Lebenden. Wegen des Verbots eines
Vertrags zu Lasten Dritter ist dann aber erforderlich, dass der Nachfolger selbst am Rechtsgeschäft mitwirkt (BGHZ 68, 225, 234;
MünchKomm/*Ulmer/Schäfer,* § 727 Rn. 51).

> **Beispiel:** A, der zusammen mit B und C eine OHG betreibt, möchte seine
> Kinder zwar als Erben einsetzen, zweifelt aber an ihrem wirtschaftlichen
> Sachverstand. Deshalb soll seine Nichte N in die Gesellschafterstellung
> nachrücken. In den Gesellschaftsvertrag wird folgende Klausel aufgenom-
> men: „Beim Tod des Gesellschafters A geht dessen Mitgliedschaft auf N,
> die Nichte des A, kraft Rechtsgeschäfts unter Lebenden über."

Da N nicht Erbin wird, bliebe eine qualifizierte Nachfolgeklausel
zu ihren Gunsten ohne Erfolg. N muss daher am Abschluss des Gesellschaftsvertrags beteiligt werden. Die Klausel ist dann als eine
durch den Tod des A aufschiebend bedingte Anteilsübertragung zu
verstehen (§§ 413, 398, 158 Abs. 1). Probleme mit § 2301 entstehen
nicht, da in der bedingten Übertragung ein lebzeitiger Vollzug i. S. d.
§ 2301 Abs. 2 liegt (vgl. § 14 Rn. 11). Ist das Kausalgeschäft für die
Anteilsübertragung eine Schenkung zugunsten der N, kommt für
die Erben A und B bei geringem Nachlass ein Pflichtteilsergänzungsanspruch nach § 2326 in Betracht (vgl. § 20 Rn. 34).

22   Der Nachteil einer rechtsgeschäftlichen Nachfolgeklausel besteht
aber – wie bei der Eintrittsklausel – darin, dass schon mit Vereinbarung der Klausel eine Bindung der Gesellschafter eintritt. Nach
BGHZ 68, 225, 233 f. sind deshalb gesellschaftsvertragliche Nachfolgeklauseln im Zweifel auch nicht als rechtsgeschäftliche, sondern als
erbrechtliche Nachfolgeklauseln auszulegen. Geht eine erbrechtliche
Nachfolgeklausel ins Leere, weil Gesellschaftsvertrag und Verfügung
von Todes wegen nicht aufeinander abgestimmt sind und somit der in
der Klausel Benannte nicht Erbe wird, so kommt im Wege der **ergän-**

zenden Vertragsauslegung die Annahme einer Eintrittsklausel in Betracht (*BGH* NJW 1978, 264).

> **Beispiel:** Der Gesellschaftsvertrag der A-B-C OHG enthält eine qualifizierte Nachfolgeklausel zugunsten des ältesten Abkömmlings des verstorbenen Gesellschafters. A errichtet ein Testament, in dem er seine älteste Tochter X enterbt und seine Ehefrau F zur Alleinerbin einsetzt.

Da der Gesellschaftsvertrag ein Nachrücken der F in die Gesellschafterstellung nicht zulässt, die nachfolgeberechtigte X aber nicht Erbin geworden ist, geht die Nachfolgeklausel ins Leere. Es ist aber anzunehmen, dass die Gesellschafter der X ein Eintrittsrecht für den Fall eingeräumt hätten, dass eine unmittelbare Nachfolge scheitern sollte (hypothetischer Parteiwille). Die ergänzende Vertragsauslegung ergibt somit, dass neben der erbrechtlichen Nachfolgeklausel eine Eintrittsklausel vereinbart wurde.

V. Nachfolge in einen Kommanditanteil

Der Kommanditist haftet nach Leistung seiner Einlage nicht mehr **23** persönlich (§ 171 Abs. 1 HGB). Seine Stellung ist deshalb eher mit der eines Gesellschafters einer Kapitalgesellschaft zu vergleichen. Daher sieht die Sonderregelung des § 177 HGB ähnlich wie § 15 Abs. 1 GmbHG grundsätzlich die Fortsetzung der Gesellschaft mit den Erben vor. Der Kommanditanteil ist also frei **vererblich**. Nach h. M. gelten auch hier die Grundsätze der Sonderrechtsnachfolge: Die Erben rücken nicht als Erbengemeinschaft, sondern unmittelbar geteilt mit dem ihnen jeweils nach ihrer Erbquote zustehenden Anteil in die Mitgliedschaft des Kommanditisten nach (BGHZ 58, 316, 317; *Brox/Walker,* Rn. 795).

§ 25. Erbschaftsteuerrecht

Literatur: *Moench,* Zehn gut gemeinte Ratschläge zum Umgang mit der Erbschaft- und Schenkungssteuer in der „Otto-Normal-Familie", ZEV 2013, 21.

I. Einführung

1   Erbschaftsteuerrecht ist zwar kein Prüfungsstoff im Staatsexamen, aber im rechtsgestaltenden Bereich von erheblicher Praxisrelevanz. So muss ein Anwalt, der für seinen Mandanten ein Testament entwirft, immer auch die steuerrechtlichen Konsequenzen mitbedenken.

> **Beispiel:** Der vermögende E bittet seinen Anwalt, für ihn ein Testament zu entwerfen. E möchte, dass zunächst sein Bruder B das Anwesen erhält. Nach dem Tod des B soll es dessen Sohn N bekommen.

Nahe liegend wäre es, den B als Vor- und den N als Nacherben einzusetzen. Gemäß § 6 ErbStG gelten sowohl der Erbanfall beim Vorerben als auch der beim Nacherben als steuerpflichtiger Erwerb. Für das gleiche Vermögen fallen somit zweimal Erbschaftsteuern an. Als steuergünstigere Variante sollte der Anwalt deshalb eine ausschließliche Erbeinsetzung des N bei gleichzeitiger Bestellung eines Nießbrauchs zugunsten des B (Nießbrauchsvermächtnis) in Betracht ziehen.

2   Fallgestaltungen im Steuerrecht sind üblicherweise in zwei Schritten zu würdigen: Zunächst ist zu prüfen, ob ein Vorgang steuerrechtlich überhaupt relevant ist (Besteuerung dem Grunde nach). Danach ist festzustellen, wie hoch die Steuer für den steuerpflichtigen Vorgang ist (Besteuerung der Höhe nach).

II. Steuerpflicht – Besteuerung dem Grunde nach

3   Die Besteuerung dem Grunde nach ist in den §§ 1–9 ErbStG geregelt. Der Erbschaft- bzw. Schenkungsteuer nach § 1 ErbStG unterliegen nicht nur der Erwerb von Todes wegen, sondern auch Schenkun-

gen unter Lebenden. Als Erwerb von Todes wegen gilt nach § 3
ErbStG neben dem Erwerb durch Erbanfall (§ 1922) auch der durch
Vermächtnis (§§ 2147 ff.), Schenkung auf den Todesfall (§ 2301) und
aufgrund eines geltend gemachten Pflichtteilsanspruches (§ 2303 ff.).
Ziel des § 3 ErbStG ist es, alle Bereicherungen, die im Zusammenhang mit einem Erbfall stehen, zu erfassen. Ähnlich weit definiert
deshalb auch § 7 ErbStG den Begriff der „Schenkung unter Lebenden".

Gemäß § 14 Abs. 1 ErbStG werden mehrere innerhalb von zehn   4
Jahren derselben Person anfallende Vermögensvorteile für die Besteuerung zusammengerechnet – ohne Rücksicht darauf, ob es sich
um Schenkungen unter Lebenden oder einen Erwerb von Todes wegen handelt. Die landläufige Vorstellung, Erbschaftsteuer dadurch
vermeiden zu können, dass kurz vor dem Tod Vermögen verschenkt
wird, anstatt es zu vererben, ist also unrichtig. Steuern lassen sich
durch Schenkungen unter Lebenden nur sparen, wenn der Erbfall
erst zehn Jahre später eintritt und damit die Freibeträge (Rn. 7) neu
angesetzt werden können.

III. Wertermittlung und Berechnung der Steuer – Besteuerung der Höhe nach

Um die anfallende Erbschaftsteuer zu berechnen, müssen der Wert   5
des steuerpflichtigen Erwerbs sowie der Steuersatz festgestellt werden. Als steuerpflichtiger Erwerb gilt die Bereicherung des Erwerbers, soweit sie nicht steuerfrei bleibt (§ 10 ErbStG).

In §§ 13–13c ErbStG sind eine Vielzahl **sachlicher Steuerbefrei-**   6
ungstatbestände geregelt. Danach müssen etwa der überlebende
Ehegatte oder eingetragene Lebenspartner sowie Kinder des Erblassers auf ein ererbtes Familienheim (Kinder nur bis zu einer Wohnflä-
che von 200 qm) keine Erbschaftsteuer zahlen, soweit der Erwerber
dieses mindestens weitere zehn Jahre bewohnt oder aus zwingenden
Gründen daran gehindert ist (§ 13 Abs. 1 Nr. 4b und c ErbStG).
Steuerfrei ist darüber hinaus gem. § 5 Abs. 2 ErbStG auch die Forderung auf Zugewinnausgleich eines Ehegatten oder eingetragenen Lebenspartners nach § 1371 Abs. 2 BGB. Dabei wird der Ehegatte bzw.
eingetragene Lebenspartner in Höhe des hypothetisch auszugleichen-
den Zugewinns nach § 5 Abs. 1 ErbStG von der Erbschaftssteuer so-

gar dann befreit, wenn ein rechnerischer Zugewinnausgleich gar nicht durchgeführt wird, sondern sich seine Stellung allein nach erbrechtlichen Bestimmungen (vgl. insbes. § 1371 Abs. 1 BGB) richtet. Ebenfalls privilegiert wird Betriebsvermögen, wobei der Erbe wählen kann, ob bei einer Fortführung des ererbten Betriebs (unter Erhaltung der Arbeitsplätze) für die Dauer von fünf Jahren 85% des übertragenen Betriebsvermögens oder bei einer Fortführung von sieben Jahren 100% verschont werden (§§ 13a, 13b ErbStG). Werden die Behaltensfristen nicht erreicht oder – bei Betrieben mit mehr als 20 Beschäftigten – Arbeitsplätze (gemessen an der Lohnsumme) abgebaut, wird die Steuerbefreiung anteilig reduziert.

7   §§ 16, 17 ErbStG regeln daneben die **persönliche Steuerbefreiung**, deren Höhe von dem familiären Näheverhältnis zwischen Erblasser und Begünstigtem abhängt. So steht dem überlebenden Ehegatten sowie dem eingetragenen Lebenspartner nach § 16 ErbStG ein Freibetrag von 500 000 € und den Kindern ein solcher von 400 000 € zu. § 17 ErbStG bestimmt darüber hinaus, dass Ehegatte, eingetragener Lebenspartner und Kinder, die bisher vom Erblasser versorgt wurden, einen zusätzlichen Versorgungsfreibetrag erhalten.

8   Für die Bewertung des Vermögens ist nach dem **Stichtagsprinzip** der §§ 11, 9 ErbStG grundsätzlich der Zeitpunkt des Todes des Erblassers maßgebend. Bei börsennotierten Wertpapieren kommt es deshalb beispielsweise auf den Kurs am Todestag an. Für die Bewertung des Nachlasses im Einzelnen verweist § 12 Abs. 1 ErbStG auf das Bewertungsgesetz (BewG). Danach sind sämtliche Nachlassgegenstände mit ihrem gemeinen Wert anzusetzen, also dem Wert, der im gewöhnlichen Geschäftsverkehr bei einer Veräußerung zu erzielen wäre, vgl. § 9 BewG. Früher geltende Begünstigungen für einzelne Vermögensgegenstände auf Bewertungsebene (v. a. der weit unter dem Verkehrswert liegende „Einheitswert", der für Grundstücke anzusetzen war) wurden nach einer Intervention des BVerfG (BVerfGE 93, 121; *BVerfG* NJW 2007, 573 m. Anm. *Meincke)* mit Wirkung zum 1.1.2009 beseitigt. Das Erbschaftsteuergesetz privilegiert seither nur noch durch offen ausgewiesene Befreiungstatbestände (Rn. 6). Die Kritik an den Regelungen des Erbschaftsteuergesetzes hält jedoch weiterhin an. Im Jahr 2012 legte der Bundesfinanzhof die Gesamtkonzeption des ErbStG erneut dem Bundesverfassungsgericht zur Prüfung vor. Nach Auffassung des Gerichts erfüllt das ErbStG nicht die Anforderungen an eine gleichmäßige Besteuerung jeden Vermögens im Schenkungs- bzw. Erbfall (ZEV 2012, 599).

Mit welchem Prozentsatz der steuerpflichtige Erwerb im Einzel- 9
nen zu versteuern ist, regelt § 19 ErbStG. Der **Steuersatz** hängt von
der Steuerklasse ab, der der Steuerpflichtige angehört. § 15 ErbStG
unterscheidet nach dem familiären Näheverhältnis zwischen Erblasser und Erben **drei Steuerklassen:** Nahe Angehörige zahlen einen geringeren Steuersatz als entferntere oder familienfremde Erben.

Erbschaftsteuer nach §§ 15, 19 ErbStG 10

	Vomhundertsatz in der Steuerklasse		
Wert des steuerpflichtigen Erwerbs (§ 10) bis einschließlich ... €	I Ehegatte und Lebenspartner; Kinder und Stiefkinder; Abkömmlinge der Kinder und Stiefkinder; Eltern und Voreltern	II Geschwister und deren Akömmlinge 1. Grades; Stiefeltern; Schwiegerkinder; Schwiegereltern; früherer Ehegatte und Lebenspartner	III alle übrigen Erwerber und Zweckzuwendungen
75 000	7	15	30
300 000	11	20	30
600 000	15	25	30
6 000 000	19	30	30
13 000 000	23	35	50
26 000 000	27	40	50
darüber	30	43	50

Anhang

Fall Nr. 1

Schwerpunkte: Rechtsgeschäfte unter Lebenden auf den Todesfall – Verhältnis von § 2301 zu § 331 – Erwerb einer Sparbuchforderung

> Die 80-jährige E legt auf den Namen ihrer Nichte N ein Sparbuch über 10 000 € an und vereinbart mit der Bank formularmäßig, dass das auf dem Sparbuch vorhandene Guthaben im Falle ihres Ablebens an N ausbezahlt werden soll. In den folgenden Jahren nimmt E noch mehrere Einzahlungen und Abhebungen vor, so dass sich auf dem Sparbuch bei ihrem Tod 12 500 € befinden. Vereinbarungsgemäß verständigt die Bank nach dem Tod der E die N, die bisher von der Existenz des Sparbuchs nichts wusste. Hoch erfreut geht N daraufhin zu S, dem einzigen Sohn und Alleinerben der E, und verlangt das Sparbuch heraus. S ist jedoch zur Herausgabe nicht bereit. Wie ist die Rechtslage?

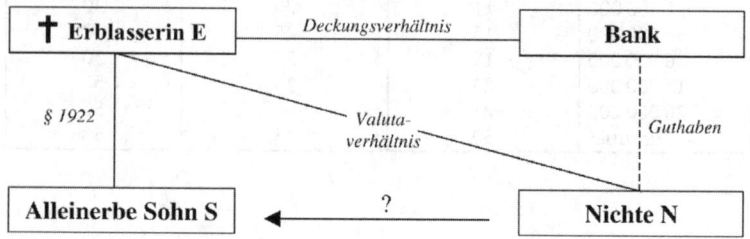

Anspruch der N gegen S auf Herausgabe des Sparbuchs aus § 985

1. Bereits mit dem Tod der E ist S Erbenbesitzer des Sparbuchs gemäß § 857 geworden. Durch die Erlangung der tatsächlichen Gewalt wandelt sich der Erbenbesitz in Besitz nach § 854 Abs. 1 um. Für den Anspruch aus § 985 reicht es aus, wenn der Anspruchsgegner Erbenbesitzer nach § 857 ist.

2. N müsste Eigentümerin des Sparbuchs sein. Da das Sparbuch eine Schuldurkunde i. S. v. § 808 ist, richtet sich die Eigentümerstel-

lung am Sparbuch gemäß § 952 danach, wer Inhaber der Forderung ist („Das Recht am Papier folgt dem Recht aus dem Papier"). Zu prüfen ist deshalb, ob N Gläubigerin der Forderung aus §§ 700, 488 gegen die Bank ist.

a) N könnte bereits *mit Anlegung des Sparbuchs* Gläubigerin der jeweils durch das Sparbuch ausgewiesenen Forderung geworden sein, wenn E mit der Bank gemäß § 328 einen (echten) Vertrag zugunsten der N geschlossen hätte. Dafür spricht, dass E das Sparbuch auf den Namen der N angelegt hat. Allerdings ist der im Sparbuch Benannte nicht notwendigerweise auch Gläubiger der Forderung. Entscheidend ist vielmehr, wer nach dem Willen des Einzahlenden Inhaber der Forderung sein soll (ganz h. M., vgl. Staudinger/*Gursky*, § 952 Rn. 12 m. w. N.). E hatte der N von der Existenz des Sparbuchs nichts erzählt, vielmehr zu Lebzeiten selbst Einzahlungen und Abhebungen vorgenommen. Beides spricht dafür, dass E zu Lebzeiten Inhaberin der Forderung bleiben wollte (vgl. BGHZ 46, 198, 203; *BGH* NJW 2005, 980).

b) N könnte allerdings *mit dem Tod der E* Inhaberin der Forderung geworden sein, wenn der zwischen der Bank und E abgeschlossene Vertrag einen Vertrag zugunsten Dritter auf den Todesfall gemäß §§ 328, 331 darstellen würde. Gegen die Anwendbarkeit von § 331 Abs. 1 bestehen im vorliegenden Fall keine Bedenken (vgl. *BGH* NJW 1984, 480, 481). Zweifelhaft könnte allenfalls sein, ob der zwischen der Bank und E abgeschlossene Vertrag den gesetzlichen Formvorschriften genügt. Da indessen im Deckungsverhältnis zwischen der Bank und E weder ein Schenkungsversprechen unter Lebenden noch ein solches auf den Todesfall vorliegt, finden insoweit auch weder § 518 noch § 2301 Abs. 1 oder 2 Anwendung. Es bleibt also dabei, dass N mit dem Tod der E Inhaberin der Forderung und damit Eigentümerin des Sparbuchs geworden ist.

3. Ein Recht zum Besitz gemäß § 986 steht dem S nicht zu. S könnte aber möglicherweise gegen den Herausgabeanspruch der N die Einrede der ungerechtfertigten Bereicherung aus §§ 812 Abs. 1 S. 1, 821 erheben. Dies wäre der Fall, wenn N das Eigentum am Sparbuch ohne Rechtsgrund erlangt hätte. Rechtsgrund für das Behaltendürfen des Sparbuchs (Valutaverhältnis zwischen E und N, später S und N) könnte ein Schenkungsvertrag zwischen E und N sein.

a) Zu Lebzeiten der E ist ein solcher Schenkungsvertrag nicht zustande gekommen, da es bereits am Zugang eines entsprechenden Angebots der E gegenüber N fehlt.

Der Schenkungsvertrag könnte aber nach dem Tod der E wirksam zustande gekommen sein: Indem E der Bank mitteilte, das Sparbuch solle nach ihrem Tod der N gehören, hat E gleichzeitig und konkludent ein entsprechendes Angebot zum Abschluss eines Schenkungsvertrags abgegeben. Dieses Angebot hat die Bank als Erklärungsbotin an N weitergeleitet. Dass E zu diesem Zeitpunkt bereits tot war, spielt für die Wirksamkeit der Willenserklärung wegen §§ 130 Abs. 2, 153 keine Rolle. Auf den Zugang der Annahmeerklärung der N kann gemäß § 151 verzichtet werden, allerdings nicht auf die Abgabe der Annahmeerklärung selbst. Dies ist spätestens im Herausgabeverlangen zu sehen.

b) Der Schenkungsvertrag könnte jedoch nach §§ 125, 518 Abs. 1 nichtig sein, weil er nicht der notariellen Form genügt. Mit dem Tod der E ist N aber gemäß § 331 Inhaberin der Forderung geworden, so dass der Mangel der Form nach § 518 Abs. 2 geheilt wurde.

c) Eine Unwirksamkeit des Vertrages könnte sich schließlich noch aus § 2301 Abs. 1 ergeben, weil die erbrechtlichen Formvorschriften für letztwillige Verfügungen nicht beachtet wurden. Ob jedoch § 2301 überhaupt im Valutaverhältnis anwendbar ist, ist umstritten.

Nach einer Mindermeinung ist § 2301 auch bei Verträgen zugunsten Dritter auf den Todesfall anwendbar, da der Erblasser ansonsten ohne lebzeitiges Opfer und formfrei erhebliche Vermögenswerte am Nachlass vorbeisteuern könnte. Da E zu Lebzeiten noch kein Vermögensopfer erbracht hat, die Schenkung somit zu Lebzeiten nicht vollzogen wurde, soll nach dieser Ansicht im vorliegenden Fall nicht § 2301 Abs. 2 sondern § 2301 Abs. 1 zur Anwendung kommen, so dass eine Heilung des Formmangels ausscheide. S könnte nach dieser Ansicht die Herausgabe des Sparbuchs verweigern.

Nach ständiger Rechtsprechung und h. L. findet § 2301 jedoch bei Verträgen zugunsten Dritter auf den Todesfall keine Anwendung (vgl. § 14 Rn. 21). Der Gesetzgeber hat die §§ 330, 331 ohne Hinweis auf erbrechtliche Vorschriften geschaffen und somit den Vertrag zugunsten Dritter als reines Rechtsgeschäft unter Lebenden ausgestaltet.

Die Wirksamkeit des Schenkungsvertrags richtet sich demnach allein nach § 518 und nicht nach § 2301. Da der Formmangel des Schenkungsvertrags nach § 518 Abs. 2 geheilt wurde, kann S somit keine Einrede gegen den Herausgabeanspruch erheben.

Ergebnis: N kann das Sparbuch nach § 985 von S herausverlangen.

Fall Nr. 2

Schwerpunkte: Erbschaftsanspruch – Dingliche Surrogation – Haftung des Erbschaftsbesitzers – Erbschein

Als die verwitwete E am 10. 5 2013 stirbt, findet sich in ihrem Schreibtisch ein von ihr handschriftlich verfasstes und eigenhändig unterschriebenes Schriftstück mit folgendem Inhalt:

Nach meinem Tod soll meine liebe Schwester S alles bekommen, was mir gehört. Bad Homburg, 3.3.1995 Unterschrift E

Die hocherfreute S nimmt daraufhin die Erbschaft in Besitz. Einige Tage später zeigt sie ihrer Freundin X den geerbten Schmuck. X ist von einer Kette so begeistert, dass sie diese der S sofort für 5000 € abkauft. Den Kaufpreis überweist X auf ein Konto der S bereits am nächsten Tag. Nachdem S einen Erbschein erhalten hat, der sie als Alleinerbin ausweist, veräußert sie zudem das Auto der E, das einen Wert von 13 000 € hat, für 10 000 € gegen Barzahlung an X, der bekannt ist, dass das Auto zum Nachlass der E gehört. Zuvor hatte S jedoch für 1000 € Reparaturen ausführen lassen.

A, der einzige Sohn der E, entsinnt sich nun eines handgeschriebenen Briefes, den ihm seine Mutter kurz nach dem Tod ihres Mannes geschickt hatte und der folgenden Inhalt hat:

Mein lieber A! Dir soll alles zustehen, wenn ich mal nicht mehr bin. Deine Mutter Westerland, den 29.7.2007

Welche Ansprüche hat A gegen S und X bezüglich der Kette und des Autos?

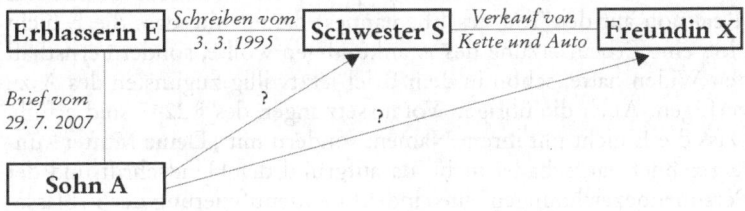

A. Ansprüche des A gegen die X auf Herausgabe der Kette

I. Aus §§ 2018, 2030

Ein Herausgabeanspruch könnte sich aus §§ 2018, 2030 ergeben, wenn nicht S, sondern A Erbe der E geworden wäre. Ob A Erbe geworden ist, braucht jedoch an dieser Stelle nicht entschieden zu werden, weil X auf keinen Fall Erbschaftsbesitzerin ist. Sie berühmt sich weder eines Erbrechts (§ 2018) noch hat sie von S die Erbschaft erworben (§ 2030). Ein Anspruch aus §§ 2018, 2030 scheidet daher aus.

II. Aus § 985

1. A müsste Eigentümer der Kette sein.

a) Das ursprünglich der E zustehende Eigentum an der Kette wäre im Wege der Universalsukzession (§ 1922) auf A übergegangen, wenn A Alleinerbe der E geworden wäre. Zu klären ist also die Erbfolge nach E. Durch das Schreiben der E vom 3.3.1995 wurde die S formwirksam (§ 2247) zur Alleinerbin eingesetzt (§ 1937). In dem Brief vom 29.7.2007 könnte jedoch ein Widerruf dieser Erbeinsetzung durch eine widersprechende spätere Verfügung liegen (§ 2258 Abs. 1). Dann müsste der an A gerichtete Brief ein Testament in der Form des § 2247 darstellen. Grundsätzlich kann auch in einem Brief ein Testament enthalten sein. Ob die E tatsächlich eine letztwillige Verfügung treffen wollte, d. h. mit dem erforderlichen Testierwillen gehandelt hat, ist anhand der Auslegungsregel des § 133 zu ermitteln. Hier deuten die klare Formulierung und die Umstände des Briefes (Reaktion auf den Tod des Ehemannes) darauf hin, dass die E nicht bloß eine Erbeinsetzung des A ankündigen wollte, sondern ernsthaft den Willen hatte, schon in dem Brief letztwillig zugunsten des A zu verfügen. Auch die übrigen Voraussetzungen des § 2247 sind erfüllt. Dass die E nicht mit ihrem Namen, sondern mit „Deine Mutter" unterzeichnet hat, schadet nicht, da aufgrund der Handschrift und der Personenbezeichnungen eine eindeutige Identifizierung der Erblasserin möglich ist (§ 2247 Abs. 3 S. 2). A ist somit Erbe der E und Eigentümer der Kette geworden.

b) A könnte allerdings sein Eigentum durch den Übereignungsvorgang zwischen S und X verloren haben. S war Nichtberechtigte, so dass nur ein gutgläubiger Erwerb der X nach §§ 929 S. 1, 932 in Betracht kommt. Die Voraussetzungen der §§ 929 S. 1, 932 sind erfüllt. Dem Eigentumserwerb könnte aber § 935 entgegenstehen, wenn die Kette dem A abhanden gekommen ist. Abhandenkommen bedeutet unfreiwilligen Verlust des unmittelbaren Besitzes. Mit dem Erbfall wurde A fiktiver unmittelbarer Besitzer der Kette (§ 857). Dieser Besitz wurde ihm aufgrund der Weggabe der Kette durch S entzogen. Zweck des § 857 i. V. m. § 935 ist es gerade, den Erben vor einem gutgläubigen Eigentumserwerb durch Dritte zu schützen (Münch-Komm/*Joost*, § 857 Rn. 1). A ist also Eigentümer geblieben.

2. X ist Besitzerin der Kette. Sie hat kein Besitzrecht i. S. d. § 986.

Ergebnis: A hat gegen X einen Anspruch aus § 985.

III. Aus § 1007

Ein Anspruch aus § 1007 Abs. 1 kommt nicht in Betracht, weil X beim Erwerb des Besitzes in gutem Glauben war (vgl. § 932 Abs. 2). A hat jedoch einen Anspruch aus § 1007 Abs. 2 S. 1, weil ihm die Kette abhanden gekommen ist und X kein Eigentum erworben hat.

IV. Aus § 861 Abs. 1

Ein Herausgabeanspruch aus § 861 Abs. 1 ist nicht gegeben. Zwar reicht der Schutz des fiktiven Erbenbesitzes nach § 857 so weit, dass in der Weggabe der Kette eine verbotene Eigenmacht der S liegt. Die X wusste jedoch nichts von dieser verbotenen Eigenmacht und war daher als Rechtsnachfolgerin im Besitz gutgläubig i. S. d. § 858 Abs. 2 S. 2. Da der Besitz für A im Zeitpunkt der Inbesitznahme durch X schon verloren war, liegt in der Ansichnahme der Kette auch keine eigene verbotene Eigenmacht der X.

V. Aus § 812 Abs. 1 S. 1 Alt. 2

Ein Anspruch aus Eingriffskondiktion (§ 812 Abs. 1 S. 1 Alt. 2) kommt wegen des Vorrangs der Leistungsbeziehung zwischen S und X nicht in Betracht.

B. Ansprüche des A gegen die S auf Herausgabe des Erlöses in Höhe von 5000 €

I. Aus §§ 2018, 2019

1. Die Voraussetzungen des Erbschaftsanspruchs (§ 2018) sind erfüllt, da A Alleinerbe und S Erbschaftsbesitzerin ist. S ist also verpflichtet, den gesamten Nachlass an A herauszugeben.

2. Zum Nachlass, den die S herauszugeben hat, gehört auch, was sie kraft dinglicher Surrogation mit Mitteln der Erbschaft erworben hat (§ 2019 Abs. 1).

Hätte X die 5000 € bar bezahlt, wäre eine dingliche Surrogation an den Geldscheinen möglich. Problematisch wäre in diesem Zusammenhang der Fall, dass S die kraft § 2019 dem A gehörenden Geldscheine mit eigenen so vermengt hätte, dass sie nicht mehr unterscheidbar vorhanden wären. Gemäß § 948 Abs. 1 i. V. m. § 947 Abs. 1 entstünde dann Miteigentum und A hätte nach h. M. ein von § 749 abweichendes einseitiges Teilungsrecht (Staudinger/ *Wiegand*, § 948 Rn. 9).

Bei Überweisung des Kaufpreises auf ein Konto der S dürfte jedoch eine dingliche Surrogation ausscheiden. S erwirbt nicht etwa eine eigenständige Forderung gegen die Bank, die Grundlage einer Surrogation sein könnte. Der überwiesene Geldbetrag wird vielmehr gemäß §§ 355 ff. HGB zu einem rechtlich unselbständigen Verrechnungsposten im Rahmen der Kontokorrentabrede zwischen S und der Bank (vgl. *Claussen/van Look,* Bank- und Börsenrecht, 4. Aufl., 2008, § 2 Rn. 54 ff.).

Das Problem der dinglichen Surrogation bei Überweisungen ist bislang kaum erörtert worden. Es kann deshalb nur positiv gewertet werden, wenn Bearbeiter die Frage aufwerfen, ob die Surrogationsvorschrift des § 2019 nicht möglicherweise doch eine wirtschaftliche Betrachtungsweise erlaubt (so MünchKomm/*Helms,* § 2019 Rn. 7; *Maultzsch,* in: Oetker, HGB, 2. Aufl., 2011, § 355 Rn. 43; a. A. Staudinger/*Gursky,* § 2019 Rn. 9). Die Lösungsskizze geht allerdings davon aus, dass eine dingliche Surrogation im Falle einer Überweisung nicht in Betracht kommt.

Ergebnis: Ein Anspruch aus § 2018 i. V. m. § 2019 scheidet aus, da der Kaufpreis laut Sachverhalt nicht bar bezahlt, sondern überwiesen wurde.

II. Aus § 2021

Da wegen Überweisung des Kaufpreises durch X an S keine Surrogation eingetreten ist, kommt über § 2021 die Vorschrift des § 816 Abs. 1 S. 1 zur Anwendung. Zwar war die Verfügung der S gegenüber X unwirksam. A hat aber die Möglichkeit der Genehmigung nach § 185 und kann dann von S Herausgabe des Erlöses nach § 816 Abs. 1 S. 1 verlangen.

Zu dem gleichen Ergebnis führt die Anwendung des § 2021 i. V. m. § 816 Abs. 2: Schon die Kaufpreisforderung der S gegen X wurde mit Mitteln der Erbschaft erlangt (§ 2019 Abs. 2), weil als Gegenleistung ein Erbschaftsgegenstand versprochen worden war. Die Kaufpreisforderung steht also kraft dinglicher Surrogation von vornherein nicht der S, sondern dem A zu. Durch Überweisung des Kaufpreises an S wurde jedoch gemäß § 2019 Abs. 2 i. V. m. § 407 Abs. 1 von ihrer Verpflichtung frei, so dass A von S gemäß § 816 Abs. 2 Herausgabe des Erlöses verlangen kann. In dem Herausgabeverlangen läge konkludent die Genehmigung der Verfügung der S über die Kette.

C. Ansprüche des A gegen die X
auf Herausgabe des Autos

I. Aus §§ 2018, 2030

Ein Anspruch aus §§ 2018, 2030 entfällt, da X nicht Erbschaftsbesitzerin ist (s. o.).

II. Aus § 985

1. A müsste Eigentümer des Autos sein.

a) Hinsichtlich seines Eigentumserwerbs nach § 1922 kann nach oben verwiesen werden. Zu prüfen bleibt, ob A durch das Geschäft der S mit der X das Eigentum wieder verloren hat. Ein Eigentumserwerb der X nach §§ 929, 932 scheidet wegen § 935 aus, da das Auto dem fiktiven Besitzer A abhanden gekommen ist (s. o.).

b) Etwas anderes könnte sich aber daraus ergeben, dass der S mittlerweile ein Erbschein erteilt worden war. Dieser erzeugt Gutgläubenswirkung unabhängig davon, ob die X vom Vorliegen des Erbscheins wusste, ausreichend ist vielmehr, dass X davon ausgeht, einen Erbschaftsgegenstand zu erwerben (§ 16 Rn. 13). X wird daher so gestellt, als hätte sie vom wahren Erben erworben. Der wahre Erbe A hätte ihr aber nach § 929 als Berechtigter Eigentum verschaffen können. Es kommt deshalb auf die Gutglaubensvorschriften der §§ 932 ff. gar nicht an. Daher steht auch § 935 i. V. m. § 857 diesem Eigentumserwerb nicht entgegen. Aufgrund des Erbscheins, dessen Unrichtigkeit der X nicht bekannt war, ist X nach §§ 929, 2366 Eigentümerin des Autos geworden. A hat sein Eigentum verloren.

2. Ein Anspruch aus § 985 besteht nicht.

III. Aus § 1007

1. Ein Anspruch aus § 1007 Abs. 1 ist nicht gegeben (s. o.).

2. Auch § 1007 Abs. 2 S. 1 scheitert, weil X Eigentümerin geworden ist.

IV. Aus § 861 Abs. 1

Ein Anspruch aus § 861 Abs. 1 besteht nicht (s. o.).

V. Aus § 812 Abs. 1 S. 1 Alt. 2

Ein Anspruch aus Eingriffskondiktion kommt wegen des Vorrangs der Leistungsbeziehung zwischen S und X nicht in Betracht (s. o.).

D. Ansprüche des A gegen die S auf Herausgabe des Erlöses von 10 000 €

I. Aus §§ 2018, 2019

1. Dem A steht ein Anspruch auf das dingliche Surrogat, d. h. auf die bei S noch unterscheidbar vorhandenen Geldscheine, zu (§ 2019).

Sollten die Geldscheine wegen einer Vermengung mit anderen Geldscheinen nicht mehr identifizierbar sein, hätte A als Miteigentümer (§ 948 Abs. 1 i. V. m. § 947 Abs. 1) ein einseitiges Teilungsrecht (s. o.).

2. Zu prüfen ist aber, ob S mit einem Verwendungsersatzanspruch in Höhe von 1000 € aufrechnen kann.

a) S hat gemäß § 2022 Abs. 1 einen Anspruch auf Ersatz aller Verwendungen, die sie auf die Erbschaft gemacht hat. Verwendungen sind alle freiwilligen Vermögensopfer, die dem Nachlass zugute kommen. Es spielt – anders als bei den §§ 994 ff. – keine Rolle, ob es sich um notwendige, nützliche oder Luxusverwendungen handelt, solange nur der Erbschaftsbesitzer gutgläubig und unverklagt ist (§§ 2023 Abs. 2, 2024). S wäre bösgläubig hinsichtlich ihres Erbrechts, wenn sie bei Inbesitznahme der Erbschaft gewusst oder infolge grober Fahrlässigkeit nicht gewusst hätte (vgl. § 932 Abs. 2), dass sie nicht Erbin ist, oder wenn sie später davon positive Kenntnis erlangt hätte. Beides trifft auf S nicht zu. S kann deshalb von A Ersatz der aufgewandten Reparaturkosten in Höhe von 1000 € verlangen.

b) Der Umstand, dass es sich beim Anspruch auf die 10 000 € um einen Herausgabeanspruch und beim Verwendungsersatzanspruch nur um einen schuldrechtlichen Zahlungsanspruch handelt, steht einer Aufrechnung wegen Ungleichartigkeit der Ansprüche (§ 387) nicht entgegen; denn A hat kein schutzwürdiges Interesse an der Erlangung der konkret geschuldeten Geldscheine. Der S steht deshalb nicht nur ein Zurückbehaltungsrecht nach § 2022 Abs. 1 S. 2 i. V. m. § 1000 zu, sie kann vielmehr mit ihrem Gegenanspruch gemäß § 388 aufrechnen.

II. Aus § 985

Soweit dem A wegen der Geldscheine ein Anspruch aus § 985 zusteht (s. o.), kann S auch gegen diesen Anspruch mit ihrem Verwendungsersatzanspruch aufrechnen.

E. Ansprüche des A gegen die S auf Ersatz des Wertes des Autos

I. Aus § 2021

Da die S das Auto unter Wert verkauft hat, stellt sich die Frage, ob S nicht Ersatz für den wahren Wert des Autos in Höhe von 13 000 € leisten muss. § 2021 verweist für den Fall des Verlustes eines Gegenstandes auf die Vorschriften der ungerechtfertigten Bereicherung. Somit schuldet S bzgl. des Mehrwertes des Autos an sich Wertersatz gemäß § 818 Abs. 2. S ist aber in Höhe dieses Mehrwertes nicht mehr bereichert (§ 818 Abs. 3).

II. Aus §§ 2025, 823

Zwar lag in der Inbesitznahme der Erbschaft eine verbotene Eigenmacht der S wegen des Erbenbesitzes des A, so dass über § 2025 S. 1
der Weg zu § 823 eröffnet zu sein scheint. Da jedoch wegen § 857 in
jeder Verfügung des Erbschaftsbesitzers eine verbotene Eigenmacht
liegt (s. o.), greift hier die Privilegierung des § 2025 S. 2 zugunsten
des gutgläubigen Erbschaftsbesitzers ein, der nicht deliktisch haften
soll, solange der wahre Erbe noch nicht tatsächlich den Besitz der Sache ergriffen hat.

III. Aus §§ 989, 990

Ein Anspruch aus § 989, 990 besteht mangels Verschuldens schon
dem Grunde nach nicht. Im Übrigen darf wegen § 2029 die Haftung
des Erbschaftsbesitzers bei Einzelansprüchen (insbes. aus dem Eigentümer-Besitzer-Verhältnis) nicht weitergehen als die Haftung nach
den §§ 2018 ff.

Fall Nr. 3

Schwerpunkte: Gemeinschaftliches Testament – Bindungswirkung wechselbezüglicher Verfügungen – Anfechtung wegen Motivirrtums

Die Eheleute M und F errichten im Jahre 1995 ein formgültiges gemeinschaftliches Testament, in dem sie sich gegenseitig zu Alleinerben einsetzen. Aus der Ehe sind zwei gemeinsame Kinder S und T hervorgegangen. Seit 2009 unterhält die F ohne Wissen des M außereheliche intime Beziehungen zu einem anderen Mann. Als M erfährt, dass ihn seine Frau seit längerer Zeit betrügt, verfasst er handschriftlich folgendes Schreiben, das er bei seinen persönlichen Unterlagen aufbewahrt:
München, den 20. April 2012

Liebe T, lieber S,
ich habe heute erfahren, dass Eure Mutter seit Jahren ein Verhältnis mit einem anderen Mann hat. Ich bin dadurch zutiefst verletzt und widerrufe deshalb das Testament aus dem Jahre 1995. Im Falle meines Todes sollt Ihr beide meine alleinigen Erben werden.
Euer Vater

Der Nachlass des am 1.3.2013 verstorbenen M besteht im Wesentlichen aus einem Hausgrundstück. Nach Vorlage eines Erbscheins wird F als Eigentümerin des Grundstücks im Grundbuch eingetragen. Als S und T Anfang Oktober 2013 Kenntnis von dem an sie gerichteten Schreiben ihres Vaters vom 20.4.2012 erlangen, sind sie der Ansicht, dass das Erbe ihres Vaters ihnen zusteht, und bitten deshalb den Rechtsanwalt R um Rat. Dieser soll gutachtlich zu folgenden Fragen Stellung nehmen:
Sind S und T aufgrund des Schreibens ihres Vaters vom 20.4.2012 dessen alleinige Erben geworden? Wenn nein, welche Schritte müssen unternommen werden, damit S und T Erben ihres Vaters werden können?
Welche Ansprüche bestehen gegen F bezüglich des Grundstücks und wie können diese ggf. gesichert werden?

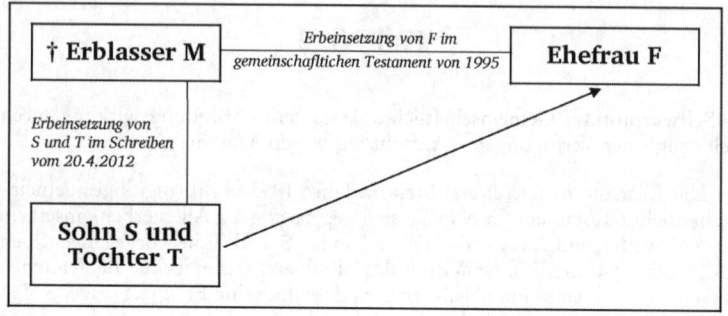

A. Erbenstellung von S und T

Ursprünglich hatte M in dem gemeinschaftlichen Testament aus dem Jahr 1995 seine Ehefrau F als Alleinerbin eingesetzt. Allerdings könnte M durch das Schreiben vom 20.4.2012 diese Verfügung gemäß § 2258 widerrufen und seine beiden Kinder wirksam als Erben eingesetzt haben.

I. Widerruf des gemeinschaftlichen Testaments

1. Bei dem Schreiben des M vom 20.4.2012 handelt es sich um ein in formaler Hinsicht wirksames Testament i. S. v. § 2247, da es von M eigenhändig geschrieben und unterschrieben worden ist, wobei unschädlich ist, dass M nicht mit seinem Vor- und Familiennamen unterschrieben hat (§ 2247 Abs. 3 S. 1), weil die Unterzeichnung mit den Worten *„Euer Vater"* zur Feststellung der Urheberschaft des Erblassers ausreicht (§ 2247 Abs. 3 S. 2). Da die Erbquoten der Kinder im Testament nicht bestimmt wurden, gelten sie nach der Auslegungsregel des § 2091 als zu gleichen Teilen eingesetzt.

2. Fraglich ist allerdings, ob M im Jahre 2012 überhaupt noch zugunsten von S und T wirksam letztwillig verfügen konnte, nachdem M und F bereits 1995 ein gemeinschaftliches Testament errichtet hatten, in dem sie sich gegenseitig zu Alleinerben eingesetzt haben. Bei einem gemeinschaftlichen Testament ist ein Widerruf sog. wechselbezüglicher Verfügungen (vgl. § 2270) nur unter den engen Voraussetzungen des § 2271 Abs. 1 möglich. Die gegenseitige Erbeinsetzung von M und F ist dann wechselbezüglich, wenn die Verfügung des ei-

nen nicht ohne die Verfügung des anderen getroffen worden wäre
(§ 2270 Abs. 1). Nach der Auslegungsregel des § 2270 Abs. 2 ist bei
Ehegatten, die sich gegenseitig bedenken, im Zweifel von wechselbezüglichen Verfügungen auszugehen. Zu Lebzeiten beider Ehegatten
ist der Widerruf einer wechselbezüglichen Verfügung deshalb gemäß
§ 2271 Abs. 1 S. 1 nur nach den für den Rücktritt von einem Erbvertrag geltenden Vorschriften des § 2296 möglich. Danach muss der Widerruf dem anderen Ehegatten gegenüber erklärt werden und bedarf
der notariellen Beurkundung (§ 2271 Abs. 1 S. 1 i. V. m. § 2296
Abs. 2). Beide Voraussetzungen sind im vorliegenden Fall nicht erfüllt, da M das Schreiben vom 20.4.2012 lediglich bei seinen persönlichen Unterlagen aufbewahrt hat. Somit hat M seine letztwillige
Verfügung zugunsten von F aus dem Jahr 1995 nicht wirksam widerrufen.

II. Anfechtung des gemeinschaftlichen Testaments

Nach dem Tod des M kann dessen im gemeinschaftlichen Testament getroffene Verfügung unter den Voraussetzungen der
§§ 2078 ff. angefochten werden. Eine wirksame Anfechtung würde
zur rückwirkenden Nichtigkeit der Verfügung des M führen (§ 142
Abs. 1). Zu prüfen ist, ob S und T zur Anfechtung berechtigt sind,
ein Anfechtungsgrund besteht und die Anfechtung form- und fristge-
recht erklärt wurde oder noch erklärt werden kann.

1. Gemäß § 2080 Abs. 1 ist zur Anfechtung derjenige berechtigt,
welchem die Aufhebung der letztwilligen Verfügung unmittelbar zustatten kommt. S und T sind – jeder für sich – zur Anfechtung berechtigt, weil sie bei Nichtigkeit der letztwilligen Verfügung des M
zugunsten der F aufgrund des Testaments vom 20.4.2012 Miterben
des M zu je ½ würden.

2. Als Anfechtungsgrund kommt ein Motivirrtum des M im Sinne
von § 2078 Abs. 2 in Betracht, da M bei der Erbeinsetzung der F
nicht wusste, dass diese ihn später betrügen würde. Fraglich ist allerdings, ob bloßes Nichtwissen für eine Irrtumsanfechtung nach § 2078
Abs. 2 genügt, oder ob – anders gewendet – § 2078 Abs. 2 nicht eine
konkrete Fehlvorstellung des Erblassers voraussetzt. Nach der
Rechtsprechung des BGH liegt ein Motivirrtum auch dann vor,
wenn der Erblasser Fehlvorstellungen unterlegen ist, die er zwar
nicht in sein Bewusstsein aufgenommen, aber als selbstverständlich
seiner Verfügung zugrunde gelegt hat (sog. „selbstverständliche Vor-

stellungen"; vgl. § 7 Rn. 35). Der Motivirrtum muss dabei kausal für
die Erbeinsetzung gewesen sein. Hätte M bereits im Jahre 1995 von
dem späteren Verhalten der F gewusst, hätte er diese mit Sicherheit
nicht als Alleinerbin eingesetzt. Dies ergibt sich insbesondere auch
aus dem Testament vom 20.4.2012, in dem M aufgrund des Verhaltens der F seine Verfügung zu ihren Gunsten widerrufen hat.

3. Die Anfechtungserklärung von S und (oder) T ist gemäß § 2081
Abs. 1 dem Nachlassgericht gegenüber abzugeben. Eine besondere
Form schreibt das Gesetz nicht vor (vgl. § 7 Rn. 44).

4. Gemäß § 2082 kann die Anfechtung nur binnen Jahresfrist erfolgen (Abs. 1), wobei die Frist mit dem Zeitpunkt beginnt, in welchem
der Anfechtungsberechtigte von dem Anfechtungsgrund Kenntnis erlangt (Abs. 2). Da S und T von den ehewidrigen Beziehungen ihrer
Mutter erst Anfang Oktober 2013 erfahren haben, kann die Anfechtung bis Ende September 2014 erklärt werden. Wird von einem Dritten eine (wechselbezügliche) Verfügung des *erstverstorbenen* Ehegatten angefochten, ist § 2285 nach herrschender Meinung nicht
entsprechend anwendbar, da beim gemeinschaftlichen Testament zu
Lebzeiten beider Ehegatten diesen kein Anfechtungs-, sondern nur
ein *Widerrufsrecht* zusteht (MünchKomm/*Musielak,* § 2271 Rn. 41
m. w. N.). Aber selbst bei entsprechender Anwendung von § 2285
(so z. B. *LG Karlsruhe* NJW 1958, 714) wäre eine Anfechtung durch
S und (oder) T im vorliegenden Fall möglich, weil M von dem „Wi-
derrufsgrund" erst am 20.4.2012, also weniger als ein Jahr vor seinem
Tod Kenntnis erlangt hat.

Ergebnis: S und T werden Erben ihres Vaters, wenn sie die im gemeinschaftlichen Testament getroffene letztwillige Verfügung zugunsten der F wirksam anfechten. Dann stehen S und T folgende Ansprüche zu:

B. Ansprüche von S und T gegen F
auf Zustimmung zur Grundbuchberichtigung

I. Aus § 2018

Aufgrund der wirksamen Anfechtung des gemeinschaftlichen Testaments sind S und T gemäß § 142 Abs. 1 Erben des M. F hat als
Scheinerbin die Eintragung in das Grundbuch aufgrund eines unrichtigen Erbscheins erlangt und ist damit Erbschaftsbesitzerin gemäß

§ 2018. Zu den aus der Erbschaft erlangten Vermögensvorteilen gehört auch das durch Eintragung erlangte sog. Bucheigentum (§ 17 Rn. 7). Dieses muss die F gemäß § 2018 dadurch „herausgeben", dass sie einer Berichtigung des Grundbuchs zustimmt. S und T können jeder für sich den Anspruch aus § 2018 geltend machen (§ 2039 S. 1).

II. Aus § 894

Aufgrund der wirksamen Anfechtung des gemeinschaftlichen Testaments ist die Erbengemeinschaft bestehend aus S und T (§§ 1922, 2032) gemäß § 142 Abs. 1 von Anfang an Eigentümerin des Grundstücks. Daran hat sich auch nichts durch die Eintragung der F in das Grundbuch geändert. Das Grundbuch ist unrichtig. Da die F – im Widerspruch zur materiellen Rechtslage – als Eigentümerin des Grundstücks im Grundbuch eingetragen ist, können S und (oder) T (vgl. § 2039 S. 1) von F die Zustimmung zur Berichtigung des Grundbuchs gemäß § 894 verlangen.

Sicherung des Anspruchs: Um zu verhindern, dass F aufgrund ihrer Stellung als Bucheigentümerin zwischenzeitlich das Grundstück wirksam an einen Dritten veräußert (§ 892), kann zur Sicherung der Durchsetzung des Berichtigungsanspruchs ein Widerspruch gemäß § 899 Abs. 1 im Grundbuch eingetragen werden. Falls F die Eintragung eines solchen Widerspruchs nicht gemäß § 899 Abs. 2 S. 1 bewilligt, müssen S und T nach den Vorschriften der §§ 935 ff. ZPO eine einstweilige Verfügung beantragen. Ihr Antrag ist erfolgreich, wenn sie ihren Anspruch aus § 894 gemäß §§ 936, 920 Abs. 2, 294 ZPO glaubhaft machen können (Verfügungsanspruch). Die Glaubhaftmachung eines Verfügungsgrundes ist nach § 899 Abs. 2 S. 2 nicht erforderlich.

C. Ansprüche von S und T gegen F auf Herausgabe des Grundstücks

I. Aus § 2018

F hat aufgrund eines ihr in Wirklichkeit nicht zustehenden Erbrechts den Besitz am Grundstück erlangt. Gemäß § 2018 i. V. m. § 2039 S. 1 können S und (oder) T Herausgabe des Grundstücks an die Erbengemeinschaft verlangen.

II. Aus § 985

Da F zum Besitz des Grundstückes nicht berechtigt ist, können S und (oder) T gem. § 985 i. V. m. § 2039 S. 1 Herausgabe des Grundstücks an die Erbengemeinschaft verlangen.

III. Aus § 812 Abs. 1 S. 1 Alt. 2

Der Anspruch auf Rückgabe des Grundstücks lässt sich auch aus § 812 Abs. 1 S. 1 Alt. 2 (Eingriffskondiktion) begründen.

Ergebnis: S und T können von F Zustimmung zur Berichtigung des Grundbuchs und Herausgabe des Grundstücks verlangen.

Fall Nr. 4

Schwerpunkte: Bestimmung des Erben durch Dritte – Vor- und Nacherb-schaft – Konvaleszenz – Pflichtteilsrecht

E ist unverheiratet und kinderlos. Er verfügt in einem formgültigen Testament:

Hiermit setze ich meinen Bruder B als Vorerben ein. Nacherbe soll derje-nige werden, den mein Bruder zu seinem eigenen Erben bestimmt.

Nachdem E 2004 verstorben ist, setzt B seine Tochter T als Alleinerbin ein. Seinem Sohn S schenkt B mit notarieller Schenkungsurkunde ein Ge-mälde aus der Erbschaft des E (Wert: 100 000 €) und übergibt es ihm zum Zwecke der Übereignung. S ist über die Vorerbenstellung seines Vaters in-formiert. Als B im März 2013 stirbt, nimmt T sowohl die Erbschaft des B als auch die Nacherbschaft des E an und verlangt von S Herausgabe des Ge-mäldes. S weigert sich und verlangt seinerseits von T Auszahlung des Pflicht-teils. Der Nachlass des E besteht aus dem Gemälde und einem kleinen Un-ternehmen mit einer Bilanzsumme von 1 500 000 €. Das Eigenvermögen des geschiedenen B beträgt 500 000 €.
Wie ist die Rechtslage?

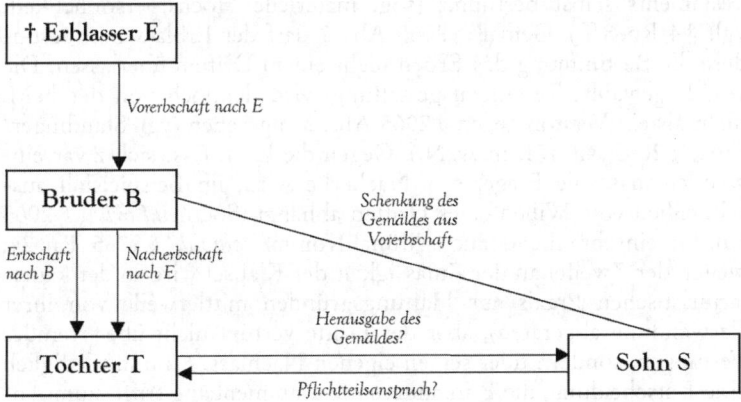

A. Anspruch der T gegen S
auf Herausgabe des Gemäldes aus § 985

1. S ist Besitzer des Gemäldes.
2. T müsste Eigentümerin des Gemäldes sein.
a) Ursprünglich war E Eigentümer des Bildes. Mit seinem Tod ist das Eigentum im Wege der Universalsukzession gemäß § 1922 auf B als Vorerben übergegangen. Auch als Vorerbe wird B – nicht anders als ein Vollerbe – dinglich Berechtigter an den einzelnen Nachlassgegenständen.

b) Mit Eintritt des Nacherbfalls könnte T Eigentümerin des Bildes gemäß § 1922 geworden sein. Der Erblasser kann jeden beliebigen Zeitpunkt als Nacherbfall bestimmen. Trifft er, wie hier, keine Bestimmung, tritt der Nacherbfall mit dem Tod des Vorerben ein (§ 2106 Abs. 1).

aa) T müsste wirksam als Nacherbin eingesetzt worden sein. E hat in seinem Testament bestimmt, dass Nacherbe derjenige werden soll, den der Vorerbe zu seinem eigenen Erben bestimmt. Da B die T als Alleinerbin eingesetzt hat, scheint sie auch Nacherbin geworden zu sein. Die Verfügung des E könnte aber gegen § 2065 Abs. 2 verstoßen. § 2065 will sicherstellen, dass der Erblasser den Inhalt seines Testaments selbst bestimmt (sog. materielle Höchstpersönlichkeit; vgl. § 4 Rn. 8 ff.). Gemäß § 2065 Abs. 2 darf der Erblasser insbesondere die Bestimmung des Erben nicht einem Dritten überlassen. Die von E gewählte Testamentsgestaltung wird dennoch von der h. M. nicht als ein Verstoß gegen § 2065 Abs. 2 angesehen (vgl. Staudinger/*Otte*, § 2065 Rn. 47 f. m. w. N.). Gegen die h. M. lässt sich zwar einwenden, dass die Frage, wer Nacherbe wird, im Beispielsfall ausschließlich vom Willen eines Dritten abhängt (Soergel/*Loritz*, § 2065 Rn. 14; einschränkend auch MünchKomm/*Leipold*, § 2065 Rn. 24; wegen der Zweifel an der Zulässigkeit der Klausel wird in der kautelarjuristischen Praxis aus Haftungsgründen mittlerweile von ihrer Verwendung abgeraten), aber der Dritte verfügt nicht über fremdes Vermögen, sondern über seinen eigenen Nachlass. E nimmt lediglich eine Entscheidung, die B in anderem Zusammenhang trifft, zum Anlass, um seine eigene Entscheidung an der des B auszurichten. Ein Verstoß gegen § 2065 Abs. 2 dürfte zumindest dann nicht vorliegen, wenn der Vorerbe – wie hier – über beachtliches Eigenvermögen verfügt. Dann nämlich liegt bezüglich der Nacherbenbestimmung keine reine „Wollensbedingung" vor (vgl. § 4 Rn. 12), weil dem Dritten bezüglich seines eigenen Nachlasses eine echte Entscheidung abverlangt wird. Außerdem kann der Erblasser ein wirtschaftlich vernünftiges Interesse daran haben, dass seine Erbschaft mit der des Vorerben zusammenfällt, weil er z. B. sicherstellen will, dass der Nacherbe über genügend liquide Mittel verfügt, um ein Unternehmen sinnvoll weiterführen zu können. T ist also wirksam als Nacherbin eingesetzt worden.

bb) T wäre allerdings dann nicht Eigentümerin des Gemäldes geworden, wenn der Vorerbe B darüber vor Eintritt des Erbfalls wirksam verfügt hätte. B könnte das Gemälde zur Erfüllung des Schenkungsvertrags an S nach § 929 S. 1 übereignet haben. Zwar lagen Einigung und Übergabe vor, der bestandskräftigen Übereignung steht aber § 2113 Abs. 2 S. 1 entgegen. Die Schenkung des B war zwar nicht von Beginn an unwirksam, wurde es aber mit dem Eintritt der Nacherbfolge (§ 2113 Abs. 2 S. 1 i. V. m. § 2113 Abs. 1), hier also mit dem Tod des B. Ein gutgläubiger Erwerb des Dritten wäre zwar nach §§ 2113 Abs. 3, 932 möglich, wobei sich der gute Glaube darauf beziehen müsste, dass der Veräußerer keiner Verfügungsbeschränkung unterworfen ist. Laut Sachverhalt war S aber über die Vorerbenstellung seines Vaters informiert, so dass ein gutgläubiger Erwerb ausscheidet (§§ 2113 Abs. 3, 932 Abs. 2).

Die Verfügung könnte aber gemäß § 185 Abs. 2 S. 1 wirksam geworden sein. Nach § 185 Abs. 2 S. 1 wird die Verfügung eines Nichtberechtigten nicht nur dann wirksam, wenn der Berechtigte sie genehmigt (§ 185 Abs. 2 S. 1 Alt. 1), sondern auch dann, wenn der Verfügende vom Berechtigten beerbt wird und dieser für die Nachlassverbindlichkeiten unbeschränkt haftet (§ 185 Abs. 2 S. 1 Alt. 3; sog. Konvaleszenz). Die Verfügung des Vorerben B wird also wirksam, wenn die Nacherbin T gleichzeitig Erbin des B wird. Dieses Ergebnis leuchtet ein, denn T tritt durch die Annahme der Erbschaft des B gemäß §§ 1922, 1967 rechtlich an die Stelle des Verstorbenen und müsste deshalb ohnehin das Gemälde aufgrund des formgültigen Schenkungsvertrags (§ 518 Abs. 1 S. 1) dem S übereignen.

Da somit die Übereignung des Gemäldes von B an S im Wege der Konvaleszenz wirksam geworden ist, konnte T durch den Nacherbfall nicht mehr Eigentümerin werden.

Ergebnis: T kann das Gemälde nicht nach § 985 herausverlangen.

B. Anspruch des S gegen T
auf den Pflichtteil aus § 2303 Abs. 1

1. Da B seine Tochter T in einem formgültigen Testament als Alleinerbin eingesetzt und somit seinen Sohn S enterbt hat, kann dieser von T den Pflichtteil verlangen. Der Pflichtteil besteht in der Hälfte des Wertes des gesetzlichen Erbteils (§ 2303 Abs. 1 S. 2). Als Kinder des Erblassers B sind S und T gesetzliche Erben erster Ordnung und erben zu gleichen Teilen (§§ 1924 Abs. 1 u. 4). Da B zur Zeit seines Todes nicht mehr verheiratet war, scheidet ein gesetzliches Ehegattenerbrecht aus. Der Pflichtteil des S beträgt somit ¼ des Nachlasswertes.

2. Bei der Bestimmung des Nachlasswertes ist ausschließlich das Eigenvermögen des B in Höhe von 500 000 €, nicht aber der zum Nachlass des E gehörende Familienbetrieb mit einem Bilanzwert von 1 500 000 € zu berücksichtigen. Der Familienbetrieb gehört nicht zum Nachlass des B, sondern ist Bestandteil des Nachlasses von E, der auf die T in ihrer Eigenschaft als Nacherbin, nicht aber in ihrer Eigenschaft als Erbin des B übergegangen ist.

Ergebnis: S hat gegen T einen Pflichtteilsanspruch in Höhe von 125 000 € (500 000/4).

Fall Nr. 5

Schwerpunkte: Erbvertrag – beeinträchtigende Schenkungen – § 2302 –
fehlerhafter Arbeitsvertrag

E ist verwitwet und seit 1999 pflegebedürftig. Im Jahre 2004 entlässt E
seine Pflegerin P und vereinbart mit der Nachbarin N schriftlich, dass diese
ihn bis zu seinem Tod unentgeltlich pflegen und dafür als Alleinerbin eingesetzt werden soll. Zwei Jahre später schließt E mit seiner einzigen Tochter T
einen formgültigen Erbvertrag, in dem er T als Alleinerbin einsetzt, und
diese sich im Gegenzug verpflichtet, ihm monatlich Unterhalt in Höhe von
500 € zu leisten. Weder N noch T erfahren etwas von der jeweils anderen
Vereinbarung. Einige Wochen vor seinem Tod wird E von seiner Großnichte
G besucht, mit der E bislang keinen persönlichen Kontakt hatte. E freut sich
so sehr über diesen Besuch, dass er der G ein Baugrundstück im Wert von
90 000 € zu einem Preis von 10 000 € verkauft und übereignet. Das Grundstück macht fast die Hälfte des gesamten Erblasservermögens aus.
Als E im März 2009 verstirbt, fragen N und T nach der Rechtslage.

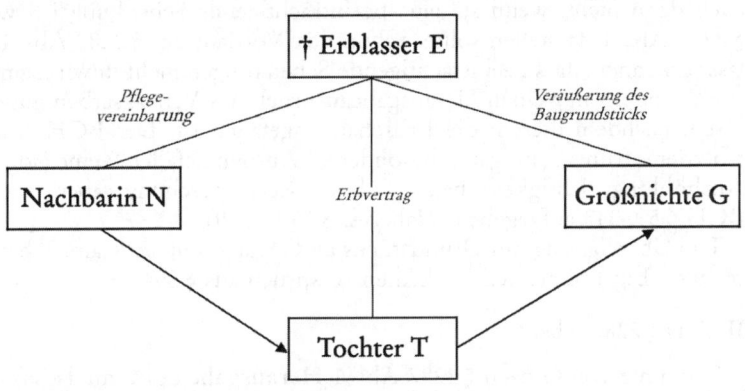

A. Erbenstellung

T ist in einem formgültigen Erbvertrag als Alleinerbin eingesetzt
worden (§ 1941 Abs. 1 i. V. m. §§ 2274 ff.). Der privatschriftliche Vertrag zwischen N und E ist demgegenüber gemäß § 2302 nichtig, weil
E sich in diesem Vertrag verpflichtete, die N zur Alleinerbin einzu-

setzen. Das Schriftstück kann auch nicht gemäß § 140 in einen wirksamen Erbvertrag umgedeutet werden, da das Formerfordernis des § 2276 Abs. 1 nicht erfüllt ist.

B. Anspruch der T gegen G
wegen des Baugrundstücks

I. Aus § 894

T könnte gegen G einen Anspruch auf **Berichtigung des Grundbuchs** aus § 894 haben. Voraussetzung wäre, dass T mit dem Tod des E gemäß § 1922 Abs. 1 Eigentümerin des Grundstücks wurde. E könnte jedoch zu Lebzeiten das Grundstück gemäß §§ 873, 925 wirksam auf G übertragen haben. Zwar konnte E nach Abschluss des Erbvertrags keine der T nachteilige Verfügung von Todes wegen mehr treffen (§ 2289 Abs. 1), doch wurde das Recht des E, über sein Vermögen durch Rechtsgeschäft unter Lebenden zu verfügen, dadurch nicht beschränkt (§ 2286).

Eine Verfügung des E unter Lebenden verstößt nicht gegen § 134, auch dann nicht, wenn sie eine beeinträchtigende Schenkung i. S. v. § 2287 Abs. 1 darstellen sollte. Schon der Wortlaut des § 2287 Abs. 1 lässt erkennen, dass beeinträchtigende Schenkungen nicht unwirksam sind, sondern nur einen Herausgabeanspruch des Vertragserben auslösen, nachdem diesem die Erbschaft angefallen ist. Der BGH hat trotzdem früher „in ganz besonderen Ausnahmefällen" eine sog. Aushöhlungsnichtigkeit bejaht, diese Rechtsprechung aber seit BGHZ 59, 343 aufgegeben (Näheres: § 13 Rn. 19).

Die Übereignung des Grundstücks an G war somit wirksam. T hat mangels Eigentümerstellung keinen Anspruch aus § 894.

II. Aus § 2287 Abs. 1

T könnte von G nach § 2287 Abs. 1 **Herausgabe** des Grundstücks verlangen, wenn E das Grundstück in der Absicht verschenkte, die Vertragserbin T zu beeinträchtigen.

1. E hat der G das Grundstück nicht geschenkt, sondern zu einem besonders günstigen Preis verkauft und übereignet. Ein Verkauf unter Wert stellt eine sog. gemischte Schenkung dar, wenn sich die Vertragspartner über die teilweise Unentgeltlichkeit des Geschäfts einig sind. Davon ist hier angesichts des groben Missverhältnisses von Leistung und Gegenleistung im Zweifel auszugehen (BGHZ 59, 132,

136). Bei gemischten Schenkungen geht der Anspruch aus § 2287 nur dann auf Herausgabe (Zug um Zug gegen Erstattung der Gegenleistung), wenn der unentgeltliche Charakter des Geschäfts überwiegt (§ 13 Rn. 22). Anderenfalls besteht kein Herausgabeanspruch, sondern nur ein Anspruch auf Erstattung der Wertdifferenz. Hier überwiegt angesichts des objektiven Wertes von 90 000 € und der Zahlung von 10 000 € der unentgeltliche Charakter des Rechtsgeschäfts.

2. Fraglich ist, ob E in Beeinträchtigungsabsicht handelte. Vor Aufgabe seiner Rechtsprechung zur Aushöhlungsnichtigkeit verlangte der BGH, dass die Beeinträchtigungsabsicht der treibende Beweggrund für die Schenkung war. Heute stellt der BGH nur noch darauf ab, ob die Schenkung eine Korrektur des Erbvertrags bezweckt und somit einen Missbrauch der Verfügungsbefugnis darstellt. Das sei der Fall, wenn der Erblasser einem anderen ohne angemessene Gegenleistung wesentliche Vermögenswerte ohne anerkennenswertes lebzeitiges Eigeninteresse zuwendet.

Durch die Übereignung des Baugrundstücks an G wurde der T, die im Vertrauen auf die „Entlohnung" durch den Erbvertrag jahrelang Unterhaltsleistungen erbracht hatte, ein erheblicher Teil des Nachlasses entzogen. Da E bis kurz vor seinem Tod zu G keinen näheren Kontakt hatte, stellt die Übereignung einen Missbrauch der Verfügungsbefugnis des E dar. Ein anerkennenswertes lebzeitiges Eigeninteresse des E an der Schenkung fehlt.

Somit hat T gegen G einen Anspruch auf Übereignung des Grundstücks Zug um Zug gegen Rückzahlung der 10 000 €.

C. Anspruch der N gegen T auf Vergütung geleisteter Dienste aus § 612 Abs. 1 und 2

Als Alleinerbin haftet T gemäß § 1967 Abs. 1 für sämtliche Nachlassverbindlichkeiten. Zu prüfen ist, ob N gegen E einen Anspruch auf Vergütung geleisteter Dienste hatte.

1. N und E hatten sich dahingehend geeinigt, dass N den E pflegen und dafür Alleinerbin des E werden sollte. N und E haben somit einen Dienstvertrag mit atypischer Gegenleistung abgeschlossen. Allerdings ist die Verpflichtung des E, die N als Alleinerbin einzusetzen, gemäß § 2302 nichtig.

2. Ist ein Teil eines Rechtsgeschäfts nichtig, so ist gemäß § 139 im Zweifel das ganze Rechtsgeschäft nichtig, wenn nicht anzunehmen

ist, dass das Rechtsgeschäft auch ohne den nichtigen Teil vorgenommen worden wäre. Hätten die Parteien im Jahre 2004 gewusst, dass das Versprechen der Erbeinsetzung nichtig ist, hätten sie wohl kaum an der Pflegevereinbarung festgehalten. Damit ist also das gesamte Rechtsgeschäft nichtig. Auch eine Umdeutung der Vereinbarung in einen entgeltlichen Dienstvertrag gemäß § 140 ist nicht möglich, weil beide Teile gerade nicht die übliche Lohnzahlung wünschten: E hat die Pflegerin P u. a. auch deshalb entlassen, weil er sich mit der Nachbarin N auf eine zu Lebzeiten unentgeltliche Pflege verständigen konnte. Auch für N bestand der besondere Reiz der Vereinbarung gerade darin, dass sie Alleinerbin des nicht unbeträchtlichen Erblasservermögens werden sollte.

3. Obwohl die Pflegevereinbarung insgesamt nichtig ist, lässt sich über die Grundsätze des fehlerhaften Arbeitsvertrags dennoch ein Lohnanspruch der N begründen (vgl. *Canaris*, BB 1967, 165 f.): Die Rechtsfigur des fehlerhaften Vertrags ist sowohl im Gesellschafts- als auch im Arbeitsrecht anerkannt. Nach oftmals jahrelanger faktischer Vertragsdurchführung ist eine Rückabwicklung nichtiger Arbeitsverhältnisse über das Bereicherungsrecht praktisch nicht möglich (*Medicus/Petersen*, Bürgerliches Recht, 23. Aufl. 2011, Rn. 193). Deshalb wird allgemein die Geltendmachung der Nichtigkeit nur noch mit Wirkung *ex nunc* zugelassen. Somit steht der N entsprechend § 612 Abs. 2 ein Anspruch auf den üblichen Lohn zu. Ob im vorliegenden Fall tatsächlich die für ein Arbeitsverhältnis notwendige Abhängigkeit und Weisungsgebundenheit der P vorliegt, kann offen bleiben, da die gleichen Grundsätze für Dienstverträge allgemein gelten (Staudinger/*Richardi/Fischinger*, § 611 Rn. 306 f.).

Die Rechtsprechung gelangt für die Fallgruppe versprochener Erbeinsetzung auf konstruktiv anderem Weg zum gleichen Ergebnis (vgl. *BGH* FamRZ 1965, 318, 319 und *BFH* ZEV 1995, 117, 118). Aus dem Versprechen einer späteren Erbeinsetzung ergebe sich, dass die Parteien eine *entgeltliche* Dienstleistung vereinbart hätten. Zwar sei die Vereinbarung der Gegenleistung wegen § 2302 unwirksam, doch führe dieser Mangel der Vereinbarung unmittelbar zur Anwendbarkeit des § 612 Abs. 2: Da die Höhe der Vergütung nicht wirksam bestimmt sei, gelte die übliche Vergütung als vereinbart. Dieser direkte Zugriff auf § 612 Abs. 2 umgeht somit die Fragestellung, wie sich die Teilunwirksamkeit der Vereinbarung auf den gesamten Vertrag auswirkt.

Ergebnis: Der N steht gemäß § 612 Abs. 2 ein Anspruch auf den üblichen Lohn zu, für den die T gemäß § 1967 Abs. 1 als Alleinerbin haftet.

Fall Nr. 6

Schwerpunkte: Nachfolge in den Anteil an einer Personengesellschaft – Auslegung eines Gesellschaftsvertrages – Auslegung einer letztwilligen Verfügung

Die Hotel Schwarzwälder Hof KG wird von den Brüdern A und B als persönlich haftende Gesellschafter betrieben. Die Ehefrau C des B ist Kommanditistin mit einer geleisteten Einlage von 200 000 €. Der zwischen den Beteiligten abgeschlossene Gesellschaftsvertrag enthält in § 7 folgende Klausel:

Stirbt ein persönlich haftender Gesellschafter, so geht sein Anteil zu gleichen Teilen auf seine Ehefrau und seinen ältesten Abkömmling über.

Die Eheleute B und C leben im gesetzlichen Güterstand der Zugewinngemeinschaft und haben zwei Kinder, einen Sohn S, 19 Jahre alt, und eine Tochter T, 21 Jahre alt. Das Vermögen des B besteht nicht nur aus dem Anteil an der KG im Wert von 3 Millionen €, sondern auch aus Grundbesitz und Barvermögen im Wert von 1 Million €. B verstirbt im April 2013 und hinterlässt ein formgültiges Testament mit folgendem Inhalt:

Titisee, den 1.1.2013
Als Erben setze ich meine gesetzlichen Erben ein. Meine Beteiligung an der Schwarzwälder Hof KG erhält nur meine Tochter T, da sie im Herbst 2012 die Prüfung als Hotelfachwirtin erfolgreich abgelegt hat und daher zur Führung des Unternehmens besser geeignet ist als meine liebe Ehefrau.
Unterschrift A

1. Wer sind die Erben des B, wer erhält den Gesellschaftsanteil und welche Konsequenzen ergeben sich daraus für die Miterbengemeinschaft?
2. Abwandlung: Was ändert sich, wenn B in seinem Testament nicht seine Tochter T, sondern seinen Sohn S zum Nachfolger im Unternehmen bestimmt, weil er diesen für besser geeignet hält?

Frage 1

A. Erbenstellung

B hat seine „gesetzlichen Erben" bedacht. Auch ohne namentliche Benennung steht durch den Hinweis auf die gesetzliche Erbfolge fest, dass der Erblasser seine Ehefrau sowie seine beiden Kinder S und T als Erben einsetzen wollte. Hinsichtlich der Erbquoten enthält das Testament keine Angaben, so dass auf gesetzliche Auslegungsregeln zurückzugreifen ist. § 2091, der im Zweifel von einer Erbeinsetzung zu gleichen Teilen ausgeht, findet keine Anwendung, da sich aus § 2066 für den vorliegenden Fall „ein anderes ergibt": Die testamentarische Einsetzung der gesetzlichen Erben impliziert hiernach im Zweifel auch eine der gesetzlichen Erbfolge entsprechende Verteilung des Nachlasses. Danach erhält aufgrund des Testamentes die C als Ehefrau des Erblassers nach § 1931 Abs. 1 u. 3 i. V. m. § 1371 Abs. 1 einen Erbteil von ½ und die beiden Kinder, die gesetzliche Erben der ersten Ordnung gem. § 1924 Abs. 1 u. 4 geworden wären, je einen Erbteil von ¼.

B. Nachfolge in den Gesellschaftsanteil

Fraglich ist, ob die Erbengemeinschaft, bestehend aus C, S und T, den Anteil des verstorbenen B an der KG gem. §§ 1922 Abs. 1, 2032 Abs. 1 zur gesamten Hand erworben hat.

1. Nach § 161 Abs. 2 i. V. m. § 131 Abs. 3 Nr. 1 HGB erlischt mit dem Ausscheiden des B aus der KG grundsätzlich auch dessen Mitgliedschaft. An die Stelle der Mitgliedschaft träte dann gemäß §§ 161 Abs. 2, 105 Abs. 3 HGB i. V. m. § 738 Abs. 1 S. 2 BGB ein **Abfindungsanspruch,** welcher als Bestandteil des Nachlasses der Erbengemeinschaft zustünde. Eine Rechtsnachfolge in den Gesellschaftsanteil eines verstorbenen Gesellschafters findet jedenfalls nach der vom Gesetz für den Normalfall vorgesehenen Regelung nicht statt.

2. Abweichendes könnte sich jedoch aus § 7 des Gesellschaftsvertrags ergeben. § 139 Abs. 1 HGB macht deutlich, dass die gesetzliche Regelung **disponibel** ist („Ist im Gesellschaftsvertrag bestimmt ..."). Von der Möglichkeit, eine abweichende Bestimmung zu treffen, ha-

ben die Gesellschafter im vorliegenden Fall Gebrauch gemacht: Mit
§ 7 des Gesellschaftsvertrags wollten sie erreichen, dass nach dem
Tod eines Gesellschafters ein Rechtsnachfolger an dessen Stelle tritt.
In Betracht kommt hierbei ein unmittelbarer Übergang der Mitgliedschaft (**Nachfolgeklausel**) oder die Einräumung eines schuldrechtlichen Anspruchs nach §§ 328 Abs. 1, 331 Abs. 1 auf Eintritt in die
Gesellschaft (**Eintrittsklausel**). Der Wortlaut der gesellschaftsvertraglichen Regelung („geht über") zeigt, dass an eine unmittelbare
Rechtsnachfolge gedacht war. Damit steht fest, dass nach § 7 des Gesellschaftsvertrags der Gesellschaftsanteil des B – in Abweichung von
§ 161 Abs. 2 i. V. m. § 131 Abs. 3 Nr. 1 HGB – mit seinem Tod nicht
erlöschen, sondern unmittelbar auf seine(n) Nachfolger übergehen
sollte.

    3. Fraglich ist, auf wen der Gesellschaftsanteil des B übergegangen
ist; denn es besteht insofern eine offensichtliche Diskrepanz zwischen
der Nachfolgeregelung im Gesellschaftsvertrag und den Anordnungen
im Testament. Im Gesellschaftsvertrag war vorgesehen, dass der Anteil
des B „auf seine Ehefrau und seinen ältesten Abkömmling", d. h. auf C
und T, übergehen sollte. Ein solcher Übergang allein auf Grund des
Gesellschaftsvertrags, also unabhängig von jeder erbrechtlichen Regelung, ist möglich (sog. **rechtsgeschäftliche Nachfolgeklausel**). Der
automatische Übergang des Anteils beim Tod des Gesellschafters
wird erreicht, indem dieser seinen Anteil zu Lebzeiten an den Nachfolger abtritt (§§ 413, 398). Die Abtretung ist durch den Tod des Ze-
denten aufschiebend bedingt (§ 158 Abs. 1), so dass es sich um einen
lebzeitigen Vollzug i. S. d. § 2301 Abs. 2 handelt (vgl. § 24 Rn. 21
a. E.). Da die Abtretung ein zweiseitiges Rechtsgeschäft ist, bedarf es
der Mitwirkung des Nachfolgers. Im vorliegenden Fall hat aber nur
die C als Kommanditistin den Gesellschaftsvertrag mit A und B abgeschlossen, so dass auch nur sie das in der Klausel liegende Abtretungs-
angebot des B angenommen haben würde. Mit T wäre eine rechtsgeschäftliche Nachfolgeklausel hingegen nicht wirksam vereinbart
worden. Es ist aber nicht anzunehmen, dass die Gesellschafter eine
nur teilweise wirksame Klausel in den Vertrag aufnehmen wollten.

    Gegen eine rechtsgeschäftliche Nachfolgeklausel spricht auch, dass
B in seinem Testament erneut eine Nachfolgeregelung getroffen hat
und daher offenbar selbst davon ausgegangen ist, er habe sich mit
dem Abschluss des Gesellschaftsvertrags noch nicht endgültig gebunden. Soll die Nachfolge im Gesellschaftsvertrag noch nicht verbind-
lich festgelegt, sondern nur die Möglichkeit geschaffen werden, später

– einseitig – eine Nachfolgeregelung zu treffen, so ist die gesellschaftsvertragliche Vereinbarung lediglich dahingehend zu verstehen, dass die Mitgliedschaften vererblich i. S. v. § 1922 Abs. 1 gestellt werden. Deren Übertragung auf den oder die Erben erfolgt dann *erbrechtlich* durch eine vom Erblasser zu treffende letztwillige Verfügung (sog. **erbrechtliche Nachfolgeklausel**). Bei der Auslegung des Vertrags kommt es zwar auf den Willen der Gesellschafter zum Zeitpunkt des Vertragsschlusses an. Das von B später verfasste Testament kann aber als Indiz für den wahren Willen der Gesellschafter berücksichtigt werden (vgl. *BayObLG* DB 1980, 2028, 2029). Dieses Ergebnis entspricht im Übrigen der vom BGH aufgestellten *Auslegungsregel*, wonach „im Zweifel" nicht eine rechtsgeschäftliche, sondern eine erbrechtliche Nachfolgeklausel anzunehmen sei, da regelmäßig das Interesse der Gesellschafter, erst später durch letztwillige Verfügung die Nachfolge regeln zu können, den Wunsch, die Ungewissheit über die personelle Zusammensetzung frühzeitig zu beseitigen, überwiegt. (BGHZ 68, 225, 233 f.; *BayObLG* DB 1980, 2028).

Somit ist die in § 7 des Gesellschaftsvertrags getroffene Regelung als erbrechtliche Nachfolgeklausel einzuordnen.

4. Es stellt sich nunmehr allerdings die Frage, welche Auswirkungen sich daraus ergeben, dass im Gesellschaftsvertrag C und T, im Testament jedoch nur T als Nachfolger benannt wurde. Wenn der Gesellschaftsvertrag die Mitgliedschaft lediglich vererblich stellen will, stellt er – bildlich gesprochen – den „Rahmen" dar, innerhalb dessen der Erblasser verfügen darf. Werden *sämtliche Erben* des Gesellschafters durch die Nachfolgeklausel begünstigt (sog. **einfache erbrechtliche Nachfolgeklausel**), so ist der Gesellschafter bei der Auswahl eines geeigneten Nachfolgers nicht beschränkt. Eine Abweichung zwischen Gesellschaftsvertrag und Testament kann nur dann auftreten, wenn der Gesellschaftsvertrag wie im vorliegenden Fall bestimmt, dass die Gesellschaft nur mit *bestimmten Erben* fortgesetzt werden soll (sog. **qualifizierte erbrechtliche Nachfolgeklausel**). Obwohl der Wortlaut der Klausel *(„und")* etwas anderes vermuten lässt, konnte der Erblasser nach dem Gesellschaftsvertrag nicht nur C und T zu gleichen Teilen, sondern auch nur eine der beiden Personen als Nachfolgerin für den gesamten Gesellschaftsanteil bestimmen; denn die erbrechtliche Klausel bezweckt gerade, dem Erblasser eine spätere Auswahl des Nachfolgers zu ermöglichen. Da nur T im Testament als Nachfolgerin benannt ist, kommt auch nur sie für die Nachfolge in den Gesellschaftsanteil in Betracht.

5. Im vorliegenden Fall ist jedoch problematisch, dass B seine gesetzlichen Erben C, S und T allgemein als seine Erben und daneben seine Tochter T als unmittelbare Nachfolgerin bezüglich des Gesellschaftsanteils bestimmt hat. Diese Nachfolgeregelung könnte unzulässig sein, da gemäß § 1922 Abs. 1 der Nachlass nur „als Ganzes" auf die Erben übergehen kann (Universalsukzession). Würde man im vorliegenden Fall an diesem Grundsatz festhalten, müsste man wohl von einer Erbeinsetzung von C, S und T ausgehen und die Zuwendung des Gesellschaftsanteils an T als Vermächtnis interpretieren. Das würde indessen dazu führen, dass die Mitgliedschaft zunächst von der Erbengemeinschaft erworben würde (§ 2032 Abs. 1) und dann auf die Vermächtnisnehmerin übertragen werden müsste. Gegen die Stellung der Erbengemeinschaft als „vorübergehende" Gesellschafterin spricht aber, dass sich die Möglichkeit der Haftungsbeschränkung gemäß § 2059 nicht mit der in § 128 HGB geregelten unbeschränkten Haftung des Komplementärs vereinbaren lässt und § 139 Abs. 1 HGB davon ausgeht, dass „jeder" Miterbe für sich Mitglied der Gesellschaft wird. Daher erwirbt T, obwohl sie nicht Alleinerbin, sondern nur Miterbin wurde, nach allgemeiner Ansicht die Mitgliedschaft unmittelbar **(Singularsukzession)**. Demzufolge konnte B seine Tochter T als Erbin des Gesellschaftsanteils einsetzen.

Ergebnis: Tochter T hat die Mitgliedschaft und damit die Stellung einer Komplementärin unmittelbar mit dem Tod des B in vollem Umfang erworben. Sofern sie die persönliche Haftung gem. §§ 130, 128 HGB nicht übernehmen möchte, kann sie gem. § 139 Abs. 1 HGB von A verlangen, dass ihr die Stellung einer Kommanditistin eingeräumt wird.

C. Ausgleichsanspruch von C und S

Den Miterben C und S könnte ein Ausgleichsanspruch zustehen, da T die Mitgliedschaft des B im Wert von 3 Millionen € erhält, obwohl ihr insgesamt nur ein Erbanteil von ¼ zusteht.

Auf welche Rechtsgrundlage ein solcher Ausgleichsanspruch gestützt werden kann, ist streitig: Während die Rechtsprechung § 242 heranzieht (BGHZ 22, 186, 196 f.), leitet die h. M. den Anspruch aus den Regeln über die Auseinandersetzung der Erbengemeinschaft ab, indem sie der erbrechtlichen Nachfolgeklausel die Wirkung einer – ausnahmsweise mit dem Erbfall automatisch vollzogenen – **Teilungs-**

anordnung i. S. v. § 2048 zumisst (vgl. Münchkomm/*Gergen,* § 2032 Rn. 60). Im Ergebnis kann dieser Streit offen bleiben: Der Gesellschaftsanteil ist wegen der erbrechtlichen Nachfolgeklausel nicht durch Rechtsgeschäft unter Lebenden, sondern kraft letztwilliger Verfügung übergegangen und daher Bestandteil des Nachlasses. Soweit er wertmäßig das übersteigt, was dem Nachfolger aufgrund seiner Erbquote zustehen soll, ist er nach beiden Ansichten ausgleichspflichtig.

Etwas anderes würde nur dann gelten, wenn die Nachfolgeregelung zugunsten der T wie ein Vorausvermächtnis gem. § 2150 zu behandeln wäre. Dann würde eine Anrechnung des Wertes des Gesellschaftsanteils bei der Verteilung des übrigen Nachlasses unterbleiben. Insoweit kann auf die Grundsätze zurückgegriffen werden, die für die Abgrenzung von Vorausvermächtnis und Teilungsanordnung gelten (vgl. § 10 Rn. 17 ff.). Da das Testament indessen keinerlei Anhaltspunkte aufweist, die für einen Begünstigungswillen des Erblassers zugunsten der T sprechen, bleibt es bei der Ausgleichspflicht.

Hier hat die Beteiligung des B einen Wert von 3 Millionen €. Am Gesamtnachlass (Wert: 4 Millionen €) ist T jedoch wegen ihrer Erbquote von 1/4 nur in Höhe von 1 Million € zu beteiligen. Deshalb muss T der C und dem S nicht nur das Barvermögen und den Grundbesitz überlassen, sondern zusätzlich die Wertdifferenz in Höhe von 2 Millionen € durch Geldzahlung ausgleichen.

Frage 2

Der Inhalt des Gesellschaftsvertrags ist bei Frage 2 der gleiche wie bei Frage 1. § 7 enthält also eine erbrechtliche Nachfolgeklausel, die jedoch ins Leere geht, da sie ein Nachrücken des im Testament als Erben des Gesellschaftsanteils vorgesehenen S nicht erlaubt. Da die Nachfolgeklausel keine Wirkung entfaltet, bleibt es bei der gesetzlichen Regelung der §§ 161 Abs. 2, 131 Abs. 3 Nr. 1 HGB: Der Gesellschafter B scheidet mit seinem Tod aus der Gesellschaft aus, seine Mitgliedschaft erlischt mangels unmittelbarer Nachfolge und die KG sieht sich einem Abfindungsanspruch der Erbengemeinschaft gem. §§ 161 Abs. 2, 105 Abs. 3 HGB, 738 Abs. 1 S. 2 BGB ausgesetzt.

Dass keiner der Erben des B in dessen Gesellschafterstellung einrückt, war allerdings weder von B noch von A gewollt, da § 7 des Gesellschaftsvertrags erkennbar den Zweck hat, die Fortführung des Unternehmens durch beide Familien sicherzustellen. Der Fall, dass die erbrechtliche Nachfolgeklausel ins Leere geht, wurde von A, B und C nicht bedacht, so dass der Gesellschaftsvertrag eine **Lücke** aufweist. Diese kann im Wege der **ergänzenden Vertragsauslegung** geschlossen werden (*BGH* NJW 1978, 264): Da eine rechtsgeschäftliche Nachfolgeklausel nur mit C wirksam hätte vereinbart werden können (s. o. o.), ist anzunehmen, dass die Gesellschafter, wenn sie diesen Fall bedacht hätten, eine zugunsten von C und T wirkende **Eintrittsklausel** zusätzlich in den Vertrag aufgenommen hätten (hypothetischer Parteiwille). Diese Klausel stellt rechtlich einen Vertrag zugunsten Dritter dar, der von den Gesellschaftern auf den Todesfall abgeschlossen wird (§§ 328 Abs. 1, 331 Abs. 1) und einen Anspruch gegen den verbleibenden Gesellschafter auf Aufnahme in die Gesellschaft begründet. Die Nachfolge tritt somit *nicht automatisch* mit dem Tod des Gesellschafters ein, sondern vollzieht sich *außerhalb des Erbrechts*, so dass auch Personen, die nicht Erben des Gesellschaftsanteils werden – wie hier C und T – Nachfolger des B werden können (§ 2301 Abs. 1 steht nicht entgegen, vgl. § 14 Rn. 17 ff.). Auf diese Weise kann zwar der von den Gesellschaftern angestrebte unmittelbare Übergang der Beteiligung nicht erreicht werden. C und T können aber von ihrem Eintrittsrecht Gebrauch machen, durch Aufnahmevertrag mit A die Nachfolge des B antreten und das Unternehmen, wie vom Gesellschaftsvertrag bezweckt, fortführen. Dafür müssen sie aber eine **Einlage** gemäß § 705 leisten, die der Höhe nach dem Abfindungsanspruch entspricht, der durch das Ausscheiden des Erblassers aus der KG ausgelöst wurde (MünchKomm/*Ulmer/Schäfer,* § 727 Rn. 58). Auf diese Weise kann der drohende Kapitalabfluss – dem Willen von A, B und C entsprechend – verhindert werden. Anstelle dieser Geldeinlage könnte im vorliegenden Fall auch der Abfindungsanspruch der Erbengemeinschaft durch Erlassvertrag mit der KG (§ 397 Abs. 1) eingebracht werden. Dafür bedarf es aber gemäß § 2040 Abs. 1 der Mitwirkung des S, zu der dieser nur dann bereit sein wird, wenn er von C und T eine angemessene Ausgleichszahlung erhält.

Paragrafenregister

Die Angaben verweisen auf die Paragrafen des Buches und deren Randnummern.

AktG

§ 8	§ 24 Rn. 7
§ 69	§ 24 Rn. 7

AnfG

§ 3	§ 14 Rn. 21
§ 9	§ 14 Rn. 14
§ 11	§ 14 Rn. 21

BeurkG

§ 6	§ 5 Rn. 26
§ 7	§ 5 Rn. 26
§ 8	§ 5 Rn. 26
§ 10	§ 5 Rn. 26
§ 11	§ 5 Rn. 26
§ 13	§ 5 Rn. 26
§ 17	§ 5 Rn. 20, 26
§ 25	§ 5 Rn. 26
§ 27	§ 5 Rn. 26
§ 28	§ 5 Rn. 26
§ 30	§ 5 Rn. 20, 26
§ 34	§ 5 Rn. 20, 26, 29; § 13 Rn. 7
§ 47	§ 12 Rn. 19

BewG

§ 9	§ 25 Rn. 8

BGB

§ 1	§ 1 Rn. 11
§ 90	§ 15 Rn. 9
§ 92	§ 20 Rn. 33
§ 99	§ 17 Rn. 12
§ 100	§ 9 Rn. 9; § 17 Rn. 12
§ 104	§ 4 Rn. 2, 4; § 13 Rn. 6
§ 105	§ 4 Rn. 4
§ 107	§ 13 Rn. 6
§ 119	§ 7 Rn. 26 ff., 30 ff.; § 12 Rn. 25; § 13 Rn. 36; § 15 Rn. 9 f., 12, 23; § 22 Rn. 6
§ 122	§ 7 Rn. 28; § 13 Rn. 38
§ 123	§ 7 Rn. 26 ff., 33, 37; § 13 Rn. 36; § 15 Rn. 9
§ 125	§ 5 Rn. 1, 12; § 14 Rn. 7, 9, 15 f., 20; § 23 Rn. 6
§ 126	§ 5 Rn. 9
§ 128	§ 13 Rn. 5
§ 130	§ 7 Rn. 44; § 12 Rn. 19; § 14 Rn. 14, 16, 20, 22; § 22 Rn. 7
§ 133	§ 5 Rn. 8; § 7 Rn. 1, 12
§ 134	§ 3 Rn. 1, 7 f.; § 13 Rn. 18 f.
§ 137	§ 12 Rn. 13; § 13 Rn. 20; § 19 Rn. 22
§ 138	§ 3 Rn. 1, 7 ff., 11 ff.; § 7 Rn. 24; § 13 Rn. 18; § 14 Rn. 28; § 15 Rn. 27
§ 139	§ 7 Rn. 13; § 13 Rn. 13
§ 140	§ 5 Rn. 26; § 7 Rn. 24; § 12 Rn. 5; § 14 Rn. 8 f.
§ 142	§ 7 Rn. 4, 26, 51; § 8 Rn. 9; § 12 Rn. 25; § 13 Rn. 37; § 15 Rn. 14, 23; § 16 Rn. 11
§ 143	§ 7 Rn. 45; § 13 Rn. 37; § 21 Rn. 6
§ 144	§ 7 Rn. 49 f.
§ 151	§ 14 Rn. 14, 16
§ 153	§ 14 Rn. 16; § 22 Rn. 7

§ 157	§ 7 Rn. 1, 5
§ 158	§ 7 Rn. 21; § 13 Rn. 13; § 14 Rn. 12; § 24 Rn. 21
§ 161	§ 14 Rn. 12
§ 164	§ 14 Rn. 15
§ 166	§ 3 Rn. 8
§ 168	§ 14 Rn. 16
§ 181	§ 11 Rn. 12, 15, § 14 Rn. 15; § 19 Rn. 26
§ 182	§ 9 Rn. 14
§ 185	§ 3 Rn. 2; § 9 Rn. 14; § 11 Rn. 18; § 16 Rn. 16
§ 195	§ 20 Rn. 15, 39
§ 199	§ 20 Rn. 15, 39
§ 204	§ 20 Rn. 15
§ 242	§ 13 Rn. 26, 31; § 24 Rn. 20
§ 275	§ 13 Rn. 34; § 22 Rn. 5
§ 277	§ 9 Rn. 17
§ 280	§ 9 Rn. 17; § 10 Rn. 9
§ 283	§ 9 Rn. 17; § 10 Rn. 9
§ 311a	§ 9 Rn. 17; § 11 Rn. 18; § 16 Rn. 7
§ 311 b	§ 13 Rn. 11; § 19 Rn. 21, 25; § 22 Rn. 3; § 23 Rn. 1, 6
§ 313	§ 22 Rn. 6
§ 314	§ 13 Rn. 13, 34
§ 320	§ 13 Rn. 13, 34; § 22 Rn. 4
§ 323	§ 13 Rn. 34; § 22 Rn. 4
§ 326	§ 22 Rn. 5
§ 328	§ 14 Rn. 17, 20; § 24 Rn. 14, 17
§ 330	§ 14 Rn. 18, 20
§ 331	§ 14 Rn. 17f., 20f.; § 20 Rn. 29; § 24 Rn. 14
§ 346	§ 22 Rn. 4f.
§ 362	§ 17 Rn. 11
§ 398	§ 16 Rn. 11; § 20 Rn. 14; § 23 Rn. 3; § 24 Rn. 21
§ 405	§ 16 Rn. 11
§ 407	§ 17 Rn. 11
§ 413	§ 24 Rn. 21
§ 414	§ 23 Rn. 8
§ 421	§ 10 Rn. 13
§ 433	§ 23 Rn. 2
§ 446	§ 23 Rn. 7
§ 463	§ 19 Rn. 9, 12
§ 464	§ 19 Rn. 11f.
§ 469	§ 19 Rn. 11
§ 472	§ 19 Rn. 9f.
§ 516	§ 9 Rn. 15; § 13 Rn. 22, 24; § 14 Rn. 3f., 7, 9; § 20 Rn. 27
§ 518	§ 14 Rn. 4, 6f., 9f., 12, 14, 16, 20, 22; § 22 Rn. 3
§ 530	§ 13 Rn. 22
§ 531	§ 13 Rn. 22
§ 611	§ 13 Rn. 34
§ 612	§ 6 Rn. 1
§ 626	§ 13 Rn. 34
§ 666	§ 11 Rn. 15
§ 667	§ 11 Rn. 15
§ 670	§ 11 Rn. 22; § 15 Rn. 27
§ 672	§ 14 Rn. 16
§ 677	§ 17 Rn. 3
§ 683	§ 15 Rn. 27
§ 718	§ 19 Rn. 1
§ 719	§ 19 Rn. 1, 4
§ 727	§ 24 Rn. 9f., 12
§ 736	§ 24 Rn. 10
§ 738	§ 19 Rn. 21; § 24 Rn. 10, 12, 14
§ 741	§ 19 Rn. 1
§ 745	§ 19 Rn. 13, 16f., 19
§ 747	§ 19 Rn. 1
§ 749	§ 19 Rn. 22
§ 752	§ 19 Rn. 29
§ 753	§ 19 Rn. 29
§ 766	§ 22 Rn. 3
§ 812	§ 13 Rn. 13; § 14 Rn. 4, 7, 14ff., 20; § 17 Rn. 2, 4, 8
§ 816	§ 9 Rn. 15; § 11 Rn. 9; § 16 Rn. 14; § 17 Rn. 11; § 20 Rn. 37
§ 818	§ 12 Rn. 24; § 13 Rn. 22, 26; § 17 Rn. 8, 13

§ 819	§ 12 Rn. 24; § 13 Rn. 26
§ 822	§ 20 Rn. 37
§ 823	§ 17 Rn. 2; § 19 Rn. 20
§ 850	§ 17 Rn. 14
§ 857	§ 15 Rn. 23; § 16 Rn. 9; § 17 Rn. 5, 13; § 23 Rn. 5
§ 858	§ 17 Rn. 13
§ 861	§ 17 Rn. 2
§ 873	§ 16 Rn. 10; § 19 Rn. 2, 23, 27; § 23 Rn. 3
§ 883	§ 12 Rn. 13; § 13 Rn. 11, 26, 34
§ 885	§ 16 Rn. 15
§ 891	§ 16 Rn. 6
§ 892	§ 9 Rn. 14; § 11 Rn. 17; § 15 Rn. 22; § 16 Rn. 7, 10, 12; § 18 Rn. 12
§ 893	§ 16 Rn. 7, 15; § 18 Rn. 12
§ 894	§ 17 Rn. 7; § 23 Rn. 4
§ 925	§ 16 Rn. 10; § 19 Rn. 2, 23, 27; § 23 Rn. 3
§ 929	§ 11 Rn. 9, 16; § 14 Rn. 4, 12, 14 ff.; § 15 Rn. 23; § 16 Rn. 9; § 17 Rn. 8; § 19 Rn. 19, 27; § 23 Rn. 3
§ 931	§ 14 Rn. 15
§ 932	§ 9 Rn. 15; § 11 Rn. 9, 16; § 15 Rn. 22 f.; § 16 Rn. 9, 11; § 17 Rn. 13
§ 935	§ 11 Rn. 16; § 15 Rn. 23; § 16 Rn. 9; § 17 Rn. 5
§ 953	§ 17 Rn. 12
§ 955	§ 17 Rn. 12
§ 985	§ 9 Rn. 13; § 14 Rn. 14 ff.; § 17 Rn. 2, 5, 8
§ 988	§ 17 Rn. 12
§ 989	§ 17 Rn. 13
§ 994	§ 17 Rn. 2, 14
§ 996	§ 17 Rn. 14
§ 1003	§ 17 Rn. 14
§ 1007	§ 17 Rn. 2
§ 1030	§ 9 Rn. 9
§ 1089	§ 9 Rn. 9
§ 1204	§ 11 Rn. 7
§ 1235	§ 19 Rn. 29
§ 1273	§ 9 Rn. 31
§ 1274	§ 9 Rn. 31
§ 1313	§ 2 Rn. 26
§ 1314	§ 2 Rn. 46
§ 1363	§ 2 Rn. 32
§ 1365	§ 3 Rn. 2
§ 1371	§ 2 Rn. 24 f., 29, 32 ff., 48; § 7 Rn. 52; § 12 Rn. 21, 25; § 15 Rn. 4; § 19 Rn. 32; § 20 Rn. 9 ff, 16 f.
§ 1372	§ 2 Rn. 32
§ 1373	§ 2 Rn. 32; § 20 Rn. 9
§ 1378	§ 2 Rn. 32, 36, § 20 Rn. 9
§ 1383	§ 20 Rn. 9
§ 1390	§ 20 Rn. 9, 37
§ 1411	§ 13 Rn. 6
§ 1414	§ 2 Rn. 37, 48
§ 1415	§ 2 Rn. 38
§ 1416	§ 2 Rn. 31, 38; § 19 Rn. 1
§ 1417	§ 2 Rn. 38
§ 1418	§ 2 Rn. 38
§ 1419	§ 19 Rn. 1, 4
§ 1482	§ 2 Rn. 38
§ 1483	§ 2 Rn. 38
§ 1519	§ 2 Rn. 39
§ 1564	§ 2 Rn. 26 f.
§ 1565	§ 7 Rn. 15
§ 1566	§ 2 Rn. 27
§ 1589	§ 2 Rn. 3, 17, 19
§ 1590	§ 2 Rn. 2; § 12 Rn. 18
§ 1591	§ 2 Rn. 6
§ 1592	§ 2 Rn. 3 f.
§ 1599	§ 2 Rn. 3 f.
§ 1600	§ 2 Rn. 3 ff.
§ 1600a	§ 2 Rn. 5
§ 1600b	§ 2 Rn. 4 f.
§ 1600d	§ 2 Rn. 4 f.
§ 1624	§ 19 Rn. 31; § 20 Rn. 25

§ 1629	§ 19 Rn. 26	§ 1931	§ 2 Rn. 2, 25 ff., 48; § 7
§ 1629a	§ 24 Rn. 6		Rn. 52; § 9 Rn. 28; § 12
§ 1643	§ 15 Rn. 6; § 24 Rn. 6		Rn. 21, 25; § 19 Rn. 32;
§ 1680	§ 19 Rn. 26		§ 20 Rn. 9
§ 1741	§ 2 Rn. 7	§ 1932	§ 2 Rn. 40 ff., 49; § 10
§ 1754	§ 2 Rn. 7		Rn. 4
§ 1755	§ 2 Rn. 7	§ 1933	§ 2 Rn. 27, 46
§ 1756	§ 2 Rn. 7	§ 1934a a. F.	§ 2 Rn. 20
§ 1770	§ 2 Rn. 7	§ 1934b a. F.	§ 2 Rn. 20
§ 1773	§ 15 Rn. 21, 24	§ 1934d a. F.	§ 2 Rn. 21
§ 1793	§ 15 Rn. 21	§ 1936	§ 1 Rn. 2; § 2 Rn. 45, 50;
§ 1822	§ 24 Rn. 6		§ 22 Rn. 7
§ 1833	§ 15 Rn. 21	§ 1937	§ 3 Rn. 2; § 7 Rn. 14; § 8
§ 1896	§ 3 Rn. 9; § 4 Rn. 5; § 22		Rn. 1
	Rn. 10	§ 1938	§ 2 Rn. 1, 41, 45; § 8
§ 1902	§ 22 Rn. 10		Rn. 1, 15; § 20 Rn. 18
§ 1903	§ 4 Rn. 5	§ 1939	§ 1 Rn. 8; § 7 Rn. 14; § 8
§ 1909	§ 15 Rn. 24; § 19 Rn. 26		Rn. 3; § 10 Rn. 2, 4, 6;
§ 1915	§ 15 Rn. 21, 24		§ 12 Rn. 13; § 17 Rn. 5
§ 1922	§ 1 Rn. 5, 7; § 3 Rn. 8;	§ 1940	§ 10 Rn. 2, 14
	§ 10 Rn. 1, 16; § 12	§ 1941	§ 3 Rn. 2; § 10 Rn. 4, 14;
	Rn. 13; § 14 Rn. 14, 16;		§ 13 Rn. 1 f.
	§ 15 Rn. 3; § 17 Rn. 1,	§ 1942	§ 1 Rn. 6; § 2 Rn. 50; § 3
	11; § 18 Rn. 1; § 19		Rn. 8; § 13 Rn. 26; § 15
	Rn. 1; § 23 Rn. 1; § 24		Rn. 1, 4, 8
	Rn. 20 § 25 Rn. 3	§ 1943	§ 15 Rn. 1, 8, 12, 22
§ 1923	§ 1 Rn. 11 f.; § 2 Rn. 1;	§ 1944	§ 9 Rn. 11, 12; § 10
	§ 7 Rn. 38; § 8 Rn. 9;		Rn. 5; § 15 Rn. 1, 5, 7;
	§ 10 Rn. 10; § 14 Rn. 3;		§ 20 Rn. 17
	§ 20 Rn. 36	§ 1945	§ 9 Rn. 30; § 15 Rn. 5, 8
§ 1924	§ 2 Rn. 2 ff., 8, 10, 12,	§ 1946	§ 9 Rn. 12; § 15 Rn. 6
	14 f., 28, 32, 37, 47; § 7	§ 1947	§ 15 Rn. 6
	Rn. 4; § 9 Rn. 28; § 12	§ 1948	§ 2 Rn. 41; § 12 Rn. 21;
	Rn. 18; § 15 Rn. 4, 7;		§ 15 Rn. 4
	§ 19 Rn. 32; § 20 Rn. 3,	§ 1949	§ 15 Rn. 4, 15
	6, 26	§ 1950	§ 15 Rn. 4
§ 1925	§ 1 Rn. 14; § 2 Rn. 8,	§ 1952	§ 15 Rn. 6 f.
	10 f., 14 f., 28, 47; § 20	§ 1953	§ 1 Rn. 6; § 2 Rn. 1, 13,
	Rn. 18		41; § 7 Rn. 14; § 8 Rn. 9;
§ 1926	§ 1 Rn. 14; § 2 Rn. 8,		§ 15 Rn. 1, f., 2, 4, 7,
	10 f., 16, 29, 34		22 f.; § 17 Rn. 3; § 20
§ 1928	§ 2 Rn. 8, 10 f., 17		Rn. 18; § 24 Rn. 19
§ 1929	§ 2 Rn. 8, 10 f.	§ 1954	§ 15 Rn. 9
§ 1930	§ 2 Rn. 8, 14; § 7 Rn. 4;	§ 1955	§ 15 Rn. 9
	§ 20 Rn. 3, 6	§ 1956	§ 15 Rn. 12, 23

§ 1957	§ 15 Rn. 14, 23	§ 2005	§ 18 Rn. 25, 27
§ 1958	§ 15 Rn. 2, 17 f.; § 18 Rn. 28	§ 2006	§ 18 Rn. 27
		§ 2009	§ 18 Rn. 26
§ 1959	§ 15 Rn. 8, 19 f., 22; § 17 Rn. 3	§ 2013	§ 18 Rn. 27
		§ 2014	§ 18 Rn. 27, 29
§ 1960	§ 15 Rn. 21, 24	§ 2015	§ 18 Rn. 27, 29
§ 1961	§ 15 Rn. 17	§ 2016	§ 18 Rn. 27
§ 1964	§ 2 Rn. 50	§ 2018	§ 17 Rn. 1 ff., 11 ff.
§ 1966	§ 2 Rn. 50	§ 2019	§ 17 Rn. 1 f., 4, 6, 8 ff., 13
§ 1967	§ 2 Rn. 42; § 6 Rn. 1, 7; § 12 Rn. 15; § 14 Rn. 9; § 18 Rn. 1, 4; § 22 Rn. 3; § 24 Rn. 4	§ 2020	§ 17 Rn. 1 f., 6, 12 f.
		§ 2021	§ 17 Rn. 13
		§ 2022	§ 17 Rn. 2, 14
§ 1968	§ 18 Rn. 1, 4	§ 2023	§ 17 Rn. 2, 13 f.
§ 1969	§ 2 Rn. 43, 49; § 10 Rn. 4	§ 2024	§ 17 Rn. 13 f.
		§ 2025	§ 17 Rn. 13 f.
§ 1970	§ 18 Rn. 5, 27, 29	§ 2029	§ 17 Rn. 2, 15
§ 1973	§ 18 Rn. 7, 22, 27	§ 2032	§ 1 Rn. 8; § 2 Rn. 14 ff.; § 19 Rn. 1
§ 1974	§ 18 Rn. 7, 27		
§ 1975	§ 2 Rn. 50; § 11 Rn. 10, 19; § 18 Rn. 2, 7, 9, 18, 27; § 20 Rn. 37; § 24 Rn. 3	§ 2033	§ 9 Rn. 29; § 19 Rn. 1, 7 f., 21; § 23 Rn. 4, 6
		§ 2034	§ 19 Rn. 4, 9 ff.; § 23 Rn. 1
§ 1976	§ 18 Rn. 13, 20	§ 2035	§ 19 Rn. 12
§ 1977	§ 18 Rn. 13, 17	§ 2037	§ 19 Rn. 4, 9, 12
§ 1978	§ 18 Rn. 21, 23	§ 2038	§ 19 Rn. 3, 13 ff., 19 f.
§ 1979	§ 18 Rn. 21, 23	§ 2039	§ 17 Rn. 3; § 19 Rn. 20
§ 1980	§ 18 Rn. 14, 19		
§ 1981	§ 18 Rn. 10, 16, 27	§ 2040	§ 12 Rn. 25; § 19 Rn. 1, 3, 13, 16, 18 ff.
§ 1982	§ 18 Rn. 10		
§ 1984	§ 18 Rn. 10 ff., 17	§ 2041	§ 19 Rn. 3
§ 1985	§ 18 Rn. 10, 14, 16	§ 2042	§ 10 Rn. 3, 18; § 19 Rn. 16, 21 f., 29
§ 1986	§ 18 Rn. 15		
§ 1988	§ 18 Rn. 10	§ 2044	§ 19 Rn. 22
§ 1989	§ 18 Rn. 22, 27	§ 2046	§ 19 Rn. 29
§ 1990	§ 18 Rn. 15, 23, 27; § 19 Rn. 39; § 20 Rn. 37; § 24 Rn. 6	§ 2047	§ 19 Rn. 29
		§ 2048	§ 1 Rn. 8; § 8 Rn. 1, 6; § 10 Rn. 3, 7, 12, 16; § 19 Rn. 23 f.
§ 1991	§ 18 Rn. 23; § 24 Rn. 6		
§ 1992	§ 18 Rn. 23, 27; § 19 Rn. 39	§ 2050	§ 19 Rn. 31; § 20 Rn. 25, 40
§ 1994	§ 18 Rn. 24, 27	§ 2052	§ 19 Rn. 31
§ 2001	§ 18 Rn. 25	§ 2055	§ 19 Rn. 32
§ 2002	§ 18 Rn. 25	§ 2056	§ 19 Rn. 32
§ 2003	§ 18 Rn. 25	§ 2057a	§ 19 Rn. 34

§ 2058   § 10 Rn. 13; § 19
         Rn. 35 f., 38
§ 2059   § 19 Rn. 36 f.; § 24
         Rn. 18
§ 2060   § 19 Rn. 40
§ 2061   § 19 Rn. 40
§ 2064   § 3 Rn. 2, 5; § 4 Rn. 1, 3,
         6 ff.
§ 2065   § 3 Rn. 2, 5; § 4 Rn. 1,
         7 ff.; § 5 Rn. 23; § 10
         Rn. 11
§ 2066   § 7 Rn. 11, 17 f.
§ 2067   § 2 Rn. 1; § 7 Rn. 18
§ 2068   § 7 Rn. 17, 19
§ 2069   § 7 Rn. 7 f., 14; § 8
         Rn. 11, 16; § 9 Rn. 12,
         22, 28; § 12 Rn. 18; § 15
         Rn. 4; § 22 Rn. 15
§ 2070   § 7 Rn. 17, 20
§ 2072   § 4 Rn. 10
§ 2073   § 7 Rn. 17, 20
§ 2074   § 7 Rn. 21, 23; § 8 Rn. 1;
         § 9 Rn. 8
§ 2075   § 7 Rn. 24; § 8 Rn. 1; § 9
         Rn. 8
§ 2076   § 7 Rn. 21, 25
§ 2077   § 7 Rn. 11, 15 f.; § 12
         Rn. 6; § 13 Rn. 36
§ 2078   § 3 Rn. 5; § 6 Rn. 3, 11,
         13; § 7 Rn. 4, 16, 26 ff.,
         42 f., 53; § 8 Rn. 9; § 12
         Rn. 25, 27; § 13 Rn. 34,
         36 ff.; § 15 Rn. 23; § 16
         Rn. 24
§ 2079   § 7 Rn. 26 ff., 36, 38 f.,
         43, 52 f.; § 8 Rn. 9; § 12
         Rn. 25 ff.; § 13 Rn. 36;
         § 15 Rn. 23; § 16 Rn. 24
§ 2080   § 7 Rn. 26, 41 ff.; § 12
         Rn. 25; § 13 Rn. 36 f.
§ 2081   § 7 Rn. 44 f.
§ 2082   § 7 Rn. 29, 46 ff.; § 13
         Rn. 37
§ 2084   § 4 Rn. 10; § 5 Rn. 8; § 7
         Rn. 11 ff.; § 14 Rn. 6

§ 2085   § 3 Rn. 2; § 5 Rn. 16; § 7
         Rn. 11, 13, 51 ff.; § 13
         Rn. 12, 35
§ 2086   § 7 Rn. 11; § 13 Rn. 21
§ 2087   § 8 Rn. 4 f., 8, 15; § 10
         Rn. 6 f.; § 13 Rn. 21 f.
§ 2088   § 2 Rn. 1; § 6 Rn. 6; § 8
         Rn. 1, 13 f.
§ 2089   § 8 Rn. 14
§ 2090   § 8 Rn. 14
§ 2094   § 8 Rn. 13; § 9 Rn. 12
§ 2096   § 7 Rn. 7, 41; § 8 Rn. 1,
         9, 13; § 9 Rn. 6, 12, 22,
         27; § 12 Rn. 18; § 15
         Rn. 4; § 22 Rn. 6
§ 2097   § 8 Rn. 10
§ 2099   § 8 Rn. 13
§ 2100   § 3 Rn. 14; § 7 Rn. 22;
         § 8 Rn. 1, 12; § 9 Rn. 1;
         § 12 Rn. 10
§ 2101   § 9 Rn. 6
§ 2102   § 8 Rn. 12; § 9 Rn. 6 f.,
         11
§ 2104   § 7 Rn. 22; § 9 Rn. 8
§ 2105   § 7 Rn. 22; § 9 Rn. 8
§ 2108   § 7 Rn. 23; § 9 Rn. 23,
         26, 28 f.
§ 2109   § 9 Rn. 10
§ 2110   § 10 Rn. 12
§ 2111   § 9 Rn. 9, 13, 20
§ 2112   § 9 Rn. 13
§ 2113   § 9 Rn. 3, 9, 13 ff., 20;
         § 12 Rn. 30
§ 2114   § 9 Rn. 3
§ 2115   § 9 Rn. 3, 13, 19 f.; § 20
         Rn. 48
§ 2120   § 9 Rn. 17
§ 2130   § 9 Rn. 13, 17; § 17
         Rn. 3
§ 2131   § 9 Rn. 17
§ 2134   § 9 Rn. 13, 17
§ 2136   § 8 Rn. 2; § 9 Rn. 13, 16,
         18 f.; § 12 Rn. 29 f.
§ 2137   § 9 Rn. 16
§ 2138   § 9 Rn. 13, 18

§ 2139	§ 9 Rn. 2, 12, 24	§ 2210	§ 3 Rn. 14; § 11 Rn. 2 f.,
§ 2142	§ 9 Rn. 12, 30		14
§ 2147	§ 4 Rn. 10; § 8 Rn. 1;	§ 2211	§ 3 Rn. 14; § 11 Rn. 4, 8,
	§ 10 Rn. 2, 8 f., 13; § 17		16, 18
	Rn. 5; § 25 Rn. 3	§ 2212	§ 11 Rn. 13
§ 2148	§ 10 Rn. 13	§ 2213	§ 11 Rn. 14
§ 2150	§ 2 Rn. 42; § 10 Rn. 12,	§ 2214	§ 3 Rn. 14; § 11 Rn. 4,
	17; § 24 Rn. 20		14; § 20 Rn. 48
§ 2151	§ 4 Rn. 10 f.; § 10	§ 2216	§ 11 Rn. 7, 11
	Rn. 11	§ 2218	§ 11 Rn. 15, 22
§ 2154	§ 10 Rn. 8	§ 2219	§ 11 Rn. 7, 11, 15
§ 2155	§ 10 Rn. 8	§ 2221	§ 11 Rn. 15
§ 2156	§ 10 Rn. 8	§ 2225	§ 11 Rn. 5
§ 2160	§ 14 Rn. 3	§ 2226	§ 11 Rn. 5
§ 2170	§ 10 Rn. 6	§ 2227	§ 11 Rn. 5, 15
§ 2171	§ 3 Rn. 10	§ 2229	§ 4 Rn. 1 ff.; § 22 Rn. 2
§ 2174	§ 1 Rn. 8; § 2 Rn. 42; § 8	§ 2231	§ 3 Rn. 2; § 5 Rn. 1; § 7
	Rn. 3; § 9 Rn. 9; § 10		Rn. 3, 10
	Rn. 2, 5, 9, 14, 17 f.; § 14	§ 2232	§ 4 Rn. 3; § 5 Rn. 3 f.,
	Rn. 9		20 ff.; § 14 Rn. 9
§ 2176	§ 10 Rn. 18	§ 2233	§ 4 Rn. 3; § 5 Rn. 25
§ 2178	§ 10 Rn. 10	§ 2234	§ 5 Rn. 26
§ 2180	§ 10 Rn. 5, 18	§ 2246	§ 5 Rn. 26
§ 2182	§ 10 Rn. 8 f.	§ 2247	§ 4 Rn. 3; § 5 Rn. 2, 4 f.,
§ 2183	§ 10 Rn. 8 f.		9 ff., 17 f.; § 6 Rn. 15;
§ 2191	§ 12 Rn. 13		§ 14 Rn. 4, 8 f.
§ 2192	§ 3 Rn. 10; § 4 Rn. 10;	§ 2248	§ 5 Rn. 6, 19; § 6 Rn. 12
	§ 8 Rn. 1; § 10 Rn. 2	§ 2249	§ 5 Rn. 4, 27, 29 f..
§ 2193	§ 4 Rn. 10	§ 2250	§ 5 Rn. 4, 27, 29 f.
§ 2194	§ 10 Rn. 15	§ 2251	§ 5 Rn. 4, 27, 31
§ 2197	§ 3 Rn. 14; § 8 Rn. 1;	§ 2252	§ 5 Rn. 27 f.;
	§ 11 Rn. 3	§ 2253	§ 3 Rn. 2 f., 8; § 6
§ 2198	§ 11 Rn. 3		Rn. 1; § 7 Rn. 26; § 13
§ 2200	§ 11 Rn. 3		Rn. 1, 9, 36; § 22 Rn. 2
§ 2201	§ 11 Rn. 3	§ 2254	§ 6 Rn. 4 f., 14; § 12
§ 2202	§ 11 Rn. 4		Rn. 18; § 13 Rn. 9, 36
§ 2203	§ 11 Rn. 2	§ 2255	§ 6 Rn. 7 f., 10 f., 15
§ 2204	§ 11 Rn. 2; § 19 Rn. 22,	§ 2256	§ 5 Rn. 19; § 6 Rn. 12 f.,
	24		15; § 7 Rn. 31
§ 2205	§ 11 Rn. 2, 7 f., 11, 13,	§ 2257	§ 6 Rn. 14
	16	§ 2258	§ 5 Rn. 17 f.; § 6 Rn. 5 f.,
§ 2206	§ 11 Rn. 10 f., 19		14; § 17 Rn. 5
§ 2207	§ 11 Rn. 11, 19	§ 2258a	§ 5 Rn. 26
§ 2208	§ 11 Rn. 7	§ 2265	§ 3 Rn. 2; § 12 Rn. 1, 5
§ 2209	§ 11 Rn. 2	§ 2266	§ 12 Rn. 2

§ 2267 § 5 Rn. 5; § 12 Rn. 5, 7 f.

§ 2268 § 12 Rn. 6

§ 2269 § 12 Rn. 1, 12, 17; § 13 Rn. 10; § 22 Rn. 6, 15

§ 2270 § 10 Rn. 18; § 12 Rn. 1, 5, 8, 16 ff., 25

§ 2271 § 3 Rn. 4; § 6 Rn. 2; § 7 Rn. 29; § 12 Rn. 1, 8, 16 f., 27; § 22 Rn. 2

§ 2274 § 3 Rn. 2, 5; § 4 Rn. 1; § 12 Rn. 4; § 13 Rn. 5

§ 2275 § 2 Rn. 45; § 4 Rn. 1; § 13 Rn. 6

§ 2276 § 13 Rn. 5, 7, 13, 16 f.; § 14 Rn. 4, 8 f.

§ 2278 § 3 Rn. 4; § 6 Rn. 2; § 10 Rn. 18; § 11 Rn. 3; § 13 Rn. 2, 8, 12

§ 2279 § 2 Rn. 45; § 3 Rn. 5; § 4 Rn. 1; § 13 Rn. 12, 36

§ 2280 § 2 Rn. 45; § 13 Rn. 10

§ 2281 § 7 Rn. 29; § 12 Rn. 25 ff.; § 13 Rn. 28, 34, 36 ff.

§ 2282 § 13 Rn. 37

§ 2283 § 12 Rn. 25 f.; § 13 Rn. 34, 37

§ 2285 § 7 Rn. 29; § 12 Rn. 25; § 13 Rn. 36 f.

§ 2286 § 12 Rn. 23; § 13 Rn. 11, 18, 21

§ 2287 § 12 Rn. 23 f.; § 13 Rn. 18 f., 22, 24 ff., 34; § 20 Rn. 37

§ 2288 § 12 Rn. 23; § 13 Rn. 27

§ 2289 § 7 Rn. 29; § 13 Rn. 14, 16, 25

§ 2290 § 2 Rn. 45; § 3 Rn. 4; § 13 Rn. 16, 25, 28 f.; § 22 Rn. 2

§ 2291 § 13 Rn. 16, 29

§ 2292 § 2 Rn. 45; § 13 Rn. 29

§ 2293 § 13 Rn. 17, 28, 30 f., 34

§ 2294 § 12 Rn. 22, 27; § 13 Rn. 30, 32

§ 2295 § 13 Rn. 13, 30, 33 f.

§ 2296 § 12 Rn. 16, 19; § 13 Rn. 17, 35

§ 2297 § 13 Rn. 35

§ 2298 § 13 Rn. 12, 35, 37

§ 2299 § 11 Rn. 3; § 13 Rn. 8, 29, 35 f.

§ 2301 § 14 Rn. 3 ff., 7 ff., 14 ff., 18, 20 f.; § 24 Rn. 21; § 25 Rn. 3

§ 2302 § 3 Rn. 4; § 6 Rn. 1; § 13 Rn. 1, 4, 34

§ 2303 § 1 Rn. 4, 14; § 2 Rn. 36; § 3 Rn. 1, 6, 14; § 8 Rn. 15; § 9 Rn. 4; § 12 Rn. 14; § 15 Rn. 4; § 20 Rn. 1 ff., 6, 9, 11, 13, 16, 26, 35, 39; § 22 Rn. 12; § 25 Rn. 3

§ 2304 § 8 Rn. 15; § 20 Rn. 5, 34

§ 2305 § 3 Rn. 14; § 20 Rn. 6, 11, 26

§ 2306 § 3 Rn. 15; § 9 Rn. 11 f.; § 12 Rn. 14; § 15 Rn. 13; § 20 Rn. 7

§ 2307 § 20 Rn. 8, 12

§ 2309 § 20 Rn. 3; § 21 Rn. 7

§ 2310 § 20 Rn. 16, 18; § 22 Rn. 12, 17

§ 2311 § 2 Rn. 36, 39; § 20 Rn. 17, 19 f., 22

§ 2312 § 20 Rn. 21

§ 2313 § 20 Rn. 22 f.

§ 2314 § 20 Rn. 40

§ 2315 § 20 Rn. 24

§ 2316 § 20 Rn. 25, 40

§ 2317 § 20 Rn. 14, 19

§ 2318 § 20 Rn. 13

§ 2324 § 20 Rn. 3

§ 2325 § 14 Rn. 21; § 20 Rn. 26 ff., 35, 38 ff. § 24 Rn. 1, 11

§ 2326 § 20 Rn. 34, 39; § 24 Rn. 21

§ 2327	§ 20 Rn. 35
§ 2328	§ 20 Rn. 37
§ 2329	§ 20 Rn. 34, 37 ff.; § 24 Rn. 1
§ 2330	§ 20 Rn. 27
§ 2331a	§ 20 Rn. 14
§ 2332	§ 20 Rn. 39
§ 2333	§ 1 Rn. 14; § 12 Rn. 27; § 20 Rn. 2, 41 ff., 46 ff.; § 21 Rn. 7
§ 2336	§ 12 Rn. 22; § 20 Rn. 47
§ 2337	§ 20 Rn. 45
§ 2338	§ 20 Rn. 48
§ 2339	§ 1 Rn. 14; § 3 Rn. 5; § 21 Rn. 1, 3
§ 2340	§ 21 Rn. 5
§ 2341	§ 21 Rn. 1, 5; § 23 Rn. 5
§ 2342	§ 21 Rn. 1, 5 f.
§ 2343	§ 21 Rn. 4, 7
§ 2344	§ 7 Rn. 14; § 8 Rn. 9; § 21 Rn. 5 f.
§ 2345	§ 21 Rn. 2, 6 f.
§ 2346	§ 2 Rn. 1; § 8 Rn. 9; § 12 Rn. 15; § 13 Rn. 7; § 15 Rn. 6; § 22 Rn. 1 f., 5, 7, 12 f.
§ 2347	§ 22 Rn. 2, 10 f., 15
§ 2348	§ 12 Rn. 15; § 13 Rn. 25; § 22 Rn. 3, 8 f., 15
§ 2349	§ 22 Rn. 14 ff.
§ 2351	§ 22 Rn. 4, 6, 16 f.
§ 2352	§ 15 Rn. 6; § 22 Rn. 2, 6, 8, 15
§ 2353	§ 16 Rn. 1 ff., 17 ff.; § 23 Rn. 5
§ 2357	§ 16 Rn. 3
§ 2358	§ 16 Rn. 19
§ 2361	§ 16 Rn. 5, 7, 22 ff.
§ 2362	§ 16 Rn. 5, 23
§ 2363	§ 9 Rn. 14; § 16 Rn. 2, 6
§ 2364	§ 11 Rn. 16; § 16 Rn. 2, 6
§ 2365	§ 11 Rn. 25; § 16 Rn. 6, 20, 22
§ 2366	§ 11 Rn. 25; § 12 Rn. 30; § 16 Rn. 1, 7 ff., 20 ff.
§ 2367	§ 11 Rn. 25; § 16 Rn. 1, 7, 14 ff., 20 ff.; § 17 Rn. 11
§ 2368	§ 11 Rn. 25
§ 2369	§ 16 Rn. 4
§ 2371	§ 9 Rn. 29; § 19 Rn. 8; § 23 Rn. 1 f., 6
§ 2374	§ 23 Rn. 3
§ 2376	§ 23 Rn. 7 f.
§ 2378	§ 23 Rn. 9
§ 2380	§ 23 Rn. 7
§ 2382	§ 23 Rn. 1, 8
§ 2383	§ 23 Rn. 8
§ 2385	§ 9 Rn. 29; § 23 Rn. 1

BNotO

§ 19	§ 5 Rn. 26
§ 78b	§ 15 Rn. 26
§ 78c	§ 15 Rn. 26

EGBGB

Art. 25	§ 1 Rn. 16; § 16 Rn. 4
Art. 26	§ 5 Rn. 17
Art. 64	§ 1 Rn. 9
Art. 147	§ 16 Rn. 18
Art. 227	§ 2 Rn. 23
Art. 230	§ 1 Rn. 18
Art. 234	§ 2 Rn. 39
Art. 235	§ 1 Rn. 17 f.; § 2 Rn. 22

EGHGB

Art. 2	§ 11 Rn. 20

EMRK

Art. 8	§ 2 Rn. 23
Art. 14	§ 2 Rn. 23

ErbStG

§ 1	§ 25 Rn. 3
§ 3	§ 25 Rn. 3
§ 6	§ 25 Rn. 1
§ 7	§ 25 Rn. 3
§ 9	§ 25 Rn. 3, 8

§ 10	§ 25 Rn. 5
§ 11	§ 25 Rn. 8
§ 12	§ 25 Rn. 8
§ 13	§ 25 Rn. 6
§ 13a	§ 25 Rn. 6
§ 13b	§ 25 Rn. 6
§ 13c	§ 25 Rn. 6
§ 14	§ 25 Rn. 4
§ 15	§ 25 Rn. 9
§ 16	§ 25 Rn. 7
§ 17	§ 25 Rn. 7
§ 19	§ 25 Rn. 9

FamFG

§ 1	§ 18 Rn. 6
§ 10	§ 15 Rn. 27
§ 25	§ 7 Rn. 44
§ 26	§ 16 Rn. 19
§ 38	§ 16 Rn. 20, 22
§ 39	§ 16 Rn. 20
§ 68	§ 16 Rn. 22
§ 70	§ 16 Rn. 22
§ 105	§ 16 Rn. 4
§ 113	§ 2 Rn. 27
§ 124	§ 2 Rn. 27
§ 184	§ 2 Rn. 3 f.
§ 342	§ 2 Rn. 50; § 5 Rn. 26; § 7 Rn. 44; § 16 Rn. 17
§ 343	§ 7 Rn. 44; § 16 Rn. 18
§ 344	§ 5 Rn. 26
§ 347	§ 15 Rn. 26
§ 348	§ 10 Rn. 15; § 15 Rn. 5, 26
§ 352	§ 16 Rn. 21 f.
§ 363	§ 19 Rn. 29
§ 433	§ 18 Rn. 6
§ 434	§ 18 Rn. 6
§ 435	§ 18 Rn. 6
§ 439	§ 18 Rn. 6
§ 441	§ 18 Rn. 6
§ 454	§ 18 Rn. 6
§ 455	§ 18 Rn. 6, 27
§ 458	§ 18 Rn. 6
§ 463	§ 18 Rn. 6

FGB-DDR

§ 13	§ 2 Rn. 39

GmbHG

§ 15	§ 24 Rn. 7, 23
§ 18	§ 24 Rn. 7
§ 46	§ 24 Rn. 7

GBO

§ 13	§ 16 Rn. 10, 15
§ 19	§ 9 Rn. 14; § 16 Rn. 15; § 23 Rn. 4
§ 20	§ 16 Rn. 10
§ 22	§ 1 Rn. 5; § 11 Rn. 17; § 16 Rn. 10, 15; § 17 Rn. 7; § 19 Rn. 2
§ 29	§ 9 Rn. 14; § 16 Rn. 15
§ 35	§ 1 Rn. 5; § 5 Rn. 20; § 9 Rn. 14; § 11 Rn. 17; § 16 Rn. 10, 15; § 17 Rn. 7; § 19 Rn. 2
§ 40	§ 16 Rn. 10, 15
§ 47	§ 19 Rn. 2, 5
§ 51	§ 9 Rn. 14
§ 52	§ 11 Rn. 17
§ 82	§ 11 Rn. 17

Grundgesetz

Art. 3	§ 2 Rn. 17; § 3 Rn. 7, 18; § 5 Rn. 22; § 20 Rn. 32; § 25 Rn. 8
Art. 4	§ 3 Rn. 12
Art. 6	§ 1 Rn. 14; § 2 Rn. 19, 44; § 3 Rn. 6, 12, 18; § 20 Rn. 2, 32
Art. 14	§ 1 Rn. 14; § 2 Rn. 17; § 3 Rn. 1, 6; § 5 Rn. 22, 27; § 20 Rn. 2
Art. 125a	§ 3 Rn. 8

GVG

§ 23a	§ 2 Rn. 50; § 5 Rn. 26; § 7 Rn. 44; § 16 Rn. 17 f.
§ 119	§ 16 Rn. 22
§ 133	§ 15 Rn. 22

HeimG
§ 14   § 3 Rn. 8 ff.

HGB
§ 22   § 24 Rn. 2
§ 25   § 11 Rn. 19; § 24 Rn. 3 f.
§ 27   § 11 Rn. 19; § 24
            Rn. 3 ff.
§ 105   § 11 Rn. 23; § 24 Rn. 12,
            14
§ 128   § 11 Rn. 23; § 24
            Rn. 17 ff.
§ 130   § 24 Rn. 19
§ 131   § 24 Rn. 10, 12 ff., 14,
            16 f.
§ 139   § 24 Rn. 13, 18 f.
§ 161   § 11 Rn. 23; § 24 Rn. 12
§ 171   § 11 Rn. 24; § 24 Rn. 8,
            19, 23
§ 177   § 24 Rn. 23

InsO
§ 26   § 18 Rn. 19
§ 27   § 18 Rn. 20
§ 38   § 18 Rn. 21
§ 39   § 18 Rn. 21
§ 47   § 17 Rn. 9; § 18 Rn. 21
§ 48   § 18 Rn. 21
§ 49   § 18 Rn. 21
§ 54   § 18 Rn. 21
§ 55   § 18 Rn. 21
§ 80   § 18 Rn. 20
§ 81   § 18 Rn. 12, 20
§ 134   § 18 Rn. 21
§ 315   § 18 Rn. 18
§ 316   § 19 Rn. 39
§ 317   § 18 Rn. 19
§ 319   § 18 Rn. 19
§ 320   § 18 Rn. 19
§ 322   § 18 Rn. 21
§ 324   § 18 Rn. 21
§ 327   § 18 Rn. 21; § 20 Rn. 20

KostO
§ 46   § 5 Rn. 20

§ 141   § 5 Rn. 20

LFGG
§ 1   § 16 Rn. 18
§ 38   § 16 Rn. 18

LPartG
§ 1   § 2 Rn. 2, 44 ff.; § 13
            Rn. 6
§ 6   § 2 Rn. 48; § 20 Rn. 9,
            17
§ 7   § 2 Rn. 48
§ 10   § 1 Rn. 14; § 2 Rn. 46 ff.;
            § 5 Rn. 5; § 6 Rn. 2; § 7
            Rn. 15; § 12 Rn. 2, 5;
            § 13 Rn. 36; § 20 Rn. 1,
            3, 32, 44
§ 11   § 2 Rn. 49
§ 15   § 2 Rn. 46

ProstG
§ 1   § 3 Rn. 13

PStG
§ 62   § 15 Rn. 27

RpflG
§ 3   § 16 Rn. 18
§ 16   § 16 Rn. 18

SGB XII
§ 90   § 3 Rn. 14
§ 93   § 3 Rn. 14 f.
§ 102   § 3 Rn. 14 f.

StGB
§ 223   § 20 Rn. 42
§ 227   § 21 Rn. 3
§ 267   § 17 Rn. 13; § 21 Rn. 3
§ 271   § 21 Rn. 3
§ 274   § 21 Rn. 3
§ 334   § 3 Rn. 7

VermG
§ 3   § 20 Rn. 23
§ 9   § 20 Rn. 23

VersicherungsvertragsG
§ 159   § 14 Rn. 18, 20

VerschollenheitsG
§ 11   § 1 Rn. 13

Weimarer Reichsverfassung
Art. 121   § 2 Rn. 19

ZGB-DDR
§ 365   § 2 Rn. 22

ZPO
§ 12   § 17 Rn. 2
§ 13   § 17 Rn. 2
§ 27   § 17 Rn. 2
§ 253   § 2 Rn. 27; § 17 Rn. 2
§ 254   § 20 Rn. 15
§ 256   § 4 Rn. 4; § 13 Rn. 11,
                 26; § 16 Rn. 26
§ 261   § 2 Rn. 27
§ 292   § 16 Rn. 6
§ 322   § 16 Rn. 26

§ 325   § 16 Rn. 26
§ 327   § 11 Rn. 13
§ 727   § 15 Rn. 18
§ 747   § 19 Rn. 3
§ 748   § 11 Rn. 14
§ 767   § 19 Rn. 37
§ 771   § 17 Rn. 9
§ 778   § 15 Rn. 18
§ 779   § 15 Rn. 18
§ 780   § 11 Rn. 14; § 19 Rn. 37
§ 781   § 19 Rn. 37
§ 785   § 19 Rn. 37
§ 792   § 16 Rn. 19
§ 851   § 9 Rn. 31; § 20 Rn. 14
§ 852   § 20 Rn. 14
§ 857   § 9 Rn. 31
§ 859   § 19 Rn. 7, 37
§ 894   § 19 Rn. 16, 19, 30
§ 896   § 16 Rn. 19

ZVG
§ 180   § 19 Rn. 29

Sachverzeichnis

Die **fett** gesetzten Zahlen verweisen auf die Paragrafen,
die mageren auf deren Randnummern.

Abfindungsanspruch des Gesellschaftererben 24 10 ff.
– Abfindung gegen Erbverzicht **22** 1
Abkömmlinge
– Ausgleichung(spflicht) **19** 31 ff.
– Auslegungsregel bei Zuwendungen an **7** 14
– Ausschlagung der Nacherbschaft durch **9** 12
– Begriff **2** 8
– gesetzliches Erbrecht **2** 3 ff.
– Pflichtteil **20** 1, 3
– Pflichtteilsentziehung **20** 42
– Wirkung des Erbverzichts auf **22** 14 ff.
Abschichtung 19 21
Abschlussfunktion (Unterschrift) 5 12
Abschmelzungsmodell 20 30 ff.
Absonderung des Nachlasses 18 2
Abstammung 2 3 ff.
Abwicklungsvollstreckung 11 2
Adoption 2 7
Änderungsvorbehalt 12 20; **13** 17
Aktien 24 7
Alleinerbschein 16 3
Amtliche Verwahrung 5 20
– Rücknahme **6** 12 f.
Amtsempfangsbedürftige Willenserklärung 7 44
Amtsermittlungsgrundsatz 6 9; **16** 19; **21** 5
Amtstheorie (Testamentsvollstrecker) 11 6
Analphabeten → Schreibunfähige
Andeutungstheorie 7 3, 7
Anerbenrecht → Höfeordnung
Anfall

– der Erbschaft **15** 1 ff.
– der Nacherbschaft **9** 2; **25** 1
Anfechtung
– der Annahme **15** 9 ff.
– der Ausschlagung **15** 9 ff.
– Berechtigter **7** 26, 40 ff.; **13** 37
– wegen Drohung **7** 37
– wegen Erbunwürdigkeit **21** 5
– des Erbvertrags **7** 29; **13** 36 ff.
– des Erbverzichts **22** 6
– Erklärung → Anfechtungserklärung
– wegen Erklärungsirrtums **7** 32
– Frist → Anfechtungsfrist
– Gründe → Anfechtungsgründe
– wegen Inhaltsirrtums **7** 31; **13** 36
– wegen Irrtum über Bindungswirkung **7** 31; **12** 27; **13** 36
– wegen Motivirrtums **7** 28, 33 ff.; **13** 34
– wegen Täuschung **7** 33
– des Testamentes **7** 26 ff.
– wegen Übergehung eines Pflichtteilsberechtigten **7** 38 f., 43
– der Vaterschaft **2** 3
– wechselbezüglicher Verfügungen **12** 25 ff.
– des Widerrufs **6** 11
– Wirkung **7** 26, 51 ff.; **13** 37; **15** 14, 23
Anfechtungserklärung
– Annahme und Ausschlagung **15** 9 ff.
– Erbunwürdigkeit **21** 5
– Erbvertrag **13** 37
– Testament **7** 44 ff.
Anfechtungsfrist
– Annahme und Ausschlagung **15** 12

- Erbvertrag 13 37
- Testament 7 29, 47 f.
Anfechtungsgründe
- Angabe der 7 46
- bei Annahme und Ausschlagung 15 9 ff.
- bei Erbvertrag 13 36 f.
- bei Testament 7 30 ff.
Anfechtungsklage bei Erbunwürdigkeit 21 5
Anhaltstheorie 7 3
Annahme als Kind → Adoption
Annahme
- Anfechtung der 15 9 ff.
- der Erbschaft 15 1, 8
- der Nacherbschaft 9 12
- Rechtslage vor 15 1 ff.
- stillschweigende 15 8
- des Testamentsvollstreckeramtes 11 4
- des Vermächtnisses 10 5
- der Vorerbschaft 9 11
Anrechnung
- auf den Pflichtteil 20 24
Anstandsschenkung 11 8; 20 27
Anteile an Kapitalgesellschaften 24 7
Anteil des Miterben am Nachlass 19 1, 4 f.; 23 4
Antragsberechtigung im Erbscheinsverfahren 16 19
Anwachsung 8 13; 9 12; 24 10
Anwartschaftsrecht
- des Nacherben 7 23; 9 23, 26, 29 ff.
- bei Schenkung auf den Todesfall 14 12
Arme (Auslegungsregel) 7 20
Aufgebot der Nachlassgläubiger 18 5 ff.
Aufgebotseinrede → Einreden
Aufgebotsverfahren 18 6 ff., 29; 19 40
Aufhebung
- des Erbvertrags 13 28 f.
- des Erbverzichts 22 16 ff.
- der Gegenverpflichtung 13 33

Auflage
- Abgrenzung zu Vermächtnis 10 2, 14
- Bestimmung der Leistung durch Dritte 4 10
- Vollziehung 10 15
Auflösende Bedingung 7 21 ff.; 8 1; 9 8
Aufschiebende Bedingung 7 21 ff.; 8 1; 9 8
Aufwendungen
- des Erben 18 21, 23
- des Erbschaftsbesitzers 17 14
- des vorläufigen Erben 15 19
Auseinandersetzung
- Anordnungen für 10 3, 16 ff.; 19 23 f.
- der Erbengemeinschaft 19 21 ff.
- Plan 19 30
- Vermittlungsverfahren 19 28
Auseinandersetzungsverbot 19 22
Auseinandersetzungsvertrag 19 25 ff.
Auseinandersetzungsvollstreckung → Abwicklungsvollstreckung
Ausgleichungspflicht 19 31; 20 25
Aushöhlungsnichtigkeit 13 19
Auskunftsanspruch
- des Pflichtteilsberechtigten 20 40
- gegenüber Testamentsvollstrecker 11 15
- des Vertragserben 13 26
Auslegung
- Andeutungstheorie 7 3
- Anfechtung, Verhältnis zur 7 27
- Einheits- oder Trennungsprinzip 12 9 ff.
- Erbvertrag 7 5; 13 9
- ergänzende 7 6 ff.
- erläuternde 7 1 ff.
- gemeinschaftliches Testament 7 5
- Grenzen 7 3
- Testament 4 9 f; 7 1 ff.
- Wechselbezüglichkeit von Verfügungen 12 18

- wohlwollende → benigna interpretatio
Auslegungsregeln
- für Ersatz- oder Nacherbfolge **8** 12; **9** 7
- gesetzliche **7** 11 ff.
- bei Pflichtteilszuwendung **20** 5
- bei Unklarheit über Bedachten **7** 17 ff.
- bei Vererblichkeit des Nacherbenrechts **9** 26 ff.
- bei Zuwendung von Vermögensgegenständen **8** 4
Ausschlagung
- Anfechtung der **15** 9 ff.
- der Erbschaft **12** 21; **15** 4 ff.; **20** 4, 7, 18
- Erklärung **15** 5
- Frist **9** 12; **10** 5; **15** 1, 5, 7
- der Nacherbschaft **9** 12
- Rechtslage vor **15** 1 f., 16 ff.
- durch Schlusserben **15** 6
- des Vermächtnisses **10** 5; **20** 8
- bei Zugewinngemeinschaft **2** 36
Ausschließungsbeschluss 18 6 f.
Außerordentliche Testamente 5 27 ff.

Bedingung
- bei letztwilligen Verfügungen **4** 12; **7** 21 ff.; **9** 8
- bei Schenkungen auf den Todesfall **14** 5 ff.
- Sittenwidrigkeit der **3** 12; **7** 24
Beeinträchtigung des Vertragserben
- Begriff **13** 15
Beeinträchtigungsabsicht 13 18 ff.
Beerdigungskosten 18 1, 4, 21
Befreiter Vorerbe → Vorerbe, befreiter
Befruchtung, künstliche → Insemination
Begünstigungswille 10 17
Behindertentestament 3 14
Benigna interpretatio 7 12

Berliner Testament 12 1, 9 ff., 21, 24 ff., 30
Beschränkung
- des Erben **20** 7
Beschwerde im Erbscheinsverfahren 16 21
Beschwerung
- des Erben **10** 13, 15; **20** 7
- des Vermächtnisnehmers **10** 15
Besitz
- Vererblichkeit **15** 23; **16** 9; **17** 8; **23** 5
Bestätigung
- anfechtbarer Verfügungen **7** 49 f.
Bestimmtheit
- von Verfügungen **4** 13
Bestimmung durch einen Dritten 4 8 ff.
- des Auflagenbegünstigten **4** 10
- des Erben **4** 10 ff.
- des Vermächtnisnehmers **4** 10; **10** 11
Beurkundungsgesetz 5 26
Beweislast
- bei Anfechtung wegen Übergehens eines Pflichtteilsberechtigten **7** 38 f.
- bei Motivirrtum **7** 33
- bei Selbstanfechtung **12** 26
- für Surrogation **9** 20
- für Testierunfähigkeit **4** 4
- für Testierwille **5** 7
- bei Widerruf **6** 9 f.
- bei Zweifel an Wirksamkeit eines Testaments **5** 18
Bewertung des Nachlasses 25 8
Bewertungsgesetz 25 8
Bezeichnung des Erben durch einen Dritten 4 11
Bindungswirkung 6 2
- Erbvertrag **10** 8 ff., 14 ff.; **12** 4
- gemeinschaftliches Testament **12** 1, 4, 19 ff.
Blinde, Testamentserrichtung **5** 11, 22, 25
Bonifatius-Fall 14 16

Brieftestament 5 8, 13
Bruchteilsgemeinschaft 19 1
Bürgermeistertestament 5 29

Damnationslegat 10 5
Dauervollstreckung 11 2
DDR 2 22; 20 23
Deckungsverhältnis 14 19 f.
Degression beim Pflichtteilsergän-
  zungsanspruch 20 30 ff.
Deutsch-französischer Wahlgüter-
  stand 2 39
Diligentia quam in suis 9 17
Dingliche Surrogation → Surroga-
  tion, dingliche
Dreimonatseinrede → Einreden
Dreißigster 2 43, 49; 10 4
Dreizeugentestament 5 30
Dringlichkeitsverfügung 15 22
Dritte Ordnung 2 16
Drittbestimmung 4 8 ff.
– des Auflagenbegünstigten 4 10
– des Erben 4 10 ff.
– des Vermächtnisnehmers 4 10; 10
  11
Drittbestimmungsverbot 4 8
Drohung
– als Anfechtungsgrund 7 37
– als Erbunwürdigkeitsgrund 21 3
Dürftiger Nachlass 18 23
Dürftigkeitseinrede → Einreden

Ehebezogene Zuwendungen 13 24;
  20 28
Ehegatte
– Erbrecht 2 24 ff.
– Erbrechtsentwicklung 2 24
– Erbvertrag 13 1, 6, 12, 29
– gemeinschaftliches Testament 12
  1 ff.
– Pflichtteil 2 36; 20 1, 3, 9 ff., 44
– Schenkung 20 32
– Voraus 2 40 ff.
Ehegüterrecht → Güterrecht
Ehescheidung 2 27; 7 15; 12 6
Ehevertrag 13 6

Eigengläubiger des Erben 18 16 f.
Eigenhändiges Testament 5 2, 5 ff.,
  9 ff.
– Verwahrung 6 12
Eigeninteresse, lebzeitiges 12 24; 13
  21 ff., 27
Eigenschaftsirrtum 7 33; 15 9 ff.
Eigenübliche Sorgfalt → Diligentia
  quam in suis
Einheitsprinzip 12 11
Eingetragene Lebenspartnerschaft
– Lebenspartnerschaft
Einheitstheorie (Zugewinngemein-
  schaft) 20 10
Einheitswert 25 8
Einreden
– Aufgebotseinrede 18 29
– Dreimonatseinrede 18 29
– Dürftigkeitseinrede 18 23
– Erschöpfungseinrede 18 7, 22
– Unzulänglichkeitseinrede 18 23
– Verschweigungseinrede 18 8
– Vorläufige Erbteilhaftung 19 36
Einseitige Verfügungen im Erbver-
  trag 13 8
Einseitige Wechselbezüglichkeit 12
  17
Einsetzung auf den Überrest 9 16
Eintrittsklausel bei Personengesell-
  schaft 24 14
Eintrittsrecht 2 13; 24 14
Einwilligungsvorbehalt 4 5
Einzelrechtsnachfolge → Singular-
  sukzession
Eispende 2 6
Eltern
– Erben der zweiten Ordnung 2 15
– Pflichtteil 20 1, 3
Embryonenschutzgesetz 1 12
Embryonenspende 2 6
Enterbung 8 1, 15 f.; 20 4 ff.
Entziehung des Pflichtteils →
  Pflichtteilsentziehung
Erbausgleich, vorzeitiger 2 21 f.
Erbe
– Bestimmung durch Dritte 4 10 ff.

– Erwerb der Erbschaft **15** 1 ff.
– Rechtsstellung bei Testamentsvollstreckung **11** 16 ff.
– vorläufiger **15** 16 ff.
Erbeinsetzung 8
– Abgrenzung zu Vermächtnisanordnung **8** 6 ff.
– Auslegungsregeln **8** 4 ff.; **10** 7
– bedingte, befristete **8** 1
– nach Vermögensgruppen **8** 7
Erbenermittler
– gewerbliche **15** 27
Erbengemeinschaft → Miterbengemeinschaft
Erbenhaftung 18; 24 3 ff.
– Arten der Nachlassverbindlichkeiten **18** 4
– Haftungsbeschränkung **18** 9 ff.
– Vorbehalt der beschränkten **24** 3
Erbersatzanspruch 2 20
Erbfähigkeit 1 11
– posthum gezeugter Kinder **1** 12
Erbfall 15 1
Erbfallschulden 18 4
Erbfolge
– Ausschluss von der **20** 4 ff.
– gesetzliche **2**
– gewillkürte **2** 1; **3; 8**
– nach Linien **2** 9 ff.
– nach Ordnungen **2** 8
– nach Stämmen **2** 9 ff.
– Nebeneinander von gesetzlicher und gewillkürter **2** 1; **8** 1, 14
Erblasser 1 10
Erblasserschulden 18 4
Erbprätendentenstreit 16 26
Erbquote
– gegenständlich ermittelte **8** 6
Erbrecht
– von Abkömmlingen **2** 8, 14
– von Adoptivkindern **2** 7
– von Eltern **2** 8, 15
– von Geschwistern **2** 8, 15
– von Großeltern **2** 8, 16
– und Grundgesetz **1** 14
– von Kindern **2** 8, 14, 18 ff.

– des Nasciturus **1** 11
– und sozialer Wandel **1** 1
– des Staates **2** 50
– und Unternehmensnachfolge **24**
– von Urgroßeltern **2** 8, 17
Erbrechtliche Lösung (Zugewinngemeinschaft) **2** 32; **20** 17
Erbrechtsfeststellungsklage 16 26
Erbrechtsgleichstellungsgesetz 2 4, 18, 22
Erbschaftsanspruch 17
– Gerichtsstand **17** 2
– Gesamtanspruch **17** 2
– Gläubiger **17** 2 f.
– Schadensersatzanspruch des Erben **17** 2, 13
– Schuldner **17** 2, 4
– Surrogation, dingliche **17** 8 ff.
– Umfang **17** 6 ff.
Erbschaftsbesitzer
– bösgläubiger **17** 13 f.
– deliktischer **17** 13 f.
– Früchte **17** 12
– gutgläubiger **17** 2, 14
– Haftung **17** 13
– Herausgabepflicht **17** 6 ff.
– Nutzungen **17** 2, 12
– verklagter **17** 13 f.
– Verwendungen **17** 2, 14
Erbschaftsgegenstände 16 8
Erbschaftskauf 23
– Form **19** 8; **23** 6
– Gewährleistung **23** 7
– Haftung für Nachlassverbindlichkeiten **23** 8 f.
Erbschaftsteuer 25
– Bewertung des Nachlasses **25** 8
– Freibeträge **25** 4, 7
– persönliche Steuerbefreiung **25** 7
– sachliche Steuerbefreiung **25** 6
– Steuerklassen **25** 9
– Steuersatz **25** 9
– Stichtagsprinzip **25** 8
Erbschein 16
– Antrag **15** 8; **16** 19
– Arten **16** 3

– Bedeutung **16** 1
– Einziehung **16** 5, 11, 24
– bei Erbschaftskauf **19** 6; **23** 5
– Erteilung **16** 21 f.
– gemeinschaftlicher **16** 3
– Gutglaubensschutz **16** 7 ff.; **17** 11
– internationale Zuständigkeit **16** 4
– Kraftloserklärung **16** 5, 25
– öffentlicher Glaube **16** 7 ff.; **17** 11
– Rechtswirkungen **16** 5 ff.
– Testamentsvollstreckung **11** 16; **16** 2
– unrichtiger **16** 8 ff., 24
– Verfahren **16** 17 ff.
– Vorbescheid **16** 21
– bei Wiederverheiratungsklausel **12** 30
Erbscheinserbe 16 6 ff.
Erbscheinsvermutungen 16 6
Erbteil
– Anwachsung **8** 13
– Erhöhung **8** 14
– Kauf **23** 4
Erbteilungsklage 19 30
Erbunwürdigkeit 3 5; **8** 9; **20** 18; **21**; **23** 5
Erbvertrag 13
– Abschlussfähigkeit **13** 6
– Änderungsvorbehalt **13** 17
– Anfechtung **7** 29; **13** 28, 36 ff.
– Arten **13** 12 f.
– Aufhebung **13** 28 f.; **22** 2
– Aushöhlung **13** 19
– Auslegung **7** 5; **13** 9
– beeinträchtigende Schenkungen **13** 18 ff.
– Beurkundung **13** 7
– Bindungswirkung **12** 4; **13** 14
– einseitiger **13** 2, 12
– entgeltlicher **13** 3, 13
– Form **13** 7
– Inhalt **13** 1
– Nichterfüllung **13** 33
– persönlicher Abschluss **13** 5
– Rechtsnatur **13** 1
– Rechtsvergleichung **13** 4

– Rücktritt **13** 13, 17, 28, 30 ff.
– Schlechterfüllung **13** 13, 33 f.
– Umdeutung **14** 9
– unentgeltlicher **13** 3
– Vermächtnisvereitelung **13** 27
– vertragsmäßige Verfügungen **13** 8 ff.
– zweiseitiger **13** 2, 10, 12
Erbverzicht 22
– Abschluss **22** 7 ff.
– Anfechtung **22** 6
– Aufhebung **22** 16 f.
– Form **22** 8
– Kausalgeschäft **22** 3 ff.
– Rechtsnatur **22** 3 ff.
– Wirkung **22** 12 ff.
Ergänzende Testamentsauslegung 7 6 ff.
Ergänzende Vertragsauslegung 24 22
Ergänzung des Pflichtteils → Pflichtteilsergänzung
Ergänzungsregeln 7 11
Erhöhung des Erbteils (Zugewinngemeinschaft) **2** 32 ff.
Erklärungsirrtum 7 32
Ermittlung des Erben 15 26
Eröffnung der Verfügung von Todes wegen 15 26
Eröffnungstermin 15 26
Errichtung eines Testaments 4; **5**
Errichtungsfreiheit 1 3
Ersatzerbe 7 8; **8** 1, 9 ff.; **9** 6 f.; **15** 4
– Auslegungsregel **8** 10 ff.; **9** 7
– und Wechselbezüglichkeit **12** 18
Ersatznacherbschaft 9 6 f., 12, 27
Ersatzvorerbschaft 9 6
Erschöpfungseinrede → Einreden
Erste Ordnung 2 14
Ertragswert 20 21
Erwartungen des Erblassers 7 35 f.
Exhereditatio bona mente → Pflichtteilsbeschränkung in guter Absicht

Familienerbfolge 1 2; **2** 2

Familienerbrecht 1 14; 20 1
Favor testamenti (s. a. benigna interpretatio) 5 8
Feststellung der Vaterschaft 2 3 ff.
Feststellungsklage (Erbenstellung) 13 26; 16 26
Feststellungslast im Erbscheinsverfahren 6 9
Firma
– Fortführung nach Tod des bisherigen Inhabers 24 3 ff.
Fiskus → Staatserbrecht
Form
– Aufhebung des Erbvertrags 13 29
– Auseinandersetzungsvertrag 19 25
– Erbschaftskauf 23 6
– Erbvertrag 13 7
– gemeinschaftliches Testament 12 7
– Rücktritt vom Erbvertrag 13 17
– Testament 5 4 ff.
– Übertragung des Miterbenanteils 19 21
– Vorkaufsrecht der Miterben 19 11
– Widerruf des Testaments 6 7
Fortsetzungsklausel 24 10
Freistellungsklausel 12 20

Gattungsvermächtnis 10 8
Gefahrübergang (Erbschaftskauf) 23 7
Geisteskrankheit 4 4
Geldentwertung → Inflation
Geldvermächtnis 7 9
Geliebtentestament 3 13
Gemeinschaftlicher Erbschein 16 3
Gemeinschaftlicher Erbvertrag 13 10
Gemeinschaftliches Testament 12
– Anfechtung 7 29
– Auslegung 7 5; 12 12, 18
– Ausschlagung 12 21
– Berliner Testament 12 9 ff.
– eingeschränkte subjektive Theorie 12 8

– einseitige Wechselbezüglichkeit 12 17
– Errichtung 12 5 ff.
– Form 12 7; 5 5
– gegenseitiges → reziprokes
– Inhalt 12 16
– korrespektives 12 16
– objektive Theorie 12 8
– Pflichtteilsansprüche 12 14
– Pflichtteilsstrafklauseln 12 15
– Rechtsvergleichung 12 3
– reziprokes 12 18
– Selbstanfechtung 12 25 ff.
– subjektive Theorie 12 8
– Testierfähigkeit 4 1
– Umdeutung 12 5
– wechselbezügliche Verfügungen 12 1, 16 ff.
– Widerruf 12 19 f.
– Wiederverheiratungsklausel 12 28 ff.
Gemischte Schenkung → Schenkung, gemischte
Gesamthandsgemeinschaft 19 1 ff.; 24 9
Gesamthandsklage 19 36
Gesamtrechtsnachfolge → Universalsukzession
Gesamtschuldklage 19 36
Geschäftsfähigkeit 4 2; 13 6
Geschäftsgrundlage 22 6
Geschwister (Erbrecht) 2 15
Gesellschaft(srecht) 24
– Auflösung der Gesellschaft 24 9
– Aufnahmevertrag mit Erben 24 14
– des Bürgerlichen Rechts 24 9 f.
– Eintrittsklausel 24 14, 22
– Fortsetzungsklausel 24 10
– Fortsetzung mit Erben oder Dritten 24 13 ff.
– Nachfolgeklauseln 24 15 ff.
– Personengesellschaft 24 8 ff.
Gesellschaftsanteil
– und Testamentsvollstreckung 11 23 f.
– Übertragung 24 7 ff.

– Umwandlung in Kommanditbe-
teiligung **24** 19
– Vererblichkeit **24** 7 ff.
Gesetzliche Erbfolge → Erbfolge,
gesetzliche **2**
Gesetzliche Vermächtnisse 2 42 f.
Gesetzliche Vertretung 4 6; **15** 6
Gesetzlicher Güterstand → Zuge-
winngemeinschaft
Gesetzliches Verbot 3 1, 7 ff.
Gesetzliches Vorausvermächtnis 2
42
Gewährleistung (Erbschaftskauf) **23**
7
Gewillkürte Erbfolge → Erbfolge,
gewillkürte
Gläubigeraufgebot → Aufgebots-
verfahren
Gleichlaufprinzip (internationale
Zuständigkeit) **16** 4
Gleichzeitiges Versterben → Kom-
morientenvermutung
GmbH
– Vererblichkeit der Anteile **24** 7
Gradualsystem 2 10 f., 17
Großeltern (Erbrecht) **2** 16
Großer Pflichtteil 20 9 ff.
Grundbuch
– Erbengemeinschaft **19** 2
– Erbschein **16** 10
– Nacherbfolge **9** 14
– Nachlassverwaltung **18** 12
– Nachweis der Erbfolge **16** 10
– Testamentsvollstreckervermerk **11**
17
Grundgesetz und Erbrecht 1 14
Grundstücke
– Bewertung **20** 20; **25** 8
– Schenkung **20** 30
– Verfügung durch Scheinerben **16**
10
– Verfügung durch Vorerben **9** 14
Gütergemeinschaft 2 31, 38; **19** 1
– fortgesetzte **2** 38
Güterrecht und Erbrecht 2 31 ff.;
20 9 ff.

Güterrechtliche Lösung (Zuge-
winngemeinschaft) **2** 36; **20** 9 ff.,
17
Gütertrennung 2 31, 37, 48
Gutgläubiger Erwerb
– Erbschein **16** 7 ff.
– Testamentsvollstreckung **11** 9, 16 f.
– vom vorläufigen Erben **15** 23

Haftung
– des Erben **11** 10; **18**; **24** 3 ff.
– des Erbschaftsbesitzers **17** 13
– des Erbschaftskäufers **23** 8
– des Miterben **10** 13; **19** 3, 35 ff.
– nach Nachlassteilung **19** 38 ff.
– vor Nachlassteilung **19** 36 f.
– des Testamentsvollstreckers **11** 11
– des Vorerben **9** 13
Haftungsbeschränkung 11 10; **19**
39; **23** 8; **24** 1, 3 ff.
Handelsgeschäft
– Fortführung durch minderjährige
Erben **24** 6
– Geschäftsverbindlichkeiten **24** 3 ff.
– Testamentsvollstreckung **11** 19 ff.
– Vererblichkeit **24** 2
Haushaltsgegenstände (Voraus) **2**
40 ff.
Heimgesetz 3 8 ff.
– analoge Anwendung **3** 9
– Verfassungsmäßigkeit des § 14
HeimG **3** 8
Heimträger (Erbeinsetzung) **3** 8
Herausgabeanspruch
– Erbschein **16** 23
– gegen Erbschaftsbesitzer **17** 6 ff.
Hereditas iacens → ruhende Erb-
schaft
Herz- und Kreislaufstillstand (To-
deszeitpunkt) **1** 10
Heterologe Insemination → Inse-
mination
Hirntod (Todeszeitpunkt) **1** 10
Hochzeitsgeschenke 2 40
Höchstpersönlichkeit
– formelle **3** 5; **4** 7

– materielle **3** 5; **4** 8
Höfeordnung 1 9
Hohenzollernentschdg. (BVerfG) **3**
18
Hypothetischer Wille des Erblassers 7 6

Identitätsfunktion (Unterschrift) **5**
12
Inflation 7 9; **19** 33
Inhaltsfreiheit 1 4
Inhaltsirrtum 6 13; **7** 30 f.; **13** 36; **15**
13
Insemination
– heterologe künstliche **2** 5
– posthume **1** 12
Institutsgarantie 1 14
Interlokales Privatrecht 2 22 f.
Interpretation → Auslegung
Inventarerrichtung 18 24 ff.
– Haftung des Erben **18** 27
Inventarfrist 18 24
Inventaruntreue 18 27
Irrtum 7 30 ff.; **15** 9 ff.
– über den Berufungsgrund **15** 15
– im Beweggrund → Motivirrtum
– über die Bindungswirkung **7** 31;
12 27; **13** 36
– in der Erklärungshandlung → Erklärungsirrtum
– über den Inhalt der Erklärung →
Inhaltsirrtum
– über die Rechtsfolge → Rechtsfolgeirrtum
– über die Überschuldung des
Nachlasses **15** 9

Jastrow'sche Formel 12 15

Kapitalgesellschaft
– Vererblichkeit der Mitgliedschaft
24 7
Kaufkraftschwund → Inflation
Kettensurrogation 17 9
Kleiner Pflichtteil 2 36; **20** 9 ff.
Kommanditgesellschaft

– Haftung des eintretenden Erben
24 23
– Testamentsvollstreckung **11** 24
– Vererblichkeit des Kommanditanteils **24** 8, 23
Kommorientenvermutung 1 13
Konfiskatorische Steuern 1 14
Konfusion 18 13
Konsolidation 18 13
Korrespektive Verfügungen 12 16
Kosten
– Testament **5** 6, 20
– Erbschein **5** 20
Künstliche Befruchtung → Insemination

Landwirtschaftlicher Betrieb 1 9;
20 21
Lebensversicherungsvertrag 14
18 ff.; **20** 29
Lebenspartner
– Erbrecht **2** 44 ff.
– Erbschaftsteuer **2** 45; **25** 7
– Erbvertrag **13** 1, 6, 12, 29
– gemeinschaftliches Testament **12** 2.
– Pflichtteil **20** 1, 3, 9 ff., 44
– Schenkung **20** 32
– Voraus **2** 49
Lebenspartnerschaft
– Aufhebung **2** 46, 48
– Güterstand **2** 48
Lebzeitiges Eigeninteresse des Erblassers 12 24; **13** 21 ff., 27
Letztwillige Verfügung (vgl. Testament) **3** 2; **6** 3, 11
Liniensystem 2 9 ff.
Liquidationsgemeinschaft (Erbengemeinschaft) **19** 21
Liquidationsgesellschaft (GbR) **24** 9

Mätressentestament → Geliebtentestament
Mehrfachbehinderte 5 22
Minderjährigenhaftungsbeschränkungsgesetz 24 6
Minderjähriger

– Abschluss eines Erbvertrages **13** 6
– Ausschlagung der Erbschaft **15** 6
– Erbverzichtsvertrag **22** 10 f.
– Fortführung eines ererbten Handelsgeschäfts **24** 6
– Testamentserrichtung (Form) **5** 25
– Testierfähigkeit **4** 3
Miterbengemeinschaft 19
– Anteil **19** 1
– Auseinandersetzung **19** 21 ff.
– Ausgleichung bei **19** 31 ff.
– Fortführung eines Handelsgeschäfts **24** 5 f.
– Haftung **19** 35 ff.
– Mehrheitsbeschluss **19** 13, 16
– Prozessführung **19** 20
– Rechtsfähigkeit **19** 1
– Verfügungen **19** 1, 16
– Verpflichtungsgeschäfte **19** 13
– Verwaltung **19** 3, 13 ff.
– Vorkaufsrecht der Miterben **19** 4,
  9 ff.
Miterbenanteil
– Nießbrauch am **19** 7
– Pfändung **19** 7
– Verfügung über **19** 4 ff.
Mitvorerbe (-nacherbe) 9 6
Motivirrtum 7 28, 33 ff.; **13** 34,
  36 ff.; **15** 11

Nacherbe 9
– Erbschaftsanspruch **17** 3
– Erbschaftsteuer **25** 1
– Rechtsstellung **9** 21 ff.
– Vererbung und Übertragung des
  Nacherbenrechts **9** 26 ff., 29 f.
– Wiederverheiratungsklausel **12**
  29 f.
– Zustimmung zu Verfügungen **9** 14
Nacherbenvermerk 9 14
Nacherbfall 9 2
Nacherbschaft 9
– Annahme **9** 12
– Anordnung **9** 5
– Anwartschaft des Nacherben **9** 23,
  26, 29 f.

– Auslegungsregeln **7** 22 ff.
– Ausschlagung **9** 12, 30
– Dreißigjahresfrist **9** 10
– Erbschaftsteuer **25** 1
– Ersatzerbschaft (Abgrenzung) **8**
  12
– Haftung **9** 17
– Nutzungen **9** 20
– Pfändung des Anwartschaftsrechts
  9 12
Nachfolgeklausel in Gesellschaftsverträgen 24 15 ff.
– einfache erbrechtliche **24** 16 f.
– qualifizierte erbrechtliche **24** 20 ff.
– rechtsgeschäftliche **24** 21
Nachlasserbenschulden 18 4; **24** 5
Nachlassgericht
– Adressat der Anfechtungserklärung **7** 44
– Adressat der Ausschlagungserklärung **15** 5
– Entlassung des Testamentsvollstreckers **11** 15
– Erbenermittlung **15** 26
– Erbscheinsverfahren **16** 18, 26
– Sicherung des Nachlasses **15** 24 ff.
– Zuständigkeit **16** 4, 18
Nachlassgläubiger
– Antrag auf Bestellung eines Nachlasspflegers **15** 17
– Antrag auf Nachlassinsolvenzverfahren **18** 19
– Antrag auf Nachlassverwaltung **18**
  16 f.
– Aufgebotsverfahren **18** 5 ff.
Nachlassinsolvenzverfahren 18 2,
  9, 18 ff.
Nachlasskostenschulden 18 4
Nachlasspfleger 15 17, 21, 24 f.
Nachlassschulden → Haftung
Nachlassverbindlichkeiten 1 7; **15**
  12; **18** 4; **20** 20
– Begriff **18** 4
– Begründung durch Testamentsvollstrecker **11** 10 ff.
– Geltendmachung **15** 2

– Haftung des Erben für **18** 1 ff.
Nachlassverwalter 18 10 f.
– Schadensersatzpflicht **18** 14
Nachlassverwaltung 18 2, 9 ff.
Nasciturus (Erbfähigkeit) **1** 11
Negativtestament 8 15
Nichteheliche Lebensgemeinschaft
2 2, 26; **7** 16; **13** 12
Nichtehelichengesetz 2 19 ff., 23
Nichteheliches Kind
– Erbersatzanspruch **2** 20, 22
– Erbrecht **2** 18 ff.
– Feststellung der Vaterschaft **2** 4
– vorzeitiger Erbausgleich **2** 21 f.
Nichtigkeit (Testament)
– Formmangel **5** 1, 12
– Teilnichtigkeit **7** 51
– Verstoß gegen § 134 **3** 7 ff.
– Verstoß gegen § 138 **3** 11 ff.; **7** 24
Niederschrift
– eigenhändiges Testament **5** 9
– notarielles Testament **5** 26
Niederstwertprinzip 20 33
Nießbrauch
– an der Erbschaft **9** 9, 28
– an einem Grundstück **20** 31
– am Miterbenanteil **19** 7
Nießbrauchsvermächtnis 9 9; **25** 1
Notar
– Beratung durch **4** 3; **5** 20
– Schadensersatzpflicht **5** 27
– Verfahren bei Testamentserrichtung **5** 27
Notarielles Testament → öffentliches Testament
Noterbe 20 2
Nottestament 5 27 ff.
– Gültigkeit **5** 28
Notverwaltungsmaßnahmen 19 13
Nutzungen
– Erbschaftsbesitzer **17** 12
– Vorerbe **9** 9, 20

Öffentlicher Glaube
– des Erbscheins **16** 7 ff.

– des Testamentsvollstreckerzeugnisses **11** 25
Öffentliches Testament 5 20 ff.
– Arten der Errichtung **5** 21 ff.
– Widerruf **6** 12 f.
OHG
– Vererblichkeit der Mitgliedschaft
24 12
Ordentliche Testamente 5 5 ff.
Ordnungen 2 8, 14 ff.
Ortsangabe (eigenhändiges Testament) **5** 17

Parentelen 2 8
Parentelsystem 2 8
Partei kraft Amtes 11 6, 13; **18** 11
Personengesellschaft 1 9; **24** 1 ff., 8 ff.
Pfändung
– des Miterbenanteils **19** 7
– des Nacherbenanwartschaftsrechts
9 31
– des Pflichtteilsanspruchs **20** 14
Pfeildiagramm 5 9
Pflichtteil
– der Abkömmlinge **20** 1, 3
– Anrechnung **20** 24
– Ausgleichung **20** 25
– Auskunftsansprüche **20** 40
– außerordentlicher **20** 26
– bei Ausschlagung der Nacherbschaft **9** 12
– bei Ausschlagung der Vorerbschaft
9 11
– Berechnung **20** 2, 13, 16 ff.
– der Eltern **20** 1, 3
– des Ehegatten **20** 1, 3, 9 ff.
– Entziehung **20** 41 ff.
– Erbschaftsteuer **25** 3
– Geldanspruch **9** 2, 13
– großer **20** 9 ff.
– kleiner **20** 9 ff.
– des Lebenspartners **20** 1, 3, 9 ff.
– ordentlicher **20** 26
– Pfändung **20** 14
– Verjährung **20** 15, 39

– verfassungsrechtliche Gewährleistung **1** 14
– Verzicht auf **22** 2
Pflichtteilsberechtigte 20 1, 3
– Übergehung als Anfechtungsgrund **7** 38 f., 43
Pflichtteilsbeschränkung in guter Absicht 20 48
Pflichtteilsentziehung 20 2, 41 ff.
Pflichtteilsergänzung
– bei Vertrag zugunsten Dritter **14** 21; **20** 29
Pflichtteilsergänzungsanspruch 14 21; **20** 26 ff.
– Gläubiger **20** 34 ff.
– Schuldner **20** 37 f.
Pflichtteilsrestanspruch 20 6, 11 f.
Pflichtteilsstrafklauseln 12 15; **20** 2
Pflichtteilsunwürdigkeit 21 2, 6
Pflichtteilsverzicht 12 15; **22** 2
Pflichtteilszuwendung 20 5
Postmortale Insemination 1 12
Postmortale Vollmacht 14 15
Postscripta 5 16
Potestativbedingung 4 12; **7** 24
Privatautonomie 1 3; **3** 1
Privaterbfolge 1 2, 14
Privatschriftliches Testament →
ordentliche Testamentsformen
Prostitutionsgesetz 3 13, 17
Prozessführungsbefugnis
– des Miterben **19** 20
– des Nachlassverwalters **18** 11
– des Testamentsvollstreckers **11** 13
Prozessstandschaft 17 3; **18** 11; **19** 20

Quotenvermächtnis 8 5; **10** 6

Rechtsfolgeirrtum 7 31; **15** 13
Rechtsfähigkeit (Miterbengemeinschaft) **19** 1
Rechtsgeschäfte unter Lebenden auf den Todesfall 14
Rechtsgeschäfte auf den Todesfall
– entgeltliche **14** 2

– unentgeltliche **14** 3
Rechtspfleger (Erbscheinsverfahren) **16** 18
Rechtsvergleichung
– Anfall der Erbschaft **15** 3
– Ehegattenerbrecht **2** 24
– Erben 4. Ordnung **2** 17
– Erbenhaftung **18** 3
– Erbvertrag **13** 4
– gemeinschaftliches Testament **12** 3
– Parentelsystem **2** 8
– Pflichtteilsrecht **1** 14; **20** 2
– Testierfreiheit **3** 4
– Verwandtenerbfolge **2** 8
Reform des Erbrechts 1 1, 18; **2** 24; **20** 2, 46
Repräsentationssystem 2 12, 14
Rückkaufswert 20 39
Rücknahme aus amtlicher Verwahrung 6 12 f.
Rücktritt vom Erbvertrag 13 30 ff.
Rücktrittsvorbehalt 13 17, 31
Ruhende Erbschaft (hereditas iacens) 15 3

Scheidung → Ehescheidung
Scheinerbe 16 6 ff.; **17** 1
Schenkung
– betagte **14** 5, 7
– Bewertung **20** 33
– unter Ehegatten **20** 32
– ergänzungspflichtige **20** 26 ff.
– gemischte **9** 15; **13** 22; **20** 27
– mit Nießbrauchsvorbehalt **20** 31
– des Testamentsvollstreckers **11** 8 f.
– des Vorerben **9** 15 f.
Schenkung auf den Todesfall
– Bedingung, Befristung **14** 5
– durch Boten **14** 16
– Erbschaftsteuer **25** 3
– Form **14** 9
– Gläubigeranfechtung **14** 21
– Mittelsperson **14** 16
– nicht vollzogene **14** 7
– postmortale Vollmacht **14** 15
– durch Stellvertreter **14** 16

– Umdeutung **14** 8
– Vollzug **14** 4, 7, 10 ff.
**Schenkung in Beeinträchtigungs-
absicht**
– Auskunftsanspruch **13** 26
– Erbvertrag **13** 18 ff.
– gemeinschaftliches Testament **12** 24
Schenkung und Pflichtteil 20 26 ff.
Schenkungsteuer → Erbschaftsteuer
Schlusserbe (gemeinschaftliches Testament) **12** 11; **15** 6
Schreibunfähige (Testamentserrichtung) **5** 11
Schwägerschaft 2 2
Schwiegerkinder
– Zuwendungen an **7** 16
Seetestament 5 31
**Selbstanfechtung (beim gemein-
schaftlichen Testament/ Erbver-
trag) 12** 25 ff.; **13** 36 ff.
**Selbstverständliche Fehlvorstellun-
gen des Erblassers 7** 35; **12** 27; **13** 37
Sicherung des Nachlasses 15 24 ff.
Singularsukzession 1 7; **8** 2
– in Gesellschaftsanteile **1** 9
Sittenwidrigkeit 3 1, 11 ff.; **4** 13; **7** 24; **13** 20
– Ausnutzung einer Vertrauensstellung **3** 13
– Behindertentestament **3** 14 ff.
– Beurteilungszeitpunkt **3** 16
– Diskriminierung **3** 18
– Geliebtentestament **3** 13 ff.
– Hausverfassung des Hauses Brandenburg-Preußen **3** 18
Sondererbfolge → Singularsukzession
Sondervermögen 9 10; **15** 2; **19** 1
Sparbuchfälle 14 23; Anhg. Fall Nr. 1
Staatserbrecht 1 2; **2** 50; **15** 4; **21** 7
Stammessystem 2 14
Statusprinzip 2 3
Steuerrecht → Erbschaftsteuer

Stichtagsprinzip 20 19 f.
Stiefkindadoption 2 7
Stiefkinder 2 2
Stückvermächtnis 10 6
Stufenklage 20 15
Stundung des Pflichtteilsanspruchs 20 14
Surrogation, dingliche
– bei Erbengemeinschaft **19** 3
– bei Erbschaftsanspruch **17** 2, 6, 8 ff.
– bei Vor- und Nacherbschaft **9** 13

Täuschung 7 33
Teilauseinandersetzung 19 21
Teilerbschein 16 3
Teilnichtigkeit 7 51
Teilungsanordnung 1 8; **8** 1, 6; **10** 3, 12, 16 ff.; **19** 23
– Abgrenzung Vorausvermächtnis **10** 17 ff.
Teilungsplan 19 30
Testament
– Änderung **6** 6
– Anfechtung **7** 26 ff.
– Auslegung **7** 1 ff.
– außerordentliches → Nottestament
– Bürgermeistertestament **5** 4, 27, 29
– Dreizeugentestament **5** 4, 27, 30
– eigenhändiges **4** 3; **5** 5 ff.
– Formen **5**
– gemeinschaftliches → gemeinschaftliches Testament
– negatives → Negativtestament
– notarielles → öffentliches
– öffentliches **4** 3; **5** 4, 20 ff.; **7** 2
– ordentliches **5** 5 ff.
– persönliche Errichtung **4** 1, 6 ff.
– Seetestament **5** 4, 27, 31
– Verwahrung **5** 26; **6** 13; **15** 26
– Widerruf **6**
– Zusätze **5** 16
Testamentsentwurf 5 8
Testamentseröffnung 15 5
Testamentsformen

– außerordentliche 5 27 ff.
– ordentliche 5 5 ff.
Testamentsurkunde
– Vernichtung und Veränderung 6
  7 ff.
Testamentsvollstrecker
– Amtstheorie 11 6
– Annahme des Amtes 11 4
– Aufgaben 11 2
– Eignung 11 3
– Erben, Rechtverhältnis zu 11 15
– Ernennung 11 3
– Haftung 11 11, 15
– Insichgeschäfte 11 12
– Missbrauch der Verfügungsmacht
  11 7
– ordnungsgemäße Verwaltung 11
  10 f.
– Prozessführung 11 13 f.
– Rechtsstellung 11 6 ff.
– Verfügungen 11 7 ff.
– Vergütung 11 15; 18 4
– Verpflichtungsgeschäfte 11 10 ff.
– Vertretertheorie 11 6
– Verwaltung 11 2, 10 f.
– Zeugnis 11 25
**Testamentsvollstreckervermerk 11
17**
**Testamentsvollstreckerzeugnis 11
25**
Testamentsvollstreckung
– Abwicklungsvollstreckung 11 2
– Aktivprozess 11 13
– bei Anteil eines persönlich haften-
  den Gesellschafters 11 23
– Arten 11 2
– Auseinandersetzungsvollstreckung
  11 2; 19 24
– Bedeutung 11 1
– Beginn 11 4
– bei Behindertentestament 3 14 f.
– Dauervollstreckung 11 2
– Ende 11 5, 15
– bei Handelsgeschäft 11 19 ff.
– bei Kommanditanteil 11 24
– Passivprozess 11 14

– Rechtsstellung des Erben bei 11
  16 ff.
– Verwaltungsvollstreckung 11 2
– Zwangsvollstreckung bei 11 4
Testierfähigkeit
– Alterserfordernis 4 3
– Betreute 4 5
– Geistesstörung 4 4
**Testierfreiheit 1 3, 14; 3; 5 22; 8 1; 20
1**
– Grenzen 1 14; 3 6 ff.
Testierunfähigkeit
– Beweislast 4 4
– wegen Geistesstörung 4 4
Testierwille 5 7
Todeszeitpunkt 1 10
Trennungsprinzip 12 10
Treuhandlösung (Testamentsvoll-
  streckung) 11 22
Typenzwang 1 3; 8 2

**Übergehung eines Pflichtteilsbe-
rechtigten**
– als Anfechtungsgrund 7 38 f., 43
– trotz Zuwendung 7 39
Überlebensbedingung 14 4 ff., 16
– Auslegung 14 6
Übernahmerecht 10 18
Überrest (Einsetzung auf) 9 16
**Überschuldung des Nachlasses 18
19**
Umdeutung
– formnichtiges öffentliches Testa-
  ment 5 21
– gemeinschaftliches Testament 12 5
– Schenkung auf den Todesfall 14
  8 f.
Unbenannte Zuwendungen → ehe-
bezogene Zuwendungen
**Unbeschränkte Erbenhaftung 18 2;
24 3 ff.**
**Unbewusste Fehlvorstellungen des
Erblassers** → selbstverständliche
Fehlvorstellungen des Erblassers
Unentgeltliche Verfügungen →
Schenkung

Ungültigkeitsvermerk 6 7
Universalsukzession 1 7; 7 22; 17 1; 18 1; 24 7
Universalvermächtnis 4 11; 8 5; 10 6, 11
Unternehmensnachfolge 24
– Testamentsvollstreckung 11 19 ff.
Unternehmertestament 10 11
Unterschrift (beim eigenhändigen Testament) 5 12 ff.
Untervermächtnis 10 13
Unzulänglichkeitseinrede → Einreden
Urgroßeltern (Erbrecht) 2 8, 17

Valutaverhältnis (Vertrag zugunsten Dritter auf den Todesfall) 14 19 ff.
Vaterschaft
– Anfechtung 2 4 f.
– Feststellung 2 4
Veränderung des Testaments 6 7 ff.
Verbotene Eigenmacht 17 13
Verfassungsrechtliche Garantie
– des Erbrechts 3 1
– des Pflichtteilsrechts 3 6
Verfehlung des Bedachten 12 22; 13 32
Verfügung
– Begriff 3 2; 19 18
– einseitige 13 8
– über den Erbteil 19 8
– korrespektive 12 16
– unter Lebenden beim Erbvertrag/ gemeinschaftlichen Testament 12 23; 13 11
– letztwillige (vgl. Testament) 3 2; 6 3, 11
– durch Miterben 19 1, 3, 13, 18 ff.
– durch Scheinerben 15 23; 16 7 ff.
– Terminologie 3 2
– durch Testamentsvollstrecker 11 7 ff.
– unentgeltliche 9 15; 11 8
– verbotswidrige, Beurteilungszeitpunkt 3 10

– vertragsmäßige 13 8 f.
– von Todes wegen 3 2
– durch Vorerben 9 13 ff.
– durch vorläufigen Erben 15 22
– wechselbezügliche 12 1, 16 ff.; 13 12
– Widerruf der → Widerruf
Verfügung von Todes wegen 3 2
Verfügungsbeschränkungen
– bei Miterbengemeinschaft 19 1, 18 f., 22
– bei Testamentsvollstreckung 11 7 ff., 18
– des Vorerben 9 13 ff.
Verfügungsunterlassungsvermächtnis 12 13
Verjährung des Pflichtteilsanspruchs 20 15, 39
Verleitung zum Vertragsbruch 13 20
Verlobte 7 15; 12 5; 13 12
Vermächtnis
– Abgrenzung Auflage 10 2, 14
– Abgrenzung Erbeinsetzung 8 3 ff.
– Anfechtung 7 45
– Anordnung 10 4 ff.
– Arten 10 6, 8
– Ausschlagung 10 5
– Begünstigter 10 5, 10 ff.
– Beschwerter 10 13
– Bestimmung durch Dritte 4 10; 10 11
– Erbschaftsteuer 25 3
– gesetzliches 2 42 f.; 10 4
– Haftung des Erben 10 9
– für Pflichtteilsberechtigten 20 8, 12
Vermächtnisunwürdigkeit 21 2, 6
Vermächtnisvereitelung (Erbvertrag) 13 27
Vermögensgesetz 20 23
Vermögensopfer (lebzeitiges) 14 13
Vermutung
– gleichzeitigen Versterbens (Kommorientenvermutung) 1 13

– der Richtigkeit des Erbscheins 16
  6
– der Wechselbezüglichkeit (Erbver-
  trag) 13 12
– der Widerrufsabsicht 6 10
Vernichtung der Testamentsur-
  kunde 6 7 ff.
Verpfändung → Pfändung
Verpflichtung zu Verfügungen von
  Todes wegen 3 4
Verpfründungsvertrag → Versor-
  gungsvertrag
Verschaffungsvermächtnis 10 6
Verschollenheitsgesetz 1 13
Verschweigungseinrede → Einreden
Versorgungsvertrag 13 3, 7, 13,
  33 ff.
Vertrag über den Nachlass eines
  noch lebenden Dritten 13 11; 23
  1
Vertrag zugunsten Dritter auf den
  Todesfall
– Deckungsverhältnis 14 19 ff.
– Valutaverhältnis 14 19 ff.
Vertragsmäßige Verfügungen 13 8
Vertrauensschaden (bei Selbstan-
  fechtung des Erbvertrages) 13 38
Vertretertheorie (Testamentsvoll-
  strecker) 11 6
Vertretung
– beim Erbvertrag 13 5
– beim Testament 4 3, 6 f.
Verwahrung 15 26
– eigenhändiges Testament 6 12
– notarielles Testament 5 26
– Rücknahme 6 12 f.
Verwaltung des Nachlasses 15
  19 ff.; 18 9 ff.
– durch Miterben 19 3, 13 ff.
– durch Vorerben 9 13, 17 ff.
Verwaltungsvollstreckung 11 2
Verwandte (Einsetzung) 7 18
Verwandtenadoption 2 7
Verwandtenerbrecht 2 3 ff.
Verwandtschaft 2 3
Verwirkungsklausel 7 24

Verzeihung 20 45; 21 4, 7
Verzicht auf das Pflichtteilsrecht 22
  1
Vierte Ordnung 2 17
Vindikationslegat 1 8; 10 5
Volladoption 2 7
Volljährigenadoption 2 7
Vollmacht 11 21
Vollmachtlösung (Testamentsvoll-
  streckung) 11 21
Vollnachfolge (Gesellschaftsanteil)
  24 20
Vollstreckung in den Nachlass →
  Zwangsvollstreckung
Vollzogene Schenkung 14 11, 20
Vonselbsterwerb 1 5; 10 5; 15 1
Voraus 2 40 ff., 49; 10 4
Vorausvermächtnis 10 12, 17 ff.; 24
  20
– Abgrenzung Teilungsanordnung
  10 17 ff.
Vorbehalt der beschränkten Er-
  benhaftung 11 10, 14; 19 37
Vorbescheid (Erbscheinsverfahren)
  16 21
Vorempfänge
– Anrechnung 20 24
– Ausgleichung 19 31 ff.; 20 25
Vorerbe
– auflösend bedingter 9 8; 12 30
– aufschiebend bedingter 9 8; 12 30
– befreiter 9 13, 16, 18
– Erbschaftsanspruch 17 3
– gemeinschaftliches Testament 12
  10
– Haftung 9 17
– Nachlassverwaltung 9 9
– Rechtsstellung 9 13 ff.
– Verfügungen 9 14 ff.
– Verfügungsbeschränkung 9 13
– Verwaltung 9 17
– Zwangsvollstreckung gegen 9 19
Vorerbschaft
– Abgrenzung zu Nießbrauchsver-
  mächtnis 9 9
– Annahme 9 11

– Auslegungsregeln **7** 21 ff.
– Ausschlagung **9** 11
– befreite **9** 13, 16, 18; **12** 29
– Surrogation **9** 20
Vorkaufsrecht der Miterben 19 4,
9 ff.
Vorläufiger Erbe 15 1 ff., 16 ff.; **17** 3
Vormerkung 13 11, 26; **16** 15
Vorrang der niedrigeren Ordnung
2 8
Vorweggenommene Erbfolge 24 1
Vorzeitiger Erbausgleich 2 21 f.

Wahltheorie (Zugewinngemeinschaft) **20** 10
Wahlvermächtnis 10 8
Wechselbezügliche Verfügungen
– Erbvertrag **13** 12
– gemeinschaftliches Testament **12** 1,
16 ff.
Wertverschiebende Teilungsanord-
nung 10 19
Widerruf
– Anfechtung **6** 11
– Beweislast **6** 9 f.
– durch Dritte **4** 9
– Formen **6** 5 ff.
– des öffentlichen Testaments **6** 12 f.
– des Testaments **3** 3; **6**; **7** 26; **22** 2
– verzögerter Zugang **12** 19
– wechselbezüglicher Verfügungen
12 1, 16, 19
– des Widerrufs **6** 14 f.
– Widerrufstestament **6** 5
Wiedervereinigung 2 22
Wiederverheiratungsklauseln 12
28 ff.
Wiederverheiratungsvermächtnis
12 30
Wohlverhaltenserwartung 7 35

Wohlwollende Auslegung → benigna interpretatio

Zehnjahresfrist (Pflichtteilsergän-
zung) **20** 30
Zeitangabe (eigenhändiges Testa-
ment) **5** 17
Zeitpunkt des Todes → Todeszeit-
punkt
Zentrales Testamentsregister 15 26
Zivilgesetzbuch (DDR) 2 39
Zugewinnausgleich 2 32 ff.; **20** 9 ff.,
17
Zugewinngemeinschaft 2 32 ff., 48;
20 9 ff., 16 f.
Zusätze (eigenhändiges Testament)
→ Postscripta
Zusatzpflichtteil 20 6, 11
Zustimmung zu beeinträchtigen-
der Verfügung 13 16
Zuwendung eines einzelnen Ge-
genstandes 8 8
Zuwendungsverhältnis → Valuta-
verhältnis
Zuwendungsverzicht 15 6; **22** 2, 15
Zwangserbe (Staat) → Staatserbrecht
Zwangsvollstreckung
– Antrag auf Erbscheinserteilung **16**
19
– gegen Miterben **19** 3
– bei Nachlassverwaltung **18** 17
– bei Testamentsvollstreckung **11** 14
– gegen Vorerben **9** 13, 19
– gegen vorläufigen Erben **15** 18
Zweckvermächtnis 10 8
Zweiseitiger Erbvertrag 13 10
Zweite Ordnung 2 15
Zweiseitiger Erbvertrag 13 10
Zweite Ordnung 2 15